국제비교 노인복지정책

-노인의 복지체감도를 중심으로-

Robbyn R. Wacker · Karen A. Roberto 공저
유영미 · 강정희 · 유은경 공역 | 황보람 감수

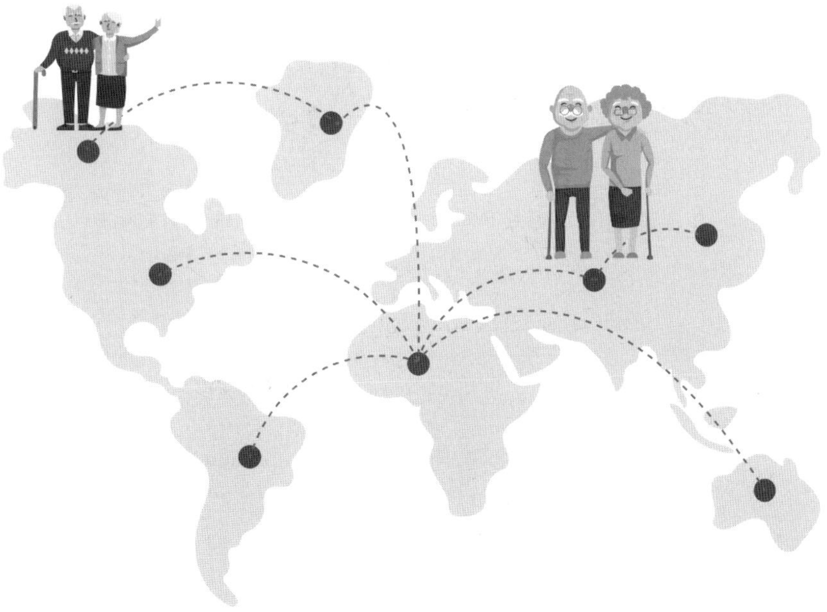

학지사

Aging Social Policies: An International Perspective
by Robbyn R. Wacker and Karen A. Roberto

역자 서문

이 책은 Wacker와 Roberto가 집필한 『Aging Social Policies: An International Perspective』의 번역서로, 미국을 비롯한 여러 나라에 대한 심층적인 노인복지 정보를 탐색하고 정책 접근 및 구축 방법을 비교, 토론, 분석할 기회를 가지기 위한 방법을 제시하고 있다.

특히 정책과 실천의 연계 필요성을 중요시하며 이를 기본틀로 한 이 책은 정책이 노인 개개인의 일상에 실제 영향을 미친다는 데 기인하여 미국의 고령사회정책을 다른 나라들과 비교하여 기술하고 동시에 세계 각국에서 노인을 대상으로 실제 인터뷰한 내용을 우리의 사고 틀에 접목시키고 있다. 비록 타국의 정책을 실현하는 것이 당장에는 어렵다 할지라도 각 국가의 정책을 제시하고, 정책의 실천 및 정책과 인간 간의 밀접한 연계에 대해 고민함으로써 현실적합성을 높였다는 점에서 매우 큰 의미가 있다. 본문에서 다루고 있는 다양한 정책 및 제도가 문화적인 차이로 인하여 어느 정도는 이질적인 느낌을 주기도 한다. 그러나 대부분 각국에서 현실적으로 어떻게 기능하고 인간에게 영향을 미치는지 제시하고 있기 때문에 사회복지와 노인학을 전공하는 학생이나 관심이 있는 일반인들에게 큰 도움이 될 것이다.

노인 관련 모든 책이 다 배울 점이 있고 장점이 있겠지만, 특히 이 책이 마음에 드는 것은 노년학을 실천과 정책의 관점에서 바라볼 수 있다는 것이고, 이 점이 실천 지향적인 사회복지학의 입장에서 볼 때 매력적으로 다가왔다.

원저의 출판년도가 2011년이라 정책의 특성상 현재의 시대 흐름을 반영하는 것이 무리일 수 있었다. 그럼에도 불구하고 역자들은 이 책의 실천 지향적인 접근방법의 매력에서 벗어나지 못해 번역을 시작하였다. 과거 정보는 역자 주의 형태로 최신 정보를 제공하였기에 이를 참고한다면 내용의 보완이 가능할 것이다. 전문지식이 있는 역자들임에도 불구하고 단어의 선정에 많은 고심을 하였으나 부족한 부분이 많으리라는 심려가 크다. 오역이나 잘못된 단어 사용에 대해서는 독자들의 많은 조언을 기대한다.

이번 번역 작업에는 전문성을 높이고자 각 장의 전문성에 맞는 연구자들이 참여하게 되었다. 제3, 4, 10장은 유영미 교수가, 제1, 8, 9장은 강정희 교수가, 제2, 5, 6, 7장은 유은경 박사가 번역을 담당하였다. 끝으로, 번역서가 별로 경제적으로 이득이 되지 않음에도 불구하고 원고를 선뜻 받아 준 학지사 김진환 사장님께도 감사한 마음을 전하며, 부족한 원고를 꼼꼼히 읽고 정리해 주신 편집부 여러분께 감사드린다. 또한 사회복지 및 노인복지 전공자들을 위해서 이 책의 번역을 제안해 주시고 감수해 주신 황보람 교수님께 감사의 마음을 전하고 싶다.

2019년 3월

역자 일동

저자 서문

이 책의 탄생은 몇 년 전, 이 책의 공저자인 Robbyn R. Wacker 교수가 학생들과 다녀온 2주간의 노년학 해외 연수에서의 경험에 기인한다. Wacker 교수는 수년간 고령사회정책을 가르치면서 경험한 두 가지 도전적 이슈에 대해 연수 동안 고민하였다.

첫째, 미국 이외의 나라에 대한 심층적 정보의 부족으로 학생들이 여러 나라의 정책 접근 및 구축 방법을 비교, 토론, 분석할 기회가 드물었다는 점이다. 해외 연수 동안 학생들이 다양한 나라의 고령사회정책에 대해 긍정적으로 배우는 것을 목격하면서 저자들은 이러한 국가 간 비교 교육을 하나의 교재 안에 담을 필요가 있다는 것을 확신하게 되었다.

둘째, 고령사회정책을 가르치면 흔히 거시적 분석 수준과 요소들에 치중하게 된다. 그로 인해 정부가 고령사회정책을 마련하는 방법이 노인의 삶의 질에 직접 영향을 미친다는 사실을 쉽게 놓치게 된다. 저자들은 이러한 정책과 인간 간의 밀접한 연계가 중요함에도 불구하고 고령화 교재에서 많이 놓치게 된다고 생각했고, 따라서 정책과 인간 간의 밀접한 연계를 독자가 확실히 알 수 있는 교재를 쓰고자 했다.

이러한 두 가지 사실을 기본으로 한 이 교재의 목적은 미국의 고령사회정책을 일부 다른 나라와 비교하여 기술하고 동시에 우리가 실제 세계 각국에서 수행한 노인 대상 인터뷰 내용을 우리의 사고 틀에 접목시키는 것이다. 그리하여 독자들의 일상적 삶, 사고 그리고 염려들에 대하여 영감을 불어넣음으로써 궁극적으로 정책이 노인 개개인의 일상에 실제 영향을 미친다는 것을 강조하는 것이다. 비록 우리가 수행한 모든 인터뷰를 다 싣지는 못하였지만, 인터뷰에 응한 분들에게 고마움을 표한다.

이 교재는 다음과 같이 구성되어 있다. 제1장은 세계적 수준에서의 인구학적 추세 양상을 소개하고 정책과 인간 간의 밀접한 연계에 대해 독자들이 생각하도록 하며 마지막에는 이후 각 장에서 공부할 각국의 고령사회정책의 세부 사항들에 대해 고찰하도록 한 노인의 사례를 제시한다. 독자들은 이 사례를 활용하여 각국의 정책들이 개인의 삶에 어떻게 다르게 영향을 미칠지를 학습할 수 있을 것이다. 제2장에서는 정책결정과정 요소에 대한 간단한 소개와 미국과 각국의 고령사회정책의 시도들에 대한 논의를 제공한다. 제3장에서 제9장까지는 분야별 고령사회정책에 대해 논의하고 미국과 2~5개 나라에 대한 심층 비교분석을 제공한다. 이 외에 글상자 안에 정책에 기인한 여러 프로그램과 정보를 추가적으로 제시하고 장마다 추가 자료를 제시하며 마무리 지을 것이다. 맨 마지막 10장에서는 미래의 고령사회정책 마련에 대한 도전들을 정리하며 이 책을 마무리한다.

각 장에서 몇 개 국가를 선택할 때 저자들은 각국 고유의 과제들을 안고 있는 고령사회정책들이 실제 어떻게 실행되고 있는지를 알 수 있는 데 초점을 두었다. 세계 모든 국가를 다룰 수는 없었지만 독자들이 타국에 대해서도 연구할 수 있기를 희망한다. 마지막으로, 공공정책은 역동적이고 늘 변화한다. 이 교재가 출판되는 시점에 Barack Obama 대통령은 「환자보호 및 부담적정보험법(Patient Protection and Affordable Care Act)」(2010)에 서명하였다. 이것이 미국 건강보험 40년 이상의 역사상 최초의 중대한 변화를 가져올 것이다. 프랑스 정부는 퇴직 연령을 높일 의향을 발표하였다. 저자들은 독자들이 사회정책의 변화에 늘 예의 주시할 것을 당부한다. 그리고 독자들이 이 교재를 즐겁게 읽기를 바라고, 독자들의 평가와 제언을 언제든지 환영한다.

저자 일동

차례

제2부 고령사회정책의 비교

제3부 고령사회정책의 미래

AGING SOCIAL POLICIES: AN INTERNATIONAL PERSPECTIVE

제1부

고령사회정책의 개관

제1장

고령화 사회: 고령사회정책 환경

세계는 지금 과거 인류사에서 보지 못했던 인구혁명의 분기점 위에 서 있다. 이는 전 세계적인 고령화 현상을 의미하며, 향후 10년 이내에 전 세계의 국가들은 이례적인 경제적 · 사회적 · 정치적 도전을 맞게 될 것이다.

– 전략국제연구센터(Center for Stragetic and International Studies)

저는 재봉사로, 집에서 일합니다. 6년 전 사망한 남편은 집 근처 공장에서 일했어요. 현재는 배우자연금을 받는데, 제 연금은 아직 못 받고 있습니다. 아들이 같은 아파트 위층에 살고 있고, 딸은 2km 정도 떨어진 곳에 살아요. 연금 액수가 많지는 않지만, 큰 욕심은 없습니다. 집은 자가이고, 자동차는 없으며, 옷은 만들어 입기 때문에 살 필요가 없어요. 그럭저럭 살아갈 만합니다. 미래에 대해서 많은 생각을 하지는 않지만, 간혹 늦은 밤에 생각이 나면 "하루하루 잘 살아가자."라고 혼잣말을 하곤 해요. 건강하게 살기를 희망하고, 더 나이 들어서 아들이나 딸에게 짐이 되지 않기를 희망합니다.

– C 부인(70세), 이탈리아 피에몬테

서론

지난 25년 동안, 정치인, 학계의 연구자들 그리고 일반인들이 미국과 그 밖의 국가들에서 세계인구가 고령화되고 있다는 사실을 논의해 왔다. 2000년은 인류 역사에서 노인인구가 6억 명에 도달했다는 사실을 확인하고, 금세기의 중반에 20억 명으로 증가할 것으로 전망하는 첫 시기이다(United Nations, 2007). 사실상 아프리카를 제외한 모든 국가가 고령인구의 증가를 뚜렷하게 경험했거나 현재 빠르게 진행되는 것을 경험하는 중이다. 따라서 전 세계는 이러한 인구고령화에 대해 사회정책이 어떻게 대응해야 하는지에 대한 토론을 시작했다. 퇴직연령을 올려야 하는가? 공적연금체계와 건강보호서비스는 무엇을 해야 하는가? 사회서비스 제공, 주택환경 개선, 교통서비스 제공에 있어서 지역사회는 무엇을 해야 하는가? 사회정책은 주 부양자의 역할을 하는 가족을 위해 무엇을 지원해야 하는가? 우리는 현재 수없이 복잡하고 다양한 고령사회정책 문제를 고려할 수밖에 없는 독특한 역사적 시기를 살아가고 있다. 고령사회정책을 소개하는 데 있어서 두 가지 접근방법이 있다. 첫째, 미국과 여러 국가의 고령사회정책을 비교하고 대조할 수 있는 기회를 제공하기 위해 국제적인 비교접근법을 사용한다. 미국의 고령정책에 대한 학습을 통해, 다른 국가들은 공통된 사회정책 이슈에 대해 어떻게 접근하고 있는지를 비교할 수 있다. Hill(2006)의 지적처럼, 사회정책의 비교를 통해 다른 국가들의 경험에 대해 배우고 대안적 방법을 모색할 수 있다.

그러나 국제적 비교는 여러 이유 때문에 도전적인 일이다. 용어와 의미가 국가마다 다양하고(예: home health, homemaker에 대한 의미는 국가마다 다르다), 이탈리아와 같은 많은 국가는 사회정책 실행에 있어서 분권화된 접근을 한다. 따라서 국가 전체에 대한 일반화된 접근은 세심한 주의가 필요하다. 아마도 가장 큰 도전은 주어진 사회정책의 주제에 관해 이용할 수 있는 정보와 자료의 양에 있어서 국가들 간의 다양성을 고려하는 것이다. 그러므로 각 장에서 포함하는 국가들에 대한 선택은 다소 제한적인데, 예를 들어 비유럽 국가들의 경우에는 의미 있는 비교를 할 수 있는 충분한 자료가 없기 때문이다. 대조적으로 유럽 국가들에 대한 자료는 OECD와 EuroStat와 같은 조직들이 정기적으로 자료를 수집하고 보고한다. 그러나 우리는 가능한 한 비유럽 국가들을 포함시키기 위한 시도를 했다. 놀랍지 않게도, 퇴직소득과 가족돌봄과 같은 주제에 대해서 꽤 광범위한 양의 자료와 정보를 모을 수 있었다. 정신건강과 같은 주제에 대한 정보는 약간 더 부족하다. 그러므로 각 장의 논의의 깊이는 조금씩 다르다. 미국 외에 2개국 혹은 5개국을 선택하여 논의를 진행하였고, 각 국가마다 논의되고 있는 사회정책 이슈에 대한 상이한 접근들을 소개하였다. 선택된 국가들은 퇴직소득과 같은 사회적 이슈에 대해 각기 다른 사회정책을 제공할 것이다. 우리는 각 장의 끝까지 우리가 논의하지 못한 국가뿐만 아니라 논의했던 국가들에 대해서도 보다 많은 사회정책을 탐구할 수 있게 안내한다. 또한 비교를 위해 4개 혹은 5개의 다른 국가를 선택하는 우리의 접근방법은 20개국 혹은 그 이상의 국가를 선택해서 정책 이슈를 짧게 논의하는 접근법(예: Giarchi, 1996; Kosberg, 1994)이나, 가족케어와 같은 특별한 주제 논의를 위해 소수의 국가를 선택해서 심도 있게 접근하는 방법(예: Blackman, Brodhurst, & Convery, 2001)과는 다를 것이다.

이 책을 저술하는 데 있어서 두 번째 주목할 만한 점은 정책과 사람 사이를 연결시킨 것이다. 사회정책담론과 분석은 거시적 수준에서 일어나지만 그러한 정책이 일상생활과 노인의 삶의 질에 미치는 영향은 미시적 수준으로 분리하여 논의할 수 있다. 우리는 이를 '정책과 인간 간의 밀접한 연계(policy-person link)'라고 지칭한다. 정책-인간 간의 연계는 정책의 존재와 특성이 노인들이 경험하는 조건(퇴직 경험의 질, 의료서비스, 교통수단, 주택에 대한 접근, 노인들의 상호작용 촉진)에 영향을 끼칠 것이라는 점을 상기시킨다. 미국의 한 수발자(caregiver)의 환경에 대한 다음 이야기를 고려해 보자.

> 나의 어머니는 일주일에 세 번, 하루 3시간의 신장투석을 필요로 한다. 나는 풀타임 일을 하기 때문에 어머니를 병원과 집으로 모셔다 줄 수 있는 특별 교통수단서비스를 이용할 수 있는지 알아보았다. 서비스는 제한적이라 병원에서 집으로 모셔다 줄 수는 있지만 집에서 병원으로 모셔다 주는 것은 가능하지 않다고 했다. 그래서 휴가를 내고 어머니를 모셔다 주려고 했지만, 차 안에 그녀를 앉히고 차 밖으로 나와서 진료실까지 함께 이동하는 것이 내 힘으로는 부족했다. 나는 병원 종사자들에게 주차장에 있는 차에서 그녀를 병원 안까지 이동시킬 수 있도록 도움을 요청했지만, 그들은 병원 밖 출입이 금지되어 있다고 말했다. 나의 어머니는 음식 준비, 목욕, 청소와 같은 기본적인 일에 대한 도움을 필요로 했다. 그러나 이러한 서비스 비용을 부담할 정도로 우리가 풍족하지 않았다. 나는 도움을 필요로 했지만, 선택의 여지는 없었다.

만약 보다 접근성이 높은 특별 교통서비스를 이용할 수 있고, 가사지원서비스 비용을 지불할 수 있으며, 수발자를 위한 유급휴가에 관한 정책이 있다면, 위와 같은 수발자의 경험은 달라질 것이다. 정책과 인간 간의 밀접한 연계를 염두에 둔다는 것은 사회정책 성과와 노인의 경제, 건강, 사회적 욕구에 답함에 있어서 정부의 역할에 대해 생각해 보는 하나의 방법이다. 이 책의 모든 장의 끝 부분에는 각 국가의 고령정책이 노인의 일상생활에 어떻게 영향을 미치는지를 보여 주는 노인 사례가 수록되어 있다.

책의 구성

각 장은 2개의 인용문—정치인 혹은 노년학 및 공공정책 분야에서의 리더들, 정책입안에 관여하는 조직체 중 한 사람과 이 책에서 우리가 인터뷰한 노인들 중 한 사람의 인용문—으로 시작되는데, 이는 '정책과 인간 간의 밀접한 연계'를 강조하기 위해서이다.[1] 가능하다면 특정 주제에 대한 거시적 수준의 국가 자료를 제공하였고, 이는 특정 주제에 대해 세계적 규모의 수준에서 그 범위를 알 수 있도록 하기 위해서이다. 각 장의 끝까지 우리가 선택하여 포함시킨 각 국가의 고령사회 문제에 관한 논의가 따를 것이며, 다양한 정책 접근법을 비교하고 대조할 수 있다. 또한 각 장의 글상자에 실린 내용은 정책과 사람 혹은 정책과 실천 사이의 연결을 보여 준다. 각 장의 끝에는 각각의 주제에 대해 좀 더 탐색할 수 있도록 관련 자원과 정보들이 소개되어 있다. 각 장의 끝에 실리는 노인과의 인터뷰는 일상생활이 사회정책의 유무에 따라 어떻게 영향을 받는지를 생각해 볼 수 있는 기회를 제공할 것이다.

제2장은 사회정책과정과 사회정책의 창조와 특성에 영향을 끼치는 여러 요소를 논의한다. 미국 연방법안 과정에 대한 간단한 설명이 포함되고, 중요한 국제정책과 미국고령정책에 대한 개괄적 설명으로 마무리한다. 이후는 노후소득보장(제3장), 고용(제4장), 주택(제5장), 보건의료(제6장), 정신보건(제7장)과 같은 구체적인 사회정책 주제들을 탐색한다. 이후 2개의 장은 지역사회를 기반으로 한 사회정책을 검

---

1) 인터뷰는 해당 국가의 전체 노인에 대한 이슈를 일반화한 것이 아니라는 점을 알아야 한다. 오히려 정책과 인간 간의 밀접한 연계를 위해서만 사용되기를 바란다.

토한다. 제8장은 지역사회를 기반으로 한 지원정책에 관해, 제9장은 가족돌봄정책에 관해서 논의한다. 마지막 장인 제10장은 고령사회정책에 대한 미래의 도전을 정리한다. 이 책을 통해서 미국과 그 외 국가의 고령사회정책에 관한 지식이 확장되고, 노인의 삶의 질에 뚜렷한 차이를 만드는 사회정책결정의 중요성에 대한 개인의 의식이 향상될 수 있기를 기대한다.

인구고령화

인구고령화(population aging)라는 용어를 사용할 때는 주로 노인인구(60세 혹은 65세 이상의 인구)가 전체인구에서 상당한 부분을 차지하는 한 국가의 인구학적 특성을 지칭한다. 다음 부분에서 미국과 여러 국가에서 노인인구 증가에 영향을 미친 요소들과 인구고령화의 정도를 논의할 것이다. 우선 이 장에서 사용하는 인구학적 용어에 대한 정의를 〈글상자 1-1〉에서 살펴본다.

〈글상자 1-1〉 인구학적 용어의 정의

- 합계출산율(total fertility rate): 가임여성(정상적으로 15~49세의 연령) 1명이 평생 동안 낳을 것으로 예상되는 평균 출생아 수
- 기대수명(life expectancy): 현재의 연령별 사망률 수준이 그대로 지속된다고 할 때, 특정한 연령의 사람이 생존할 것으로 기대되는 평균 생존연수. 출생 시의 기대수명(life expectancy at birth)은 현재의 연령별 사망률이 지속될 때 신생아가 앞으로 생존할 것으로 기대되는 평균 생존연수. 65세의 기대수명(life expectancy at age 65)은 현재의 연령별 사망률이 지속될 때 65세의 사람이 앞으로 생존할 것으로 기대되는 평균 생존연수
- 유년부양비: 15~64세 인구 100명이 부양해야 할 0~14세 인구수
- 노년부양비: 15~64세 인구 100명이 부양해야 할 65세 이상의 인구수
- 총부양비: 15~64세 인구 100명이 부양해야 할 0~14세 인구수와 65세 이상 인구수의 합, 유년부양비와 노년부양비의 합
- 인구고령화: 노인인구가 전체인구에서 비례적으로 큰 부분을 차지하는 과정

출처: United Nations (2007).

출산율과 기대수명

세계 대다수의 국가가 경험하는 인구고령화에는 두 가지 주요 이유가 있다. 첫째는 출산율 감소이다. 출산율이 감소함에 따라 노인 인구수에 비해 상대적으로 젊은 사람의 수가 점점 감소하는 것이다. 연속적인 동년배집단이 보다 적은 자녀 수를 가

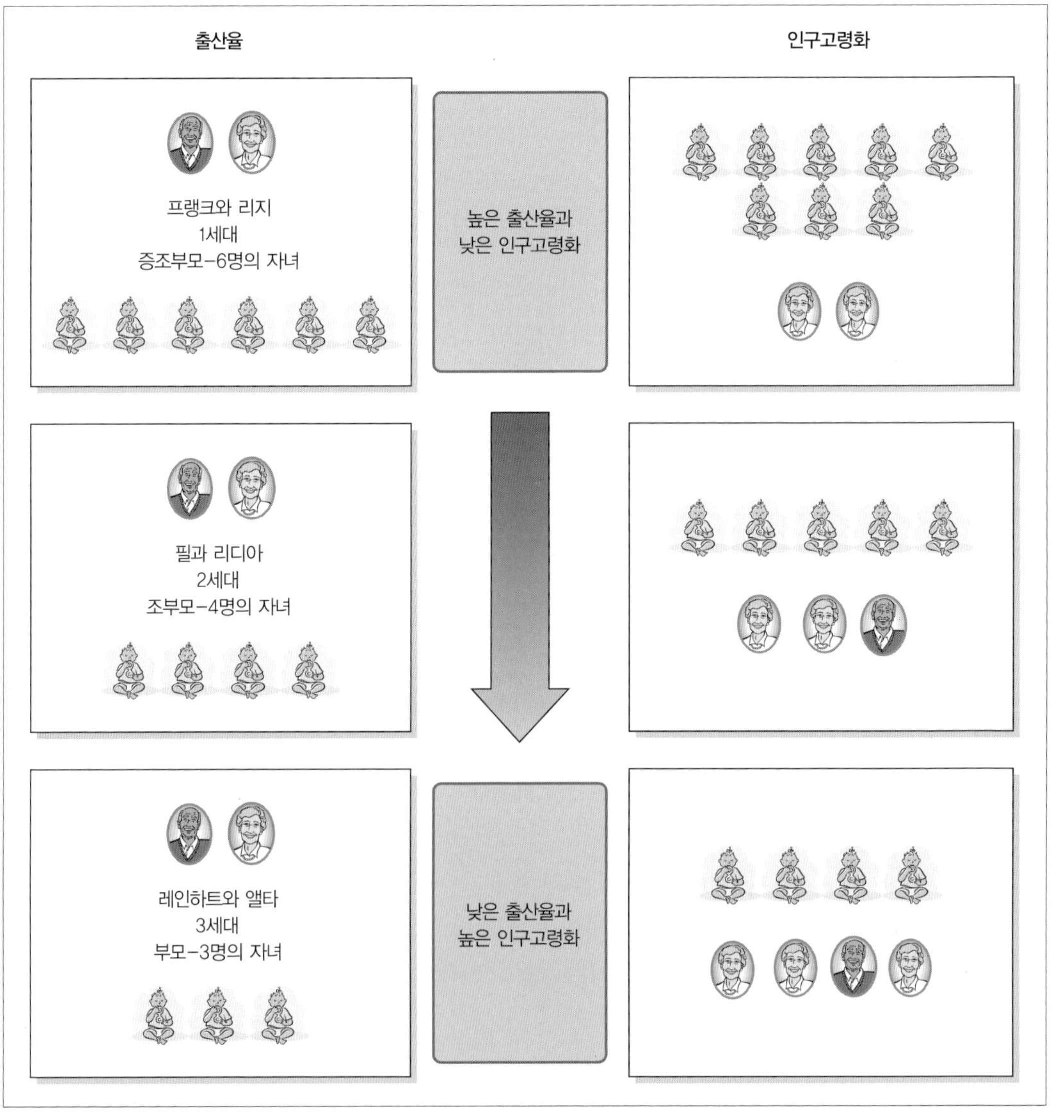

[그림 1-1] 출산율과 인구고령화

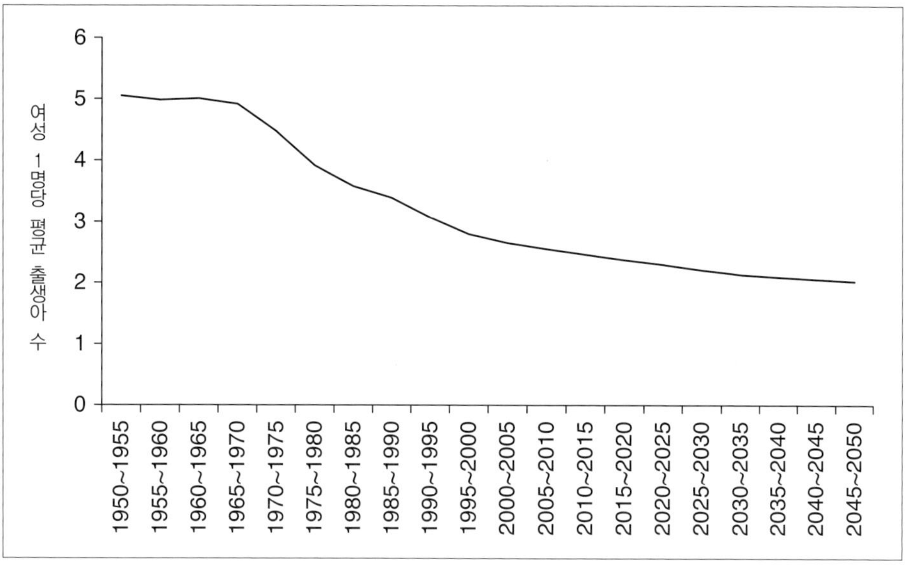

[그림 1-2] 국제 합계출산율(1950~2050년)

출처: United Nations (2008).

질 때, 아동에 대한 노인의 비율은 확대된다([그림 1-1] 참조). 예를 들어, 1880년대 말과 1900년대 초에 6명의 자녀를 둔 로빈의 증조부모를 생각해 보자. 이때는 가족이 높은 출산율을 보이고, 노인 인구수에 비해 아동의 수가 더 많으며, 결과적으로 인구고령화 수준이 낮았던 때를 반영한다. 그녀의 조부모는 4명의 자녀를 두고, 그녀의 부모는 증조부모에 비해 절반의 수에 해당되는 자녀인 3명을 두었다. 연속된 세대를 거치면서 하락된 출산율의 결과는 높은 인구고령화이다. [그림 1-2]는 1950년부터 2050년 사이의 국제 합계출산율 변화—1950년에 1명의 여성에게서 태어난 아동의 수가 5명에서 2010년 2.7명으로 하락된 상태—를 보여 준다(United Nations, 2008). 세계 출산율은 2045년부터 2050년까지 1명의 여성당 2.1명으로 하락할 것으로 전망된다.

합계출산율의 감소 정도는 각 국가마다 다양하다는 사실에 주목할 필요가 있다([그림 1-3] 참조).[2] 미국의 출산율은 1950년에서 1955년 사이에 1명의 여성이 출

2) 역자 주: 2016년 미국중앙정보국 월드팩트북(The World Factbook)에 따르면, OECD 국가 중 합계출산율 1위는 이스라엘 2.66명으로 나타났다. 미국은 1.87명, 중국은 1.67명, 일본은 1.41명이며, 한국은 1.25명으로 OECD 국가 중에서는 최하위이다. 2017년 통계청은 한국의 합계출산율이 전년보다 0.07명 감소한 1.17명이라고 발표했다. 2015년 기준 OECD 평균 합계출산율은 1.68명이다.

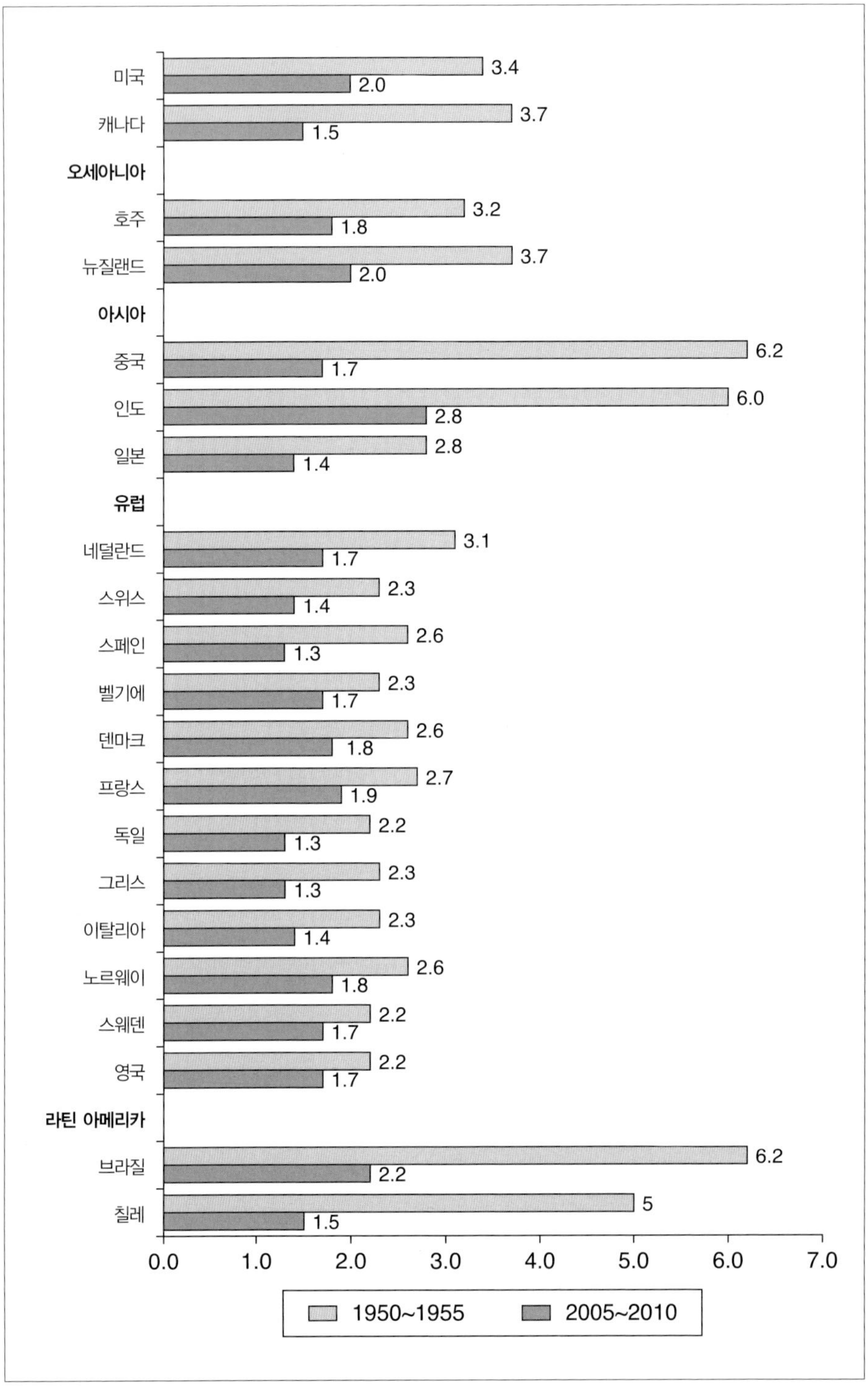

[그림 1-3] 일부 국가의 합계출산율(1950~1955년, 2005~2010년)

출처: United Nations (2007).

산한 아동 3명에서 2005년에서 2010년 사이 아동 2명으로 약간 더 많이 하락했다. 스위스, 벨기에, 덴마크, 프랑스, 독일, 이탈리아, 노르웨이, 스웨덴 그리고 영국과 같은 국가들은 1950년부터 1955년 사이까지 한 여성에게서 태어난 아동 수는 2005년부터 2010년 사이에 태어난 아동 수와 비교했을 때 1명보다 적은 출산율 하락을 보인다. 두 번째 그룹의 국가들(호주, 뉴질랜드, 네덜란드, 스페인 그리고 스위스)은 모두 그 시기 동안에 아동 1명 이상으로 하락된 출산율을 보인다. 세 번째 그룹의 국가들(캐나다, 중국, 인도, 일본, 브라질 그리고 칠레)은 보다 극적인 하락을 보여 주는데, 출산율에 있어서 절반 이상의 하락을 보여 준다. 중국, 일본, 캐나다, 호주, 칠레뿐만 아니라 [그림 1-3]에 제시된 모든 유럽 국가는 1명의 여성이 출산한 2.1명의 아동이라는 대체출산율보다 아래인 2.0명보다 적은 출산율 하락을 보여 준다.

인구고령화 증가의 두 번째 이유는 기대수명의 증가이다. 출생 시의 기대수명, 즉 현재의 연령별 사망률이 계속된다면 신생아가 살게 될 평균 생존 연수는 1950년부터 1955년까지의 46.4세에서 2005년부터 2010년까지의 67.2세로 20년간 전 세계적으로 꾸준히 증가할 것이다([그림 1-4] 참조; United Nations, 2007).

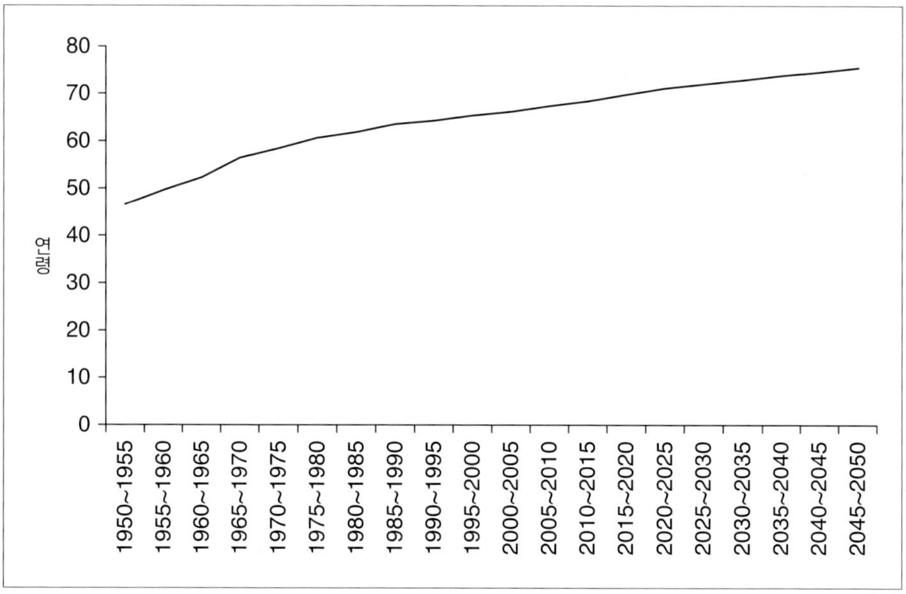

[그림 1-4] 국제 기대수명(1950~2050년)

출처: United Nations (2008).

〈표 1-1〉 2005~2010년의 일부 국가의 기대수명

국가	기대수명		국가	기대수명	
	남성	여성		남성	여성
북미			**서유럽**		
미국	75.6	80.8	호주	76.9	82.6
캐나다	78.3	82.9	벨기에	76.5	82.3
북유럽			프랑스	77.1	84.1
덴마크	76.0	80.6	독일	76.5	82.1
핀란드	76.1	82.4	네덜란드	77.5	81.9
아이슬란드	76.5	81.4	스위스	79.0	84.2
노르웨이	77.8	82.5	**남유럽**		
스웨덴	78.7	83.0	그리스	77.1	81.9
영국	77.2	81.6	이탈리아	77.5	83.5
아시아			스페인	77.7	84.2
중국	71.3	74.8	포르투갈	75.0	81.2
일본	79.0	86.1	**동유럽**		
한국	75.0	82.2	불가리아	69.5	76.7
태국	66.5	75.0	헝가리	69.2	77.4
베트남	72.3	76.2	폴란드	71.3	79.8
인도	63.2	66.4	러시아	59.0	72.6
오세아니아			체코공화국	73.4	79.5
호주	78.9	83.6	**라틴 아메리카**		
뉴질랜드	77.0	81.3	칠레	75.5	81.5
			브라질	68.2	75.7

출처: United Nations (2008).

국제 기대수명은 2045년부터 2050년 사이에 75.4세로 8년이 증가할 것으로 예상된다. 출산율 사례처럼, 기대수명의 증가도 국가마다 다양하다.[3] 〈표 1-1〉은 각

국가의 남녀 출생 시의 기대수명을 보여 준다. 미국, 캐나다, 북유럽, 서유럽, 남유럽, 오세아니아 지역의 남성 기대수명은 미국 75.6세부터 스위스 79세까지 이른다. 동유럽의 남성 기대수명은 러시아 59세부터 체코공화국의 73.4세까지 넓은 범위에 걸쳐져 있다. 또한 아시아 국가들도 넓은 범위로 다양한데, 인도는 남성 기대수명이 63.2세, 일본은 79세이다. 칠레와 브라질에서는 남성 기대수명이 각각 75.5세와 68.2세이다. 예외 없이 여성의 기대수명은 모든 지역과 국가에서 남성의 기대수명보다 높다. 미국, 캐나다, 북유럽, 서유럽, 남유럽과 오세아니아에서 여성의 기대수명은 덴마크의 80.6세부터 스페인의 84.2세까지 이른다. 스페인은 〈표 1-1〉에 기록된 모든 국가 중에서 가장 높은 여성의 기대수명을 보여 주는 국가이다. 동유럽의 여성들은 러시아 72.6세부터 폴란드 79.8세까지의 기대수명을 보여 준다. 아시아 여성의 기대수명은 인도 66.4세부터 일본 86.1세에 걸쳐 있다.

합계출산율과 기대수명이 인구고령화에 대한 두 가지 주요한 이유가 되는 반면에, 다른 부수적인 요소, 즉 이민율 또한 인구고령화에 영향을 미치는 잠재성을 가진다. 왜냐하면 이민율(국가로 유입되는 이민자 수)은 낮은 출산율을 상쇄해 줄 수 있는데, 이민자들은 연령이 보다 어리고, 더 많은 자녀를 두는 경향이 있기 때문이다(Gavrilov & Heuveline, 2003). 이민은 미래의 인구고령화에 대한 영향력에서 보다 중요한 역할을 할 수 있는데, 특별히 이탈리아, 캐나다, 미국과 같은 낮은 출산율의 국가들에서는 그 역할이 더 크다.

인구고령화의 범위와 속도

인구고령화가 과거 반세기 동안 어떻게, 왜 발생하게 되었는지를 설명하기 위해서 인구고령화가 일어나는 범위와 속도를 검토해 보려 한다. [그림 1-5]에서 보는 것처럼, 1950년에 세계의 60세 이상 인구는 2억 500만 명이었다. 2007년까지 그 수는 7억 500만 명으로 증가하였고, 11개의 국가에서 60세 이상 인구가 1,000만

---

3) 역자 주: OECD 35개 회원국의 기대수명을 분석한 결과에 따르면, 2030년에 태어나는 한국인의 여성과 남성의 기대수명은 각각 90.82세, 84.07세로 OECD 국가 중에서는 1위를 기록했다. 한편, 2015년 기준 통계청이 발표한 한국인의 기대수명은 평균 82세로, 여성은 85.2세, 남성은 79세로 나타났다.

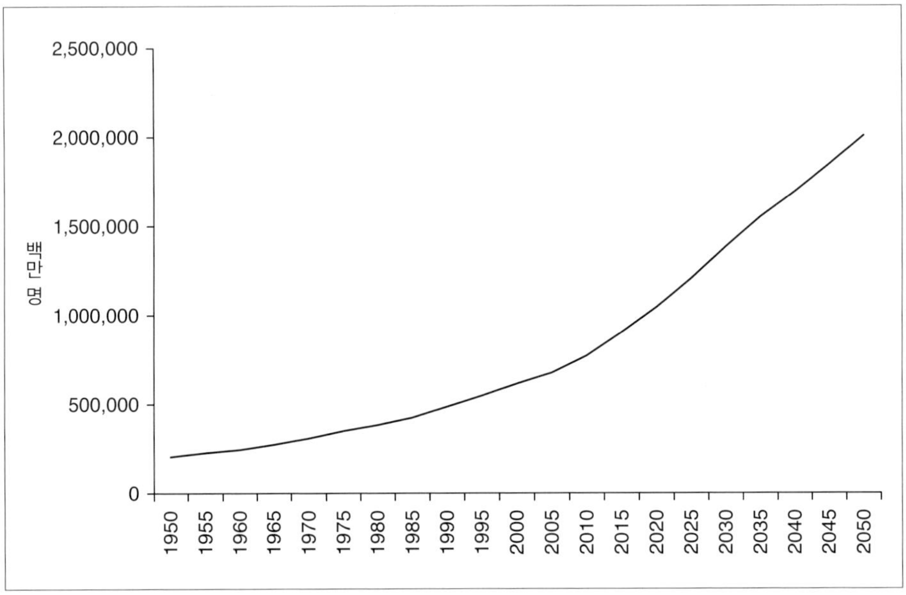

[그림 1-5] 60세 이상의 세계 노인 인구수(1950~2050년)

출처: United Nations (2008).

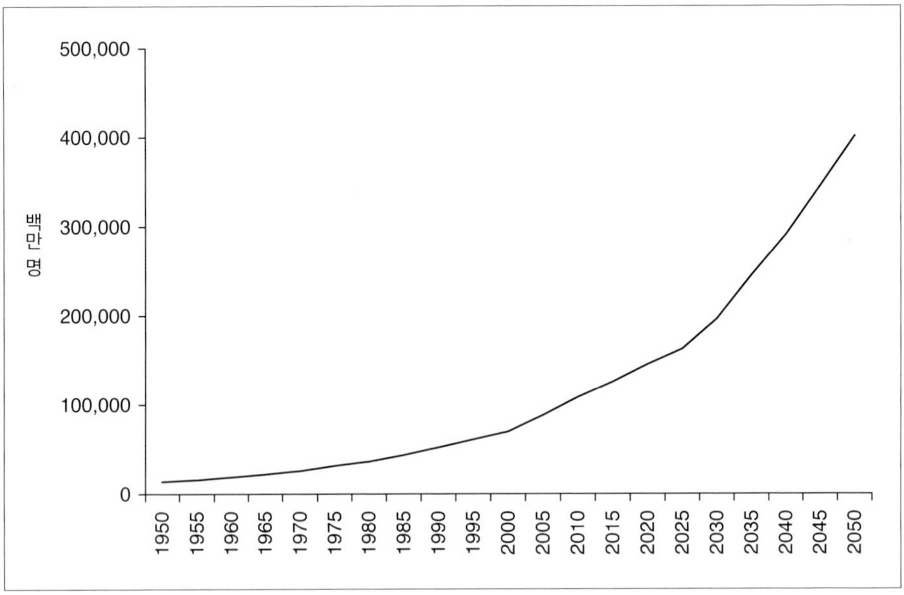

[그림 1-6] 80세 이상의 세계 노인 인구수(1950~2050년)

출처: United Nations (2008).

명 이상을 기록하는 것으로 나타났다(United Nations, 2007). 2050년까지 60세 이상의 노인인구는 20억으로 상승할 것으로 전망되는데, 32개 국가가 1,000만 혹은 더 많은 노인인구를 기록할 것이다. 80세 이상 노인인구의 성장도 비슷한 경향을 보인다. UN(United Nations, 2007)에 따르면, 1950년에 80세 이상 노인인구는 1,400만 명이었다. 2007년까지 그 수는 9,400만 명으로 증가하였다. 2050년까지 초고령 노인의 수는 3억 9,400만 명으로 4배 증가할 것으로 전망된다([그림 1-6] 참조).

노인인구의 전 세계적 증가는 개별 국가들의 인구통계 증가에서도 반영되어 나타난다. [그림 1-7]은 일부 국가가 전망하는 노인인구 증가율을 보여 준다. 미국에서는 노인인구가 2000년부터 2030년까지 102% 증가할 것으로 전망된다(Kinsella & Velkoff, 2001). 캐나다와 호주는 각각 126%, 108%의 노인인구 증가를 전망하고

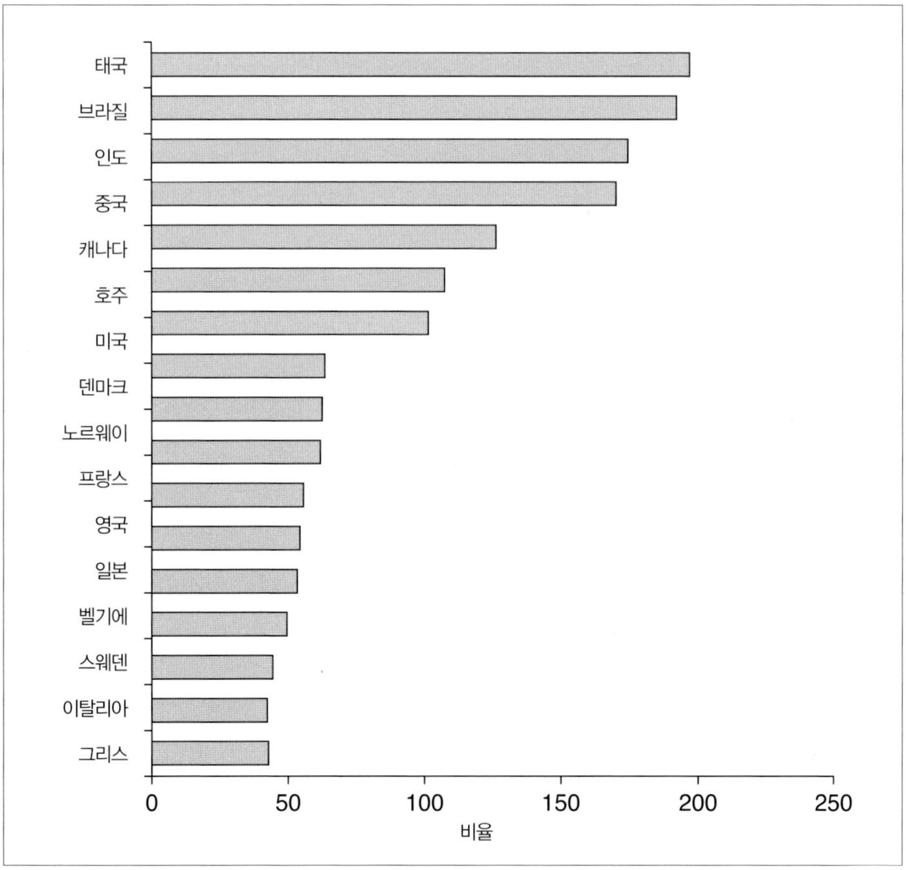

[그림 1-7] 일부 국가의 노인인구 증가율(2000~2030년)

출처: Kinsella & Velkoff (2001).

있다. 흥미롭게도, 유럽 국가들은 다음 30년에 걸쳐서 보다 적은 비율의 노인인구 증가를 경험할 것으로 전망된다. 증가 비율은 그리스 43%부터 덴마크 64%까지 다양할 것이다. 태국, 브라질, 인도, 중국과 같은 개발도상국들은 모두 다음 30년에 걸쳐서 150% 이상의 증가를 가져올 것으로 전망된다. 그래서 노인인구의 증가율은 국가마다 다양하다.[4)]

[그림 1-8]은 특정 지역의 65세 이상 노인인구 비율의 증가를 전망하고 있다. 미국에서는 65세 이상 인구가 2005년에 12.3%에서 2035년 20.2%로 증가할 것으

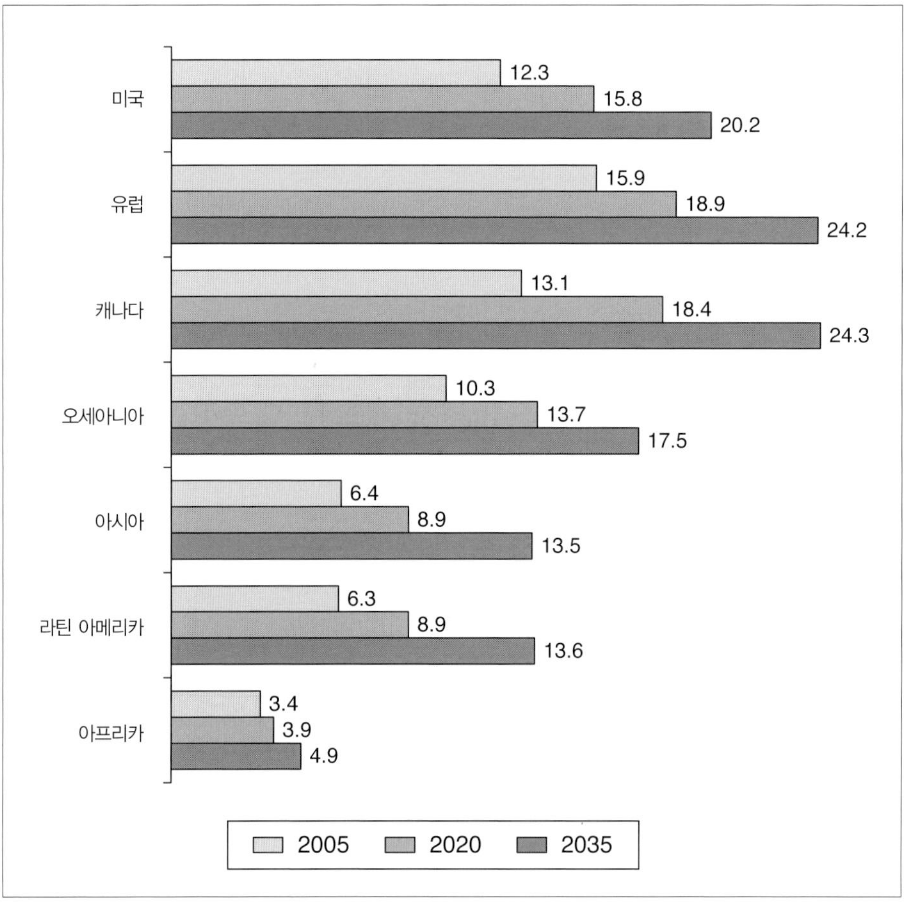

[그림 1-8] 일부 지역의 65세 이상의 인구 비율(2005년, 2020년, 2035년)

출처: United Nations (2008).

4) 역자 주: 국제 65세 이상 노인인구 비중은 2015년 8.2%에서 2060년 17.6%로 증가할 전망으로 나타나며, 한국의 65세 이상 노인인구 비중은 2015년 13.1%에서 2060년 40.1%로 증가할 전망이다(통계청, 2015).

로 전망된다. 유럽은 15.9%에서 24.2%로 증가할 것으로 기대된다. 그러나 아시아와 라틴 아메리카에서는 2005년부터 2035년 사이에 65세 이상 노인인구 비율은 2배가 될 것으로 전망된다.

세계의 80세 이상의 노인인구 비율은 2005년과 2035년 사이에 현저하게 상승할 것으로 전망된다([그림 1-9] 참조). 미국에서 2005년에 80세 이상 인구는 3.5%였는데 2035년에는 5.9%로 상승할 것으로 전망된다. 유럽과 캐나다의 증가는 보다 클 것으로 전망되는데, 각각 3.5%에서 6.9%와 7.4%로 상승할 것으로 기대된다. 아시아와 라틴 아메리카의 비율은 각각 1%에서 2.7%, 1.2%에서 3.2%로 2배 이상 상승할 것으로 기대된다. 비록 아프리카는 80세 이상 노인인구가 적다고 하더라도,

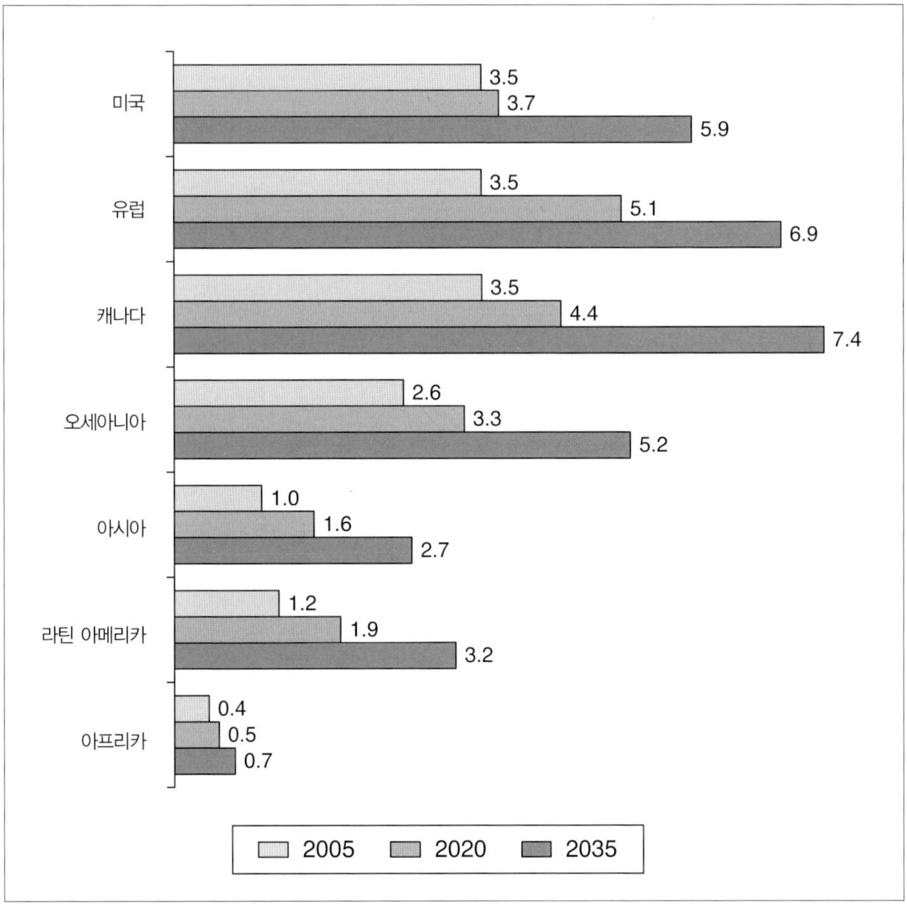

[그림 1-9] 일부 지역의 80세 이상의 인구 비율(2005년, 2020년, 2035년)

출처: United Nations (2008).

그 비율은 2배가 될 것으로 기대된다.

인구 특성을 검토할 때, 각 국가들의 인구고령화 속도를 살펴보는 것이 중요하다. [그림 1-10]은 65세 이상 노인인구 비율이 7%에서 14%로 상승하는 동안의 기간을 보여 준다. 예를 들어, 미국은 69년의 기간(1944~2013년)이 걸릴 것이라고 예상된다. 느린 인구고령화 속도는 일본을 제외하고 대부분의 선진국에서는 일관된 현상이다. 일본은 14%로 상승하기까지 단지 26년의 기간(1970~1996년)만 걸렸다. 인구고령화의 속도는 개발도상국에서 보다 빠르다. 중국은 27년 동안(2000~2027년) 14%에 도달할 것으로 기대된다. 프랑스에서는 이러한 상승에 115년(1865~1980년)이 걸렸다.[5)]

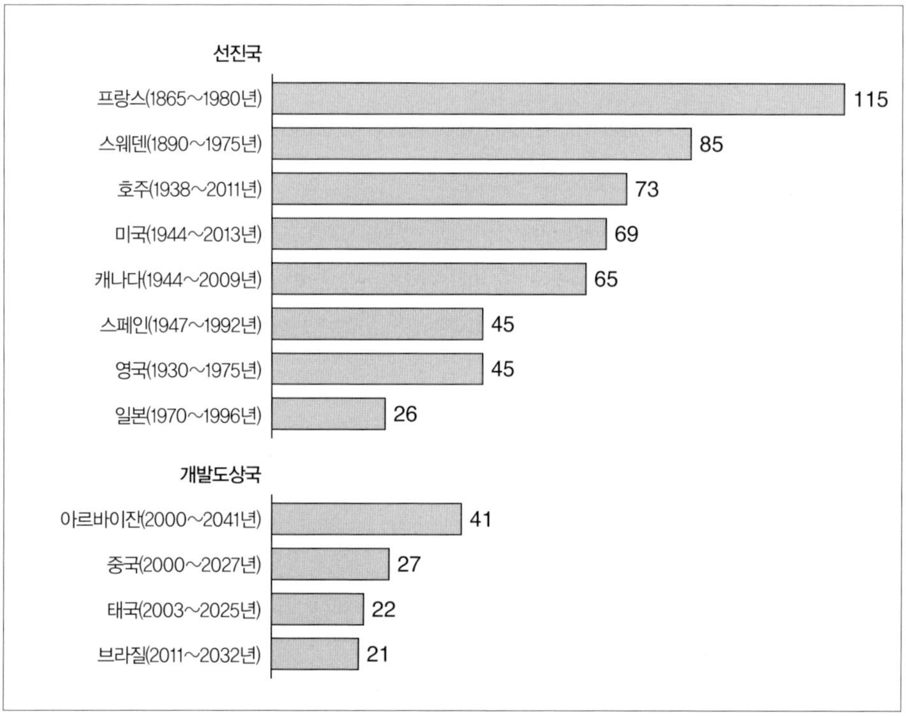

[그림 1-10] 일부 국가의 인구고령화 속도(65세 이상 인구의 비율이 7%부터 14%까지 증가하는 데 요구되는 기간)

출처: Kinsella & Velkoff (2001).

5) 역자 주: 한국은 노인인구가 7%에서 14%로 상승하기까지 17년(2000~2017년)이 소요되었고, 2026년에는 초고령사회(노인인구 21% 이상)에 들어가 급속한 고령화가 예상된다.

인구고령화의 마지막 인구학적 특성은 부양비(dependency ratios)이다. 총부양비는 15세와 64세 사이의 인구수에 대한 15세 미만의 인구수(예: 유년부양비)와 65세 이상의 인구수(예: 노년부양비)를 합한 비율이다. 현재의 노년부양비보다 총부양비를 논의하는 것이 중요한데, 노년층뿐만 아니라 유년층을 부양하는 데 필요한 잠재적 사회적 비용에 대해 보다 완전한 그림을 제공해 주기 때문이다(Mullan, 2002). [그림 1-11]은 일부 국가의 1950년과 2025년의 유년부양비와 노년부양비로 구성된 부양비를 보여 준다.[6] 예를 들어, 미국의 총부양비는 1950년에 54.5였고, 57.1로 약간 증가할 것으로 기대된다. 비록 총부양비가 적은 양으로만 증가할 것으로 전망되더라도, 유년부양비와 노년부양비에 있어서 전환이 있다. 미국에서 1950년에 유년부양비는 41.7이었고 2025년까지는 29.3으로 하락할 것으로 전망된다. 미국에서 노년부양비는 1950년에 12.8에서 2025년에 27.9로 증가할 것으로 기대된다. 일본, 캐나다, 호주/뉴질랜드는 총부양비에서 약간의 증가를 경험할 것으로 기대되는 반면에, 스위스, 프랑스, 이탈리아는 총부양비에서 보다 큰 증가를 할 것으로 전망된다. 흥미롭게도, 중국과 인도는 1950년부터 2025년까지 총부양비가 하락할 것으로 전망된다. [그림 1-11]에 제시된 모든 국가가 1950년부터 2025년까지 유년부양비의 하락을 보여 주고, 노년부양비에서의 증가를 보여 준다. 1950년부터 2025년까지 노년부양비의 가장 큰 증가를 보여 주는 국가는 일본으로, 8.3에서 49.7로의 증가를 보여 준다.

종합적으로 인구통계는 출산율의 하락과 기대수명의 증가를 보여 주는데, 이는 세계적인 인구고령화의 증가에 기여했다. 유럽 국가들, 특히 이탈리아, 그리스, 독일, 스페인의 출산율은 한 여성당 1명 이상의 아동으로 약간 상승할 것이다. 기대수명의 증가는 개인들의 유복한 생활을 70년, 80년, 심지어 90년으로 연장하는 결과를 낳을 것이다. 30년간 165%의 고령인구 증가를 경험한 중국처럼 몇몇 국가에서는 인구고령화를 경험하는 속도가 갑작스러울 것이다. 스웨덴, 미국과 같은 또 다른 국가들에서 인구고령화는 꾸준한 성장 패턴을 지속하고 있다. 초고령 노인인구

6) 역자 주: 국제 총부양비는 2015년 52.1명에서 2060년 61.4명으로 증가할 전망이다. 한국의 총부양비는 2015년 37.0명에서 2060년 101.0명으로 증가할 전망이다. 국제 노년부양비는 2015년 12.5명에서 2060년 28.3명으로 해당 기간 중 15.8명 증가할 것으로 전망된다. 한국의 노년부양비는 2015년 17.9명에서 2060년 80.6명으로 해당 기간 동안 4.5배 증가할 전망이다(통계청, 2015).

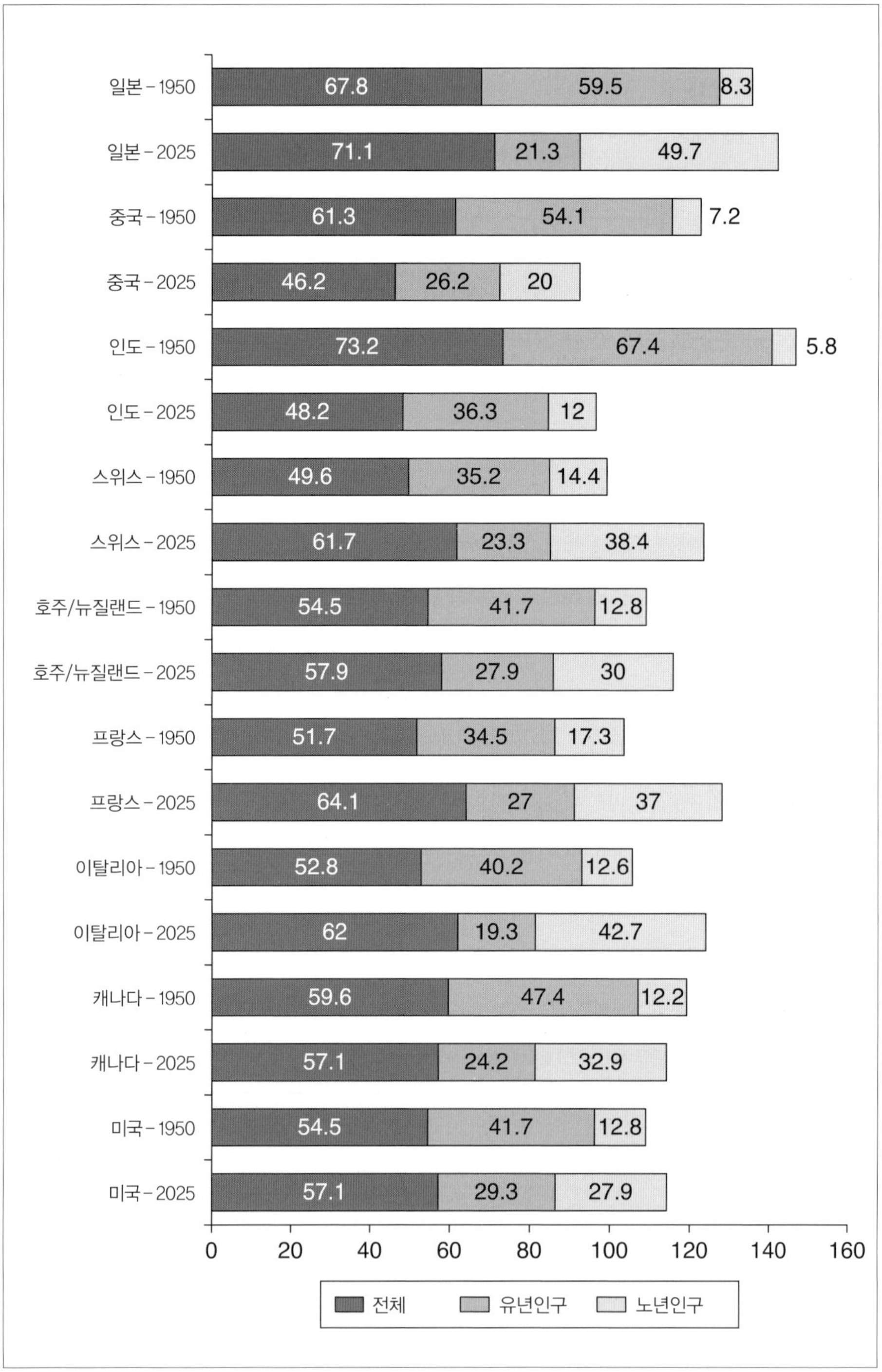

[그림 1-11] 일부 국가의 부양비(1950년, 2025년)

출처: United Nations (2007).

(80세 이상의 노인인구)의 성장은 가장 빠른 증가율을 보이고 있다. 비록 노년부양비가 향후 10년 이내 증가할 것으로 전망되지만, 전반적인 부양비는 75년 기간에 걸쳐서 상대적으로 안정적인 패턴을 유지할 것이다.

이러한 인구고령화 통계 결과에 따른 고령정책으로는 무엇이 있는가? 이들 통계자료가 어떻게 해석되고, 그것이 어떻게 사회정책으로 연결되는지는 두 가지 다른 관점으로 구분된다. 첫 번째 관점은 노인인구의 성장이 모든 사회의 국면(경제적 · 사회적 · 의료적)에 엄청난 부담을 야기할 것이라는 점이다. 또한 노인인구를 부양하기 위해 국가들이 파산할 수도 있는 노년 '위기'의 임박함에 대한 경고가 있을 것이라는 점이다. Peterson(1999, p. 1)은 "우리는 화학무기, 핵 확산, 민족분쟁에 의한 위협보다 더 심각한 위협, 즉 '연령 파동(age wave)'에 직면한다."라고 경고한다. 이 장은 이러한 관심을 증폭시키는 중국 정부관료의 인용으로 시작된다.

두 번째 관점은 인구고령화가 1900년대 이후로 진행되고 있었고, 사회는 이에 적응해 왔다는 점이다. 이러한 관점은 '인구통계학은 운명이 아니다.'라는 점을 신봉한다(Friedland & Summer, 1999, 2005). 또한 시장의 힘과 경제성장을 결합한 정책선택은 증가하는 고령인구의 욕구에 적절하게 부응할 수 있다는 점을 지지한다(Friedland & Summer, 2005; Mullan, 2002). 상상할 수 있는 것처럼 인구고령화에 대한 관점에 따라 고령정책에 접근하는 방법은 현저하게 달라질 것이다. 고령사회정책이 직면하고 있는 주제를 논의할 때 제10장에서 이 주제를 다시 논의할 것이다.

베이비부머 세대가 퇴직연령으로 진입할 때, 인구통계학의 풍경이 다시 변화할 것이라는 점은 의심의 여지가 없다. 이 책의 논의의 관심은 인구고령화에 대해 국가들이 어떻게 반응하는가이다. Hill(2006, p. 250)이 적절히 지적한 것처럼, "나이가 들면서 사람들은 노화에 적응해야만 하고, 이것은 국가도 마찬가지이다."

학습활동: 정책과 인간 간의 밀접한 연계 사례 연구

루시애나의 사례를 통해서, 그녀가 소득, 건강, 사회경제적 지원을 어떻게 경험하는지를 논의해 보자. 각 국가들의 다른 지원 상황에 따라 루시애나의 경험이 어떻게 달라질지를 논의해 보자.

사례 연구

루시애나는 87세의 미망인으로 20년간 혼자서 살고 있고, 지타라는 작은 강아지를 키우고 있다. 50대인 딸들은 풀타임 일을 하고 있는데, 1명은 30분 정도 거리에 떨어져 살고 있고, 다른 1명은 5시간 거리의 지역에 살고 있다. 루시애나는 30년 동안 풀타임 일을 해 왔고, 퇴직 무렵 1년에 4만 5,000달러를 벌고 있었고, 1만 달러의 저축을 가지고 있다.

루시애나는 약한 인지 손상이 있는데, 매우 사교적이고 적극적이라고 할지라도 그녀의 정신능력이 '쇠락'하고 있고, '그녀에게 일어나고 있는 일'에 대해서 종종 울음을 터트린다는 것을 깨닫고 있다. 그녀는 운전과 음식 준비와 재정관리를 할 수 없다. 옷 입는 것과 밤과 아침에 개인적 위생처리를 도와줄 도움이 필요하다. 또한 약 복용을 도와줄 지원도 필요하다. 그녀는 지팡이를 이용해서 보행을 하고, 버스를 타고 내리는 데 요구되는 지원과 함께 장애전용 버스를 탈 수 있다. 그러므로 루시애나는 다음의 지지서비스가 필요하다.

- 일주일에 7일간 아침과 저녁에 샤워하고 옷 입고, 개인적 단장(예: 머리 빗기, 화장 등)을 하는 것에 대한 지원
- 월요일부터 금요일까지의 아침과 저녁 식사 그리고 주말 동안의 모든 식사 지원
- 식료품 구매와 세탁에 대한 지원
- 약 복용과 각종 공과금 지불에 대한 지원
- 반려견 산책에 대한 지원
- 매일 저녁과 주말 동안의 친구 지원
- 의사 방문과 지역사회 행사 참여를 위한 이동서비스 지원
- 집마당 청소와 겨울에 눈 치우기, 필요하다면, 집수리 서비스 지원
- 정신건강 지원서비스

3개 혹은 4개의 국가를 선택해서 만약 루시애나가 그 나라에 산다면 이용 가능한 서비스의 유형을 찾아볼 수 있다. 그녀는 정부연금을 얼마만큼 받는가? 의사 진

료와 처방을 받기 위해 어떤 서비스를 받을 수 있는가? 위에서 제시된 일상생활의 욕구를 충족시켜 주기 위해 이용할 수 있는 서비스로는 무엇이 있는가? 그녀의 욕구와 소득을 고려할 때 어떤 대안적 주택환경을 생각해 볼 수 있는가? 이들 서비스를 위해 그녀는 얼마만큼의 비용을 지불해야 하는가? 그녀의 일상생활 환경은 그녀가 거주하는 국가에 따라 매우 달라질 것이다.

관련 추가 정보

1. 인구피라미드: 미국 인구조사국, 국제자료
http://www.census.gov/data-tools/demo/idb/informationGateway.php
세계 각국의 인구피라미드를 비교하는 데 있어서 유용한 정보를 제공한다.

2. UN: 세계 인구고령화: 1950~2050년
http://www.un.org/esa/population/publications/worldageing19502050/
이 보고서는 유엔 인구국이 2002년 세계노년총회와 그 이후를 위해 준비한 것이다. 보고서는 인구고령화에 대한 세계적 경향을 소개하고, 개발 지역, 주요 영역, 국가들에 따라 고령화 과정에 대한 일련의 지표를 제공한다.

3. 전략국제연구센터
http://csis.org/program/global-aging-initiative
전략국제연구센터의 글로벌 고령화계획(Global Aging Initiative)은 미국과 세계 여러 나라의 인구학적 특성에 대한 장기간의 경제적 · 사회적 · 지리학적 지표를 연구하여 보여 준다. 이 웹사이트는 중국과 라틴 아메리카의 고령화 이슈를 포함해서 세계적 고령화에 대한 흥미 있는 발간물들을 소개한다.

V 부인(71세), 이탈리아 비엘라

저는 1934년에 캄부르자노에서 태어났습니다. 어머니는 방직공이고, 아버지는 재봉사였습니다. 저는 두 오빠와 두 아들을 두었지만, 아직 손자녀는 없습니다. 저와 남편은 공장에서 일했고, 저는 10세 때부터 일을 시작했어요.

저의 하루 일과는 집 근처에서 여러 일을 하는 것입니다. 친척이나 친구들을 만나고, 독서를 하거나 퍼즐 맞추기를 하고, 자수를 놓기도 하며, 남편과 카드놀이를 하기도 합니다. 우리는 일주일에 두 번 체육관에 함께 운동하러 갑니다. 우리가 아들을 만나러 가는 경우는 거의 없고, 그들이 때때로 우리를 보러 옵니다.

저는 심각한 건강문제를 겪은 적은 없는데, 노화로 인한 약간의 장애가 있어요. 연금을 받고 있기는 하지만 액수가 매우 작은데, 오랫동안 아이들을 돌보느라 일을 하지 못했기 때문입니다. 연금 액수는 저의 욕구를 충족하기에는 충분하지 않아요. 제 욕구를 충족시키기 위해서는 치암피(Ciampi)나 파지오(Fazzio) 연금이 필요해요. 남편이나 제가 아프면, 국가의료시스템을 이용해서 병원에 갑니다. 의사를 선택하고 싶거나, 대기를 피하고 싶으면 개인적으로 가서 검진에 대한 비용을 지불합니다.

치아와 눈 검진은 국가의료시스템을 통해서 무료로 이용할 수 있어요. 그러나 많이 기다려야 해요. 치아 임플란트는 비용이 절반이어서, 그 나머지를 우리가 지불합니다. 보청장치는 무료이지만, 새로운 기기를 이용하는 것은 어려워요. 때때로 모델이 10년이나 지난 것도 있어서, 전부 새로운 모델을 이용하기 위해서는 차액을 지불해야 해요. 이탈리아에서는 사보험을 구매할 수 있지만, 70/75세 이상의 연령에만 한정됩니다. 만약 과거에 겪었던 질병에 걸리면, 사보험은 특별한 질병치료에 대한 비용을 충당하지 못합니다.

가족이나 누군가의 도움 없이 혼자서 움직일 수 없는 상황에서 식료품이 필요하면, 코뮤니타 몬타나(Comunita' Montana)라는 프로그램을 이용할 수 있어요. 이것은 매일 따뜻한 식사를 집까지 배달해 주는 지역사회의 비정부 운영 프로그램입니다. 개인 소득에 따라서 약간의 비용만 지불하면 되지요. 이용액의 최대 액수는 하루에 7유로예요. 하루 한 번의 방문을 통해 일주일에 5일 동안 식사를 제공합니다. 교통지원서비스는 없지만, 집 안 청소를 위해서 일반적인 비용보다는 저렴한 비용인, 한 시간에 7유로를 지불하고 이용할 수 있는 파출부가 있어요. 가난하지 않다면 이 모든 서비스 이용에 대해 비용을 지불해야 하지만, 정말로 가난하고 가진 것이 없다면 지역의 관청에서 사례를 조사하고, 은행계좌를 추적해서 지원을 해 줄 것입니다.

노인이 되는 것에 대해 제가 느끼는 점이요? 세상의 끝에 와 있는 것 같아요(하하하). 좋은 점도 있어요. 원하는 것을 말할 수 있지만, 내가 종착지에 있다고 느끼기 때문에 좋지는 않아요. 제가 지금보다 젊었을 때, 어머니가 걱정할까 봐 제 인생에 대해서 어머니에게 모든 것을 말하지 않았어요. 지금 제 아들들도 같은 이유로 그들의 문제를 우리에게 말하지 않는데, 저는 그것이 좋지는 않아요. 미래에 남편과 제가 건강하게 살다가 함께 손을 잡고 죽을 수 있기를 희망합니다. 때때로 노인들보다 고양이나 강아지가 더 많이 대우받고, 노인들은 사회에서 무시를 받는 경향이 있다고 생각합니다.

늙어 가는 것에 대해 학생들에게 어떤 조언을 해 줄 수 있을까요? 오늘날 젊은이들은 너무 많이 가진 것에 비해서 희생하는 법을 모르는 것 같아요. 우리는 극단으로 가고 있고, 그들의 나이 듦은 우리들의 나이 듦보다 더 힘들지도 모르죠. 가장 폭력적인 시대에 태어나서 전쟁을 보았고, 우리는 열심히 일했으며, 우리 세대가 이 나라를 만들었습니다.

제2장

고령사회정책

한 정부의 도덕성 척도는 그 정부가 인생의 새벽에 있는 사람들인 어린이, 인생의 황혼기에 있는 사람들인 노인, 인생의 암흑기에 있는 사람들인 병자, 빈민 그리고 장애인들을 어떻게 대우하는지를 확인하는 것이다.

– Hubert H. Humphrey의 마지막 연설(1977. 11. 1.), 워싱턴 DC

저는 스위스에 거주하는 모든 사람이 받는 기초연금(AVS)을 받고 있어요. 여성들은 퇴직연령이 62세이고, 남성은 65세예요. 우리가 많은 돈을 지출하지 않기 때문에 현재 수령하고 있는 연금액은 충분하지요. 내 연금액이 내가 필요한 욕구에 충분하지 않거나 도움을 줄 수 있는 가족이 없을 때는 티치노 노인협회(Ticino Seniors Association)와 같은 단체들이 나를 도와주지요. 그렇지 않다면 비용이 많이 들어요. 어떤 사람이 정말로 빈곤하다면 정부가 모든 것을 지불해요.

– G 부인(78세), 스위스

우리 모두는 지방정부, 주(州)정부, 연방정부가 제정하는 입법상의 결정들로부터 영향을 받는다. 오늘, 88세인 로빈의 어머니 은행계좌에는 그녀가 매달 수령하는 사회보장 및 주정부 연금이 입금되었고, 그녀는 노인진료버스를 타고 가서 의사를 만나 처방전을 다시 채웠다. 우리는 자가용으로 일하러 갈 때 안전벨트를 착용했는지 반드시 확인하고 속도 제한에 주의하면서 운전한다(적어도 우리는 그 점을 염두에 두려고 노력한다). 로빈은 학생들이 등록금을 지불할 수 있도록 재정적 지원을 받게 도왔다. 그리고 주정부예산에서 내년의 고등교육 예산 삭감을 미리 예상하여 사무실의 운영 예산을 검토하였다. 그녀의 조카들은 공립초등학교에 다니고 있으며, 주정부가 허가한 표준시험을 준비하고 있다.

이러한 각각의 이슈들은 어떤 면에서는 사회정책과 연결된다. 연방정부의 입법 행위는 사회보장 및 연금, 의료보험(Medicare), 대중교통, 학생들의 재정적 지원, 운전자의 운전행동을 통제하는 주정부의 법률 제정과, 고등교육 및 K-12 교육평가의 재정지원에 대한 결정을 허가한다. 실제로 여러분 또는 여러분의 가족이 겉보기에는 아주 사소한 것(안전벨트 착용)부터 더 분명하고 중요한 것(조부모의 의료비를 보장하는 노인의료보험제도)까지 일상생활에서 자주 하는 행위들은 대부분 사회정책의 영향을 받는다. 이러한 각각의 행위들과 무수한 다른 행위들에 대해 여러분이 잠시 동안 생각해 본다면, 여러분은 여러분의 행위들을 안내하고 지원하거나 가족들이 의료비 또는 대학교육과 같은 사회적 재화에 접근하도록 법률로 제정된 정책들을 추적할 수 있을 것이다.

왜 어떤 사회적 이슈들은 법률 제정의 초점이 되고, 다른 사회적 이슈들은 안 되는가? 왜 어떤 정책들은 소개된 첫 번째 시점에 법으로 제정되고, 다른 정책들은 법으로 제정되기까지 수십 년의 시간이 걸리거나(예: 의료보험개혁) 또 다른 정책들은 절대로 통과되지 못하는가(예: 마리화나 합법화)? 이 장의 목적은 사회정책결정과정과 사회정책의 유형 및 내용에 영향을 미치는 변화요인들을 이해하도록 돕는 것이다. 이 장의 후반부에서는 미국의 몇 가지 중요한 정치적 이정표와 국제고령사회정책을 검토할 것이며, 미국 「노인복지법」의 제정과정에 관한 검토와 함께 마무리할 것이다.

사회정책결정과정

정책결정과정의 단계를 논의하기 전에, 우선 공공정책(public policy), 사회정책(social policy) 그리고 고령사회정책(aging social policy)의 용어가 무엇을 의미하는지를 정의하자. 공공정책은 "정부가 하는 일이 무엇이고, 그것을 왜 하는지 그리고 그것이 만드는 차이점이 무엇인지"로 정의된다(Dye, 1976, p. 1). 공공정책은 인간의 삶의 기회에 관한 분배를 포함하여 목적과 효과성을 가지는 공공의 개입에 대한 집합체이다. 사회정책이라는 용어는 보통 논의되고 있는 정책이 교육, 건강, 빈곤, 주택 그리고 다른 사회적 재화의 분배와 같은 사회복지 욕구와 관련이 있을 때 사용된다. 마지막으로 고령사회정책은 특히 노인들을 대상으로 한 사회정책들에 초점을 맞추고 있어 범위가 좁다.

우리는 이 책 전체에 걸쳐서 이러한 용어들을 언급할 때 정책을 산출(product), 즉 실제로 생성되는 법령, 프로그램 및 서비스로서 언급할 것이고 또는 과정(process), 즉 사회정책이 어떻게 형성되는지의 과정으로서 언급할 것이다. 사회정책은 사회문제가 정부의 정책적 대응을 정당화하기 위해 어떻게 인식되는지, 이러한 문제에 대한 해결책이 어떻게 형성되는지 그리고 그 해결책에 대한 결과를 이

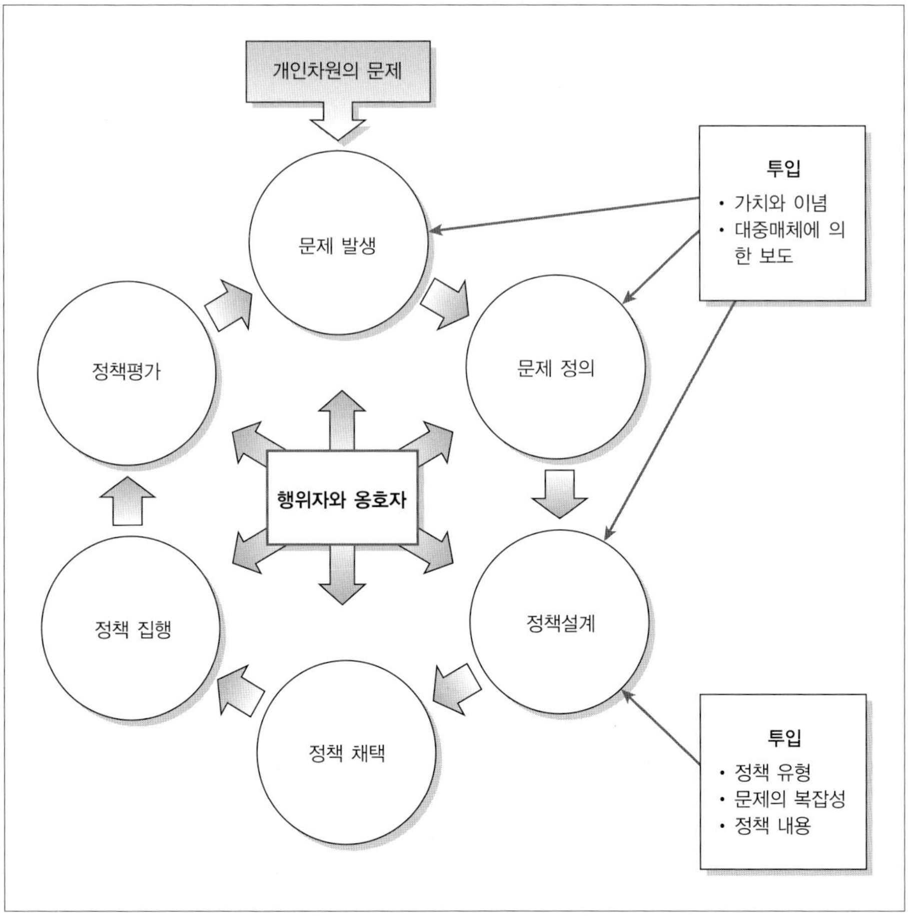

[그림 2-1] 사회정책결정과정

출처: Portney (1986) 재구성.

해하기 위해 정책들이 어떻게 평가되는지를 설명하도록 시도하는 광범위한 연구의 장이기 때문에(Smith & Larimer, 2009), 우리는 사회정책결정과정의 가장 핵심적인 요소들에 대한 간단한 개요만 여러분에게 제공할 수 있을 것이다.

[그림 2-1]은 사회정책결정과정의 여섯 단계를 보여 준다. ① 개인차원의 문제가 사회문제로서 발생한다, ② 문제가 정의된다, ③ 정책이 설계된다, ④ 정책이 채택된다, ⑤ 정책이 집행된다 그리고 ⑥ 정책이 평가된다(Portney, 1986). 물론 현실에서의 정책 입안은 여기에서 기술한 단계적 방식으로 진행되지는 않는다. 오히려 사회정책결정과정은 각 단계들 사이를 앞뒤로 움직이면서 매우 역동적이고 반복적이지만, 각 단계를 식별하는 것은 여러분에게 사회정책결정과정에 대한 좋은 기초적인 이해를 제공할 것이다.

문제 발생

사회정책은 개인차원의 문제를 사회문제 또는 욕구로서 대중의 관심으로 가져왔기 때문에 형성된다. 예컨대, 가족이 그들의 가족 구성원인 노인을 적절하게 돌보는 데 있어 가족단위에서 겪고 있었던 문제가 공공 또는 정부의 해결책을 필요로 하는 대중의 관심사로 확인되었기 때문에 노인을 돌보는 가족부양자들을 지원하기 위한 법률이 존재한다. Bradshaw(1972)는 욕구가 확인되고 표현되며, 사적인 문제에서 공적인 문제로 이동하는 데 도움을 주는 네 가지 인식방법을 확인하였다. 첫 번째는 느낀 욕구(felt need)로, 개인이 배고픔을 느끼는 것과 같은 개인의 욕구를 인지하는 것이다. 욕구는 개개인이 그들 자신의 욕구를 먼저 인식하지 않는 한 공공의 장으로 옮겨 갈 수 없다. 두 번째는 표현된 욕구(expressed need)로, 개인이 원조를 받기 위해서 지역의 푸드뱅크에 가는 것과 같이 표현된 요구(expressed demands)로 변화되어 느낀 욕구이다. 세 번째는 규범적 욕구(normative need)로, 정량화할 수 있는 기준 또는 데이터 사용을 통해 전문가가 정의한 욕구이다. 예를 들어, 연구자들은 노년층의 식품 불안정성(food insecurity)에 대한 문제를 문서화하여 국가차원의 연구를 수행한다. 마지막으로, 비교 욕구(comparative need)는 자신이 속해 있는 집단이 가지고 있는 욕구와 다른 집단이 가지고 있는 욕구의 관계에서 인지된 욕구의 차이이다. 예를 들면, 우리 사회의 모든 사람이 굶주린다는 것은 비교 욕구의 기준이 아니다.

사회정책결정과정은 욕구가 요구로 표현되어 사적인 개인의 문제 또는 욕구가 대중의 관심사로 이동할 때, 욕구 또는 문제가 학계 및 옹호집단과 같은 전문가에 의해 정의될 때(〈글상자 2-1〉 참조) 그리고 사회의 다른 사람들에 대한 욕구에 대해 상대적 평가가 있을 때 시작된다. 또한 욕구로서 확인될 수 있는 문제와 단순히 원하는 문제 사이에는 차이가 있다는 점을 주목하는 것은 중요하다. 우리는 최신 기

〈글상자 2-1〉 인구고령화는 사회적 문제인가

우리는 고령사회정책의 주제가 되는 노년기 노인들의 경험에 대한 이슈들을 다음 장에서 논의할 것이다. 하지만 어떤 저자들은 보통 사회문제가 되는 인구학적 하위 인구집단으로서 노인을 규정한다. 이것이 사실일까? 다음은 인구고령화가 사회문제로서 정의되어야 하는지에 대한 세 가지 관점이다.

"우리는 화학무기, 핵 확산, 민족적 분쟁의 위협보다 더 중대하고 분명한 위협인 '연령파동(age wave)'에 직면해 있다. 기대수명의 증가와 출산율의 감소에 따라 노인인구가 전체인구에서 더 큰 규모를 차지할 것이다. 이 인구학적 변화에 대한 영향력은 큰 충격을 줄 것이다. 그것은 엄청난 액수의 사회적 비용을 가져올 것이고, 더 작은 규모의 생산인구가 큰 부담을 안게 될 것이다. 서구 국가들이 이것을 도전과제로 인식하고 충족시킬 수 있는 전략을 세우지 않는 한 미래는 어둡고 암울할 것이다."(Peterson, 1999)

"고령화 '문제'는 없다. 더 긴 수명과 조기사망률 감소는 걱정할 필요가 없는 축하할 이유이다. 인구는 고령화되어 왔으며, 오늘날 예측되는 일련의 재정 및 사회적 위기를 일으키지 않고 100년 이상 동안 거의 같은 속도로 떨어지는 비율을 지지한다. …… 정년 퇴직자는 하룻밤 사이에 도움이 필요한 쓸모없는 부양가족이 되지 않으며, 엄밀히 말해서 더 이상 그와 같이 취급되어서도 안 된다. 나이 듦은 질병이 아니다. 그저 더 긴 삶을 살지만, 장기적으로는 더 건강하고 더 준비되어 있는 삶을 사는 사람들과 함께 이 자동적 의존신화에 대한 믿음은 점점 더 줄어들 것이다. …… 그래서 노인들은 '감당할 수 없는 짐(unsupportable burden)'으로 표현하지 않으며, 그들이 경제적 성장률을 약하게 하는 원인도 될 수 없다. 고령화 '문제'는 존재하지 않는다."(Mullan, 2002)

"인구통계학은 정치적 어젠다에 부합하거나 또는 적어도 현재와 대중의 이념적 입장을 조정하는 방식에서 사회문제를 재구조화하고 재정의하는 데 사용할 수 있고 또 계속 사용해 왔다."(Gee, 2002)

계장치를 원하지만, 그것을 갖고 있지 않다고 해서 사회정책적인 차원에서 합법적인 관심의 대상이라고 할 수 있는 식량(음식), 주거 또는 의료보험 결핍과 같은 인간의 기본적 욕구에 부정적인 영향을 미치지는 않는다. 물론 이러한 최신 기계장치를 갖고 있는 광고주들은 그들이 제공하는 것이 무엇이든지 간에 우리가 욕구를 가지고 있다는 것을 확신시키기 위해서 확인될 수 있는 욕구(needs)와 단순히 원하는 욕구(wants)를 혼동하기를 원할 것이다. 하지만 새로운 기술을 단순히 갖고 싶어 하는 약한 결핍이 공공정책의 문제로서 정의될 가능성은 거의 없어 보인다.

문제 정의

개인적인 문제가 더 많이 공개되어 감에 따라, 문제의 정확한 본질을 정의하는 것은 사회정책결정과정의 초기단계에서 직면하는 또 다른 중요한 단계이다. 어떤 이슈는 사회적 문제로서 고려되어야 한다는 인식이 있을 수 있지만, 그 문제가 어떻게 정의되는지는 정책대응의 본질을 결정지을 것이다. 예를 들어, 우리가 부양자의 스트레스 원인을 알츠하이머 환자를 보살피는 방법에 대한 정보 부족으로 정의한다면, 정책설계는 부양자들에게 돌봄의 어려움을 극복하는 데 도움이 될 수 있는 정보를 제공할 수 있는 방법을 모색하려고 할 것이다. 문제의 원인이 무엇인지를 정의하는 것은 어렵고 종종 큰 논의의 대상이 되는 논란의 여지가 있는 일이다. 노인학대 및 노인빈곤 문제는 사회문제와 가족문제가 복잡하게 혼합되어 나타날 가능성이 있기 때문에 어렵다. 또한 문제의 본질을 정의하는 것은 가치와 이념 그리고 대중매체를 통해 문제 정의에 관한 여론을 형성하기 위해 일하는 공공정책조직들의 노력에 영향을 받기 때문에 논쟁적이다.

가치와 이념

결국 사회정책에 대한 해결책을 가져올 수 있는 문제를 확인하고 정의하는 과정은 그런 이슈가 문제인지의 여부와 정부가 해결책을 가지고 대응해야 하는지에 대한 의견을 제시하는 개인 및 집단적 이념과 가치의 맥락 안에서 논의된다. 예를 들면, 개인주의와 집합주의의 대조적인 이념들을 고려한다(Gill & Ingman, 1994). 개인주의는 정부가 최소한의 개입을 하고 개인과 가족이 직면해 있는 문제에 대한 해결책을 찾아야 한다고 주장한다. 반면, 집합주의는 사람들이 직면하는 문제를 극복하도록 돕는 것을 집단 또는 국가의 책임으로 받아들인다. 그래서 부양자 스트레스에 대한 이념적 논의는 돌봄 문제를 가족이 단독으로 해결해야 할 사적인 문제인지의 여부 또는 공식적으로 재정이 지원된 프로그램에 의한 부양자로서 그들의 역할을 지원해야 하는지의 여부이다.

정부의 이 개입수준은 때때로 정부가 국민들을 대표하여 수행하고자 하는 사회적 위험에 대한 수준으로서 언급된다(Watkins & Watkins, 1984). 사회적 위험은 우리가 살아 있는 한 계속 존재하며 경제적 구조 안에서 수반된다. 예를 들어, 여러분이 심각한 질병에 걸릴 수도 있고 또는 불황기에 실직을 당할 수도 있다. 이러한 사회적 위험에 대한 정부의 대응은 위험을 무릅쓰는 것(의료비 또는 소득손실을 극복하는 것은 개인의 책임)에서부터 위험의 일부 또는 모두를 감수하는 것(정부가 의료접근성 또는 실업급여를 제공)까지의 범위일 수 있다.

위험채택에 대한 이 개념을 더 잘 설명하기 위해서 퇴직 후 소득의 적절성에 대한 이슈를 다시 언급한다. 정부는 직장경력 없이 노년기에 들어갈 수 있는 개인(집에서 자녀양육을 하기로 선택한 부모 또는 성인기 동안 일하지 않고 보호를 받았던 장애인) 또는 연금계획을 제공하지 않았던 고용주에게 최저임금으로 고용되어 평생 동안 일해 왔던 사람들을 대신하여 어떻게 대응해야 하는가? 모든 국민에게 직장경력이 없음에도 불구하고 퇴직 후에 최저수준의 소득을 보장해 주어야 하는가? 사회보장 프로그램은 정부가 국민들을 대신하여 사회적 위험을 감수하는 사례이다(〈글상자 2-2〉 참조). 개인주의와 집합주의와 같은 사회적 문제와 해결방안에 관한 논의에

〈글상자 2-2〉 사회보장: 위험부담 사례

우리는 결코 모든 사람의 삶에 대한 위험 및 우여곡절에 맞서 모든 사람의 위험부담을 100% 보장할 수는 없다. 하지만 우리는 실업 또는 노인들의 빈곤퇴치에 맞서 일반시민과 그의 가족들에게 어떤 보호조치를 제공하기 위한 법체계를 만들려고 노력해 왔다.

— Franklin D. Roosevelt(1935. 8. 14.)

정보를 제공하는 이념과 가치에 대해 생각해 보면, 사회정의, 공정성, 형평성과 같은 다른 가치들이 가장 확실하게 영향을 미칠 것이다.

공공정책집단

사회정책 분야에 관여하는 많은 공공정책집단(이 장의 마지막 부분에서 구체적으로 고령화정책과 관련된 사람들을 확인할 것이다)과 싱크탱크(think tanks)는 사회문제를 해결하기 위해 정부가 책임져야 할 위험수준에 대해 다양한 이념적 입장을 반영한다. 예를 들면, 케이토 연구소(Cato Institute, 2010)의 미션은 "제한된 정부, 자유시장, 개인의 자유 그리고 평화의 원칙들을 기반으로 한 공공정책의 이해를 증진시키는 것"이다. 반면, 영연방연구소(Commonwealth Institute, 2010)의 비전 성명서는 "우리는 개인을 보호하고 권한을 부여하는 정부의 기본적인 기능을 수행하는 공동선을 위한 정책을 믿으며, 이들을 최고의 잠재력에 도달하게 하고, 안전하고 환경적으로 건강한 세상에서 공평한 경쟁의 장이 되도록 노력한다."라고 말한다. 이러한 집단들은 대중매체와 다른 현장들(venues)을 통해 사회문제를 정의하는 것에 관한 그들의 관점과 그러한 문제를 해결하는 정부의 역할을 촉진하기 위해 일한다.

대중매체에 의한 보도

문제가 대중의 의식 안으로 들어가는지의 여부와 그 문제가 어떻게 정의되는지는 모든 형태의 대중매체, 즉 TV, 신문, 잡지, 블로그, 유튜브 그리고 다른 사회적 매체의 영향을 분명하게 받는다. 1993년 8월에 『라이프(Life)』 잡지의 표지(〈글상자 2-3〉 참조)는 1990년대의 개인적인 문제를 대중의 관심으로 옮겨 온 좋은 예로서, 개인차원의 부양에 대한 문제를 인쇄매체가 대중의 의식으로 올라오도록 역할을 했던 하나의 사례이다. 이 기사는 한 딸의 고령이 된 어머니의 신체적 기능의 쇠퇴와 독립적인 생활에서부터 가족들이 함께 생활하기 위해 독립된 시어머니의 아파트로 이사하고 결국에는 요양원에 입소하게 되기까지의 이야기를 연대순으로 기록하였다. 각 변화의 시기마다 이야기는 딸의 어머니에 대한 신체 및 사회적 욕구와 부양에 따른 정서적 · 신체적 · 재정적 부담에 대해 그 딸이 경험한 돌봄에 대

〈글상자 2-3〉 부양문제를 대중의 의식 안으로 가져오기

1993년 8월에 출간된 『라이프(Life)』 잡지와 같은 대중매체의 노출(인쇄, TV 및 라디오는 사회적 의사소통을 위한 가장 좋은 원리였다)은 사적 부양의 문제가 대중의 조명을 받아 공적 부양의 정책적 지원방안을 모색하게 한 사례이다.

출처: 표지는 © Life Magazine, 사진은 © Dana Fineman.

한 어려움이 기술되었다. 이 기사는 대중매체에 의한 보도를 통해 '샌드위치 세대'의 개념과 더 많은 사람이 더 오래 산다는 사실 그리고 "다른 해결방안이 절실히 필요하다."라는 내용으로 그 당시에 공개된 기사들 중에서는 최초였다(p. 36). 또한 1990년대 초기에는 사회보장의 미래에 '문제'가 있는지의 여부와 사회보장 프로그램들을 민영화하기 위해 제안된 해결방안에 관한 논의에 대해 광범위한 대중매체를 통한 보도가 있었다(〈글상자 2-4〉 참조). 1995년에만 25개의 이야기가 『타임(Time)』지와 『뉴스위크(Newsweek)』지 같은 5개의 주요한 뉴스 잡지에서 나타났다(Clawson, 2003). Jerit와 Barabas(2006)는 사회보장이 1998년 3월에서 1999년 5월까지 관련 언론을 통한 전국 매체에서 가장 심각하게 보도된 주제였고, 많은 보도가 프로그램의 재정적 미래에 대해 오해의 소지가 있는 정보를 전달한 것을 발견하였다. 다양한 종류의 대중매체를 통한 공공의 장에서 발생하는 논의는 개인의 문제를 정책적 해결방안에 부합하는 사회적 문제로 만들고, 그 문제의 정의에 대한 여론을 형성하는 데 중요한 요소이다. [그림 2-1]에 묘사된 것처럼 일단 문제가 확인되었으면, 다음 단계는 정책 해결방안을 마련하거나 정책에 대한 설계(design)를 하는 것이다.

〈글상자 2-4〉 사회보장의 문제 정의를 위한 공청회

문제를 형성하거나 정의하기 위한 공청회는 정책결정과정에서 가장 중요한 단계이다. 사회보장 '문제'를 정의하는 것에 대한 이들의 반대 의견을 살펴보자.

"Franklin Roosevelt 대통령 정부의 뉴딜시대에 가장 오래 지속되고 정치적으로 영향력이 큰 유산인 사회보장제도는 위기를 겪고 있다. 사회보장비 적자는 가까운 미래를 예측하면 다음 몇 년 동안은 작은 손실일 수 있지만, 21세기에는 아마도 깜짝 놀랄 정도의 큰 손실을 경험할지도 모른다. 무언가를 해야만 한다."(Cowan, 1978, p. 1)

"장기간의 재정문제가 있다. 하지만 그것의 문제는 그다지 대단하지 않은 규모의 문제이다. 의회예산국의 보고서는 이익의 변화가 없는 신탁자금을 22세기의 삶으로 연장하는 것은 GDP의 0.54%에 불과한 추가 수입이 필요할 것임을 발견한다. 그것은 현재 이라크에 지출하는 비용보다도, 연방정부의 예산세출의 3%보다도 더 적다."(Krugman, 2004).

"사회보장의 실제적인 문제는 비평가들이 시사하는 것보다 훨씬 덜 극적이며, 따라서 그들이 제안한 것보다 훨씬 덜 극적인 해결방안이 필요하다."(Herd & Kingson, 2005, p. 200)

정책설계

정책결정자들이 정책적 해결책이 필요한 사회문제가 있음에 동의한다면, 정책결정과정의 다음 단계는 정책설계 또는 정책내용이다. 세 가지 다른 형태의 사회정책이 있으며, 그런 정책 유형 내에서 정책설계는 문제의 복잡성에 영향을 받을 것이고, 그 문제가 어떻게 다루어지는지, 어떤 급여가 제공될 것인지, 누가 급여를 수령할 것인지를 설명하는 규정을 포함할 것이다.

정책 유형

사회정책의 설계는 세 가지 형태로 범주화될 수 있는데, 분배(distributive), 규제(regulatory), 재분배(redistributive)이다(Lowi, 1964). 분배정책은 작고 분명한 관심 집단에 대한 혜택의 승인을 언급한다. 분배정책은 일반적으로 합의를 이끌어 내는 것으로 보이며, 그 전형적인 결과는 대중의 공동선에 부합하고 혜택(benefits)에서 무언가를 제공하는 입법안이다. 이것들은 의회 의원들에 의해 전개된 특정 지역의 혜택, 즉 정부 주도의 지역개발 사업비이거나 교통과 같은 기반시설에 지출하는 연방정부의 사업일 수 있다(Birkland, 2001). 규제정책은 기업 또는 직종의 행위를 통제하거나 안전하지 않은 제품 혹은 환경오염과 같은 민간기업 등의 활동에 대한 부정적인 효과로부터 일반 시민을 보호하기 위해 설계되었다. 재분배정책은 3개의 범주 중에서 가장 논란이 많다. 그 이유는 계층 간의 부 또는 개인의 인권 및 사회적 권리와 같이 가치가 큰 사회적 재화의 할당을 조작하기 때문이다. 재분배 사회정책 아래에서의 이전(transfer)은 부유한 사람에게서 부유하지 않은 사람에게로 재분배가 이루어지는데, 이러한 정책들은 사회에서 힘이 있는 집단을 이기기 위해 덜 강력한 힘을 요구하기 때문에 통과하기 어렵다(Birkland, 2001). 예컨대, 사회보장 프로그램은 저소득 노인층에게 유리한 급여(benefits) 방식으로 계산되기 때문에 재분배적인 요소들을 포함하고 있다(Moon & Mulvey, 1996).

문제의 복잡성

문제의 복잡성은 고려 중인 사회문제가 얼마나 복잡한지를 말하며, 복잡성의 정도는 정책설계에 영향을 미칠 것이다(Ingraham, 1987). 지난 50년 동안 빈곤과 같은 많은 사회문제를 처리하기 위한 법이 제정되어 왔지만, 이러한 문제들이 여전히 존재한다는 사실은 관련 쟁점들을 해결하기 위한 법안이 아마도 본질적으로 매우 포괄적이지 않았을 것이라는 생각에 신빙성을 부여한다. 반대로, 장애인을 위한 접근 가능한 주차공간을 확보하는 문제는 상대적으로 장애인 주차 표지판을 제공하거나 기업의 현관 입구에 가까운 주차 공간을 제공하는 다소 간단한 해결방안(하지만 비장애 운전자가 장애인 주차 공간에 주차하는 것을 막지는 못한다)을 가지고 있는 단순한 것이다. 따라서 왜 사회문제가 단순한 것부터 복잡한 것까지 연속체의 범위에서 존재하는지에 대한 이유와 이러한 복잡성의 이유 때문에 어떤 사회정책의 해결방안은 정책설계의 확대로 나타났으며, 문제에 대해 한 가지 또는 두 가지 요소만 다루었을 것이다. 예컨대, 소득이 적거나 없는 노인들의 생계비를 제공하는 보충적 소득보장(Supplemental Security Income: SSI) 급여는 노년기의 빈곤에 영향을 미치는 사회경제적 요소들을 해결하지는 못했지만, 오히려 생계를 위한 소득을 지원하면서 노인들이 경험하고 있던 문제를 즉각적으로 해결하였다.

문제의 복잡성과 관련된 요소는 문제의 동의에 대한 중요한 이해당사자들 간의 합의이다(Ingraham, 1987). 문제 또는 그 문제의 해결방안에 대해서 매우 동질적이고 생각이 비슷한 이해당사자일수록 정책설계는 문제를 해결하기 위한 접근방법이 포괄적일 가능성이 높을 것이다. 반대로, 이해당사자들이 서로 조정하여 일치하지 않는다면, 정책의 해결방안은 범위가 제한될 것이고 덜 포괄적일 것이다.

정책내용

사회정책이 형성될 때, 입법안의 내용은 세 가지 쟁점, 즉 무엇이 제공될 것인지, 어느 범위까지 그것을 제공할 것인지 그리고 누가 급여를 수령할 자격이 있는지를 다룰 것이다. 첫째, 무엇이 제공될 것인지는 급여의 종류를 결정하는 것과 함께 시작한다. 급여는 서비스가 될 수 있는데, 서비스는 정부가 직접 제공할 수도 있고 비영리 혹은 민간부문 단체와의 계약을 통해 간접적으로 제공할 수도 있다(Birkland, 2001). 정부가 직접 제공하는 서비스의 예는 미국 연방노인청의 공공서비스에 대한 정보 제공 및 안내 웹사이트인 국가노인보호 정보서비스웹(Eldercare Locator)이 있다. 비영리 혹은 민간부문 단체와의 계약을 통해 서비스를 제공하는 예는 「노인복지법」에서 재원이 지원되지만, 지역의 가정보건기관과 계약을 맺는 휴식보호서비스가 있다. 또한 급여는 실재 화폐로 지급될 수 있다. 금전적 이전의 급여 형태의 예로는 저소득 노인층을 위한 보충적 소득보장(SSI)의 지급이 있다. 이 법안에서 정의된 서비스 혹은 급여의 범위는 앞에서 우리가 논의한 것처럼, 정부가 얼마나 많은 위험을 감수하는지를 상징한다. 예를 들면, 퇴직소득을 제공하기 위한 법안은 제정될 수 있지만, 퇴직소득에 대한 지원수준은 급여수준이 한 개인의 월평균 식량비에 대한 빈곤수준에 의한 정의에 근거를 둔다면 덜 관대하다. 반면, 급여수준이 전체인구의 평균소득에 근거를 두면 더 관대할 수 있다.

서비스 또는 프로그램을 승인하는 입법안은 누가 자격이 있는지를 정의해야 한다. 서비스 또는 급여에 대한 자격은 협소하게 정의될 수 있고, 고령인구의 특정 하위집단만을 대상으로 하거나 더 보편적인 인구집단을 대상으로 정의될 수 있다. 만약 급여에 대한 자격이 가족지원 혹은 경제적 파탄의 결과로서 '정말로 빈곤한 사람'에 대해서만 한정하여 매우 협소하다면, 여기에 내포된 메시지는 사회가 제한된 양의 위험에 대한 책임만 승인하기를 바란다는 것이다. 반면, 보편적 접근은 위험수준의 승인이 더 크고, 급여 및 지원은 한 지역사회의 모든 시민에게 전파되는 경우이다. 「노인복지법」에서 승인된 프로그램에 대한 자격의 기반이 되는 연령을 사용하는 것은 식품권(food stamp) 자격을 결정하는 것과 같이 소득 및 재산에 대한 자산조사를 사용하는 것과 비교하여 자격에 대해 더 보편적인 접근이다.

지금까지 이 장에서는 입법과정이 대중의 관심수준으로 올라온 문제에서부터 어떻게 시작하는지와 정책설계에서 고려해야 할 몇 가지 요소를 간단하게 논의해왔다. 이제 정책 채택과 정책이 정책설계에서 정책 채택으로 어떻게 옮겨 가는지에 대한 과정으로 넘어가고자 한다.

정책 채택: 과정 및 참여자

법안이 어떻게 법률로 시행되는가? 여러분이 이해하는 데 도움을 주기 위해서 우리는 [그림 2-2]의 '마을에서 장기간 운영되는 입법활동 게임'(New York Times Company, 1985)을 제시한다. 이 게임은 법안이 법률이 되도록 시도하는 입법활동에 대한 여정에서 여러분에게 모든 가능한 조치 및 잘못된 조치에 대한 안내를 돕고, 법안을 법률로 통과시키는 것이 왜 어려운지를 보여 준다. 제안된 입법안은 주민, 대통령, 로비스트 또는 의회 의원들로부터 제출된다. 상원의원 혹은 대표자는 법안을 하원 및 상원 직원에게 공식적으로 제출하면서 소개할 수 있다. 일단 법안

마을에서 장기간 운영되는 입법활동 게임
글: Marjorie Hunter
그림: Tom Bloom
출발
1 법안은 하원 의원에 의해 제출된다(법안 발의).
2 법안은 하원의장이 상임위원회로 회부한다.
3 하원 상임위원회에서 법안을 승인한다.
11번으로 전진하기
4 하원 상임위원회는 법안을 분과위원회로 회부한다.
5 백악관은 법안을 찬성한다.
예외적인 절차 밟기
6 백악관은 법안을 반대한다.
7 하원 분과위원회는 법안을 부결한다.
2번으로 되돌아가기
8 하원 분과위원회 전원이 법안을 찬성하고 법안을 상임위원회로 보낸다.
9 하원 상임위원회는 법안을 폐기한다.
40 하원-상원 회의는 동의할 수 없다.
41 하원-상원 회의는 절충안에 도달한다.
42 하원은 회의에 의한 절충 법안을 거부한다.
38번으로 되돌아가기
43 상원은 회의에 의한 절충 법안을 거부한다.
38번으로 되돌아가기
44 상원은 회의에 의한 절충 법안을 수락한다.
45 하원은 회의에 의한 절충 법안을 수락한다.
46번으로 전진하기
46 법안을 백악관으로 보낸다.
47 대통령은 법안을 찬성한다.
53번으로 전진하기
48 대통령은 법안을 거부한다.
49 하원은 거부권을 지지한다.
처음부터 다시 시작하기
50 하원은 거부권을 기각한다.
51 상원은 거부권을 지지한다.
처음으로 되돌아가기
52 상원은 거부권을 기각한다.
53 대통령은 법안이 법률이 되도록 서명한다.
여러분은 이 게임에서 이겼다!
이제 대통령과 함께 사진촬영을 준비하고, 무료 펜을 가질 수 있다.

[그림 2–2] 법안은 어떻게 법률로 시행되는가

출처: NY Times Company (1985).

은 소개되었고, 소개된 법안에는 의안 번호가 주어진다(하원에 제출된 법안은 H.R. ___ 또는 상원에 제출된 법안은 S. ___).

하원과 상원의 규칙들은 어떤 위원회가 법안을 고려할 것인지를 가리킨다(게임보드 4단계 생성). 위원회는 입법활동이 발생하는 곳이며, 각 위원회는 분과위원회, 절차상의 규정 그리고 의장이 있다. 의장은 일정 또는 법안이 언제 고려될 것인지에 대한 많은 통제권을 가지고 있다. 청문회는 종종 누가 입법안에 호의적인지 그리고 이 입법안의 효과에 대해 더 배우기 위해 불려 간다. 분과위원들은 보통 법안을 다시 고쳐 쓰고, 승인을 위한 투표를 해서 만약 승인되었다면 법안은 위원회로 돌아간다. 만약 전체 위원회가 법안을 승인한다면(게임보드 10단계 생성), 법안의 추정된 비용과 연방정부의 영향에 관한 보고서를 포함하여 전체 하원과 상원이 고려해야 할 것으로 보내진다. 만약 전체 위원회 위원들이 법안을 승인하지 않았다면, 법안은 보통 의회의 나머지 회의기간에 사장된다. 대부분의 법안은 위원회에서 조용히 사장된다.

법안이 위원회에서 옮겨지면, 위원들이 법안을 검토하고 개정을 제안하기 위한 일정이 정해진다. 만약 위원들이 법안을 통과시킨다면, 법안은 다른 의회조직, 즉 하원 또는 상원으로 향한다(게임보드 23단계 생성). 다른 하원 또는 상원 위원회는 법안에 관한 보고서를 호의적으로 선택할 것인지 아니면 법안을 전체 위원회의 검토를 위한 일정표에 두거나 혹은 위원회에 보내어 사장시키거나 어떤 행동을 취하기 위한 조직으로 보낼 것인지를 선택할 것이다(게임보드 24~31단계 생성). 만약 하원과 상원 모두가 법안에 찬성한다면(또는 유사한 법안이 동시에 검토되었다면), 의회위원회는 두 법안 간의 차이를 조정한다. 의회위원회가 두 법안에 관한 합의에 도달하면 합의보고서와 마지막 버전의 법안이 최종 투표를 위해 두 위원회에 제출된다.

승인되면, 법안은 검토를 위해 대통령에게 보낸다. 대통령은 법안을 법으로 승인하거나 혹은 기각할 것이다. 만약 입법안을 제출했던 의회 위원 수의 2/3가 대통령의 거부권을 무효화하기를 결정하면, 법안은 두 번째 의회로 보내져 2/3의 표결은 대통령의 서명 없이 법으로 전환될 것이다. 법안이 법률로 전환되면 공법(P.L.) 번호가 부여되며 미국 법전으로 출판된다(U.S.C.). 재원은 예산과정에서 충당되어야 한다. 여러분은 웹사이트 주소(www.thomas.gov)로 방문을 하여 하원 또는 상원에서 제출된 법안을 확인할 수 있다.

정책 집행 및 평가

[그림 2-1]에 제시한 것과 같이, 정책결정과정의 마지막 단계는 정책의 집행 및 평가이다. 법률 및 시행계획에 대한 검토는 법률을 시행할 책임이 있는 연방정부기관에서 수행한다. 정책평가는 입법이 몇 가지 이익을 가져왔는지 혹은 입법이 정해진 목표를 달성했는지를 평가한다. 정책평가는 보통 대학교, 싱크탱크 그리고 정부가 시행하는 프로그램에 대한 회계 및 평가를 담당하는 정부감사실을 포함한 외부기관에서 실시한다. 또한 하원위원회와 상원위원회는 법안의 영향에 관한 피드백을 수집하기 위해 자주 청문회를 개최한다.

행위자와 옹호자

우리가 앞에서 간단하게 언급한 것처럼, 정부의 안과 밖에는 정책결정과정의 각 단계마다 영향력을 행사하려는 행위자들과 옹호자들이 있고([그림 2-1] 참조), 많은 사람이 주로 고령사회정책에 관심을 가지고 있다. 정부 내에서 상원의 고령화특별위원회는 고령화와 관련된 정책문제에 관한 논의와 토론을 위해 상원이 중점을 둔다. 상원의 고령화특별위원회는 1961년에 임시위원회로서 처음 설립되었으며, 1977년에 영구적인 위원회로 인정되었다. 이 위원회는 고령자에게 영향을 미치는 이슈와 프로그램의 감독을 수행한다. 하원은 1975년에 35명의 위원 수로 시작한 고령화선정위원회라 불리는 유사한 위원회가 있었지만, 1992년에 해체되었다(Wikipedia, 2010). 지역노인복지사무소(AAA) 장들의 컨소시엄인 전국지역노인협회(National Association of Area Agencies on Aging: N4A)는 고령자를 위한 서비스 및 지역 자원에 대한 회원들의 원조를 지지한다. N4A의 회원(2010a)들은 연 1회 의회 대표들을 만나서 회원들이 우려하는 부분에 대한 이야기를 나누기 위해 국회를 방문한다.

또한 정부 밖에 있는 옹호집단들은 고령화정책의 형성에 중요한 역할을 한다. 아마 일반 대중이 가장 많이 인정한 집단은 미국퇴직자협회(American Association of

Retired Persons: AARP)일 것이다. 미국퇴직자협회는 1958년에 설립되었고, 1985년에 설립된 이 협회의 공공정책연구소는 고령화정책에 관한 공식적인 논의, 특히 경제적 안정, 건강보호 그리고 삶의 질에 관한 부분을 알리고 촉진시키는 조직 내 부서이다(AARP, 2010).

또 다른 주목할 만한 비정부조직은 전국고령자협회(National Council on Aging: NCOA)로 중요한 비영리 옹호집단이다. NCOA(2010)에 따르면, 회원들은 "가장 욕구가 필요한 노인들의 전국적인 목소리를 통해, 그들을 원조하는 사람들과 함께 지역사회의 서비스와 지지를 결합하고, 노인들에게 권한을 부여하고 이끌어 공공정책의 개선을 위한 노력을 한다." 전국고령자조직연합회(Leadership Council of Aging Organizations: LCAO, 2010)는 정책입안의 장(arena)에서 노인들을 위한 이익을 대변하고, 노인들에게 영향을 미치는 이유에 대한 정보를 데이터화하는 역할을 하며, 협회 회원들과 그레이 팬더스(Gray Panthers, www.graypanthers.org)와 같이 덜 알려진 집단들 간의 공동 옹호전략을 시작하는 60개의 전국 고령자 옹호조직들에 대한 컨소시엄이다.

또한 치매협회(www.alz.org), 전국노인학대예방협회(www.preventelderabuse.org) 그리고 가족돌봄자연맹(www.caregiver.org)과 같이 고령화 이슈와 관련된 옹호집단들이 있다. 또 노인여성연합(www.owl-national.org), 전국히스패닉노인협회(www.anppm.org), 전국흑인노인 이익단체 및 센터(www.ncba-aged.org) 그리고 성소수자(GLBT) 노인들을 위한 서비스 및 옹호(www.sageusa.org)와 관련된 몇몇 단체가 있는데, 이들 집단은 다양한 소수노인집단과 관련된 문제를 촉진시키기 위해 존재하는 옹호집단들이다.

마지막으로 노인 유권자들은 언론에 의해 강력한 투표 블록으로 간주되어 왔다(Campbell, 2003). 하지만 연구 결과에 따르면 투표 연령이 다른 연령대의 유권자들처럼 동일한 정치, 경제 및 사회적 노선을 따라 노령인구가 투표로 나누어지기 때문에 투표 행위가 단일체(monolithic)가 아님을 보여 준다(Binstock, 2005). 이것은 의회 의원들이 투표율이 높기 때문에 노인 유권자들에게 관심을 가질 이유가 없다는 것이 아니다. 왜냐하면 노인들이 높은 숫자로 투표를 하고 있으며, 제1장에서 논의한 것처럼 노인인구가 기하급수적으로 증가하고 있기 때문이다.

이제 미국 사회정책의 중요한 이정표에 대한 논의와 국제고령화정책에 관한 논의를 하고, 고령사회정책 중 가장 영향력이 있는 부문 중의 하나인 「노인복지법(Older Americans Act: OAA)」에 대한 간단한 개요를 기술하면서 이 장을 마무리 지을 것이다.

미국과 국제고령사회정책

[그림 2-3]은 미국의 고령사회정책이 채택된 이정표에 대한 시각적인 연대기를 제공한다. 상부의 연대기는 「노인복지법」의 중요한 단계들을 제시하고 있고, 하부의 연대기는 연방정부의 다른 고령화정책에 대한 이정표를 제시하고 있다. 국제고

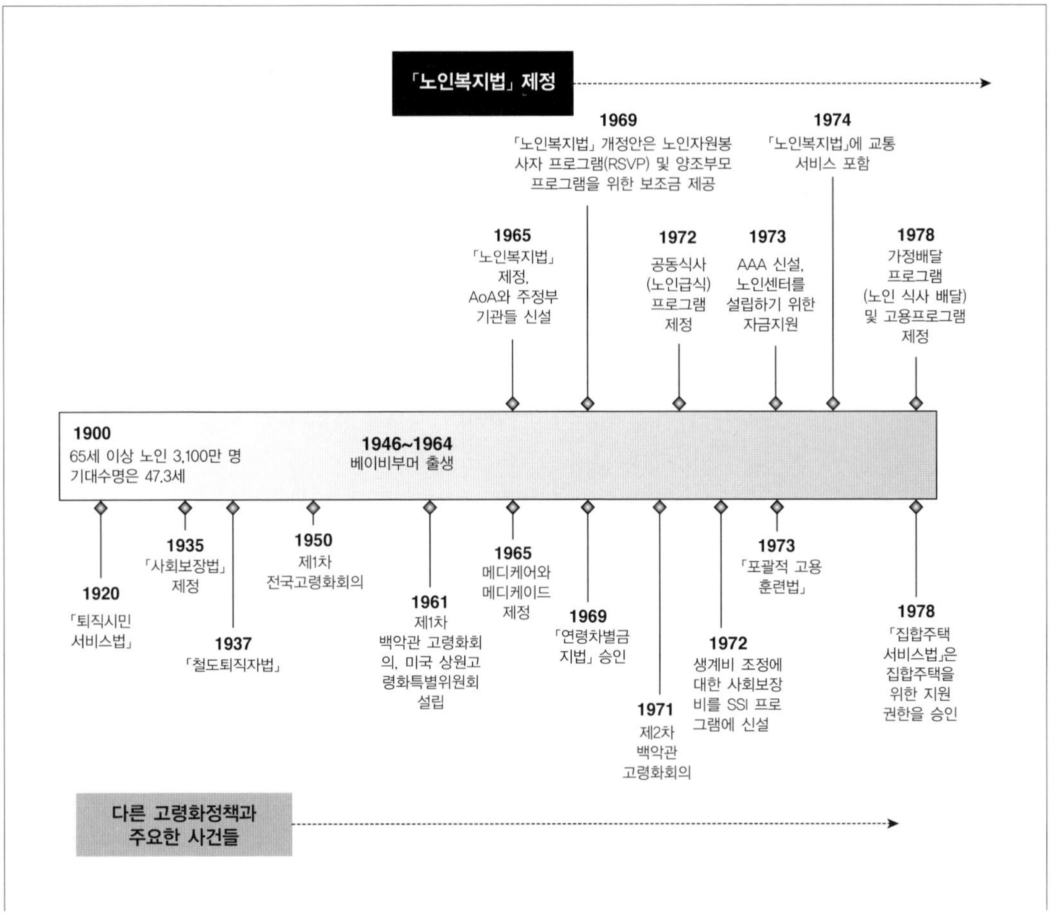

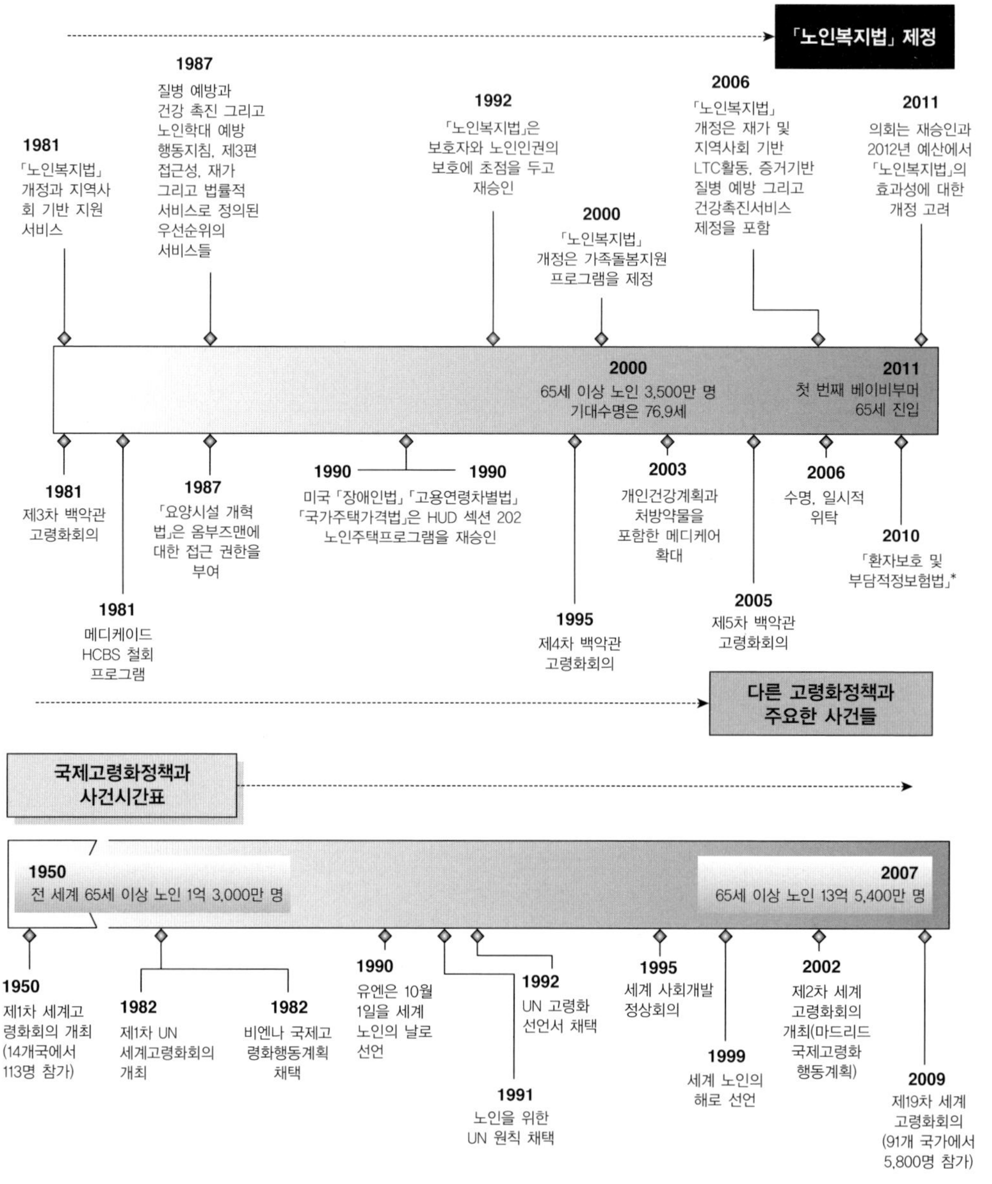

* 이 책이 출판되는 시점에 Barack Obama 대통령은 「환자보호 및 부담적정보험법」(2010)에 서명하였다. 그리고 이것은 공법 제111-148조로 공표될 것이다.

[그림 2-3] 「노인복지법」의 입법과 미국 연방정부의 다른 주요한 정책 및 국제고령화정책

출처: AoA (2010b); O'Shaughnessy (2008); United Nations (2009c).

령화정책의 이정표는 미국 연대기 아래에서 보여 준다. 우리는 미국 연방정부와 국제고령화정책의 이징표를 가지고 논의를 시작할 것이고, 「노인복지법」에 관한 더 많은 심층적인 논의로 결론을 내리고자 한다.

1950년 이전에 고령사회정책의 이정표를 살펴보면, 퇴직소득보장 프로그램(1920), 「사회보장법」(1935) 그리고 「철도퇴직자법(Railroad Retirement Act)」(1937)의 제정이 있었다.[1] 고령화정책의 발전은 노인을 위한 지역사회 기반의 퇴직소득 입법안과 사회적 지원을 다루는 것을 넘어, 제1차 고령화에 관한 국가 회의들, 즉 건강, 교육, 복지부의 고령화에 관한 특별 팀 창설(1961), 미국 상원의 고령화특별위원회 창설(1961), 제1차 백악관 고령화회의(WHCOA, 1961)를 하면서 1950년대와 1960년대에 정치적으로 탄력을 받기 시작했다. 급여에 대한 추가적인 지원을 제공하는 「사회보장법」의 제정, 노인들을 위한 특별공급을 지원하는 「주택법」(1961) 및 「지역사회 건강시설법」(1961)의 개정 그리고 1965년에 메디케어, 메디케이드 및 「노인복지법」의 제정이 포함된 1961년의 회의에 대한 몇 가지 산출결과물이 있었다(WHCOA, 2010). 1970년대를 보면, 1971년에 제2차 백악관 고령화회의가 개최되었고 1972년에 사회보장에 대한 자동적 생활비 조정으로서 노인 및 장애인을 위한 보충적 소득보장 프로그램이 제정되었다. 1980년대와 1990년대에는 연방정부의 입법안으로 요양시설 거주 노인과 장애인 및 고령 근로자들의 인권을 지원하기 위한 법이 제정되었다. 제4차 백악관 고령화회의는 1995년에 개최되었다.

21세기로 접어 들면서, 고령화정책은 지역사회 기반의 보호 강화, 건강증진활동 그리고 의료보험 프로그램의 변화에 초점을 맞추고 있다. 2005년에 '고령화의 역동성: 인식에서 행동으로'에 대한 주제를 조직화하는 것과 함께 제5차 백악관 고령화회의가 개최되었다. 제5차 백악관 고령화회의에는 모든 50개의 주정부 지도자, 푸에르토리코, 컬럼비아 특별구 그리고 그 지역들, 109번째 의회 구성원들, 국립미국인디언위원회 및 정책위원회에 의해 선정된 1,200명의 대표자들이 참석하였다. 50개의 결의안은 다양한 이슈, 즉 「노인복지법」, 메디케어 및 메디케이드

1) 고령화정책의 역사는 주로 연방정부의 노인청에서 가져온 것이다(2010b).

의 개혁 그리고 노인들을 효과적으로 지원하기 위한 보건인력의 준비를 위한 변화, 장기요양보호의 혁신적인 탈시설모델의 촉진, 노인들을 위한 정신건강증진서비스, 사회보장의 강화, 고령 노동자를 위한 인센티브 제공, 비공식적 돌봄자를 지원하기 위한 국가전략의 촉진, 고령 근로자를 유지하는 기업을 지원하기 위한 인센티브 개발, 학대와 방임으로부터의 노인보호를 위한 몇 가지 결의안을 통과시켰다(WHCOA, 2005).

국제사회에서 UN총회(United Nations General Assembly: GA)는 다수의 주요한 고령화정책을 위한 권고사항을 촉구했으며, 이것은 [그림 2-3]에 제시하였다. UN총회가 공식적으로 승인한 비엔나 국제고령화행동계획(Vienna International Plan of Action on Ageing: VIPAA)은 전 세계의 고령화에 관한 정책수립과 프로그램들을 안내하고, 각 정부가 인구고령화를 효과적으로 대응하기 위한 능력을 강화하기 위해 설계된 첫 번째 국제적 문서였다(United Nations, 1983). 이것은 다음과 같은 영역에서 행동을 위한 62가지의 권고사항을 포함하였다.

- 건강 및 영양
- 노년층 소비자의 보호
- 주거 및 환경
- 가족
- 사회복지
- 소득보장과 고용
- 교육

UN총회는 1990년 10월 1일을 세계노인의 날로 제정하였고, 그 이후 1991년 노인을 위한 UN원칙이 채택되었다(〈글상자 2-5〉 참조). 1992년에는 고령화에 관한 선언문을 채택하였으며, 전체 인구가 노년기를 위한 준비에 참여하고 노인들의 욕구가 충분히 해결되도록 정부, 비정부조직, 학계 그리고 비공식적인 영역 간의 동반자 관계를 강력히 촉구하였다(United Nations, 1992).

〈글상자 2-5〉 노인을 위한 UN원칙

각 정부는 가능할 때마다 다음과 같은 원칙들을 국가 프로그램에 통합하도록 권장한다.

- 독립(Independence)

1. 노인들은 소득, 가족 및 지역사회의 지원과 자립을 통해 적절한 식량(음식), 물, 피난처(주거), 의복 그리고 건강보호에 대한 접근성을 가져야 한다.
2. 노인들은 일할 수 있는 기회 혹은 다른 소득을 창출할 수 있는 기회에 대한 접근성을 가져야 한다.
3. 노인들은 직장에서 언제 그리고 어떻게 그만둘 것인지에 대한 결정에 참여할 수 있어야 한다.
4. 노인들은 적절한 교육 및 훈련 프로그램에 대한 접근성을 가져야 한다.
5. 노인들은 개인의 선호 및 변화하는 공간에 대한 안전과 적응할 수 있는 환경에서 살아갈 수 있어야 한다.
6. 노인들은 가능한 한 오래 자신의 집에서 거주할 수 있어야 한다.

- 참여(Participation)

7. 노인들은 사회에 통합되어야 하고, 그들의 안녕감(well-being)에 직접적으로 영향을 미치는 정책의 형성과 집행과정에 활동적으로 참여하여야 하며, 그들의 지식과 젊은 세대가 가지고 있는 기술을 공유하여야 한다.
8. 노인들은 지역사회에 봉사할 수 있는 기회를 탐색하고 개발할 수 있어야 하며, 그들의 관심과 능력에 따른 적절한 위치에서 자원봉사자로서 봉사할 수 있어야 한다.
9. 노인들은 노인들을 위한 사회운동 혹은 단체를 형성할 수 있어야 한다.

- 돌봄(Care)

10. 노인들은 가족 및 지역사회보호 그리고 각 사회의 문화적 가치체계에 부합하는 보호로부터 혜택을 얻어야 한다.
11. 노인들은 신체적 · 정신적 그리고 심리적 안녕감을 최적의 수준으로 유지하거나 회복하도록 돕고, 또 질병의 발생을 예방하거나 지연시키도록 돕기 위한 건강관리에 대한 접근성을 가져야 한다.
12. 노인들은 그들의 자율성, 보호 그리고 돌봄을 강화하기 위해 사회적 서비스와 법률서비스에 대한 접근성을 가져야 한다.
13. 노인들은 인간적이고 안전한 환경에서 보호, 재활 그리고 사회적 및 정신적 기능의 활성화를 제공하는 적절한 수준의 요양시설을 이용할 수 있어야 한다.

14. 노인들은 주거 및 돌봄시설 혹은 치료시설에 거주할 때도 존엄, 신념, 욕구 그리고 사생활을 충분히 존중받아야 하고, 그들의 돌봄과 삶의 질에 관한 결정권을 포함한 인권과 기본적인 자유를 향유할 수 있어야 한다.

• 자아실현(Self-fulfillment)

15. 노인들은 그들의 잠재력 개발을 위한 기회를 충분히 추구할 수 있어야 한다.
16. 노인들은 교육, 문화, 종교, 재창조적인 사회자원(예: 여가프로그램)에 대한 접근성을 가져야 한다.

• 존엄(Dignity)

17. 노인들은 존엄성 및 안전 속에서 살아갈 수 있어야 하며, 착취, 신체적 혹은 정신적 학대로부터 자유로울 수 있어야 한다.
18. 노인들은 연령, 성, 인종 혹은 민족적 배경, 장애 혹은 다른 상태에도 불구하고 공평하게 대우받을 수 있어야 하고, 그들의 경제적 기여와는 독립적으로 가치 있게 평가되어야 한다.

출처: United Nations (1991).

또 다른 중요한 국제고령화정책은 1995년에 코펜하겐의 사회개발을 위한 세계정상회의였다(United Nations, 1995). 117개국 이상의 국가 지도자들은 노인의 사회적 · 경제적 · 공동체적 · 신체적 욕구를 다루는 것을 포함한 '모든 이를 위한 사회' 개발의 중심에 사람을 둘 필요성에 대한 합의에 도달하였다. 2002년 마드리드에서 열린 제2차 세계고령화회의에서 마드리드 국제고령화행동계획(Madrid International Plan of Action on Ageing: MIPAA)을 발표하였고, 세 가지의 우선순위 분야, 즉 노인의 발달, 노인의 건강과 안녕감 증진, 노인에 대한 지원과 권한을 부여하는 환경 분야에서 정부의 행동을 촉구했다(United Nations, 2002). 전 세계 국가들은 마드리드 국제행동계획을 잘 이행하고 있으며, 관련 사례는 <글상자 2-6>에 제시하였다.

〈글상자 2-6〉 국제고령화정책의 체계

다음에서는 마드리드 국제고령화행동계획(MIPAA)을 제시하는 고령화정책을 제정하기 위한 세계 국가들의 몇 가지 이행 사례를 제시하였다.

1. '아프리카 지역 고령화 대응 정책 틀과 행동계획' 채택
   www.helpage.org/Resources/Policyreports
   이 정책문서는 아프리카 노인들의 개인적 및 집단적 요구를 충족시키기 위한 적절한 통합적 국가 정책과 프로그램들을 설계하고, 실행하며, 모니터링 및 평가하도록 아프리카 연합회원 국가들이 결정한다.

2. 아랍 국가의 고령화: 지역의 변화, 정책, 프로그램
   www.escwa.un.org/information/publications/edit/upload/sdd-07-tm2-e.pdf
   고령화의 인구학적 동향과 사회경제적 결과들을 조사한다.

3. 아시아/태평양: 마카오 결과보고서
   www.unescap.org/esid/psis/meetings/ageingmipaa2007/MacaoOutcomeDocument.pdf
   이 문서는 마드리드 국제고령화행동계획의 이행에 관한 최신 동향을 검토하고 향후의 권고사항을 수립하기 위해 2007년 10월 마카오에서 열렸던 아시아/태평양 지역 최고위원회에서 채택되었다.

4. 중국
   www.cncaprc.gov.cn/en/index.html
   1999년에 설립된 국가고령화실무위원회(National Working Commission on Ageing)는 고령화에 관한 전략 및 주요한 정책들을 개발하고, 고령화에 관한 개발계획을 이행하도록 관련 부서를 조정하고 촉진한다. 정책과 계획은 위원회의 웹사이트에서 찾아볼 수 있다.

5. 유럽연합
   http://eur-lex.europa.eu/LexUriServ/LexUriServ.do?uri=COM:2002:0143:FIN:EN:PDF
   2002년 3월 18일 위원회에서 유럽 협의회 및 의회에 이르는 회의는 '세계의 고령

화에 대한 유럽의 대응: 고령화 사회에서 경제적 및 사회적 발전 촉진'이라는 제목이 붙어 있다.

6. 중부 및 동부 유럽 국가
www.helpage.org/Response/Policyreports
전환기의 세대: 동유럽과 중부유럽 노인들의 상황과 시민사회의 반응은 노인들의 욕구에 반응하기 위한 원리와 사례 연구를 제공하기 위해 노인들의 상담으로 다가간다.

7. 브라질 선언문
www.un.org/esa/socdev/ageing/documents/regional_review/Declaraction_Brasilia.pdf
이 선언문은 라틴 아메리카와 카리브해의 제2차 고령화에 관한 지방정부 간 최고회의로 마드리드 국제고령화행동계획 이행에 관한 진행을 검토하고 향후의 권고사항을 만들기 위한 것이었다.

출처: United Nations (2009b).

미국 「노인복지법」

「노인복지법」은 노인들의 존엄과 복지 증진에 관해 국가가 책임지고 방침을 제공하고 있는 미국의 유일한 제정법이다. 미국의 제36대 Lyndon Johnson 대통령(1963~1969)이 1965년 7월 14일 법안에 서명을 했으며, 공식적으로 규정되어 있는 내용은 다음과 같다.

> 「노인복지법」은 모든 노인의 안녕을 위해 국가가 책임질 것을 분명히 단언한다. 하지만 그것보다 더 중요한 것은 이 법의 결과들이 현재와 다가올 미래에, 이 나라 모든 시민의 삶의 질을 높이기 위한 기회들을 확장하도록 도울 것이다 (Woolley & Peters, 연도미상).

미국「노인복지법」의 체계

「노인복지법」은 미국 연방노인청(Administration on Aging: AoA)과 지역노인복지사무소(Area Agencies on Aging: AAA)로 구성된 고령자 네트워크(Aging Network) 체계를 규정하고 있다. 고령자 관련 사무관이 주관하여 담당하고 있는 연방노인청은 보건복지부(Department of Health and Human Services) 장관의 지휘 · 감독 아래 운영된다. 연방노인청의 관리 · 감독 아래 각 주는 노인서비스 계획과 서비스 지원 영역으로 구분된 주정부 전체의 서비스 계획을 세우는 기관인 노인복지국(State Units on Aging: SUA)을 두고 있다. 각각의 서비스 계획과 서비스 지원 영역 안에는 지역단위의 노인복지사무소를 두고 있으며, 지방정부(local)의 고령자를 위한 서비스 계획들을 개발하고 조정하는 책임자(O'Shaughnessy, 2008)와 그 활동들 아래 승인된 프로그램들의 실행을 책임지는 사람들이 있다.

미국「노인복지법」 조문의 편별 구성

「노인복지법」의 조문은 총 7편(編)으로 구성되어 있으며, 각 조문의 내용은 〈표 2-1〉과 같다.

〈표 2-1〉 미국「노인복지법」 조문의 편별 개요

구분	내용
제1편 목적	목적/정의의 선언 이 법의 목적에 관한 서비스 체계를 제공하는 10개의 광범위한 사회적 목적을 제공한다. 제1편과 관련된 재원은 없다.
제2편 고령자 네트워크 지원	연방노인청(AoA) 노인청, 고령자 네트워크 그리고 고령자 관련 사무관의 책임성을 설정한다. 또한 이것은 국가노인보호 정보서비스웹과 국가자원센터에도 승인한다.
제3편 지역사회 프로그램	주정부/지역사회 프로그램을 위한 보조금 5개의 다른 부문(A~E)에서 지역사회지원서비스를 승인한다. 이 법을 통하여 전달된 대부분의 재원과 프로그램에 대한 지출내역을 보고한다.

제4편 연구 및 훈련	건강/독립/장수에 관한 활동 이 편의 재원은 소수의 연구과제, 예비 노년학 분야의 종사자 훈련 그리고 실험 보조금을 지원한다.
제5편 고용	「고령자 지역사회서비스 고용법」 제5편에 대한 재원은 고용부로부터 지원받고, 고령자 네트워크를 통해 예산이 편성된다.
제6편 원주민	미국 원주민을 위한 보조금 이 재원은 인디언 부족과 하와이 원주민을 포함하는 미국 원주민을 위한 제3편 유형의 서비스들을 지원한다.
제7편 취약한 노인계층	취약한 노인의 인권보호 이 편을 통한 재원은 장기요양보호 옴부즈맨 프로그램과 노인학대 및 예방활동을 지원한다.

출처: O'Shaughnessy (2008) 재구성.

제1편 목적/정의의 선언

제1편은 의회가 노인들의 권리로 공표한 다음의 열 가지 목적을 분명히 표명한다. 연방정부, 주정부 그리고 지방정부의 임무는 노인들에게 다음과 같은 목적들을 충족시킴으로써 동등한 기회를 갖도록 반드시 보장해 주어야 한다(OAA, 1965).

(1) 미국 시민의 표준 생활수준에 부합하는 퇴직 후의 적절한 소득보장
(2) 경제적 상태와 상관없이 최대한 좋은 신체 및 정신 건강 유지
(3) 노인들의 특별한 욕구와 경제적으로 감당할 수 있는 저렴한 비용으로 독립적으로 선택하고 설계된 적합한 주택을 구입 및 유지
(4) 시설보호를 필요로 하는 노인들에게 재활할 수 있는 충분한 서비스를 제공하고, 장기요양서비스에 대한 욕구를 가지고 있는 노인들의 가족과 자원봉사를 지원하는 것을 포함하여, 노인들이 자신의 집과 거주하는 지역사회에서 적절한 서비스를 지속적으로 받을 수 있도록 지역사회 기반의 포괄적인 장기요양서비스 제공
(5) 연령에 따른 차별 없이 모든 노인들에게 고용의 기회 제공
(6) 퇴직 후 건강하고, 명예롭고, 존엄성을 지키는 생활 유지
(7) 광범위한 시민, 문화, 교육 및 훈련 그리고 위락시설 안에서 의미 있는 활동

에 참여하거나 기여

(8) 취약한 노인의 보호연속체를 유지하는 데 중점을 두면서 실비의 교통지원서비스를 포함한 지역사회서비스의 제공

(9) 건강과 삶의 질을 지속하고 증진할 수 있는 실증적인 연구지식의 활용

(10) 자유, 독립 그리고 각자의 삶에 대한 계획 및 관리에 있어 개인의 자유로운 결단력, 지역사회 기반 서비스의 계획과 운영에 충분한 참여 그리고 노인학대, 방임, 착취에 대한 보호와 노인의 권리를 위한 프로그램의 제공

제2편: 연방노인청

제2편은 연방정부 내 노인청을 설치하고, 담당 사무관의 지위와 책무를 설정한다. 담당 사무관은 다음과 같은 내용을 수행한다.

- 연방정부 내에 거주하는 노인들의 옹호자 역할
- 노인과 노화에 관한 지식 및 정보를 수집하고 보급
- 이 법에서 승인된 보조금의 관리 · 운영
- 노화 관련 연구의 지원
- 노인의 안녕을 다루는 교육적 출판물의 제작 및 출판
- 노인에 관한 통계를 수집하고 연방정부의 타 부서와 협력
- 기본 정책을 개발하고 이 법에 포함된 프로그램의 우선순위를 정하고, 연방정부의 타 프로그램들과 협력
- 노화 관련 분야의 훈련받은 직원들의 욕구를 충족시키기 위한 국가계획의 개발

연방노인청은 미국 인디언 원주민, 알래스카 원주민 그리고 하와이 원주민을 위한 프로그램과 장기요양 옴부즈맨 프로그램들을 가지고 있다.

제3편: 주정부/지역사회 프로그램을 위한 보조금

제3편은 이 법의 핵심으로, 주정부와 지역사회의 다양한 프로그램을 위한 보조금을 승인한다. 파트 B는 지원하는 서비스들과 노인센터들을 포함한다. 파트 C는 영양지원서비스를 포함하고, 파트 D는 질병예방과 건강증진서비스를 포함하며, 파

트 E는 전국가족간병인지원프로그램(National Family Caregiver Support Program: NFCSP)을 다룬다. 제3편에 생성되어 있는 구체적인 프로그램들은 다음 장에서 다룬다.

파트 B에서 지원하는 서비스들은 다수의 프로그램을 포함하고, 필요한 욕구가 무엇인지를 파악하는 것은 주정부와 지역노인복지사무소의 서비스 계획에서 확인한다. 파트 B 아래의 서비스들은 교통지원서비스, 정보 및 지원, 가정 적응, 일상활동지원을 위한 개인관리, 가정봉사원서비스, 성인주간서비스, 법률 지원 및 상담, 신체적 활동과 운동, 옴부즈맨 프로그램 혹은 노인학대 예방프로그램을 포함한다.

파트 C에서 승인된 영양지원서비스 프로그램은 식품 불안정성을 감소시키고 건강과 안녕을 증진시키며, 노인들 간의 사회화를 증진시키는 것을 목적으로 한다(AoA, 2010e). 예산이 지원된 프로그램들은 노인센터, 지역사회 혹은 교회의 공동식사프로그램 그리고 가정배달 식사서비스를 포함한다.

질병예방과 건강증진을 위한 재원인 파트 D는 당뇨병 및 영양과 같은 영역에서 건강교육 프로그램을 지원하고, 또 신체활동 프로그램들을 제공한다. 질병예방과 건강증진서비스 및 정보지원은 다목적 노인센터, 공동 식사장소, 가정배달 식사서비스 또는 기타 적절한 장소에서 제공된다(OAA, 1965).

파트 E는 알츠하이머 질환 및 관련된 질환들을 가진 개인의 돌봄, 장애를 가진 아동을 돌보는 조부모 혹은 노인들에 대한 지원을 제공하는 전국가족간병인지원프로그램을 포함한다. 가족간병인지원서비스는 집에서 일상생활 활동 지원을 제공하는 노인과 그 가족 구성원들을 지원한다. 이 서비스에는 이용 가능한 서비스와 이러한 서비스에 가족간병인들이 접근할 수 있도록 관련 정보의 제공과 지원을 포함한다. 즉, 개별상담, 자조집단 지원, 가족간병인 훈련, 부양책임으로부터 일시적으로 휴가가 필요한 가족간병인들이 이용할 수 있는 휴식보호서비스(respite), 가족간병인들이 제공하는 보호를 보충하기 위해 제한적으로 시행하는 보충적 서비스들이 있다(AoA, 2010f).

제4편: 건강/독립/장수를 위한 활동

제4편의 목적은 노인과 노화과정에 관한 국가의 지식 및 이해를 확대하는 것이다. 노인을 위한 프로그램과 서비스를 설계하고, 증명하며, 혁신적인 아이디어와 좋

은 사례의 활용을 촉진하는 것이다. 노화 관련 영역의 훈련된 직원들을 위한 욕구를 충족시키는 것을 돕는 것이다. 그리고 자신의 장수에 대한 개인적인 책임을 가져야 할 필요성에 대해 모든 연령대의 시민의식을 증가시키는 것이다(AoA, 2009d). 확인된 구체적인 영역은 경력 준비, 폭력으로부터 노인보호, 농촌지역의 건강관리 서비스 시범사업, 컴퓨터 훈련, 혁신적인 교통서비스, 다세대와 시민적 참여, 미국 원주민 프로그램, 법률 지원 그리고 노화의 촉진에 대한 옴부즈맨 시범사업과 지역사회 혁신프로젝트를 포함한다. 이러한 것을 다루고 재정을 지원하기 위한 우선순위의 영역을 확인하는 것은 연방노인청의 책무이다. 예컨대, 2008년에 보조금을 지원한 프로그램에 대한 우선순위는 다음과 같다(AoA, 2008a).

- 우선순위 1: 현재 이용하고 있는 건강 및 장기요양보호 옵션에 관해 현명한 결정을 내리고 쉽게 접근할 수 있도록 노인과 그 가족들을 지원
- 우선순위 2: 증거기반의 질병 및 장애 예방을 통하여 노인들이 활동하고 건강하게 지낼 수 있도록 지원
- 우선순위 3: 요양시설에 입소해야 하는 고위험 상태에 있는 노인들이 가능한 한 오랫동안 그들이 살아온 가정이나 지역사회에 머물면서 생활할 수 있도록 지원
- 우선순위 4: 노인의 권리를 보장하고 그들의 학대, 방임 그리고 착취를 예방
- 우선순위 5: 연방노인청의 인적자원과 보조금 지원의 효과적이고 반응적인 관리를 촉진

제5편:「고령자 지역사회서비스 고용법」

「고령자 지역사회서비스 고용법」은 '개인의 경제적 자급자족을 조성하고 지역사회서비스 고용을 포함하는 55세 이상 실직한 저소득 노인층, 특히 열악한 고용전망을 가지고 있는 사람들을 위한 지역사회서비스 활동의 유용한 기회들을 촉진시키는' 프로그램들을 지원한다(OAA, 1965). 주정부와 국가기관들은 소재지의 병원과 학교와 같은 지역사회서비스 일자리에서 노인들을 돌아가면서 모집하고 훈련하여 배치한다. 이 프로그램은 자산조사를 하며 프로그램을 통해 고용된 사람들은 시급을 받는다.

제6편: 미국 원주민을 위한 보조금

제6편은 제3편에 나열된 것과 유사한 프로그램 지원 및 영양지원 서비스를 제공하기 위해 인디언 부족, 알래스카 부족 그리고 하와이 부족에 보조금을 지원한다. 보조금은 2008년에 246명의 인디언 부족과 하와이언 부족 조직에 지원되었다(AoA, 2008b).

제7편: 취약한 노인의 인권보호

제7편은 「노인복지법」의 마지막 편이다. 제7편은 장기요양보호 옴부즈맨 프로그램들, 노인학대 및 방임 예방 프로그램들 그리고 법률적 지원 개발프로그램들을 위한 재원을 제공한다.

미국 「노인복지법」 프로그램의 자격

「노인복지법」은 60세 이상 모든 노인을 대상으로 제정되었으며, 이 법에 의한 프로그램은 자산조사를 하지 않는다. 하지만 이 법은 경제적 및 사회적 욕구가 큰 사람들을 대상으로 제공되는 서비스들을 위임하며, 저소득층, 소수 인종집단, 농촌 거주 노인, 시설입소의 위험에 처해 있는 사람들, 제한된 영어실력을 가지고 있는 사람들을 포함한다(OAA, 1965). 실현 가능한 곳에서 참여자들이 자발적인 기여를 하도록 격려해야 하고, 주정부는 프로그램의 위험부담 또는 비용을 근거로 투자하는 세부적인 서비스들에 대한 집행예산의 분담에 대한 옵션을 가지고 있다. 이 법은 어떤 노인이든, 만약 노인들이 기여할 수 없는 경우에도 비용분담의 요소를 가지도록 설계된 서비스들을 거부할 수 없다는 것을 분명히 한다(OAA, 1965).

미국 「노인복지법」의 재정

「노인복지법」의 재정은 1965년에 법이 제정된 이후 변화를 보이고 있다. 책정된 재원은 1966년에 650만 달러에서 1970년에는 1,880만 달러로 서서히 증가했다(O'Shaughnessy, 2004). 1990년대, 노동부를 통해 재원이 지원되는 노인 지역사회 서비스 고용프로그램을 포함한 「노인복지법」의 프로그램에서 책정된 재원은 10억

2,700만 달러에 도달했다. 2002년에서 2007년 동안, 재원은 17억 9,400만 달러에서 18억 6,700만 달러로 조금 증가했다(NCOA, 2010c). 2010년에 책정된 재원은 23억 4,100만 달러였다(N4A, 2010b). [그림 2-4]에서 보여 주는 것처럼, 2010년 회계기간에 「노인복지법」 전체 재원의 대부분(58%)은 제3편의 서비스들을 위한 것이다. 제3편의 파트 C(영양서비스)와 파트 B(원조서비스들) 아래의 프로그램은 각각 60%(8억 1,900만 달러)와 27%(3억 6,800만 달러)를 배정받았고, 13억 6,800만 달러가 제3편의 서비스들을 위한 재원으로 배정되었다. 2010년 회계기간에 노동부로부터 8억 2,500만 달러의 재원을 지원받은 제5편의 고령자 지역사회서비스 고용프로그램은 이용 가능한「노인복지법」의 프로그램 재원 중 상당 부분을 차지한다. 이러한 연방노인청의 재원은 인구기반에 의한 산출에 따라「노인복지법」에서 배분되어 각 주정부로 지원되고, 각 주정부는「노인복지법」의 재정에 의한 서비스 방식, 유형 등에 따라 지역노인복지사무소에서 분배한다.

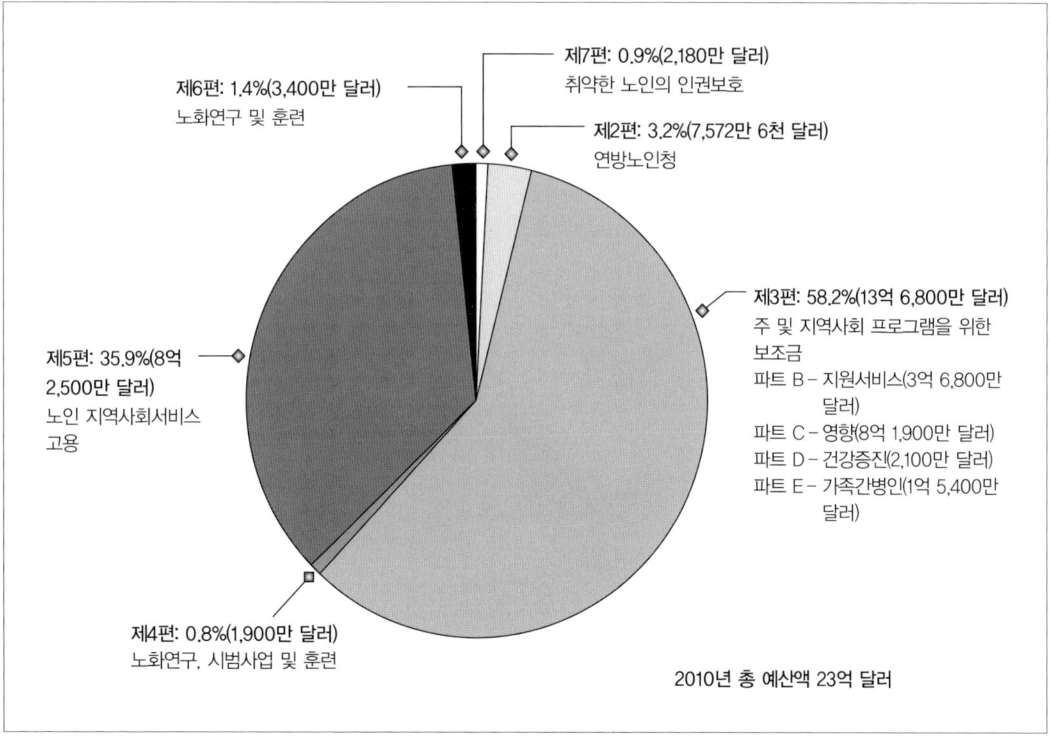

[그림 2-4] 2010년「노인복지법」재원 배정

출처: N4A (2010b).

「노인복지법」의 중요한 입법적 단계

[그림 2-3]은 「노인복지법」이 1965년 제정 이후 주요한 법 개정과 중요한 사건의 개요를 제공한다. 1972년에 노인을 위한 국가 영양 프로그램과 1973년에 지역노인복지사무소의 창설을 포함하여, 1970년대에 다수의 법 개정이 있었다. 다른 법의 개정은 1978년에 미국 원주민 중 노인들을 위해 독립된 보조금을 지원하는 프로그램인 장기요양 옴부즈맨 프로그램을 제정하였다. 10년간, 지역사회 기반 프로그램과 서비스를 지원하는 데 초점을 둔 새로운 지원서비스들이 포함된 이 법은 1981년에 재개정되었다. 1987년의 개정안은 또 다른 4년 동안 재승인되었고, 노인학대, 방임, 건강증진 및 질병예방 프로그램들이 포함되었다. 그리고 새로운 공급체계는 인디언 원주민 노인들을 확인하고 지원하기 위한 원조활동들을 실행하는 지역노인복지사무소를 필요로 했다(Koff & Park, 1999). 세 가지 영역, 즉 서비스 접근성(교통, 서비스 정보 및 소개), 재가서비스(가정건강지원, 가정봉사원서비스) 그리고 법률서비스들은 우선순위의 서비스로서 정의되고, 그런 서비스들은 최소한의 재원을 설정하여 지원하도록 한다. 추가적인 주안점은 저소득 소수층을 포함하여 경제적 및 사회적 욕구가 가장 많이 필요한 노인들을 지원하는 데 쓰고 있다(AoA, 2010b). 1992년의 법 개정은 취약한 노인계층의 인권보호와 장기요양 옴부즈맨 프로그램에 초점을 둔 「노인복지법」 제7편의 내용들을 제정하였다. 또한 재개정된 법은 간병인과 세대 간 프로그램들에 관심이 증가하였을 뿐만 아니라 1995년에 백악관 고령화위원회의 요청으로 배치하였다. 2000년과 2006년의 개정들은 재가와 지역사회 기반 서비스들과 건강증진에 관심이 높아지면서 전국가족간병인지원프로그램을 제정하였다(AoA, 2010b). 이 법은 2011년에 재개정할 예정이다.

이 법의 목적을 달성하기까지 많은 논란이 있어 왔다는 데 동의한다(Estes, 1979, 1993 참조). 이 법의 목적들을 달성하는 데 지출한 재원수준이 비실현적이고, 프로그램과 서비스를 제공받을 수 있는 노인 수의 범위를 제한하는 것은 분명하다. 반면에 고령화네트워크체계 내에 다양한 의견을 가지고 있었던 단체들에 의해 시행된 계획, 조정 그리고 옹호활동은 노인의 욕구를 지원하도록 제공한다. 이 법은 수년간 고령화정책의 논의의 장에서 간병인 지원, 노인학대로부터 보호 그리고 재가생활을 위한 지원과 같은 다수의 사회정책 지침을 추진해 왔다. 베이비붐 세대가 노년기의 삶으로 느린 행진을 계속하면서, 이 법안은 의심할 여지없이 더 많은 수의 노인들의 욕구에 부응하기 위해 시험될 것이다. 제10장에서는 「노인복지법」의 도전과 미래의 방향을 다시 논의할 뿐만 아니라 미국의 향후 방향과 국제고령화정책을 다시 논의할 것이다.

관련 추가 정보

1. UN 고령화 프로그램

   http://www.un.org/esa/socdev/ageing/

   UN 고령화 프로그램은 전 세계 노인을 지원하기 위한 정책개발을 용이하게 하고 촉진하는 UN 산하조직이다.

2. 유럽 내 노년층을 대표하는 조직 간 네트워크

   http://www.age-platform.eu/en

   유럽연합의 150만 명 노인의 관심을 표현하고 촉진시키며, 공유하는 문제의 이슈에 관한 의식을 높이는 것을 목표로 하는 50세 이상의 사람들을 위한 약 150개 조직의 다양한 이해관계자의 참여인 유럽 네트워크이다.

3. 공식 유럽연합(EU) 웹사이트

   http://europa.eu/indes_en.htm

   유로파(Europa)는 유럽연합의 공식적인 웹사이트이며, 이곳에서 유럽의 고령화정책과 통계의 개요를 찾을 수 있다.

4. 연방노인청

   http://www.aoa.gov

   이 사이트에서 「노인복지법」과 연방정부의 고령화정책을 확인할 수 있다.

5. 미국 상원 고령화특별위원회

http://aging.senate.gov/

이 사이트는 의회가 주목하고 있는 고령화정책이 무엇인지에 대한 정보뿐만 아니라 보고서 및 다른 법률적인 자료들을 음성으로 들을 수 있도록 연계해 놓아 정보가 필요한 사람들에게 유용한 자료들이 있다.

S 씨(63세), 인도 뭄바이

저는 1942년 구자라트 주의 유명한 순례지인 다코르 근처의 작은 마을 움레스에서 태어났어요. 우리 아버지는 움레스에서 옹호자였어요. 저는 세 형제와 두 자매가 있어요.

저는 1974년 5월에 결혼해서 아들과 딸을 두고 있어요. 지금은 자녀들과 함께 살고 있기 때문에 매일 자녀들을 보지요. 제 아내는 교사로 학교에서 2년간 일했던 짧은 기간을 제외하고는 전업주부였어요. 저는 36년 동안 가장 중요한 국책 은행에서 일했어요.

저는 매일 4시간에서 5시간 동안 긴장감이 없는 일을 하면서 나머지 여유 시간에는 내가 좋아하는 취미생활을 합니다. 저는 아침 산책길에 거의 매일 친구들을 만나요. 저는 1999년 12월에 심장판막 수술을 받아야 했고, 2005년 3월에는 뇌졸중이 왔어요. 그래서 심장판막의 원활한 기능을 위해 약을 먹고 있고, 제 혈압을 정상적으로 유지해야 해요. 건강을 유지하기 위해서 저는 매일 약 45분 동안 아침 산책을 하고, 건강에 유익한 요가를 하며, 의사가 처방해 준 약을 먹어요.

활동을 지속하기 위해서, 저는 매일 아침 약 1시간 동안 산책을 하고, 은행업무 및 기타 사무업무와 관련한 가족들의 업무를 하며, 나머지 시간에는 보통 책을 읽어요.

내가 연금을 받던가? 연금제도는 제가 근무했던 기관에서 주는 마지막 혜택 중 하나의 옵션이었어요. 그 연금은 기관에서 근무한 기간에 근거하여 산출되었어요. 저는 연금을 선택하지 않아서 그것이 내 욕구에 대해 적절한지를 언급할 수는 없을 것 같아요.

현재 인도에는 제한된 범위 내에서 노인들이 일할 수 있는데, 자유화와 세계화 이후 구체화되고 있어요. 하지만 제가 어떤 일을 찾았지만 다양한 이유 때문에 들어갈 수 없었어요.

제가 살고 있는 지역에서는 노인주택을 위한 제한된 옵션이 있어요. 저는 현재 살고 있는 집이 작기 때문에 아들이 결혼하면 그 집으로 이사하려고 고려하고 있어요. 저는 제게 친숙한 곳인 고향으로 갈지도 모르겠어요.

저는 입원치료 비용을 제외하고는 제가 가지고 있는 재원에서 정기적인 의료비용을 부담해야 해요. 맞아요. 건강보험 혜택을 받았던 시점의 현재 질병은 상환을 받을 수 없어요. 연간 보험료를 제외하고 다른 조건들은 동일하게 남아요.

음식을 준비하고, 집 청소를 하는 등의 일상적인 활동들은 제가 하지 않아요. 운전하고 쇼핑하는 것 외에 다른 것들은 제 가족들이나 집안일을 하는 가정부가 해요. 미국에서 노인들이 이용할 수 있는 식사 프로그램이 인도에는 없어요. 가정부를 쓰는 비용은 현재 우리 집 가사일에 대해 매월 600루피를 주고 있어요. 정부는 교통, 쇼핑, 음식준비, 재가건강관리 등의 도움을 주지 않아요.

노화가 진행되는 것은 불가피한 삶의 한 국면이에요. 이런 이유로, 삶에 대한 긍정적인 태도는 새로운 삶의 시기를 즐기고, 게다가 건강한 삶을 유지하기 위해서 매우 중요해요.

나이 들어 가는 것과 같은 이런 삶의 단계에서 제가 좋아하는 것은 살면서 다가올 새로운 유행을 보고 분석할 수 있는 기회를 가지면서 과거의 경력과 교육, 자격증, 지식 그리고 많은 경험에 기반을 둔 다른 관심영역을 연결하는 거예요.

나이 들어 가는 것에 대해 좋아하지 않는 것은 제한된 소득으로 추구하고자 하는 어떤 활동을 제한하는 것과 결부된 건강문제예요. 저는 좋은 친구들 모임에서 관심 있는 장소로 건강한 삶을 이끄는 유람여행을 기대하고 있어요.

나이 들어 가는 것에 대해 학생들에게 해 주고 싶은 조언이 뭐가 있을까? 긍정적인 태도와 삶의 실용적인 관점을 가지는 거예요. 학생들이 어떤 이유로 잘하지는 않지만, 삶에서 추구하기를 원하는 취미나 다른 재미있는 활동들을 추구하라는 거예요. 그리고 개인적인 관심/좋아하는 영역에서 새로운 발명/개발/사건에 관심을 가졌으면 좋겠어요. 건강한 삶과 친구와 친척들과 함께 지속적인 관계를 유지하라고 말해 주고 싶어요.

제2부

고령사회정책의 비교

제3장

노후소득보장정책

당신이 일생 동안 열심히 일을 했다면 경제적으로 안정적인 상태로 자긍심을 갖고 퇴직할 권리가 있다. 그리고 국가는 국민들이 퇴직을 대비하여 감당할 수 있는 범위 내에서 합리적으로 저축할 대안을 찾을 수 있도록 최선을 다해야 한다.

– Barack Obama 대통령(2009. 9. 5.)

부모님과 저는 가수였어요. …… 저는 35세까지 파리, 로마, 암스테르담의 극장에서 오페라를 부르고 공연을 했어요. 암스테르담으로 돌아와서 퇴직하는 65세까지 두 가지 일을 했어요. 저는 네덜란드 정부로부터 '기초노령연금(AOW)'을 받았지만, 일생 동안 네덜란드에서만 일한 것이 아니었으므로 적은 액수만 받을 수 있었어요. 하지만 저는 3개의 다른 연금을 추가로 받고 있는데, 하나는 남편의 것이고 나머지 2개는 기존의 직장과 관련해서 받는 것이에요. …… 이 연금들만으로도 저는 충분한 생활을 영위하고 있어요.

– G 씨(67세), 암스테르담

노후소득보장 프로그램은 경제적인 독립을 제공하고, 빈곤으로부터 여생을 보호하며, 퇴직이나 장애 등의 이유로 일을 지속하지 못하더라도 어느 정도의 수입을 예상하게 하며, 배우자나 파트너 및 자녀들의 경제적 안정성도 보장하는 등 여러 가지 중요한 목적을 충족시킨다. 안정적인 노후소득을 보장하는 것은 간단한 것처럼 보일 수 있지만, 그 정책을 이행하는 것은 오히려 복잡다기하다. 예를 들어, 연금은 퇴직 전 임금의 몇 퍼센트를 보장해 주어야 하는가? 노동자와 고용주는 각자 얼마씩 기여금을 지불해야 하는가? 연금 수령의 자격 요건에는 어떤 것들이 포함되어야 하는가? 사회가 고령화되고 퇴직 후 수명도 연장되고 있는 현실에서 과연 소득보장제도의 경제적 안정성은 어떻게 유지될 수 있겠는가? 공공연금제도와 민간연금제도의 적정한 조화는 어떻게 이루어질 수 있겠는가? 예상은 했겠지만 각 나라마다 노후소득보장정책이 다르듯이 이와 같은 질문들에 대한 답 또한 국가마다 다르다.

이 장에서는 노후소득보장정책을 논의하기 위하여 먼저 관련 제도에 영향을 미치는 노동인구의 통계를 비롯하여 다양한 노후소득보장정책을 분류하는 데 사용되는 기본 틀에 대하여 알아본 후, 서로 다른 노후소득보장 정책 및 프로그램들을 채택하고 있는 4개국의 경우를 비교해 볼 것이다.

노후소득보장정책에 영향을 미치는 인구통계

고령화, 기대수명의 증가, 노후의 경제활동참가율 등은 모두 어떻게 노후소득을 마련할 것인지 결정하는 데 영향을 미치는 중요한 요소들이다. 제1장에서 언급했듯이 세계적으로 인구고령화가 빠르게 진행되어 퇴직을 하는 많은 사람이 연장된 기대수명 때문에 더 오랫동안 연금을 수령하게 될 것이다. 이는 55세나 60세에 퇴직을 한다면 최소 25년 이상 연금을 수령하게 된다는 것이다.

따라서 퇴직을 앞두거나 이미 퇴직한 노년층 인구의 증가에 대비하여, 노후소득보장정책을 설계할 때에는 노년층의 경제활동참가율과 퇴직 혜택을 받을 수 있는 공식 연령 사이의 연결점을 잘 고려해야만 한다. 노년층의 경제활동참가율이 높아진다면 더 많은 노동자가 연금제도에 기여하게 될 것이고, 그 결과 비교적 적은 수의 노동자들이 퇴직 후 혜택을 찾게 될 것이다. 그러나 65세 이상 경제활동참가율은 대부분의 국가에서 현저하게 떨어지고 있으며, 〈표 3-1〉 및 〈표 3-2〉에 주요 국가들의 1980~1981년과 2006~2007년 동안 50~54세와 65~69세의 경제활동인구 비율이 나타나 있다.

〈표 3-1〉에서 알 수 있듯이 50~54세 중 가장 높은 경제활동참가율 변화를 보여준 국가는 25.3%가 증가한 네덜란드였고, 다음으로 스위스(16.5%), 스페인(15.6%),

〈표 3-1〉 주요 국가들의 1980~1981년과 2006~2007년 동안 50~54세 사이의 경제활동인구 비율

국가	50~54세					
	1980~1981년			2006~2007년		
	총	남성	여성	총	남성	여성
캐나다	71.5	90.9	52.1	83.6	87.9	79.4
덴마크	79.2	91.4	67.4	85.7	88.6	82.6
핀란드	75.6	80.4	71.1	86.2	85.7	86.7
프랑스	71.2	91.8	50.9	84.1	90.4	78.3
독일	69.6	93.3	47.2	84.9	91.2	78.7
이탈리아	57.2	85.5	30.5	71.2	89.0	54.0
일본	77.7	97.3	58.7	83.3	95.8	70.8
네덜란드	55.4	85.4	26.0	80.7	89.6	71.5
노르웨이	79.0	90.9	67.5	84.5	87.9	81.0
스페인	57.7	90.8	26.8	73.3	88.7	58.3
스웨덴	83.7	89.8	77.8	88.0	90.1	85.8
스위스	71.1	96.9	46.9	87.6	94.3	80.5
미국	71.7	88.5	56.3	80.4	86.4	74.7

출처: LABORSTA Internet (2010).

〈표 3-2〉 주요 국가들의 1980~1981년과 2006~2007년 동안 65~69세 사이의 경제활동인구 비율

국가	65~69세					
	1980~1981년			2006~2007년		
	총	남성	여성	총	남성	여성
캐나다	17.1	26.1	9.3	*	*	*
덴마크	25.2	38.4	13.8	15.9	23.0	9.2
핀란드	7.4	11.1	4.9	7.7	9.8	5.8
프랑스	*	*	*	2.8	3.3	2.3
독일	15.1	23.5	10.5	6.6	8.5	5.0
이탈리아	6.8	11.1	3.4	7.3	12	3.2
일본	43.6	65.2	26.7	36.7	48.5	25.8
네덜란드	*	*	*	9.7	13.6	6.1
노르웨이	32.3	46.8	19.2	22.2	26.7	19.1
스페인	13.8	21.5	7.9	5.4	7.8	3.3
스웨덴	10.0	14.4	6.1	15.0	19.1	11.1
스위스	16.7	25.5	9.5	17.0	22.5	12.7
미국	21.3	29.2	15.0	29.7	34.3	25.7

* 이 기간 동안 해당 연령에 대한 자료는 없다.

출처: LABORSTA Internet (2010).

독일(15.3%), 미국(8.7%) 순으로 나타났으며, 모든 국가가 1980년에서 2007년까지 경제활동참가율이 증가했다. 그러나 같은 기간에 남성의 비율 변화는 미약한 반면, 여성의 경제활동참가율이 급격하게 증가함으로써 나타난 결과이다. 네덜란드 여성의 경제활동참가율은 1980년에서 2007년 사이에 45.5%나 증가했으며, 다음으로 스위스(33.6%), 스페인과 독일(31.5%), 프랑스(27.4%), 캐나다(27.3%) 등 다른 국가들도 50~54세의 여성 경제활동참가율이 크게 증가하였다. 그에 비해 동년배 미국 여성의 경제활동참가율이 증가한 비율은 18.4%로 다른 국가들에 비해 낮은 수치를 보였다.

1980년부터 2007년까지 기간 동안에 65~69세의 경제활동참가율은 다양한 경향을 보여 준다. 〈표 3-2〉에서 나타나듯 총 경제활동참가율의 경우 다섯 국가(덴마크, 독일, 일본, 노르웨이, 스페인)에서는 감소하였으나, 다섯 국가(핀란드, 이탈리아, 스웨덴, 스위스, 미국)에서는 증가하였다. 미국은 21.3%에서 29.7%로 상승한 반면, 노르웨이는 32.3%에서 22.2%로 하락했다. 1980년부터 2007년까지 기간 동안 성별에 따른 경제활동참가율 역시 일정하지 않은 경향을 보여 주고 있다. 미국과 스웨덴의 두 국가만 남성과 여성 모두 경제활동참가율이 증가하였고, 독일, 일본, 노르웨이, 스페인은 남성과 여성 모두 경제활동참가율이 감소하였다. 그리고 덴마크, 핀란드, 스위스에서는 여성 경제활동참가율만 증가하였다.

마지막으로 50~54세의 인구와 65~69세의 인구에 나타난 경제활동참가율 경향을 비교하여 살펴보면, 〈표 3-1〉과 〈표 3-2〉에 기재된 모든 국가에서 50~54세의 인구보다 65~69세의 고령자 경제활동참가율이 급격히 하락하였다. 예를 들어, 2006년 스웨덴에서 50~54세의 경제활동참가율은 88%이지만, 65~69세의 경제활동참가율은 15%까지 하락하였다. 미국과 일본의 경우 같은 연령대에서는 스웨덴과 유사하게 경제활동참가율이 하락하는 양상을 보이지만, 65~69세의 경제활동참가율은 미국 29.7%, 일본 36.7%로 스웨덴보다 더 높게 나타났다.

연금 관련 통계가 보여 주는 다른 두 가지 특징은 평균 퇴직연령과 평균 퇴직 후 예상되는 잔여수명이다. 〈표 3-3〉은 평균 퇴직연령이 적게는 프랑스의 58.8세부터 많게는 스웨덴의 63.7세까지 분포하고 있음을 보여 준다. 그리고 〈표 3-3〉에 기재된 국가들의 경우 여성들의 퇴직연령은 평균적으로 남성보다 약간 낮은 것으로 나타난다.

〈표 3-3〉 일부 국가의 평균 퇴직연령과 퇴직 후 예상 잔여수명

국가	평균 퇴직연령			퇴직 후 예상 잔여수명	
	총	남성	여성	남성	여성
네덜란드	61.5	61.6	61.4	21.6	28.8
프랑스	58.8	58.5	59.1	21.4	27.5
이탈리아	59.7	60.7	58.8	20.1	27.8
벨기에	60.6	61.6	59.6	23.1	30.9
덴마크	60.9	61.2	60.7	14.6	19.8
독일	61.3	61.4	61.1	20.2	26.6
스위스	62.5	63.1	62.0	14.8	21.7
영국	62.6	63.4	61.9	18.9	25.0
스웨덴	63.7	64.3	63.0	19.4	23.9
미국	N/A	62	61.8	14.5	19.9

* 2005년 자료에 한정된 내용이며, 전체 자료는 배부할 수 없다.
출처: Eurostat (2010); Nyce & Schieber (2005).

평균수명은 늘어난 반면 퇴직연령은 낮아짐에 따라 퇴직 후에 보내는 시간은 오히려 증가하게 되었다. 남성은 퇴직 후 예상되는 평균 잔여수명이 미국의 14.5년부터 벨기에의 23.1년까지 분포되어 있으며(〈표 3-3〉 참조), 여성은 미국의 19.9년부터 벨기에의 30.9년까지로 남성보다 퇴직 후 더 많은 시간을 보내는 것으로 나타났다.

앞의 세 가지 종류의 통계(경제활동참가율, 평균 퇴직연령, 퇴직 후 예상 잔여수명)에서 나타나는 특징들은 연금 자원에 대한 수요에 영향을 미치며, 연금제도의 특징들은 개인의 퇴직결정에 영향을 미친다. 정책 입안자들은 연금제도를 보다 안정적으로 유지하기 위해 노력해야 하며, 이 세 가지 요소는 보다 면밀히 검토되어 퇴직 후 소득보장정책에 대한 주요 주제로 논의되어야 할 것이다.

연금의 특징

대부분의 사람이 가장 심각하게 고려하는 연금의 두 가지 특징은 과연 언제부터 연금을 받을 수 있는지와 얼마를 받을 수 있는지에 대한 것이다. 〈표 3-4〉는 선

〈표 3-4〉 일부 국가의 조기연금 급여 및 기본연금 급여 수급연령

국가	조기연금 급여 수급연령		기본연금 급여 수급연령	
	남성	여성	남성	여성
네덜란드	None	None	65	65
프랑스	56	56	60	60
이탈리아	57	57	65	60
벨기에	60	60	65	65
덴마크	None	None	65	65
독일	63	63	65	65
스위스	63~64	62~63	65	64
영국	None	None	65	60
스웨덴	None	None	61~67	61~67
미국	62	62	65	65

* 수급연령을 2027년에 67세까지 점차적으로 올릴 것이다.
출처: European Commission (2007).

정된 국가들 간의 기본연금과 조기연금 혜택을 받을 수 있는 수급연령을 비교하고 있는데, 프랑스의 조기 퇴직연령은 56세로 가장 낮으며, 이탈리아도 57세로 낮은 편에 속한다. 그러나 이 표에 기재된 국가의 일반적인 퇴직연령은 65세이고, 그중 스웨덴이 67세로 가장 높게 나타났다. 미국 또한 사회안전보장 혜택을 청구할 수 있는 퇴직연령이 현재는 65세이지만 2027년에는 67세로 늘어날 예정이다.

연금소득 대체율

국가가 국민들에게 어느 정도의 연금을 보장해 줄 것인지 결정하는 방법 중 하나는 퇴직한 이후 그들의 소득 대체율을 비교하는 것이다. 연금 대체율은 관련 정책들이 노후에 얼마나 적정한 소득수준을 잘 보장하는지 보여 주는 지표이기도 하다. 국가의 연금 프로그램은 순 대체율과 상대적 연금수준을 통해서 퇴직 후 소득을 얼마나 잘 보장하고 있는지 알아볼 수 있다(Organisation for Economic Cooperation and Development: OECD, 2005c). 순 대체율이란 연금계획(개인 소득세 및 근로자와 연금 수급자들이 지불하는 사회안전보장 기여분은 제외; OECD, 2005c)이 퇴직 이전 소득에서 차지하는 비율을 의미하는데, 이는 연금제도가 개인의 퇴직 이전 소득을 일정

비율로 유지함으로써 퇴직 후에도 얼마나 적정한 삶을 유지할 수 있도록 할 것인가를 가늠하는 척도가 될 수 있다.

[그림 3-1]과 [그림 3-2] 및 [그림 3-3]은 각 국가에서 평균소득의 반을 버는 저소득 계층, 국가의 평균소득을 버는 평균소득 계층, 국가 평균소득의 2배를 버는 고소득 계층의 순 대체율을 보여 주고 있다. [그림 3-1]에 나타난 평균소득 계층의 경우, 이탈리아와 네덜란드는 순 대체율이 80% 이상에 달하나, 영국과 미국은 순

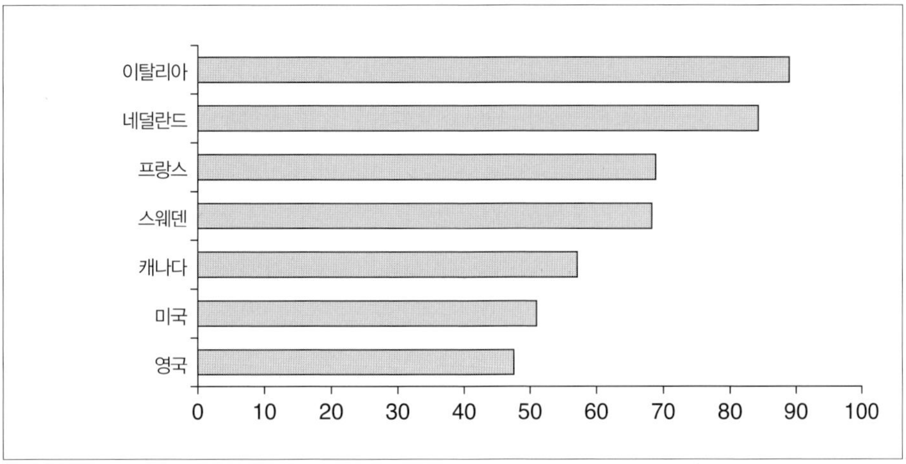

[그림 3-1] 일부 국가의 평균소득 근로자의 순 대체율(예비 근로소득 비율)

출처: OECD (2005c).

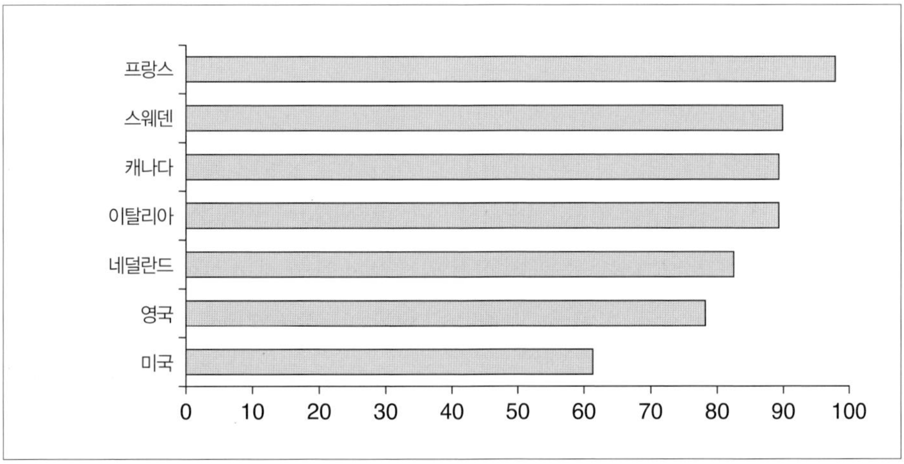

[그림 3-2] 일부 국가의 저소득(평균소득의 절반) 근로자의 순 대체율(예비 근로소득 비율)

출처: OECD (2005c).

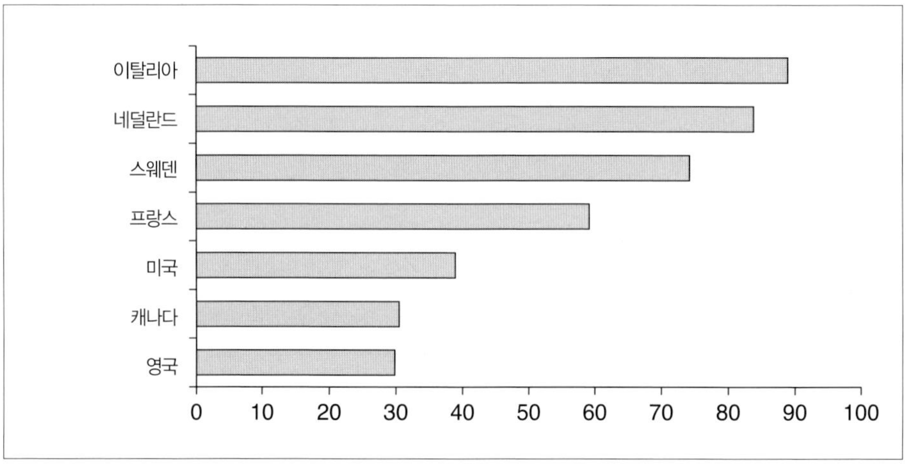

[그림 3-3] 일부 국가의 고소득(평균소득의 2배) 근로자의 순 대체율(예비 근로소득 비율)
출처: OECD (2005c).

대체율이 50% 정도에 불과하다. 프랑스, 스웨덴, 캐나다의 순 대체율은 모두 중간 수준이다. 저소득 계층은 미국을 제외하고 [그림 3-2]에 나열된 모든 국가가 75% 이상을 상회하는 대체율을 보여 준다. 평균소득의 2배를 버는 고소득 계층의 경우 순 대체율이 이탈리아와 네덜란드는 75% 초과이고, 스웨덴과 프랑스는 50% 초과이며, 미국, 캐나다, 영국은 40% 미만으로 나타났다([그림 3-3] 참조).

미국에 사는 사라와 이탈리아에 사는 파올라를 예로 들어 보자. 사라와 파올라는 모두 미국 달러를 기준으로 평균 2만 3,900달러 상당의 임금을 받았고, 세금과 사회보장제도 기여금을 제외한 순수 임금은 1만 9,120달러로 저소득 계층에 속한다. 순 대체율이 61.4%인 사라(미국)의 경우 그 혜택이 1만 1,739달러인 반면, 순 대체율이 89.3%인 파올라(이탈리아)의 경우 1만 7,074달러 상당의 혜택을 받는다.

다음으로 상대적 연금수준을 살펴볼 수 있는데, 이는 어느 특정 국가의 평균소득 계층과 관련된 연금 혜택수준을 의미한다. 퇴직자는 퇴직 전 소득에 대하여 높은 수준의 순 대체율을 가질 수 있지만, 상대적 연금수준은 연금 혜택이 당해 국가의 경제 전반의 평균소득에 비하여 얼마나 축적되는지 판단하는 데 도움을 준다. 이러한 상대적 연금수준은 국가 경제 전반의 평균소득에 대한 비율로 표시된다. [그림 3-4]에 나열된 국가들 중 캐나다, 영국, 미국의 상대적 연금수준은 각 국가 평균소득의 39.9%, 37.1%, 36.5%에 불과하다.

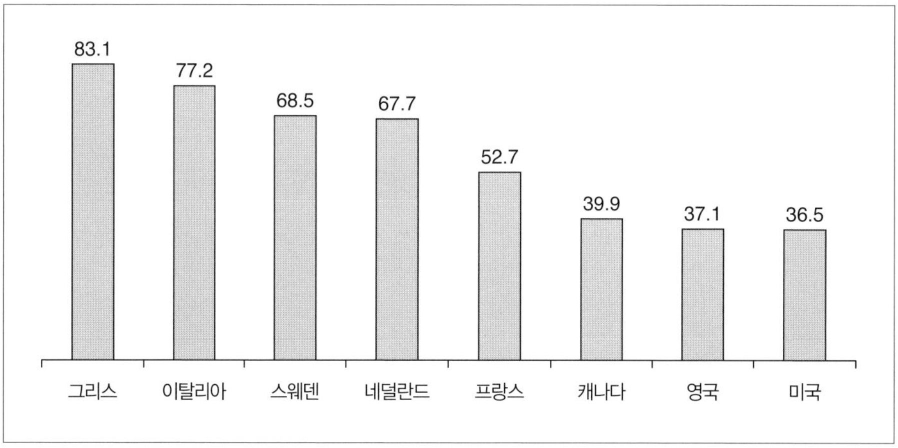

[그림 3-4] 일부 국가의 경제 전반 평균소득 대비 퇴직연금수준 비율(2005년)

출처: OECD (2005c).

따라서 연금에 대한 퇴직자의 가장 기본적인 두 가지 질문에 해당하는 노후소득이 얼마나 될 것이며, 언제부터 수령할 수 있을지에 대한 대답은 국가마다 다를 수밖에 없다. 국가들이 노후소득보장 정책과 프로그램을 어떠한 방법으로 수립하는지 살펴보기 전에 먼저 소득보장 접근 방식을 분류하는 데 사용될 체계에 대하여 논의하고자 한다.

노후소득보장 프로그램의 체계에 대한 개관

우리는 경제협력개발기구(Organization for Economic Cooperation and Development: OECD)의 노후소득보장 프로그램의 분류 방식을 사용하였는데, 이는 노후소득보장 프로그램의 두 가지 주요 목적인 재분배 및 저축에 기초를 두고 있다(OECD, 2009b; [그림 3-5] 참조). 재분배 프로그램의 목적은 모든 퇴직자에게 최소한의 삶의 질을 보장하는 것이고, 이는 고소득자들에 비해 저소득자들에게 보다 높은 대체율을 제공하는 방법을 통해 달성될 수 있다(OECD, 2009b).

제1층(tier) 재분배 프로그램의 유형으로는 기초연금 프로그램, 자산평가 프로그램, 최저연금 프로그램이 존재한다. 먼저 기초연금 프로그램은 모든 퇴직자에게 동일한 혜택을 주거나 또는 퇴직 이전 소득액과는 무관하게 근무 연수만을 기준으로 산정된 혜택을 부여한다. 따라서 퇴직 후에 추가적인 소득이 발생하여도 그 혜택의 크기는 동일하다. 다음으로 자산평가 프로그램은 부유한 퇴직자들보다 가난한 퇴직자들에게 더 많은 혜택을 주는데, 그 혜택은 기타 소득과 자산을 함께 고려하여 산정된다. 마지막으로 최저연금 프로그램은 저임금 근로자들이 최소한의 혜택수준을 향유할 수 있도록 그들의 연금 혜택에 일정 금액을 추가하여 제공한다. 이 경우 연금 외의 소득이나 자산은 산정 고려 대상에서 제외된다.

제2층 의무가입 연금 프로그램은 과거 취업 경력에 비추어 공공부문 및 민간부문의 직장을 통해 제공된다. 이는 퇴직 후에 적정한 수준으로 소득을 대체할 수 있도록 고안되었고, 이를 통해 퇴직 후 일정한 수준의 삶을 제공한다. 제2층 의무가입

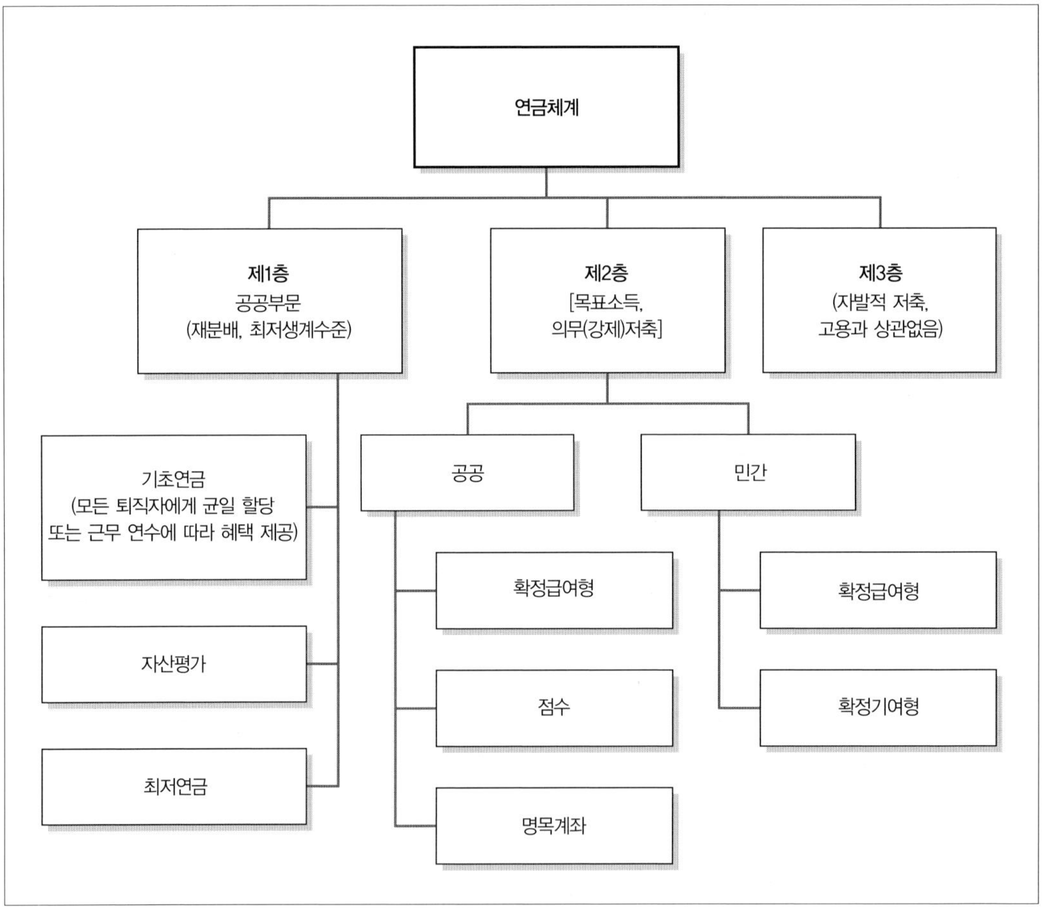

[그림 3-5] 노후소득보장 프로그램의 체제를 위한 기본 틀

출처: OECD (2009b).

연금 프로그램은 확정급여형이나 확정기여형으로 설정된다.

먼저 확정급여형(defined-benefit: DB)은 납입 연수 및 소득수준에 기초해 연금을 지급한다. 이러한 유형의 퇴직제도는 일정 기간의 평균 급여, 연령 및 회사의 근속연수에 기초하여 사전에 설정된 일정 금액을 퇴직과 동시에 지급한다. 확정급여형 중에서도 고정 확정급여형(flat DB)은 매년 균등한 금액을 지급하고, 직장 평균 확정급여형(career-average DB)은 평균급여에 근속 연수를 곱한 금액의 일정 비율을 지급한다. 예를 들어, 고정 확정급여형의 경우 근로자가 30년 근속 연수를 채우게 되면 그에 기초하여 퇴직 전 소득의 60%를 지급받을 수 있다. 따라서 퇴직 전 평균소득이 5만 달러였다면, 그 퇴직자는 3만 달러 상당의 연금을 지급받게 된다(60%×5만 달러). 매년 물가상승률 역시 위 제도에 반영되어 연금이 지급된다.

공공부문에 적용되는 다른 형태의 연금제도로 점수제도(points plan)가 있다. 점수제도는 근속 연수마다 취득한 점수를 기초로 퇴직 혜택을 부여하는 것으로, 취득한 총 점수에 연금 점수의 가치(pension-point value)를 곱하여 연금 지급액을 결정한다.

다음으로 확정기여형(defined-contribution: DC)은 개인별 계정에 예치된 부담금을 금융시장에 투자하는 방식으로 조달되며, 그 투자금이 퇴직 시 연금 혜택으로 지급된다. 확정기여형은 앞서 살펴본 확정급여형과는 달리 일정 수준에 해당하는 혜택을 보장하지 않으며 제1단계 프로그램과 같은 재분배적 요소도 존재하지 않는다. 다만, 개인 및 고용주가 개인별 계정에 기여해야 할 부담금은 확정기여형에서 특정된다. 예를 들어, 고용주가 근로자 연봉의 10% 상당 금액을 매년 부담하여야 한다면, 연봉이 5만 달러인 직원의 경우 부담금은 5,000달러가 된다. 각 개인은 펀드를 어떻게 투자할지 자신의 책임하에 결정한다. 퇴직 시 가용 금액은 알 수 없는데, 이는 해당 금액이 총 투자수익금(원금을 포함)에서 계좌관리 비용을 차감하는 방식으로 산정되기 때문이다. 따라서 확정기여형은 근로자가 투자 위험을 부담하고, 확정급여형은 고용주가 투자 위험을 부담하는 것이다.

〈글상자 3-1〉 정책과 인간 간의 밀접한 연계: 확정급여형 vs. 확정기여형, 2008년 경기 침체 당시 한 가족의 노후소득에 대하여

다른 종류의 노후소득보장 프로그램들은 노후소득의 지급에서도 큰 차이를 보일 뿐만 아니라 경제적으로 어려운 시기에도 서로 다르게 영향을 받는다. 현재 75세인 플로렌스는 주정부가 제공한 확정급여형(DB)에 가입하였으며, 지역 학군에서 35년간 근무하였다. 그녀는 연금으로 매달 3,400달러를 지급받고, 매달 1,100달러를 지급받을 수 있는 사회보장제도상 신용도 충분히 획득하였다. 이에 2008년경 시장을 강타한 경제 위기에도 불구하고 그녀는 매달 4,500달러를 지속적으로 수령하였다. 비록 금년(2010년)에는 사회보장제도상 생활비 조정은 받지 못할 것이지만, 그녀의 혜택은 동일하게 지속될 것이다. 주정부 연금 프로그램은 경기 침체로 인한 장단기 부채를 해결할 방안을 모색하고 있으나 주정부 연금 및 사회보장제도를 통해 받는 혜택은 그대로 유지되므로 플로렌스는 부양료나 기타 비용을 감당할 수 있다.

반면, 현재 52세인 그녀의 딸 패티는 공립대학에서 18년간 근무하였고, 그 기간에 대학의 확정기여형(DC)에 가입하였다. 2007년 12월 기준으로 그녀의 확정기여형 투자자산의 가치는 총 42만 3,894달러였으나, 1년 후 그 가치는 9만 231달러만큼 하락하여 총 33만 3,663달러가 되었다. 패티는 향후 10년에서 15년간 더 일을 할 수 있기 때문에 위 투자자산이 회복될 시간은 충분히 존재한다. 그러나 만약 패티(DC)가 2007년 12월경 퇴직하였다면, 경기 침체기에 큰 변동성을 띠지 않는 플로렌스(DB)의 노후소득과 비교하여 적은 혜택을 받고 있을 것이다.

명목계좌(notional accounts)는 연금 혜택이 부담금과 개인별 계좌에 기록되는 부담금의 투자수익률에 기초된다는 면에서 확정기여형(DC)과 유사하다. 일정 기간 벌어 놓은 금액은 기대수명을 기반으로 한 공식에 따라 계산되어 지급되며, 부담금의 수익률은 정부가 연금 혜택을 산정하기 위해 마련한 규칙에 따라 정해진다. 따라서 수익률의 고정은 금융시장에서의 투자수익의 변동성에 대한 완충장치로 작용한다(Settergren, 2001; World Bank, 연도미상).

마지막으로, 제3층 자발적 저축 프로그램은 고용형태와 상관없이 추가적으로 퇴직용 펀드를 제공한다. 이는 연금 펀드 브로커나 연금을 제공하는 금융기관을 통해 고용주의 참여 없이도 가입할 수 있으며, 각 개인이 독자적으로 펀드에 가입하여 투자 방식을 선택한다.

대부분의 국가에서는 재분배적 소득보장 프로그램(redistributive income security program)과 확정급여형의 부과방식(pay-as-you-go: PAYGO)으로 불리는 재정운영계획을 통해 재원을 마련한다(OECD, 2007). 부과방식(PAYGO)으로 지원되는 퇴직 프로그램에서는 근로자들이 내는 보험료와 세금이 퇴직자들에게 연금을 지급하는 데 사용되고, 인구 변화와 고용 패턴 때문에 생기는 세입과 지급되는 연금 혜택 간의 격차를 줄이기 위해 적립금이 설정된다.

이상으로 연금 혜택과 프로그램의 종류에 대한 기본적인 사항들을 살펴보았으므로, 다음에서는 미국, 캐나다, 스웨덴, 네덜란드의 각종 노후소득보장 프로그램을 비교 및 고찰하고자 한다. 이 네 국가를 선정한 이유는 국가들이 다양한 순 연금 대체 및 연금수준을 가지고 있을 뿐만 아니라 각자 노후소득보장정책에 있어서 매우 다른 접근을 보여 주고 있기 때문이다. 스웨덴과 네덜란드는 캐나다와 미국에 비해 더 관대한 노후소득보장 프로그램을 가지고 있다.

미국

미국은 보충적 소득보장 프로그램(supplemental security income program: SSIP)을 통해 저소득자들을 주 대상으로 한 제1층 재분배 소득혜택 프로그램과 사회보장(Social Security)을 통한 제2층 의무저축 프로그램을 보유하고 있다. 또한 미국은 사적 영역에서의 자율적인 퇴직 자금 마련의 기회를 부여하고 있다. 먼저 사회보장 프로그램에 대해 살펴보겠다.

사회보장

사회보장 프로그램(Social Security program: SSP)은 1935년 8월 14일 「사회보장법」으로 법제화되었으며, Schulz(2005)에 따르면 프로그램의 목적은 다음과 같다.

① 고소득 근로자와 저소득 근로자들이 모두 포함될 수 있도록 강제적이고 보편적일 것

② 소득 관련 프로그램으로서 고용과 연계시킬 것

③ 빈곤 위험이 가장 높은 사람들을 위한 사회적 적정성을 실현시키기 위하여 저소득 근로자들에게 보다 유리한 가중치 부여방식을 둘 것

④ 다양한 노후소득 재원 중 하나일 것

⑤ 다양한 계층의 모든 근로자가 혜택을 향유할 수 있도록 보유 자산은 고려하지 않을 것

〈표 3-5〉는 SSP가 법제화된 1935년 이후 수정된 내용을 요약하고 있는데,[1] 이들은 SSP의 혜택을 유지하고 수혜 범위를 확장시키기 위해 노력하고 있다. 구체적으로 노인 부부의 88.6%, 독거 노인의 91.2%가 사회보장을 통한 급여를 수령하고 있는 것으로 추정되며, SSP의 수혜 대상은 이제 거의 보편적이라 할 수 있다(Employee Benefit Research Institute: EBRI, 2008).

〈표 3-5〉 사회보장 입법 연혁 요약

연도	주요 사건
1935	「사회보장법」이 통과됨
1937	고용주와 근로자들이 사회보장 프로그램(SSP)에 근로소득세를 납부하기 시작하고, 근로자들은 1월 1일부터 급여 복지혜택을 받음
1939	법 개정이 1940년도의 복지 수당 지급을 촉진함. 그리고 퇴직한 근로자의 배우자와 미성년자인 자녀에 대한 부양혜택과 조기사망 시 가족에게 지급되는 유족급여 등 두 가지 새로운 급여를 추가함 첫 번째 월 급여 22.54달러가 Ida Fuller에게 지급됨
1950	일시불로 지급되는 생계비수당(One-time Cost of Living Adjustment: COLA)이 통과됨. 1950년 이전에는 의회가 급여액을 인상하는 법안을 통과시키지 않는 한, 수령자의 월 급여액은 변동이 없었음 Ida Fuller는 1950년에 의회가 77% 증액한 일반 생계비수당을 처음으로 제정할 때까지 월 22달러 54센트를 받았음
1956	「사회보장법」은 50세에서 65세 사이의 장애인 근로자와 장애인 성인자녀에게 현금 급여를 제공하기 위해 다시 개정됨

1) 조항의 연혁은 다음의 출처에서 인용하였다. Social Security Administration SSA Publication No. 21-059, ICN 440000 Unit of Issue—HD (one hundred), October 2007.

1956, 1961	개정안은 여성과 남성의 수급연령을 62세로 하향 조정함
1972	소비자물가지수(Consumer Price Index: CPI-W)의 연간 증가량을 기준으로 한 연간 생계비수당을 자동으로 반영하도록 법안을 개정함. 급여(benefit)가 물가 상승을 반영하도록 퇴직 후 최초 급여액에 임금지수를 도입함
1975	소비자물가지수 인상이 적용됨
1983	사회보장급여의 부분 과세, 연방 근로자 보장, 2000년부터 시작되는 퇴직연령 상향 조정, 사회보장 신탁기금 적립금 증액 등을 개정함
2000	개정안은 퇴직연령 이상의 수혜자에 대한 퇴직급여검사 항목을 삭제해 노인들이 일을 계속하더라도 급여 삭감이 없음
2010	「생계비수당법」이 제정된 이후 처음으로 사회보장 수혜자은 그들의 급여를 자동 조정해서 받지 못함. 이는 2009년 3분기 소비자물가지수가 2008년 3분기보다 낮았기 때문임(Social Security Administration, 2010a)

출처: Social Security Administration SSA Publication No. 21-059, ICN 440000 Unit of Issue—HD (one hundred), October 2007.

프로그램의 세부사항

SSP는 미국 시민들을 위한 제2층 공적 의무보험 프로그램이다. 그 수혜 범위는 거의 보편적일 정도로 광범위하며, 혜택은 사전에 정해진 대로 지급되고, 앞서 살펴본 부과방식(PAYGO)을 통해 재원을 마련한다.

퇴직연금의 수급자격

SSP는 앞서 살펴본 바와 같이 법에 규정된 퇴직연령에 도달한 자들에게 연금을 지급한다. SSP 혜택을 받기 위해서는 특정 직업에 종사하였으며, 충분한 '점수(credit)'를 얻고, 적정한 연령에 도달해야 한다. SSP에 참여하여 혜택을 받을 수 있는 직업에는 자영업을 포함한 거의 모든 직종이 포함된다. 그러나 특이하게 주 또는 연방 공무원들의 경우에는 개인의 선택에 따라 각자 개별적인 퇴직 프로그램에 가입할지를 결정한다. 혜택을 향유하는 직종에 종사하는 사업장의 노동자는 소득의 6.2%에 상당하는 금액을 직접 부담하며, 사용자도 6.2%에 상당한 금액을 부담한다. 반면, 자영업자들은 소득의 12.4%에 상당한 금액을 부담하는데, 이는 근로자

전체 임금의 12.4%를 의미하는 것은 아니다. 2009년에는 소득이 10만 6,800달러로 제한되었고, 그 금액을 초과하는 소득은 SSP의 적용 대상에서 제외되었다(Social Security Administration: SSA, 2009).

나아가 보험가입자들은 총 40점을 얻어야 하는데, 2009년에는 1,090달러당 1점을 얻을 수 있었으며, 한 해 최대 4점까지 얻을 수 있었다. 따라서 한 해에 최소 4,360달러 이상을 버는 노동자는 그해에 4점을 얻을 수 있었으며, 10년 일해야 40점을 모을 수 있다. 물론 1점을 받을 수 있는 금액은 매년 상승한다.

앞서 설명한 수급자격을 충족하면 62세부터 퇴직 관련 혜택을 수급할 수 있지만, 완전 퇴직연령에 도달하기 전까지 연금은 매달 0.5% 차감되어 지급된다(SSA, 2009). 완전 퇴직연령은 2009년 기준으로 1937년 이전 출생자는 65세였고, 1942년 이전 출생자는 65세 10개월이었다. 완전 퇴직연령은 2027년까지 점차 증가하여 67세가 될 것이고, 70세에 도달할 때까지 지급이 연기될 수 있을 것이다.

급여수준

급여수준은 노동자가 보험에 가입한 기간 동안의 소득을 기준으로 산정되며, 다음 절에서 설명하는 것과 같이 보험가입자와 그 가족에게 부여되는 혜택의 수준을 책정하는 기초가 된다. 연금은 매달 소득을 1950년도부터 물가 변동에 연계하여 조정되며, 지난 35년간 가장 소득이 높았던 연도의 월소득 평균을 내어 그 수치를 적용한다(SSA, 2009). SSP는 개인이 일을 하지 않은 기간, 예를 들어 육아휴직이나 학업지속 기간에 대해서 예외를 주지 않는다. 1981년 이후 62세에 다다른 보험가입자들에게는 최저연금액이 존재하지 않는다. 그러나 2009년 이후 완전 퇴직연령에 의해 퇴직하는 사람들이 받을 수 있는 월 최고연금 금액은 2,323달러이고 매달 받는 수당은 1,160.20달러이다(SSA, 2010b). 그리고 사회보장연금은 개인의 소득이 2만 5,000달러 이상, 부부는 3만 2,000달러 이상인 경우 세금이 부과된다.

연금 수급권자가 완전 퇴직연령 이후에 연금을 지급받기로 결정하면 SSP 혜택에 대하여 아무런 차감 없이 전액을 지급받으면서 일을 계속 할 수 있다. 그러나 완전 퇴직연령 이전에 연금을 수령하면서 일을 하고자 한다면 해당 연도의 한계초과소득(2009년에는 1만 4,160달러)에 대하여 2달러당 연금은 1달러씩 줄어든다(SSA,

2009). 완전 퇴직연령이 되는 해에 연금을 수급하기로 결정하면 2009년을 기준으로 3만 7,680달러 이상 소득자의 경우 3달러당 연금은 1달러씩 줄어든다.

피부양자와 배우자 연금

퇴직자의 가족들 중 퇴직연금 혜택 조건을 충족하지 못하는 사람은 피부양 보조금 혜택을 누릴 수 있다. 완전 퇴직연령을 지난 배우자의 경우 보험금의 50%까지 받을 수 있으며(62세부터 완전 퇴직연령 전까지는 보험금이 줄어든다), 10년 동안 결혼생활을 한 후에 이혼하였으나 재혼을 하지 않은 배우자도 피부양자 혜택을 받을 수 있다. 그러나 혼인 신고를 하지 않은 파트너들은 여전히 이와 같은 혜택들을 받을 수 없다.

유족연금

사회보장제도는 퇴직 혜택의 수급 조건을 충족시킨 노동자들의 유족들에게도 혜택을 제공한다. 그 대상자들로는 사망한 자의 배우자, 이혼한 60세 이상의 전 배우자(결혼생활이 10년 이상 지속된 경우), 18세 이하의 자녀 또는 초등학교나 중학교에 재학 중인 18세에서 19세 사이의 자녀(22세 이전에 장애를 앓게 된 경우 제한이 없음), 사망한 근로자에게 50% 이상 의존하였던 62세 이상의 부모 등이다. 유족들은 근로자의 연금을 75%에서 100%까지 수령할 수 있다.

장애연금

장애에 대한 사회보장제도는 소득 조건과 장애 조건 모두를 충족해야 적용받을 수 있다. 노동자는 장애가 발생하였을 때 상이한 두 가지 소득 테스트를 충족시켜야 한다. 이는 '최근 일'과 사회보장제도하에서 요구되는 근무기간을 충족하는지 여부를 결정하는 '근로기간' 테스트이다. '최근 일'은 연령과 근무 경력을 기초로 한다. 장애는 사망에 이르거나 12개월 이상 지속되어야 한다. 장애는 기존 직종이나 비슷한 연령, 학력, 경력에 상응한 직종에서 일할 수 없게 한 신체적 또는 정신적인 손상으로부터 기인된 것이어야 한다.

장애에 대한 사회보장제도 보조연금: 유족연금

장애연금 수급자의 유족들이 장애의 조건을 만족하는 장애를 앓고 있거나 비장애인의 경우에도 배우자나 이혼한 전 배우자의 혜택 조건을 만족하는 경우에는 장애에 대한 사회보장제도 보조 혜택을 받을 수 있다.

보충적 소득보장/노인소득보충급여

1974년 「사회보장법」은 보충적 소득보장(SSI) 관련 내용을 제16조에 추가함으로써 65세 이상의 저임금 노동자와 장애인을 대상으로 하는 최저임금제도를 도입하였다. 이 프로그램은 정부 재원으로 운영되는 것으로, 장애인은 일차적으로 장애기준을 충족해야 하며 추가로 소득과 자산, 주거지 등의 조건도 충족해야 한다.

수급자격과 급여수준

65세 이상의 연령기준을 충족하고, 개인의 경우 매달 소득이 674달러 이하, 부부의 경우 매달 소득이 1,011달러 이하일 때 수급자격이 주어진다. 나아가 개인 소지품, 집, 자동차, 장례보험, 생명보험을 제외하고(장례보험과 생명보험은 가치가 1,500달러 이하; SSA, 2009) 개인은 2,000달러 이하, 부부는 3,000달러 이하의 자산을 보유한 자들에게만 수급자격이 주어진다. 또한 대상자는 미국의 50개 주, 워싱턴 컬럼비아 특별구(워싱턴 DC) 또는 북 마리아나 제도 중 한 곳에서 거주하는 사람으로 1년에 한 달 이상 또는 30일 연속으로 외국에 나가 있거나 사회보장급여와 동일한 다른 급여를 수급받을 경우에는 지급 대상에서 제외된다. 연금 수령액은 개인의 경우 매달 최대 674달러, 부부는 1,011달러까지 받을 수 있으며, 평균 연금은 405.30달러인데, 이는 국가 평균소득의 20% 정도에 해당하는 금액이다(OECD, 2007).

각 주는 연방에서 결정되는 보충적 소득보장을 보조하기 위한 정책을 도입할 수 있다. 구체적으로 현재 12개 주는 연방에서 결정된 최소 금액만 지급하고, 28개 주는 독자적인 제도를 도입하여 운영하고 있으며, 나머지 12개 주는 SSA에서 운영되는 보조정책들을 제공하고 있다. 보조정책을 취하고 있는 12개 주의 혜택을 연방 차원과 비교하면, 평균적으로 개인은 13%, 부부는 18%가 추가 지급되고 있다 (OECD, 2007).

사적연금제도

아메리칸 익스프레스사는 1875년 미국에서 처음으로 기업연금제도를 도입하였다(Allen, Clark, & McDermed, 1993). 연금은 장기 근무에 대한 보상으로 사망, 사고 그리고 장애에 대한 보험을 제공하고 계약이 만료된 후에는 퇴직금을 주기 때문에 고용 측면에서 유용하다(Sass, 2003). 연금제도는 1921년 「세법(Revenue Act)」으로 처음 법제화되었는데(EBRI, 2009), 1940년대 중반에 들어서는 은행, 철도공익사업 등 주요 기업들이 제공하는 사적연금이 400여 개로 증가하였다. 1960년대에는 민간부문 노동자들의 40% 이상이 사적연금에 가입하였고(Sass, 1997), 2007년에는 상근 노동자들의 59.9%(1990년도에는 62.8%)가 사적 연금제도를 시행하는 회사에서 일을 하였다(Purcell, 2008).

사적연금제도는 확정급여형(DB), 확정기여형(DC) 또는 이 두 가지 제도의 혼합형일 수 있다. 고용주가 연금제도를 도입함으로써 세금 혜택을 받기 위해서는 1974년의 「근로자퇴직연금보장법(Employee Retirement Income Security Act)」이 정한 규정을 준수하여야 한다. 앞서 언급했듯이 DB제도는 확정 금액이나 재직 당시 평균임금 또는 퇴직 당시 평균임금을 바탕으로 연금을 지급한다. DC제도에서는 고용주와 노동자가 각각 일정한 금액을 지불한다. 최종 퇴직금은 투자 이익과 손실에 따라 변동될 수 있다. 확정기여형(DC)에는 이익 분배제도(profit-sharing plan), 주식 상여제도(stock-bonus plan), 일정한 납부 금액을 정하고 있는 금전 구입제도(money purchase plan), 노동자에게 세금 부과 이전의 임금을 투자 계좌에 넣을 수 있는 선택권을 주는 근로자 퇴직연금제도인 401k제도 등이 존재한다.

사적연금 수급자격

노동자들이 민간부문의 연금에 가입할 수 있는 자격을 얻기 위해서는 우선 연금부여권이 있는 고용주들이 연금제도를 마련해야 한다. 그리고 어떤 노동자들이 연금제도에 가입할 자격이 있는지와 언제부터 연금을 받을 수 있는지에 대한 규정도 정해야 한다.

고용주가 연금제도의 제공 여부를 결정하고, 대부분의 연금제도는 노동자의 연금제도 가입을 위해서 적정 연령에 도달하고 일정 기간 이상 근무할 것을 요구한다. 그러나 21세 이하의 노동자를 연금제도 대상에서 제외하거나 1년 동안 근로 중일 것을 요구할 수는 없다(EBRI, 2009). 고용주는 모든 직원을 연금 대상자로 할지, 아니면 특정 노동자들(시급과 월급, 상근과 비상근)만 연금 대상자로 할지 결정할 수 있다. 여기에서 주의할 사항은 연금제도가 고임금 노동자들을 우선시할 수 없는 규정을 두어야 한다는 것이다(EBRI, 2009).

노동자들은 연령과 근무기간을 고려해 만들어진 공식에 의한 조건을 충족시키면 연금 수급권을 갖게 된다. DB제도의 연금 수급권은 노동자의 혜택 적립 방식에 따라 크게 세 가지로 분류될 수 있다. 일반 수급권(general vesting)은 연금제도에 가입한 지 5년 후에 생성되고, 절벽 수급권(cliff vesting)은 연금제도에 가입한 지 5년 미만이라도 생성되며, 점진적 수급권(gradual vesting)의 경우 20%는 3년 근무 후에 생성되고 그다음 해부터는 100%가 될 때까지 매년 20%씩 생성된다(EBRI, 2009). DC제도는 연금제도에 가입한 지 3년 미만이라도 혜택을 받는 절벽 수급권 등의 방법으로 고용주의 기여금에 대하여 좀 더 빨리 수급권을 갖도록 한다. 즉시 수급권(immediate vesting)은 노동자의 기여금에 따른 혜택으로서 확정급여형(DB)과 확정기여형(DC)에도 존재한다. 연금 수급권은 제도에서 정한 퇴직연령(일반적으로 65세)에 도달하거나 혹은 장애나 사망이 발생한 경우에 부여된다.

급여수준

연금을 수급할 자격이 주어지면 수급자들은 연금을 일시금으로 받을지, 아니면 전 생애에 걸쳐 매달 일정 금액을 받을 것인지 결정할 수 있다. 만일 후자를 선택하였다면 노동자는 자신의 사망 후에도 매달 지급액의 최소 절반 이상을 배우자가 일생 동안 지급받도록 선택할 수 있다. 그러나 이러한 선택을 하는 경우 노동자가 매달 받는 지급액은 줄어든다.

주목할 점은 급여수준을 결정할 때 일부 연금은 사회보장제도의 혜택도 함께 고려한다는 것이다. 이러한 경우 사회보장제도의 지급액은 일정 금액 또는 비율로 줄어들게 된다. 통합 연금제도 중 하나는 사회보장제도 혜택의 50%를 연금에서 상쇄시킨다. 예를 들어, 테크 솔루션스(Tech Solutions)에서 근무한 지네트의 최종 임금이 5만 달러라고 하자. 테크 솔루션스의 연금제도는 확정급여형(DB)으로 그녀의 마지막 임금에 30년 근무기간을 곱한 다음 다시 1.5%(0.015)를 곱하면 최종 금액은 2만 2,500달러이다. 지네트는 사회보장제도의 수급자격도 만족시키므로 1만 달러를 받을 수 있지만, 테크 솔루션스의 통합 연금제도는 사회보장제도를 통해 받게 될 혜택의 50%에 해당하는 5,000달러를 연금에서 상쇄시킨다. 따라서 지네트는 테크 솔루션스에서 받을 수 있는 연금 1만 7,500달러와 1만 달러의 사회보장급여를 받을 수 있다.

결론적으로, 미국에서의 퇴직소득은 ① 고용 경력을 기준으로 하는 사회보장제도, ② 저임금 고령자를 대상으로 하는 공공부조(SSI), ③ 고용주가 제공하는 사적 연금제도의 세 가지 유형을 통해 설명될 수 있다. 다음으로, 캐나다의 퇴직금제도를 살펴보겠다.

캐나다

캐나다의 노후소득보장제도는 저임금 노동자를 위한 소득보장 프로그램(Income Supplement Program), 캐나다 전 국민을 대상으로 하는 기초연금(Old Age Security Pension: OAS Pension), 기초연금제도에 따른 혜택을 보조하는 소득보장 보조금(Guaranteed Income Supplement: GIS) 그리고 퇴직, 장애, 사망에 대한 보장과 민간부문 퇴직제도를 다루는 소득비례연금(Canadian Pension Plan: CPP)의 네 가지 제도를 통해 설명될 수 있다(Service Canada, 2009d). 따라서 캐나다는 일차적으로 재분배 프로그램을, 이차적으로는 보험 방식의 소득 지원 프로그램을 갖추고 있다고 볼 수 있다. 미국처럼 최초의 연금제도는 철도와 은행과 같은 민간부문에서 1880년대 후반에 등장하였다(Maser & Bégin, 2003). 1927년도에 캐나다는 고용 경력은 고려하지 않고 70세 이상의 시민을 대상으로 수입에 기초해 혜택을 부여하는 소위 「노령연금법(Old Age Pensions Act)」을 도입하였다. 이 프로그램은 1952년에 「노령보장법(Old Age Security Act)」으로 바뀌면서, 70세 이상이면서 주거자격을 충족하는 사람들에게 균일한 혜택을 제공하였다. 소득비례연금(CPP)은 1966년

1월에 캐나다 의회가 퀘벡 연금계획(Quebec Pension Plan)이라는 명칭으로 도입하였는데, 퀘벡 주를 제외한 모든 지역에서 시행된다. 민간부문의 등록퇴직금저축제도를 지원하는 법규는 1957년에 추가로 제정되었다. 그리고 이 프로그램들은 시간이 지나면서 지속적으로 개정되고 있다(Maser & Bégin, 2003). 다음은 각 프로그램에 대하여 간략히 살펴보겠다.

소득보장 프로그램

소득보장 프로그램(Income Supplement Programs)은 지방정부의 책임하에 운영되며, 최저임금 노동자들을 위한 프로그램이다. 온타리오주가 1974년 처음 이 법을 제정하였고, 앨버타주가 1994년 마지막으로 이 법을 통과시켰다(Maser & Bégin, 2003). 이 프로그램은 지방정부에 의해 운영되기 때문에 지급 조건이 상이하지만, 수입을 기초로 지급 여부 및 액수를 판단하는 것은 모든 주에서 동일하게 이루어진다. 지방정부에서 매달 지급하는 최소 금액은 25달러에서 200달러까지 지역마다 다르다(Government of New Brunswick, 2009; Maser & Bégin, 2003).[2]

기초연금과 소득보장 보조금

전 국민을 대상으로 하는 기본연금제도인 기초연금(Old Age Security: OAS)은 수입이나 고용 경력에 상관 없이 주민들에게 혜택을 부여한다. 연금은 연방정부의 통합 매출 기금에서 지급되며, 납입금이 요구되지 않는다(Maser & Bégin, 2003). 즉, 조세가 국가 재원으로 운영되는 것이다. 연금을 받기 위한 조건은 최소 10년의 캐나다 거주이며, 40년 이상 거주한 사람에게는 100% 혜택이 주어지고, 이보다 적은 기간 거주한 경우에는 그 기간에 비례하여 혜택이 차감된다. 캐나다 국민들은 65세부터는 고용 상태와는 무관하게 기초연금을 받을 수 있다. 그러나 기초연금은 과세 대상에 해당하며, 2009년의 평균 연금액은 489.53달러였다(Service Canada,

---

2) 2010년 기준 미국 달러와 캐나다 달러 간 환율은 0.99이다. 이 두 화폐 간 환율에 큰 차이가 없으므로 여기서는 캐나다 달러를 사용하겠다.

2009e). 소득보장 보조금(GIS)은 과세 대상에서 제외되는 보조금을 65세 이상의 저임금 기초연금 수급자에게 지급한다. GIS는 개인의 연간 수입이나 배우자 또는 파트너의 수입을 합산한 금액을 고려하여 책정되며, 월평균 개인에게 지급되는 GIS 보조금은 452.61달러이다(Service Canada, 2009c, 2009e).

유족연금

유족연금은 60세에서 64세 사이의 저임금 고령자들 중 배우자나 파트너가 기초연금과 GIS 수급자에 해당하는 자에게 매월 지급되는 것이다. 나아가 12개월 이상 새로운 관습법상 관계를 맺지 않고 배우자가 1998년 1월 이후에 사망한 경우 사실상 배우자나 파트너에게 지급되는 보조금도 존재한다(Service Canada, 2010a).

캐나다 연금제도

소득비례연금(CPP)은 일차적인 소득보장 프로그램으로 노동자를 대상으로 하며, 퇴직과 장애 그리고 사망 시 부여되는 혜택들에 관한 규정을 포함하고 있다.

수급자격

미국의 사회보장제도와 같이 노동자와 고용주 모두가 소득비례연금(CPP)에 분담금을 납부한다. 노동자와 고용주는 각각 4.95%를, 자영업자는 9.9%를 납부하여야 한다.[3)] 연간 3,500달러 이상 소득을 벌면서 18세 이상인 경우에는 소득비례연금(CPP)에 분담금을 납입해야 한다. 2008년에는 최대로 받을 수 있는 연금이 4만 4,990달러였다. 최소 금액은 법으로 정해져 있으나, 최대 금액은 매년 1월에 증가한다

---

3) 역자 주: 소득비례연금(CPP)의 경우 1998년 재정 안정화를 위한 개혁이 이루어졌으며, 보험료를 9.9%까지 점진적으로 상향시켰다. 1966년 부과방식으로 도입될 당시에는 높은 출산율 및 낮은 기대수명으로 인구구조가 매우 안정되어 있었으며, 임금과 노동시장참여율이 빠르게 성장하고 있었기에 보험료의 증가 없이 연금지출을 충분히 감당할 수 있는 환경이었다. 그러나 출산율이 지속적으로 낮아지고 기대수명이 높아져서 점차 인구구조가 불안정해질 뿐 아니라 경제 역시 임금상승률이 낮아짐에 따라 1980년대 중반부터 연금지출이 보험료를 상회하고, 1990년대부터 기금이 감소할 것으로 예상되었다. 이러한 상황에서 1993년 수행된 소득비례연금(CPP) 재정계산 결과 심각한 재정문제를 대두시킴에 따라 재정방식을 부분적립방식으로 개혁하게 되었다(유호선, 2014, 연금제도에서 재정방식 및 재정목표에 관한 논의, 연금이슈 & 동향분석).

(Capretta, 2007b; National Union of Public and General Employees: NUPGE, 2009).

서비스캐나다(Service Canada, 2009a)에 따르면 조기 퇴직연금은 다음의 경우를 충족해야 받을 수 있다. 우선 기본적으로 연령이 60세에서 64세 사이여야 하고, 다음으로는 연금 지급이 시작되는 달이나 그 직전 달에 비고용 상태에 있거나 또는 연금 지급이 시작되는 달이나 그 직전 달의 수입이 884.58달러보다 적은 경우에 받을 수 있다. 미국과 동일하게 65세 이전에 받는 연금은 일정 금액이 차감되는데, 예를 들어 60세부터 받으면 월 연금 지급액이 30% 차감된다. 그러나 연금 수령을 70세 이후까지 미루더라도 추가로 경제적 혜택이 발생하는 것은 아니다.

급여수준

소득비례연금(CPP)에 따른 혜택은 근로자가 부담금과 납부기간 및 퇴직연령에 기초하여 주어진다(Service Canada, 2009a). 소득비례연금은 최저액 및 최고액 기준을 두고 노동자의 일생 동안 평균소득의 25%에 상당한 금액을 지급한다. 일생 동안의 평균소득을 산정하는 경우 실직이나 학업, 장애 등의 이유로 임금이 가장 낮은 15%에 해당하는 기간은 제외한다(OECD, 2009b). 이 외에도 소득비례연금은 '자녀양육'에 관한 조항도 포함하고 있는데, 7세 이하의 아이를 양육하는 동안 일을 그만두거나 임금이 낮아진 경우, 평균소득을 산정하는 기간에서 해당 기간을 제외한다. 특히 양육을 근거로 평균소득을 산정하는 기간으로부터 제외할 수 있는 기간은 특별히 제한되어 있지 않다. 이는 노동자들(주로 여성 노동자)이 아이를 돌보기 위해서 일을 하지 못하거나 임금이 낮아진 것을 이유로 퇴직 후 연금에 있어서 불이익을 받지 않도록 하는 것이다(Torjman, 2002). 2008년의 최대 연금 수령액은 884.58달러였고, 평균 연금 수령액은 481.46달러였다(Service Canada, 2009a). 연금 수령액은 인플레이션에 따라 조정되고, 소득비례연금이 개시된 이후에 일을 하더라도 매월 지급받는 연금에 영향을 미치지는 않으며, 미래 소득 역시 소득비례연금에 따른 혜택에 영향을 미치지 않는다.

배우자/파트너 연금

소득비례연금에 따른 혜택은 배우자나 파트너와도 공유될 수 있다. 배우자는 법적으로 결혼한 상대방을 의미하며, 파트너는 성별을 불문하고 1년 이상 사실상 혼인관계에 있었던 상대방을 의미한다. 60세 이상이면서 소득비례연금을 받는 배우자나 파트너는 연금 혜택을 공유할 수 있으며, 각자 동일한 금액을 수령할 수 있다. 이는 그들이 동거기간에 벌어들인 연금을 합산하여 이를 각자 균일하게 나누어 주는 것이다. 예를 들어, 한 사람의 연금이 800달러이고 다른 1명의 연금이 400달러라면, 두 금액을 합친 후에 1/2로 나눈 금액인 600달러가 각자의 한 달 연금이 되는 것이다. 다만, 결혼을 하지 않았거나 동거하지 않은 기간에 벌어들인 연금은 별개의 혜택으로 합산되지 않는다. 부부나 파트너 중 일방만 연금을 수령하는 경우에는 소득비례연금의 수급자가 아닌 배우자나 파트너와 연금을 나눌 수 있다(Service Canada, 2009a). 기초연금과 소득비례연금을 통합한 연금의 최고 금액은 평균임금 노동자들의 퇴직 후 소득에서 39.9%를 차지한다(OECD, 2007).

부가 혜택: 유족연금

소득비례연금은 사망한 자의 상속인들에게 사망에 따른 혜택을 제공할 뿐만 아니라 배우자나 파트너에게도 유족연금을 제공한다. 연금의 수급 조건은 사망한 배우자나 파트너가 18세부터 사망에 이르기까지의 기간 중 1/3에 해당하는 동안 또는 적어도 10년 동안 소득비례연금에 분담금을 납부했어야 한다(Service Canada, 2009b). 유족이 연금 혜택이나 장애 혜택의 수급권을 갖지 못하면서 65세 이상인 경우에는 사망한 배우자나 파트너 연금의 60%까지 받을 수 있다. 그리고 유족이 65세 미만이라면 혜택은 고정된 금액에 사망한 배우자나 파트너 연금의 37.5%를 더한 금액을 연금으로 수령하게 된다. 2008년에 유족이 받은 최대 금액은 65세 이상인 경우 월 530.75달러였고 65세 미만인 경우는 월 493.28달러였다(National Union of Public and General Employees, 2008). 또한 유족의 개인 연금과 사망한 배우자나 파트너의 연금과 합친 최고 금액은 월 884.58달러였다(NUPGE, 2008). 유족이 재혼을 하는 경우에도 유족연금이 제공되나, 자신이 연금을 수령하는지 여부를 불문하고 그 범위는 연금의 최대 금액을 초과할 수 없다.

연금 수급자가 사망하는 경우에는 상속인에게 사망으로 인한 혜택이 일시금으로 지급된다. 사망으로 인한 혜택은 현재 사망한 자가 수령한 연금 금액을 기초로 하거나 65세에 사망했을 때 지급받게 될 연금을 기초로 계산된다. 사망으로 인한 연금은 위와 같이 계산된 연금액의 6개월 분에 상응하나 2,500달러를 넘지는 못한다(Service Canada, 2009b).

차순위제도: 공공부문과 사적 퇴직연금제도

캐나다의 공공부문과 사적 퇴직연금제도는 사용자에 기초한 자율적 연금 프로그램, 즉 등록제 연금제도(Registered Pension Plans: RPP), 등록제 개인퇴직저축제도(Registered Retirement Savings Plans: RRSP)로 구성된다. RPP 프로그램은 연방, 주, 시 정부나 연방 경찰, 연방 군대 등 공공부문에 종사하는 근로자들을 대상으로 한다. 반면, 사적 프로그램은 개별 기업, 조합 그리고 기타 비정부기관을 통해 제공된다. RPP 관련 법령은 사용자와 근로자들이 일 년 동안 납입할 수 있는 금액의 한도를 제한하고 있다. 납부액은 세금 부과 대상에서 제외되나 수급자에게 지급되는 혜택들은 세금 부과 대상에 포함된다. 다음으로 스웨덴의 연금제도를 살펴보자.

스웨덴

스웨덴의 연금제도는 1913년에 처음으로 제정되어 1960년대 개정된 이후 모든 국민을 대상으로 실시하고 있다(Palme & Svensson, 1997). 1994년에 개정된 연금제도는 다음의 내용을 목표로 한다.

> 스웨덴에 거주하면서 근로를 하는 모든 사람에게 소득과 연관된 퇴직연금을 지급하며, 이는 고령인구의 적정한 삶의 질을 보장해 주는 사회안전망으로 뒷받침된다(Palmer, 2000, p. 2).

개정된 내용에 따르면 고령인구의 증가에 대응하기 위해 연금을 적립하고, 균일한 혜택을 주면서도 소득과 연관된 보조수단들을 활용할 수 있도록 하였다. 다음의 설명은 개정된 내용과 관련된 것으로 1938년 이후 출생자를 대상으로 한다.

스웨덴에는 우선적으로 두 가지 프로그램, 즉 생계유지보조 프로그램(Maintenance Support)과 최저보장연금(Guarantee Pension: GP)이 존재한다. 이들 프로그램은 대상을 보편화하기 위해 서로 병렬적으로 작용되므로, 고용 경력에 상관 없이 노년기에도 최소한의 삶의 질을 보장하는 것을 목표로 한다.

생계유지보조 프로그램

생계유지보조 프로그램은 거주지, 수입, 주거 비용을 기준으로 부여된다. 현재 스웨덴에 거주하면서 향후 1년 이상 거주 의사가 있는 65세 이상 고령자들의 경우 스웨덴에 거주한 기간에 비례하여 혜택이 부여되며, 다른 연금 혜택이 부족한 경우 신청할 수 있다. 혜택 금액은 수입의 규모에 따라 달리 적용되는바, 2008년 기준으로 한 달 수입이 4,421크로나(622.90달러) 이하인 개인이나 한 달 수입이 3,704크로나(521.84달러) 이하인 부부에게 혜택이 부여되었다(Försäkringskassan, 2008a).

최저보장연금

최저보장연금은 '추가연금'이라고도 불리는데, 매년 정부에서 지정하는 충분한 연금을 받지 못하는 사람들을 대상으로 생계유지 보조 프로그램을 지원하는 역할을 한다. 이는 고용 경력보다는 거주지를 기초로 한다.

수급자격과 급여수준

최저보장연금액은 거주기간 및 결혼 여부에 따라 달라진다. 이 프로그램의 혜택을 받기 위해서는 연금 수급자가 65세 이상으로 스웨덴이나 유럽연합 국가(노르웨이, 아이슬란드, 리히텐슈타인, 스위스 등)에서 3년 이상 거주하여야 한다. 최저보장연금도 수입의 규모에 따라 달리 적용되는바, 수급 여부는 국가 연금제도하의 다른 연금소득이 있는지 여부에 따라 결정된다. 다만, 추후 논의될 직장과 관련된 연금은 연금소득을 산정하는 데 포함되지 않는다.[4] 이 연금을 받기 위해서는 한 달 수

4) 역자 주: 공적연금이 DB에서 DC로 전환됨에 따라 무연금 및 저연금의 고령자에 대한 소득보장제도의 보완과 강화가 필요해지면서 종전의 보충연금제도의 수급 요건을 큰 폭으로 완화하여 소득 및 자산조사 대신 연금소득만 조사하여 부과하였다. 즉, 연금 외의 기타 소득은 고려 대상이 되지 않았다(Annual report of the Swedish pension system, 2009).

입이 단신의 경우에는 1만 959크로나(1,543.87달러) 이하, 부부의 경우는(동성 파트너와 동거도 포함) 9,713크로나(1,368.32달러) 이하여야 한다. 스웨덴에서 40년 이상 거주한 사람에게는 완전 최저보장연금액이 보장되며, 40년 미만 거주한 경우에는 거주기간 1년 미달 시 1/40이 감액되며, 부부인 경우 11%가 추가 감액된다. 최저보장연금의 총 금액은 기혼의 경우 6,777크로나(954.58달러)이고, 미혼의 경우 7,597크로나(1,070.09달러)이다(Försäkringskassan, 2008b).

최저보장연금의 유족 혜택은 65세 이하이면서 사망자와 5년 이상 결혼생활을 했거나 동거(특정 조건을 만족해야 함)한 경우에 주어진다. 사망자가 스웨덴에 40년 이상 거주하였고 남은 배우자가 수입 관련 연금을 받지 않는 경우에는 한 달에 7,046크로나(992.52달러)의 연금이 지급된다(SSA, 2008b). 다만, 생존한 배우자가 재혼(또는 특정 조건하에 동거)을 하거나 65세에 달하면 연금이 만료된다(Försäkringskassan, 2008b).

소득비례연금

소득비례연금(Inkomstpension: IP)은 고용 경력에 기초한 차순위 의무 연금에 해당한다. 소득연금의 경우 일종의 명목 확정기여형(notional defined contribution: NDC) 제도로서 그 지급액은 연금 계산 규칙에 따라 정부가 정하게 되는데, 이로써 금융시장에서의 투자수익률 변동이 완충되는 효과가 있다(Settergren, 2001; World Bank, 연도미상).

수급자격

미국과 캐나다처럼 스웨덴의 수급자격 또한 근로로 벌어들인 연금 수급을 받을 수 있는 소득금액에 기초한다. 연금 점수를 획득할 수 있는 기간에는 제한이 없으나, 2008년의 경우 연금 수급권(Penionsrätterna)에 필요한 점수를 받을 수 있는 소득 범위는 1만 7,343크로나(2,202.07달러)에서 38만 7,360크로나(4만 9,183.80달러) 사이였다. 스웨덴의 경우에도 비고용 상태에서 연금 점수를 획득할 수 있도록 허용하는데, 연금 수급권은 한 해에 한 자녀당 4년까지 부모 1명에게 주어지며, 고등교육을 받는 자, 군복무를 하는 자 그리고 질병이나 장애를 가진 사람의 경우에는 해당 기간에 소득이 없어도 연금 혜택이 차감되지 않도록 연금 점수를 부여한다 (Försäkringskassan, 2008c). 즉, 연금기여액 산정 시 미성년자에 대한 육아기간, 군복무 기간, 학자금을 받은 학업기간, 소득 관련 질병이나 행동장애에 의한 보상금

〈글상자 3-2〉 정책과 인간 간의 밀접한 연계: 오렌지색 봉투

매년 2, 3월에 사회보장청과 적립식 개인연금국은 600만이 넘는 수급자에게 1년간의 계좌 내역이 든 오렌지색 봉투를 보낸다. 이 오렌지색 봉투에는 가능한 한 최신의 정보와 개인이 획득한 연금 점수를 기초로 당사자가 매년 받을 것으로 예상되는 연금에 대한 정보를 담고 있는 서류가 들어 있다. 보험자는 이 오렌지색 봉투를 통해서 자신의 소득비례연금(IP) 계좌와 적립식 개인연금(PP) 계좌에 들어 있는 금액이 증가하는 것을 확인할 수 있다. 스웨덴의 이 오렌지색 봉투는 너무나 친숙하게 되어, 오늘날 그 색깔은 국가 공공연금이 아닌 연금 자체를 상징하는 의미를 갖게 되었다.

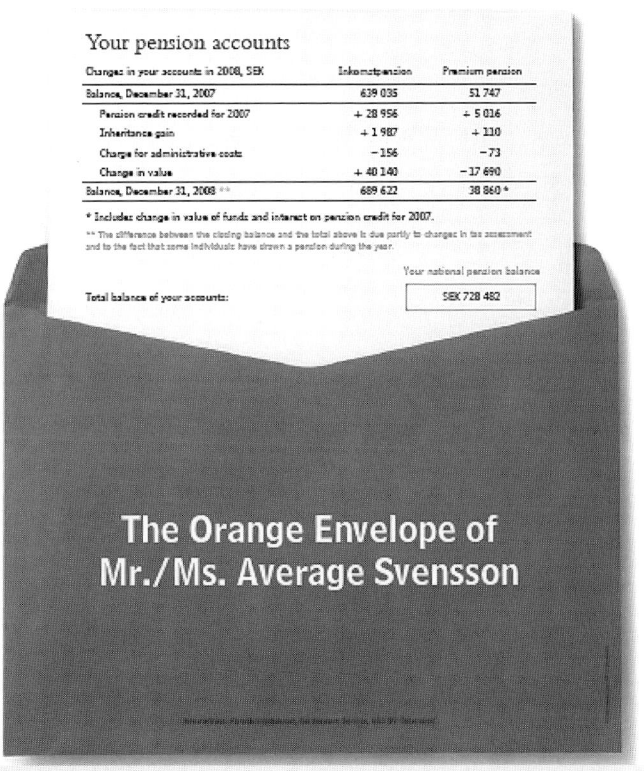

출처: Swedish Social Insurance Agency (2008).

등을 기여한 것으로 보아 산정되는 것이다. 연금 혜택은 소득을 창출하는 기간에 고정적으로 납입하는 금액을 기초로 한다.

급여수준

연금을 지급하기 위해 근로자와 고용주 그리고 자영업자는 연금 산정의 기초가 되는 소득의 18.5%에 상응한 금액을 납부하는데, 그중 16%는 소득비례연금(IP) 프로그램으로, 나머지 2.5%는 후술하는 개인저축계정방식의 부과연금 프로그램(PP)으로 사용된다.[5] 1998년 연금개혁 이후 조기노령연금이 폐지됨에 따라, 연금은 61세부터 지급받을 수 있다. 연금의 전부를 수령하거나 일부를 수령하는 것 모두 가능하나, 연금 수령 시점을 늦출수록 혜택은 더욱 많아진다. 수급자는 일을 하는 동안에도 별다른 제약 없이 연금을 수령할 수 있다(Ministry of Health and Social Affairs/Riksförsäkringsverket, 2003). 월평균 혜택은 1만 489크로나(1,505.53달러)이다.

유족연금

유족들도 소득 프로그램에 따른 각종 혜택을 받을 수 있다. 유족연금에 따라 사망한 자의 축적된 연금의 55%가 그와 최소 5년 이상을 함께 한 배우자 또는 파트너에게 지급된다. 그러나 재혼을 하거나 65세가 되면 그 연금이 종료된다(SSA, 2008b).

적립식 개인연금

적립식 개인연금(Premium Pension: PP) 프로그램은 일종의 확정기여형(DC) 제도로 벌어들인 소득의 18.5%에 상당한 납입액의 2.5%를 근로자가 선택하는 개인

---

5) 역자 주: 즉, 보험료율 18.5% 중 16%는 소득비례연금(IP)제도, 나머지 2.5%는 적립식 개인연금(PP)제도의 재원으로 사용되며, 실제 근로자의 기여(contribution)는 임금소득, 실업수당 그리고 각종 사회보험수당을 합한 소득(pensionable income)의 7% 수준이다. 사업주는 10.21%를 부담하며, 자영자는 본인 전액부담이다. 이때 법적 기여율(18.5%)과 실제 기여율(17.21%)의 차이는 법적 기여율이 기준소득(pension base=pensionable income+pensionable amounts)을 기초로 책정된 부담 비율을 의미하기 때문이다.

계좌에 투자한다. 각 펀드는 개인이 다수의 민간 금융회사가 운용하는 펀드들과 정부가 운용하는 펀드 중에서 어디에 투자할지 선택할 수 있다(Capretta, 2007a). 모든 확정기여형(DC) 제도들이 그러하듯이 적립식 개인연금 프로그램에서도 연금의 가치가 확정되어 있지는 않다. 연금 액수는 총 납입 금액, 시장투자 수익[6] 및 인출 시기 등에 따라 상이하다. 연금은 61세부터 수령할 수 있으나, 65세 이전까지는 최고 연금액의 1/4만 지급된다.

유족연금

적립식 개인연금(PP) 프로그램은 생존한 배우자나 파트너에게도 연금이 부여되도록 선택할 수 있다. 연금 수급권은 일정한 기간 배우자나 파트너에게 이전될 수 있으며 연금 수급자가 생존하는 동안 매달 지급된다. 그러나 연금 수급자가 사망한 후에도 그 배우자에게 매달 연금이 지급되는 것을 선택하였다면, 연금 수급자의 월 혜택은 줄어든다(Försäkringskassan, 2008d).

직역연금과 민간연금

직역연금과 민간연금은 소득연금 프로그램과 개인계좌연금 프로그램을 보조하기를 원하는 근로자들이 사용할 수 있다. 대부분 직업연금은 공적 영역뿐만 아니라 사적 영역에서도 근로자와 고용주 사이의 근로계약에 기초하므로, 스웨덴 근로자들의 90%가 가입해 있다(Vidlund, 2009). 직업연금—상위 4개의 직업연금에 화이트 칼라 근로자의 80%가 가입해 있다—은 통상 확정급여형(DB)과 확정기여형(DC)의 조합으로 되어 있으나, 확정기여형이 차지하는 비중이 점차 확대되고 있다(Invest in Sweden Agency, 2007). 직역연금은 퇴직 혜택, 장애 그리고 유족들에 대한 내용도 포함하고 있다. 스웨덴 국민들은 민간연금에도 가입할 수 있지만, 그것이 연금소득에서 차지하는 비율은 7%에 불과하다(Ministry of Health and Social Affairs, 2008).

---

6) 역자 주: 소득비례연금(IP)의 경우 이자는 경제성장률 등을 감안하여 매년 정부가 정하는 '가상적 이자율'을 적용하며, 이때 가상적 이자율은 실질 소득상승률(3년 평균 명목소득상승률-3년 평균 물가상승률)에 연동하며, 적립식 개인연금(PP)의 경우는 시장수익률이 적용된다.

네덜란드

네덜란드의 연금체계는 3층으로 구분되어 있으며, 재분배형(1층), 민간부문을 통한 저축형(2층) 그리고 개인자율형(3층) 퇴직소득 프로그램이 있다. 「근로 및 사회부조법(Work and Social Assistance Act)」은 제1순위 프로그램으로 18세 이상인 사람에게 소득을 원조해 준다. 수급자격은 자산 등을 기초로 하는데, 수급자는 자동차 및 예금을 포함한 자산을 기준으로 가족의 경우 1만 910유로(1만 6,031.41달러)를 넘으면 안되고 개인의 경우 5,455유로(8,016.48달러)를 넘기면 안 된다(Ministry of Social Affairs and Employment, 2009). 총 가구소득이 고려되고, 수급자는 일자리를 찾을 것으로 기대된다(Ministry of Social Affairs and Employment, 2009).

급여수준

「근로 및 사회부조법」에 따른 지원수준은 21세에서 65세 사이의 부부/파트너의 경우 최저임금의 100%에 해당하는 금액이며, 미혼인 경우 최저임금의 70%에 해당하는 금액이다. 2009년 기준 그 금액은 각각 1만 5,540.84유로(2만 2,832.70달러), 7,770.48유로(1만 1,414.53달러)였다(Ministerie van Sociale Zaken en Werkgelegenheid, 2008). 65세 이상 고령자의 혜택은 후술하는 노령연금(Old Age Pension) 금액과 같다. 65세 이상 부부/파트너 및 개인을 위한 사회보조금은 각 1만 6,416.12유로(2만 4,112.53달러), 1만 1,935.68유로(1만 7,531.68달러)이다. 이 프로그램은 시 당국의 책임하에 운영되기 때문에 특별한 경우에는 추가 혜택도 부여될 수 있다.

일반노령연금(General Old Age Pension)

기초노령연금(Algemene Ouderdoms Wet: AOW)은 네덜란드에 거주하거나 근로를 하고 있는 모든 네덜란드인이 의무적으로 가입해야 하는 공적 사회보장연금이다. 기초노령연금은 국적을 불문하고 네덜란드의 모든 거주자에게 균일한 연금 혜택을 지급하고, 미국의 사회보장제도와 달리 고용 경력과는 무관하다. 따라서 일을 하지 않아서 소득이 없는 기간(예: 양육 또는 고등교육을 받는 기간)도 기초노령연금 산정에 포함된다. 기초노령연금은 부과방식(PAYGO)에 기초하여 근로소득세를 통해 재원이 마련된다. 납입금은 전액 본인부담으로 현재 소득의 17.9%로 정해져 있으나, 최대 18.5%까지 받을 수 있다. 또한 2001년부터는 급여 지급 시 부족한 재정에 대하여서는 국고가 보조하고 있다. 65세 이상 고령자는 납입의무를 부담하지 않는다(Capretta, 2007a).

수급자격

15세에서 65세 사이의 모든 네덜란드 거주자는 고용 상태와 상관없이 기초노령연금 프로그램에 참여한다. 네덜란드에 거주하는 자는 65세에 수령하는 최대 혜택에 달하도록 매년 2%씩 적립한다. 즉, 급여는 15세에서 65세까지 50년의 완전가입기간을 기준으로 보험에 기여하지 않은 기간에 대해 1년당 2%에 해당하는 감액률을 적용한다. 유일한 예외는 네덜란드 국외에서 거주하는 경우에만 해당된다. 소득에 따른 수급권 제한은 별도로 존재하지 않으며, 다른 형태의 소득도 기초노령연금 수급에 영향을 주지 않는다.

급여수준

기초노령연금 혜택은 연금 가입기간과 함께 거주하는 가족 유무에 따라 결정되는데, 구체적으로 배우자/파트너(가계비용을 공동으로 부담하거나 서로를 돌봐 주는 자를 포함)와 함께 사는지, 아니면 혼자 사는지에 따라 달라진다. 65세가 되면 최저임금의 최소한 70% 고정 비율의 금액이 노령연금으로 지급된다.

기초노령연금은 법률로 정하는 국가의 최저임금과 연계되어 있는데, 이는 네덜란드 노동자 평균임금의 약 55%에 해당한다. 개인의 경우 최저임금의 70%에 상당한 최고 비율의 혜택이 지급되며, 부부/파트너의 경우 최저임금의 59%에 상당한 혜택이 개별적으로 지급된다(Ministerie van Sociale Zaken en Werkgelegenheid, 2008). 혜택은 평균임금에 대한 최저임금의 비율에 기초하므로, 노령연금 혜택은 임금 상승에 밀접하게 연동된다. 따라서 평균임금이 상승하면, 노령연금 혜택도 증가한다. 최저임금의 최소한 70%도 노후소득으로 받지 못하는 65세 이상 고령자는 그 소득을 최소한의 수준까지 올리기 위해 「근로 및 사회부조법」에 따른 자산 조사를 거치기도 한다. 이는 기초노령연금이 최저소득의 보장을 목표로 하고 있기 때문이다.

민간부문 확정급여형 제도

네덜란드에는 의무적으로 가입해야 하는 제2층 공적 보험제도가 존재하지 않지만, 근로자의 90% 이상이 직역연금에 참여함으로써, 민간부문 확정급여형(private-sector defined benefit) 제도를 통해 퇴직 후 소득을 보충하고 있다. 대부분의 프로그램은 퇴직 직전 소득이나 생애평균소득의 약 2% 상당의 연간 대체율을 약속한다. 따라서 35년간 일을 했다면 퇴직 직전 소득의 70%를 받을 수 있다(Ministerie van Sociale Zaken en Werkgelegenheid, 2008). 직역연금은 노령연금의 보조 역할을 하므로, 노령연금도 직역연금의 고려 대상이 되어 두 연금을 합한 금액은 최저임금의 70%에 달하게 된다.

직역연금은 노령연금과 더불어 근로자의 퇴직 직전 소득의 70%를 지급하도록 규정되어 있지만, 대체율을 평균 직업 임금에 고정시키는 프로그램도 존재한다. 2007년에는 강제제도에서 노사 합의에 의하여 가입을 결정하도록 하는 준강제제도(quasi-mandatory occupational schemes)로 바뀜으로써 직역연금은 노령연금을 통해 명명백백하게 공적연금제도로 통합되었는바, 미국의 확정급여형 제도와 같이 민간 영역에서의 연금 혜택이 퇴직자의 공적 영역에서의 연금 혜택으로 상쇄될 수 있다.

민간 영역에서의 자율적 프로그램

이는 고용 경력과는 무관하게 보험과 더불어 사용되는 개인별 계정을 의미한다. 어느 누구든지 연금보험 또는 양로보험의 형태로 존재하는 민간연금제도에 참여할 수 있다. 연금보험의 경우 수급자에게 정기적으로 고정 금액이 지급되며, 납부액은 세금공제 대상에 해당된다. 양로보험의 경우 개인의 생명과 연계되어 일시불로 지급된다. 이러한 민간연금제도를 통한 소득은 노령연금이나 직역연금의 보조수단으로 활용될 수 있다.

요약

이 장에서 언급한 네 국가는 서로 다른 방법으로 노후소득보장 정책 및 제도에 접근한다. 따라서 각국의 노인들은 서로 다른 액수의 노후소득보장 혜택을 향유한다. 〈표 3-6〉은 각 국가의 서로 다른 노후소득보장제도들의 주요 내용을 정리하여 보여 준다.

모든 국가가 제1층 프로그램을 갖고 있지만, 캐나다와 네덜란드는 자산에 기초하지 않고 거주지를 기준으로 한 프로그램을 운영한다. 그러나 캐나다의 연금수준은 네덜란드의 1/3에 불과하므로 평균적인 연금의 규모는 매우 다르다. 스웨덴의 생계유지 보조 프로그램(자산평가에 기초)과 최저보장연금(거주지와 비연금 소득에 기초)은 스웨덴 거주자들이 받을 노후소득의 최저 혜택 금액을 평균적으로 1,076달러보다 높은 수준까지 상승시킨다. 미국의 SSI 프로그램은 최하위층을 위한 자산평가 방식에 기초한 제도로서 사회보장 혜택을 받지 못하는 자들에게 혜택을 부여하거나, 여력이 되는 한 매우 적은 사회보장 혜택을 SSI 최대 혜택 금액까지 지원한다. SSI하에서의 월평균 혜택은 405.30달러이다. 네덜란드의 제1층 프로그램은 캐나다나 미국의 제1층 프로그램보다 3배를 상회하는 혜택을 부여하는 기초노령연금을 모든 국민에게 제공한다.

제2층 프로그램의 경우 65세에 최대 혜택을 받을 수 있고, 네덜란드를 제외한 세 국가에서는 일정 연령에 달하면 부분적인 혜택도 받을 수 있다. 미국을 제외한 다른 국가들은 실직기간에도 연금 점수를 부여하며, 동거 파트너 역시 수급권자에 포함될 수 있다. 모든 국가가 퇴직 정년이 지나도 일을 계속할 수 있도록 하고 있으며, 그렇다고 하여도 연금 혜택이 감소되지는 않는다. 각국 평균임금 노동자의 연금 대체율은 낮게는 미국의 44.8%에서 높게는 네덜란드의 103.2%까지 이른다 (OECD, 2009b).

우리는 퇴직소득정책이 노인들에게 소득을 부여하는 복잡다기한 문제에 어떻게 접근하는지에 대한 질문을 하면서 이 장을 시작하였다. 그런데 네 국가를 살펴보면서 그 접근방법이 매우 상이하다는 것을 터득하였다. 국가 지도자들이 직면하는 문제는 바로 '인구고령화에도 불구하고 소득보장 프로그램의 재정 건전성을 어떻게

〈표 3-6〉 미국, 캐나다, 네덜란드, 스웨덴의 주요 공적연금 특성 비교

국가	제1층: 의무적 적절성, 노후소득보장 프로그램		제2층: 노후소득보장 프로그램, 공공적립					평균소득에 대한 순연금 대체율
	유형: 프로그램명	최저급여 유무/ 월평균 급여	통합연금 수령 연령/ 부분연금 수령 연령	실업기간 연금점수 (예: 육아, 학업)	근로자 복리후생에 동거인 포함	연금수령 후 취업 시 월급여액 감소 없음	월평균 급여	
캐나다	자산평가: GIS 기초연금: OAS	있음/ $433.51 (C$447.70) $474.15 (C$489.53)	65/60	×	×	×	$466.80 (C$501.32)	57.9%
네덜란드	자산평가: WWB 기초연금: AOW	있음/ $1,393.74 (€944.91) $1,439.27 (€975.78)	65/불가	*	*	**	직업 부문 '사회적 파트너'를 통해 제공, 표준 소득대체율 70%	103.2%
스웨덴	자산평가: 보전지원성 최소연금: 보증연금	있음/ $1,076.54 (SEK7,597)	65/61	×	×	×	$1,505.53 (SEK10,489)	64.1%
미국	자산평가: SSI	$405.30 (€299.14)	65/62	-	-	×(65세 이후만 가능)	$1,160.20	44.8%

* 이러한 상황은 제1층의 프로그램에서 다루어진다.
** 대부분의 직업계획은 연금을 수급하는 동안에도 근로하는 것을 허용한다.
2009년 기준 수급금액이다.

유지할 것인가?'이다. 이 문제는 제10장에서 자세하게 알아보도록 하겠다.

관련 추가 정보

1. 보스턴 칼리지의 퇴직연구센터
   http://crr.bc.edu/
   보스턴 칼리지의 퇴직연구센터에서는 고령화에 직면한 다양한 이슈를 더 잘 이해할 수 있도록 공공 및 민간 부문의 중요한 정보를 제공함으로써 정책결정을 하는 데 도움을 준다. 센터의 주요 연구 프로그램은 사회보장, 고용주 지원 연금계획, 가계 저축, 고령 근로자의 경제활동 참가 등 퇴직 후 소득에 영향을 미치는 요인이다.

2. 사회보장국(Social Security Administration)
   http://www.ssa.gov
   사회보장국의 웹사이트에는 사회보장 프로그램의 역사에서부터 관련 모든 출판물과 지금 현재 나의 수급 정보 등 사회보장과 관련한 모든 것이 있으므로 접속해 보길 권한다.

3. 근로자복지연구소(Employee Benefit Research Institute)
   http://www.ebri.org/
   근로자복지연구소의 사명은 객관적인 연구와 교육을 통해 근로자 복리 후생 프로그램과 유익한 공공 정책의 개발에 기여하고 장려하며 향상시키는 것이다.

4. 미시간 대학교의 퇴직연구센터
   http://www.mrrc.isr.umich.edu/
   미시간 대학교의 퇴직연구센터(Retirement Research Center: RRC)는 퇴직 및 사회보장정책에 관한 양질의 연구를 촉진하고, 연구 결과를 정책 공동체 및 대중에게 알리는 등 관련 연구 자료에 대한 접근성을 높이며 새로운 학자를 양성하는 데 도움을 준다. RRC는 공공 및 정책 커뮤니티를 퇴직 소득 보장과 관련된 다양한 범위의 정보에 대한 신뢰할 수 있는 정보원으로 제공하고 있다.

5. 유럽 위원회(European Commission)

http://ec.europa.eu/employment_social/spsi/pensions_en.htm

유럽 사회보장위원회(European Commission on Social Protection: ECSP)는 유럽연합(EU) 국가의 연금과 연금 개혁에 관한 여러 보고서를 제공한다. 다른 연금 프로그램에 대해 더 많이 배우고 싶다면 ECSP 사이트를 방문해 보는 것이 좋다.

6. 경제협력개발기구(Organization for Economic Cooperation and Development: OECD)

http://www.oecd.org

OECD는 정부 간 정책 경험을 공유함으로써 우수사례를 확인하며 공통적인 문제에 대한 해결책을 모색하는 것뿐 아니라 국내 및 국제 정책을 조정할 수 있는 환경을 제공한다. OECD는 경제 및 공공 정책 분야의 보고서 및 서적을 출판하는 세계 최대의 출판사 중 하나이다.

7. 연금 계산기(국가 간 비교)

http://www.oecd.org/document/12/0,3343,en_2649_34757_43024076_1_1_1_1,00.html

'당신이 퇴직할 때 얼마의 수입이 대체되는가? 미래 소득에 대한 세금의 영향은 어느 정도인가? 우리나라의 향후 연금 수급자격은 어떻게 되는가?' 등에 대한 질문에 답하기 위하여 OECD는 연금제도의 모든 규칙과 규정을 간단한 연금 계산기에 통합하여 당신의 미래 자격을 평가할 수 있는 웹사이트를 운영한다. 각 국가별로 노동 시장에 진입한 연령, 확정기여 연금(해당되는 경우) 및 소득수준에 대한 수익률을 선택할 수 있으며, 남녀 구분하여 계산할 수 있다.

G 부인(82세), 스위스 티치노

저는 1928년에 콰르티노에서 태어났습니다. 당시에는 흔하지 않았던 외동딸이었기에, 제 자신이 특별하다고 생각했습니다. 하지만 실상은 더 어려웠답니다. 특히 학교에서요. 저를 도와줄 형제나 자매가 없었고 그렇기 때문에 종종 과격하기도 했어요. 엄마는 옷을 만드는 사람이었고 우리 가족은 할머니와 할아버지와 함께 살았습니다. 저는 학교에 다녔지만 다른 아이들처럼 오래 다니지는 않았습니다. 저는 더 오래 다니고 싶었지만 이것을 친구에게 말했더니 너무나 놀라는 반응을 보여서 제가 잘못된 일을 하는 것처럼 느껴지더군요. 그래서 21세가 되어서 공장에서 일을 하기 시작했어요. 그다음에 결혼해서 이쪽으로 왔고 지금도 여기에 계속 있습니다. 저는 가까이에 살고 있는 아들과 두 딸이 있고 그들을 자주 봅니다. 특히 우리와 함께 살고 있는 딸은 더 자주 보지요.

저는 아침에 일어나서 청소를 하고 나와 남편, 딸 그리고 손녀를 위해 다 같이 먹을 점심을 만들어요. 오후에는 빨래와 다림질을 합니다. 가만히 있는 법이 없죠. 저녁에는 근육통 때문에 일주일에 한 번 정도 수영장에 갑니다. 저는 시간이 없기 때문에 산책도 하지 않습니다. 저는 항상 이 집을 다니며 그 많은 계단을 올라갔다 내려갔다 해요. 밤에는 TV를 보고 신문을 읽어요. 저는 새벽 한 시나 한 시 반 전에 잠드는 일이 없어요.

제 건강 상태는 더 좋을 수도 있지만, 또 더 나쁠 수도 있다고 생각하기 때문에 불평을 안 해요. 기본적인 '카사 말라티(cassa malati)' 연금이 나오는데 이는 건강을 위한 수영 강습 비용을 지원해 줍니다. 저는 강습비용의 10%만 지불하면 돼요. 진료를 받거나 의약품을 살 때도 비용의 10%를 지불합니다. 만약 치과에 가야 한다면 '카사 말라티'는 연 500만 스위스 프랑을 내주죠. 제가 청각 보조장치를 살 때도 1,000만 스위스 프랑이 지원됐어요. 나머지는 제가 다 부담해야 했어요. 이것은 자기가 어떤 연금을 받느냐에 따라 달라요. 어떤 것은 더 많이 지원해 주기도 하고 어떤 것은 덜 지원해 주기도 합니다. 만약 안과에 가야 한다면 본인이 10%를 부담해야 하고 새 안경을 살 때는 300 스위스 프랑을 내야 하죠.

저는 다른 사람들처럼 AVS(스위스 연금)를 받아요. 여성의 퇴직연령은 62세이고 남성의 퇴직연령은 65세입니다. 이것은 우리가 많은 돈을 쓰지 않기 때문에 충분합니다. 우리는 휴가를 가지 않는데, 갈 수 없어서라기보다는 집에 있는 것이 좋기 때문이지요. 만약 연금이 생활하는 데 부족하고 저를 도울 가족들이 없다면 '라테(Latte)'라는 기구가 있지만 이 기구의 도움을 받으려면 정말 무일푼이지 않은 이상 돈이 들어요. 이 기관에서는 본인의 수입을 확인하지만 본인이 살아 있는 한 통장은 아무도 확인할 수 없게 되어 있어요. 만약 누가 정말정말 빈곤하다면 정부에서 모든 것을 지원해 줍니다.

제가 나이 드는 것을 어떻게 생각하냐고요? 이건 100만 스위스 프랑 문제네요. 나이 드는 것은 그렇게 좋은 일은 아니랍니다. 70세 전에는 그냥 괜찮았어요. 그런데 지나고 나니 내가 정말 살 날이 얼마 안 된다고 느끼기 시작했죠. 저를 정말 무섭게 하는 것은 질병들이에요. 시간이 지나면서 나이가 드는 것은 자연스러운 일이지만 나이 든 사람들이 말을 못 알아듣는다거나 가족에게 짐이 되는 일화를 듣기도 한답니다. 하지만 이런 일들에 대해 생각하는 것보다는 자신에게 일어났던 좋은 일들을 되돌아보는 것이 더 의미 있겠죠.

나이 든 것의 장점이요? 매일 일을 나가지 않는다는 장점도 있지만 그것 외에는 많이 바뀐 것이 없습니다. 저는 남편과 아주 사소한 일로 항상 다퉈요. 누가 저녁이나 점심을 먹으러 오는지, 사람이 너무 많지는 않을지, 무엇을 먹을 것인지 등에 대해서요. 우리는 단란한 가족이 있고 우리가 다투는 것이 심각한 일이 아니라는 것은 정말 행복한 일이에요. 우리가 만약 기분이 좋지 않다면 손녀가 오고, 그러면 기분이 전환돼요. 우리는 아이들이 있어서 매우 행복합니다. 아이들이 없다면 인생이 매우 우울하고 지루할 거예요.

미래에 무엇을 바라냐고요? 우리 가족뿐만 아니라 다른 사람들의 건강과 어쩌면 로또에 당첨되는 것? 하지만 로또를 사지 않기 때문에 당첨되는 일은 없을 거예요.

나이 드는 것에 대한 조언이요? 글쎄요…… 자신의 건강과 몸을 잘 돌보는 것, 자신이 아끼는 사람들에게 따뜻한 말과 행동을 보여 주라는 것. 제가 이런 말을 하는 이유는 제가 그러지 못했기 때문이에요. 제 가족은 그들을 위해 제가 해 주는 일 때문에 제가 그들을 사랑한다는 것을 알기는 하겠지만, 제 자신의 감정들을 표현하는 것을 배우지 못해서 사랑한다는 표현을 많이 하지 못했어요.

제4장

고용정책

고령화는 위기이자 기회이다. …… 우리가 직장에서 그리고 퇴직 후에 더 윤택한 시간을 보낼 수 있는 기회…… 이러한 기회를 잡기 위해서는 정부, 근로자, 노동조합, 시민사회가 협력하여 고령 친화적인 고용 제도 및 문화를 받아들이고 실천해야 한다.

– OECD (2006)

저는 52세에 강제 퇴직을 당한 후 다른 직업을 찾지 못했어요. 수천 통의 편지를 보냈지만 53세인 제 나이가 너무 많고 비싸다는 이야기만 들었어요. 저는 제 능력에 한참 미달되는 하위직도 찾으려고 애써 봤어요. 그렇지만 아무도 저를 찾지 않았어요. 취업을 하려고 노력한 지난 4년 동안 단 한 번의 면접조차 보지 못했답니다.

– L 씨(65세), 프랑스 파리

인구고령화가 진행되면서 L 씨와 같이 고령 근로자들이 이른 나이에 퇴직하거나 강제로 직장을 그만두게 되면서 많은 국가는 재능 고갈에 직면했다(Charman, Feinsod, & Arthurs, 2007; Organisation for Economic Cooperation and Development: OECD, 2006). 경제 선진국들의 경우 15세부터 49세 사이의 경제활동인구가 점점 감소하고 있으며, 이들에게는 50세 이상 근로자들이 갖춘 연륜과 경험이 부족하다.

호주, 캐나다, 네덜란드, 영국, 미국과 같이 높은 출산율과 고령 친화적인 고용제도를 갖고 있는 국가들은 프랑스, 독일처럼 노동인구나 관련 제도들이 격변하고 있는 국가들보다 경제활동인구의 변화에 대처하는 것이 더욱 용이하다(Cook, 2006). 특히 이탈리아와 일본은 출산율이 낮고 고령 친화적인 고용제도가 미비하여 심각한 위기를 겪고 있다. 제3장에서 논의한 바와 같이 대부분의 국가에서 50세 이상의 경제활동참가율이 하락하고 있으며, 벨기에나 프랑스 등 특정 유럽 국가들에서는 경제활동참가율이 급감하여 65세 이상 근로자를 찾아보기 힘들다.

〈표 4-1〉은 전 세계 다양한 국가의 25세 이상 남성 및 여성의 경제활동참가율을 나타내고 있다. 65세 이상 고령 여성의 경제활동참가율이 11.7%인 미국을 제외하고, 유럽, 북아메리카, 오세아니아 소재 대부분 국가의 고령 여성들은 9% 미만의 경제활동참가율을 보여 준다. 유럽 지역 고령 남성들의 경제활동참가율 역시 9% 미만이다. 그러나 북아메리카, 오세아니아 지역은 여성이 4.3~11.7%인 데 반해, 남성은 12.1~20.3%로 비교적 높은 편이다. 아프리카, 아시아, 라틴 아메리카는 보다 높은 경제활동참가율을 보여 주는데, 특히 65세 이상 고령 남성들의 경제활동참가율이 높게 나타났다.

각 국가들은 퇴직이나 노동과 관련하여 저마다 고유한 정책과 문화를 가지고 있는데, 이러한 정책이나 문화는 고령 노동자들이 사회에서 어떻게 정의되고 취급되는지를 결정한다. 세계적으로 많은 국가에서 조기 퇴직 문화가 깊게 자리 잡고 있다. 예를 들어, 인도의 경우 하위직 근로자들뿐만 아니라 고위직 근로자도 포함하여 현재 노동력의 1/5이 2010년까지 정식 퇴직연령인 58세에 달하여 직장을 떠날 것으로 예상되었다(Srinivasan, 2007).

기대수명의 연장과 낮은 출산율은 경제활동인구가 감소하면서 퇴직자들을 부양할 인구가 전보다 줄어드는 것을 의미하기도 한다([그림 4-1] 참조). 따라서 각 국가들은 연금 부족 사태에 대비하여 사람들이 직장에 더 오래 남을 것을 권유하고 연금제도를 재정비해야 하는 상황에 놓이게 되었다. 유럽연합에서는 모든 근로자, 특히 여성과 고령 노동자의 경제활동참가율을 높이는 것이 인구고령화 현상에 맞서서 사회안전보장제도를 유지하는 가장 핵심적인 방법으로 떠오르고 있다(Hessel, 2009).

최근 몇 년간 경기 침체는 노동시장의 심각한 위기를 가져왔고, 정책 입안자들의 결정에 영향을 미치고 있다(United Nations, 2009c). 실업률이 높은 경제 상황에서 퇴직으로 인한 일시적 일자리 증가 현상과 연금과 같은 소득보장제도에 가해지

〈표 4-1〉 일부 국가의 연령별 · 성별 경제활동참가율(2006년)

국가	연도	남성						여성					
		25~44세	45~49세	50~54세	55~59세	60~64세	65세 이상	25~44세	45~49세	50~54세	55~59세	60~64세	65세 이상
서유럽													
오스트리아	2006	94.4	93.1	87.6	69.1	21.9	5.5	81.7	82.6	75.0	41.9	10.1	2.2
벨기에	2006	93.6	91.4	85.2	58.3	22.6	2.7	82.0	72.8	61.1	36.2	10.3	1.0
프랑스	2005	94.6	94.1	90.3	62.5	15.4	1.6	80.8	83.2	77.3	53.4	13.4	0.8
독일	2006	93.8	94.3	91.2	82.0	42.3	5.0	79.7	83.5	78.7	65.6	24.4	2.2
그리스	2006	95.4	95.6	89.4	74.0	45.2	7.4	74.2	64.0	51.3	33.5	21.8	2.1
이탈리아	2006	91.2	94.0	89.0	58.0	28.9	6.1	67.0	62.3	54.0	32.8	10.2	1.2
동유럽													
불가리아	2006	86.7	84.1	79.2	66.1	38.6	4.6	79.2	82.8	76.5	53.4	11.7	1.5
체코공화국	2006	95.8	94.6	90.6	83.1	36.1	6.6	77.3	91.8	88.2	51.2	13.1	2.5
폴란드	2006	92.5	84.7	75.7	51.6	26.8	8.2	79.3	77.9	59.8	25.3	12.4	3.3
북미/오세아니아													
호주	2006	89.9	89.2	86.1	75.7	56.4	12.1	73.0	78.3	73.4	57.9	33.5	4.3
캐나다	2006	92.0	90.8	87.8	76.1	53.3	12.1	81.8	82.6	78.1	62.3	37.1	5.2
뉴질랜드	2006	91.1	92.6	91.6	87.2	73.1	16.8	74.3	81.9	80.0	71.7	50.0	8.0
미국	2006	91.9	89.8	86.1	77.7	58.6	20.3	75.2	77.2	74.7	66.7	47.0	11.7

국가	연도	남성						여성					
		25~44세	45~49세	50~54세	55~59세	60~64세	65세 이상	25~44세	45~49세	50~54세	55~59세	60~64세	65세 이상
아프리카													
남아프리카공화국	2003	82.9	80.8	73.7	63.5	40.6	25.6	65.4	62.6	50.9	38.4	15.2	9.6
우간다	2003	(NA)*	97.1	94.6	93.9	91.4	72.9	(NA)*	93.5	92.9	87.1	80.3	53.7
아시아													
방글라데시	2003	99.2	99.5	99.2	97.3	87.8	66.1	27.3	22.6	19.2	17.1	13.4	8.7
일본	2006	96.1	96.9	95.7	93.2	70.9	29.3	68.0	74.0	70.5	60.3	40.2	13.0
파키스탄	2006	97.3	97.6	95.8	90.7	77.5	49.3	23.1	26.5	22.5	22.8	19.1	11.5
싱가포르	2006	97.1	96.5	93.3	81.9	62.5	22.0	74.5	66.2	59.5	44.6	26.2	8.3
한국	2006	90.5	93.1	89.7	79.9	68.5	42.0	61.4	64.4	58.5	49.7	43.8	22.7
터키	2006	93.2	82.0	65.4	51.3	39.8	22.0	30.8	24.8	21.8	18.5	14.5	6.6
라틴 아메리카													
아르헨티나	2006	95.1	95.3	92.6	87.3	76.8	28.3	68.3	67.2	62.1	55.6	38.7	10.7
브라질	2004	94.7	92.1	85.8	77.6	64.9	35.1	71.6	65.4	57.3	45.5	30.9	14.1
칠레	2006	93.9	95.3	91.4	86.1	73.2	26.9	55.6	51.9	48.4	40.1	25.3	7.7
과테말라	2004	94.7	91.4	93.8	92.5	92.9	66.7	52.0	53.2	44.6	39.7	30.3	23.7
멕시코	2006	96.0	95.4	92.5	88.2	74.0	45.8	52.6	50.4	44.0	35.3	28.5	14.7
페루	2006	95.3	98.7	94.6	87.0	65.5	28.8	70.1	67.0	56.2	39.2	34.9	15.3
우루과이	2006	99.7	97.9	96.4	91.2	68.8	19.7	75.4	75.9	69.4	58.7	39.0	8.4

*(NA) Not available.

출처: Kinsella & He (2009).

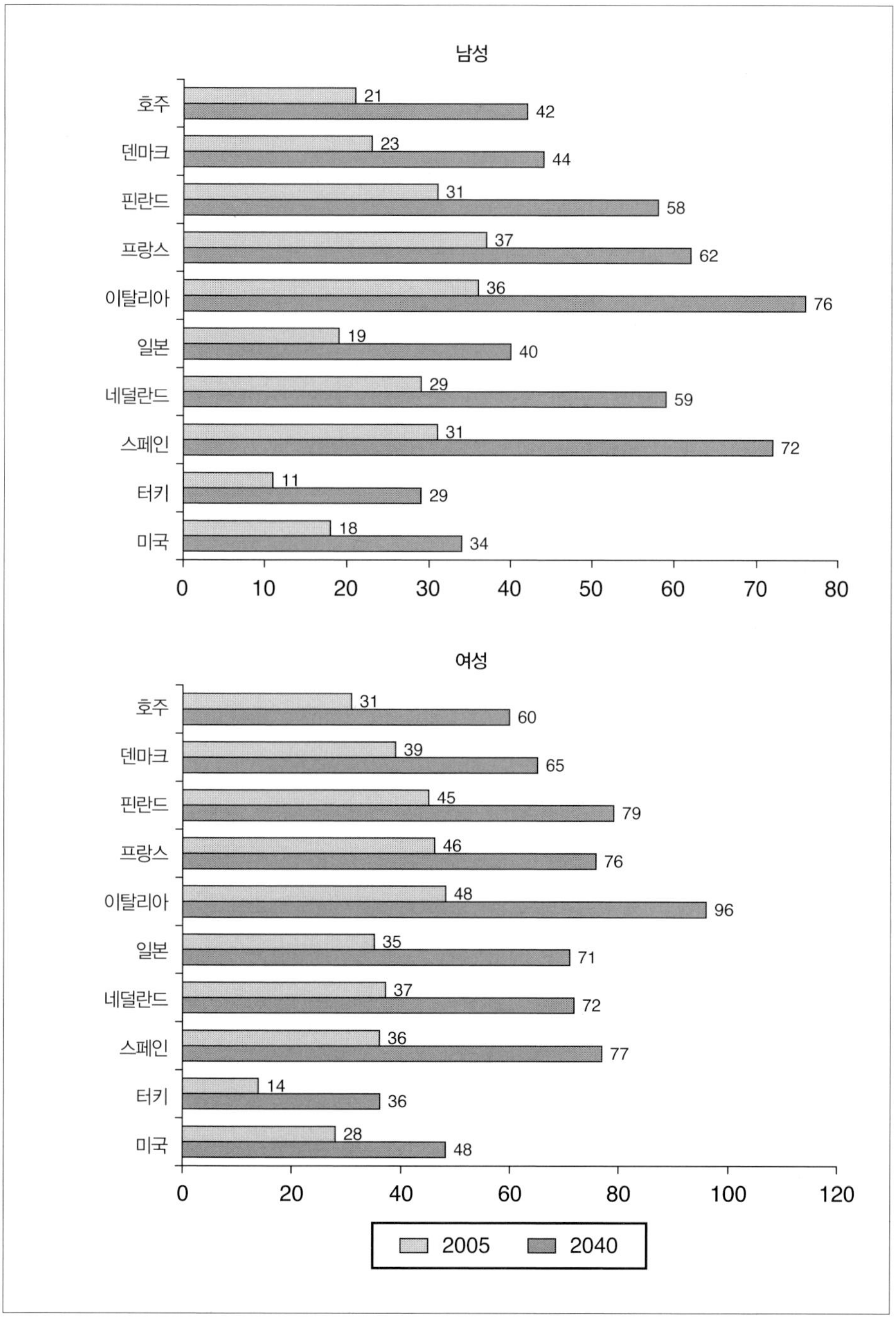

[그림 4-1] 고령인구에 대한 고령 퇴직자의 비율(2005년, 2040년)

* 비율은 2005년 OECD에서 측정한 것으로, 20세부터 평균 퇴직연령까지 100명당 평균 퇴직연령 이상인 사람의 수를 나타낸다. 2005년과 2040년 사이의 20~40대 평균 퇴직연령에는 변화가 없다고 추정된다.

출처: Kinsella & He (2009).

는 압박 사이에는 항상 긴장감이 존재한다. 나아가 기대수명의 연장으로 기존 퇴직연령에 퇴직하게 되면 건강보험의 유지 등 많은 문제가 존재하므로 고령 노동자들은 자신들의 퇴직계획에 대한 적정성을 재검토하거나 직장에 더 오래 남아 있는 것을 고려하기 시작하였다. 인생의 후반기에도 개인적 또는 경제적 이유로 지속적인 고용을 원하는 고령 노동자들, 특히 고학력자들—이들에게는 고령의 나이에도 원활히 업무를 수행할 수 있는 많은 직장이 존재한다—이 보다 큰 관심을 보이고 있다(Copeland, 2010). 이하 이 장에서는 미국, 브라질, 일본, 핀란드 그리고 이탈리아에서 고령자들의 경제활동 참가에 영향을 미치는 정책들과 고령자들에게 제공되는 정부 지원의 직업 훈련 프로그램들을 살펴볼 것이다.

미국

첫 베이비붐 세대가 퇴직연령인 65세에 도달하는 2011년, 전체 노동력에서 65세 이상 고령 근로자가 차지하는 비율은 현저하게 떨어진다. 2008년에는 55~59세 성인의 73.1%가 민간부문에 종사하였던 반면, 65세 이상 성인 중 해당 비율은 16.8%에 그쳤다(Copeland, 2010; U.S. Department of Labor, 2010). 경제활동참가율은 연령과 더불어 성별이나 인종, 문화적 배경에 따라서 매우 다르게 나타난다. 2008년 기준으로 65세 이상 고령인구 중 남성은 약 22.0%, 여성은 약 13.0%의 경제활동참가율을 보이는데, 이를 인종별로 살펴보면 고령 미국인들 중 백인이 가장 높은 경제활동참가율을 보였고, 그다음은 아시아, 히스패닉, 흑인 순으로 나타났다.

미국의 고령 노동자들은 대체로 퇴직연령을 지나도 일을 계속하고 싶거나 경제적인 이유로 일을 지속해야만 하는 상황이다. 하지만 미국 노동의 고령화 대응팀(Taskforce on the Aging of the American Workforce, 2008) 보고서에도 나와 있듯이 고령의 구직자들은 옛 방식과 실력을 못 미더워하는 부정적 시선들과 건강, 장애 그리고 일과 삶의 보다 나은 조화에 대한 융통성 부족 등으로 구직시장에서 높은 장벽에 부딪힌다. 미국은 고령인구들의 취업과 관련된 훌륭한 정책을 가지고 있지는 못하지만, 조기 퇴직자들에게 인센티브를 부여하는 퇴직 후 소득 관련 제도는 있다. 그러나 최근 정부의 정책들은 보다 많은 고령인구가 더 오랫동안 일하는 것을 장려하고 있다.

연령차별에 관한 제도

미국에서 노동력의 고령화로 인한 위기는 1967년 「연령차별금지법(Age Discrimination Employment Act: ADEA)」이 통과되면서 나타나기 시작하였다. 초기 법령은 40세에서 65세 사이의 근로자들이 채용, 해고, 승진, 임금, 의료보험 등 근로와 관련된 제반 사항에 있어 나이로 인해 받는 일체의 차별을 금지시켰다. 그리고 1986년 「연령차별금지법」 개정안은 고용주들이 강제 퇴직연령을 정해 놓은 것을 금지하였다. 「연령차별금지법」을 집행하는 책임은 고용기회 균등위원회의 역할이지만, 대부분의 주(state)가 독자적인 보호책을 갖고 있다.

미 의회는 1990년 「고령근로자 혜택보호법(Older Workers Benefit Protection Act)」을 제정함으로써 연령에 따른 모든 형태의 차별이 불법이며, 특히 근로자의 후생복지 수당에 연령차별을 금지하는 규정을 명시하였다(Wiencek, 1991). 나아가 동 법령은 조기 퇴직제도를 법적으로 인정하고, '동일 혜택' 또는 '동일 비용' 원칙을 제도화하였다. 이 원칙은 동일한 범위 내에서 고령 직원에게 혜택을 제공하는 것이 젊은 직원에게 제공하는 것보다 더 많은 비용이 소요된다는 것을 고용주가 증명하지 못한다면, 적어도 젊은 직원에게 주어지는 혜택과 동일하게 고령 직원에게도 제공하는 의무를 고용주에게 부과하고 있다.

고령자 노동력을 유지하고 지탱하기 위한 추가 법령은 2000년에 제정되었다. 「고령자 노동자유법(The Senior Citizens' Freedom to Work Act)」은 65세 이상의 고령자가 사회안전보장제도에 따라 받을 수 있는 수당에 제한을 두지 않았다(상세한 내용은 사회안전보장제도 관련 제3장 참조). 동 법령의 제정은 몇몇 의회 관계자에 의해 '고령의 미국인들을 위한 새로운 시대의 서막'으로 알려졌다. 동 법령은 노인들이 사회안전보장제도로 받는 수당이 줄어들지 않으면서 직장에서 더 많은 임금을 받을 수 있도록 하여 노인들이 더 오래 일하도록 하거나 일터로 다시 돌아오게 만들었다.

고용과 직업 훈련 프로그램

연방정부 역시 고령자를 위한 고용 프로그램을 만드는 데 중요한 역할을 하였다. Experience Works(전 이름은 Green Thumb)는 Lyndon Johnson 전 대통령이 빈곤과의 전쟁을 선포한 일환으로 노동조합에서 1965년에 개설된 것으로, 노인들을 위한 고용 및 직업 훈련 프로그램을 운영하는 미국의 가장 오래된 기관이다. Experience Works는 55세 이상의 저임금 노동자가 정부에서 지정한 기관이나 사설 비영리기관에서 직업 훈련, 교육, 상담 그리고 직업을 찾는 데 유용한 정보를 제공하고 있다.

노인 지역사회서비스 고용 · 훈련 프로그램(Senior Community Service Employment Program: SCSEP)은 공공 비영리단체에서 가구 소득이 하위 25% 이하이면서 취업 가능성이 낮은 55세 이상의 고령인구에게 지역사회서비스 차원으로 프로그램에 참여하게 하면서 최저임금이 보장되는 일자리를 가질 수 있도록 지원한다(U.S. Department of Labor, 2009a). 이 프로그램은 1969년 의회의 재정 지원을 받아 실험 프로젝트로 시작되었는데, 결과가 성공적이어서 1973년부터는 정식으로 제도적 지원을 받기 시작하였다. 이후 1987년에 「노인복지법」의 제5편에 삽입되었고(상세한 내용은 제7장 참조), 현재는 노동부에서 관리하고 있다.

이처럼 고령자만을 위한 프로그램은 아니지만 직장복귀를 도와주는 정부 차원의 또 다른 지원 프로그램들이 있다. 예를 들어, 교역조정지원(Trade Adjustment Assistance: TAA) 프로그램은 연방정부 프로그램으로서 1974년 「무역법(Trade Act)」하에 만들어진 것으로, 외국과의 교역으로 생산시설이 이전되거나 수입이 증가하여 직장을 잃거나 노동 시간 또는 임금이 삭감된 노동자들에게 도움을 제공한다. 노동부와 각 주들의 협력하에 관리되는 이 프로그램은 재취업서비스와 적절한 일자리를 찾는 데 도움을 주며, 직업 훈련, 취업 알선, 소득 지원 등 다양한 형태로 존재한다(U.S. Department of Labor, 2009a).

1982년 제정된 「직업훈련협력법(The Job Training Partnership Act)」은 경제적으로 열악한 처지에 있는 사람들과 노동시장 진입에 어려움을 겪는 사람들에게 연방정부 차원의 지원을 제공하였다. 이후 1988년 「인력투자법(The Workforce Investment Act)」이 제정되어 직업 훈련법을 대체하면서 연방정부와 각 주들의 직업 훈련을 통합시켰다. 「직업훈련협력법」의 기능을 대부분 유지한 「인력투자법」은 고령 노동자나 가정봉사원을 포함하여 해고되었던 모든 사람에게 직업 훈련을 실시하고 궁극적으로는 취업하도록 도와주는 것을 목표로 삼았다. 각 지역 차원에서 실시되던 '원스톱(one-stop)' 서비스는 이 법을 통해 광범위한 취업 및 직업 훈련 프로그램과 통합되어 운용되었다. 이는 주정부와 지역사회가 원스톱 센터를 중심으로 고용 · 훈련과 관련된 일련의 서비스를 하나의 통합체제를 통하여 전달할 수 있도록 인력투자 체제를 구축함으로써 각 프로그램의 연계성을 높였다.

브라질

OECD 가입국 중에서 브라질은 비교적 젊은 인구 구성을 지니고 있으나 사회안전보장에는 많은 지출 구조를 가진 특이한 조합을 보여 주고 있다(Giambiagi & de Mello, 2006). 현재 브라질에서는 사기업에서 일하는 사람들의 최저 퇴직연령이 정해져 있지는 않으나, 평균 퇴직연령은 53세이다. 1998년까지 공공 분야에서 일하기 시작한 남성과 여성은 각 53세와 48세에 퇴직할 수 있었으나, 그 이후부터 일하기 시작한 남성과 여성은 각각 60세와 55세에 퇴직할 수 있다. 다만, 교사와 같은 특정한 직업군의 사람들은 좀 더 일찍 퇴직할 수 있다. 비교적 이른 퇴직을 지원하는 정책 때문에 브라질 시민은 다른 국가들보다 대략 5년 정도 연금을 더 받을 수 있다. 따라서 브라질 정부나 경제 시스템은 2005년에서 2030년 사이에 60세 이상 인구가 배로 늘어나는 상황을 맞이하기에 아직 준비가 미흡한 상태이다(Giambiagi & de Mello, 2006). 이른 퇴직이 성행함에도 불구하고 65세 이상 브라질 인구의 취업률은 24.3%로 미국보다 더 높으며(Bureau of Labor Statistics and International Labor Office, 2009), 뿐만 아니라 55세에서 64세 인구의 경제활동참가율 역시 56.8%로 아주 높다.

1990년대 중반 이전 브라질은 노동시장 관련 정책이 아주 미약하였거나 그마저도 제대로 시행되지 못하였다. 그러나 1990년대 중후반부터 브라질 정부는 전국적으로 높은 실업률과 가난을 퇴치하기 위해 다양한 프로그램을 확충하기 시작하였다(Berg, Ernst, & Auer, 2006). 실제로 브라질 정부는 1994년 초기에 정부 차원에서 연금제도와 퇴직제도를 발전시키고자 주력하였는데, 그중 가장 핵심적인 내용은 60세 이전에 퇴직하는 것을 방지하는 것이었다(Marques & Batich, 2003). 그러나 이와 관련된 법령은 최저 퇴직연령을 지정하려는 정부의 지속적인 노력에도 불구하고 노동조합과 초등학교 때부터 일을 시작해서 오랫동안 일을 해야 하는 가난한 사람들의 반대로 통과되지 못하였다(Marques & Batich, 2003).

연령차별에 관한 제도

브라질의 1988년 연방「헌법」제4장 제3조는 브라질의 가장 기본적인 목표가 "출신, 인종, 성별, 피부색, 나이, 기타 그 어떤 종류의 차별도 없이 모든 국민의 사회복지를 증진시키는 것"이라고 명시하고 있다(Inter-American Commission on Human Rights, 1997). 그러나「헌법」상 포괄적 차별 금지의 내용에도 불구하고, 고령 노동자들은 많은 특별보호정책들에서 소외되고 있다. 1980년대 후반과 1990년대 초반에는 오히려 능력 있고 잘 교육받은 젊은이들에 대한 편향적인 수요가 일반화되었다(Ius Laboris, 2009). 정책 입안자들은 일정 지역의 공무원을 채용하면서 응시자들의 나이를 18세부터 35세까지로 제한한 것에 특히 관심을 가지게 되었다.

1990년대 중후반부터 연령차별에 대한 사회적 인식이 높아지면서 브라질 정부는 고령 노동자들을 위한 보호책을 강구하였으나, 이 문제는 현재까지도 아직 논란거리로 남아 있다. 이에 브라질 정부는 특별한 연령차별정책을 입안하기보다 45세 이상 근로자의 비율을 일정 수준으로 유지하는 기업에게 경제적 지원을 제공하기 시작하였다(Ius Laboris, 2009). 하지만 45세 이상 근로자의 비율을 높게 유지하는 고용주에게 추가적인 혜택을 주는 것에 대한 문제는 아직 논의 중인 것으로 알려졌다.

고용과 직업 훈련 프로그램

브라질에는 첫 채용(Primeiro Emprego) 제도가 도입된 2003년까지 정부 지원의 고용 프로그램이 존재하지 않았다. 그러나 이 프로그램은 16~24세의 젊은 노동자들을 위해서만 적당한 일자리들을 창출하는 데 집중할 뿐, 연령 스펙트럼의 반대쪽 끝에 존재하는 사람들을 소외시키고 있다(Berg et al., 2006). 또한 브라질에는 고령인구를 위한 직업 훈련 프로그램이 없다고 해도 무방하다. 일부 고령 노동자가 국가 전문 직업 훈련 프로그램(Plano de Qualificacao do Trabalhador: PLANFOR)을 통해 도움을 받기도 하지만 이 프로그램은 전체 노동인구의 기술력을 제고하기 위해 1996년부터 시행되었을 뿐이다(Berg et al., 2006). 이 프로그램에 따른 직업 훈련은 주로 실직자와 실직 위기에 처한 사람들, 소상공인 및 자영업자들을 그 대상으로 한다. 얼마나 많은 고령인구가 이 프로그램의 혜택을 향유하였는지에 대한 기록은 나와 있지 않지만, 1996년부터 2001년까지 PLANFOR에서 직업 훈련을 받은 11만 명 중 고령인구가 차지하는 비율은 아주 적을 것으로 추정된다(Berg et al., 2006).

일본

일본은 다른 선진국들과 비교하였을 때 비교적 높은 노인 경제활동참가율을 보이고 있다. 2006년에는 60세 이상의 사람들 중 30.2%가 일을 하였는데, 이는 OECD 국가들 사이에서는 3위를 차지한다(International Labor Organization, 2008). 고령 남성의 경제활동참가율은 60세부터 64세까지 73.1%, 65세부터 69세까지는 50.1%에 달하였다. 같은 연령대 여성의 수치는 각각 43.5%, 28.2%에 달하였다(Yamada, 2009). 고령의 일본인들, 특히 고령의 일본 남성들이 일을 오래하는 이유는 다음의 다섯 가지로 요약할 수 있다(Williamson & Higo, 2009).

① 경제적 필요성
② 자영업의 유행
③ 일에 대한 높은 문화적 가치
④ 건강과 높은 기대수명
⑤ 고령인구의 근로 참여를 독려하는 정부의 활발한 활동

일본 정부는 1971년에 「고령자고용안정법(Law Concerning Stabilization of

Employment of Older Persons)」을 제정하여 일할 욕구가 있는 고령인구에게 기회를 광범위하게 부여할 수 있는 제도적 장치를 마련하였다. 그리고 2006년 개정되면서 고용주가 다음 조치 중 최소한 하나를 시행하도록 의무화하는 조항이 신설되었다(Ministry of Health and Labor, and Welfare: MHLW, 2007).

① 퇴직에 관한 강제 규정을 완전히 폐지할 것
② 의무 퇴직연령을 점진적으로 최소 65세로 늘릴 것
③ 고령 노동자들을 최소 65세까지 지속적으로 고용할 수 있는 제도를 도입할 것

연령차별에 관한 제도

일본에는 연령차별에 관한 법률이 존재하지 않으며, 고령인구의 고용을 보장하기 위한 주요 정책으로 「고령자고용안정법」에 따른 의무 퇴직연령을 늘리는 것이 있다(Higo & Yamada, 2009). 2004년에 개정된 「고령자고용안정법」에서 의무 퇴직연령을 55세에서 60세로 늘렸으며, 세 가지 조치(앞의 내용 참조)를 통해 보다 장기적인 고용을 권장하고 있다. 대부분의 회사는 세 가지 조치 중 「고령자고용안정법」을 준수하면서도 비용 절감 효과를 극대화하는 마지막 안인 고령 노동자들을 최소 65세까지 지속적으로 고용할 수 있는 제도를 새로 도입하도록 한 안을 선택하여 운용한다(Williamson & Higo, 2009). 이를 통하여 회사들은 의무퇴직제도는 유지하면서 퇴직한 직원들을 임금과 책임이 적은 임시직이나 파트타임직으로 재고용할 수 있게 되었다. 일본 기업의 약 91.5%가 의무 퇴직연령에 관한 규정을 갖고 있는데, 구체적으로 5,000명 이상의 직원을 두고 있는 기업들은 100%, 1,000명에서 4,999명 사이의 직원을 둔 기업들은 99.8%가 이런 규정을 갖고 있다(MHLW, 2007).

고용과 직업 훈련 프로그램

노인들이 직장을 더 오래 다닐 수 있도록 하기 위한 노력의 일환으로 일본 정부는 두 가지 선택을 하였다. 먼저, 고령자인적자원센터(Silver Human Resource

Centers: SHRCs)가 1980년도부터 국가와 지방자치단체의 지원을 받는 지부를 통하여 전국적 단위로 활동하였다. 고령자인적자원센터는 60세 이상의 노인들에게 정규직 고용뿐만 아니라 임시직, 계약직, 파트타임직을 비롯하여 다양한 직종에 취업할 수 있는 기회를 제공한다(Williamson & Higo, 2009). 나아가 2002년 「고령자고용안정법」의 개정을 통해 고령자인적자원센터 지부 연맹은 노인 일자리제도(Senior Work Program)를 도입하였다. 이 프로그램은 다양한 기업 연합과 공공 고용보장기관의 협력으로 운영되며, 프로그램에 등록된 회원은 일반교육, 기술교육, 직업상담, 면접 준비 등의 서비스를 무료로 받을 수 있다. 2002년 개정된 「고령자고용안정법」은 개업을 원하는 노인들에게 경제적 지원을 해 주는 고령자 고용 및 자영업 촉진 장려정책(Partial Subsidy to Promote Older Persons' Business and Self-Employment Opportunities) 프로그램을 도입하기도 하였다. 이 프로그램은 개업 시작 과정부터 6개월 동안 전체 비용의 최대 2/3를 지원하며, 참가자들에게 훈련, 교육, 상담을 무료로 제공한다.

노인들이 직장을 오래 다닐 수 있도록 하기 위한 두 번째 노력은 65세까지의 고령 노동자들을 지속적으로 고용하는 고용주들에게 혜택을 주기 시작한 것이다. 1995년 일본 정부는 고용보험의 일부로 「고용연장장려금(Employment Continuation Benefit for the Aged)」을 통과시켜 고용주들이 지속적으로 65세까지 고령 노동자들을 고용할 수 있도록 동기 부여를 하였다. 이 프로그램을 통해 고용주들은 고령 노동자의 임금수준을 정부가 수여하는 혜택의 최대치까지 낮추되, 이론적으로는 고령 노동자의 총수입이 유지될 수 있도록 하였다(OECD, 2004b). 특히 이 프로그램은 60세부터 64세까지의 노동자들 중에서 의무퇴직 후에 임금이 25% 이상 떨어진 사람들에게 보조금이 지급될 수 있도록 한다. 고령 노동자들은 이 보조금을 최대 2년까지 받을 수 있으며, 일본 정부는 2007년 한 해에만 프로그램 관련 약 26억 7,000만 엔(312만 242달러)을 지출했다(Williamson & Higo, 2009). 그러나 이 프로그램이 특별한 기술도 없이 장기 실직 상태에 있는 사람들과 같은 가장 불리한 조건의 고령자들을 돕는 것이 아니라 오히려 장기간 일을 하면서 그에 따른 높은 임금을 받는 사람들을 도울 뿐이라고 비판받기도 한다(OECD, 2004b).

프랑스

유럽의 다른 많은 국가처럼 프랑스에서도 고령의 근로자가 노동인구에서 차지하는 비율은 아주 낮다(International Labor Organization, 2008). 특히 65세 이상 남성 중에는 1.6%, 여성 중에는 1%만이 유급 근로를 하고 있다. 프랑스의 공식적인 퇴직연령은 60세이지만 경제활동참가율은 55세부터 하락하기 시작한다. 50세에서 54세 사이의 남성 중 90%가 일을 하지만 55세에서 59세 사이에 있는 남성의 경제활동참가율은 62.5%에 불과하다. 여성도 남성과 비슷한데, 50세에서 54세 사이의 여성 경제활동참가율은 77.3%로 높은 편이지만 55세와 59세 사이에 있는 여성의 경제활동참가율은 53.4%로 저조하다. 프랑스의 경우, 조기 퇴직을 선호하게 만드는 퇴직과 실업보험제도가 고령인구의 경제활동참가율 저하에 큰 영향을 미치고 있다(OECD, 2005a). 이에 프랑스 정부는 여러 정책을 통해 조기 퇴직을 막기 위한 몇 가지 변화를 시도했지만, 구직을 원하는 고령자들이 줄면서 별다른 성과를 올리지 못하였다(Zaidi, 2008). 그리고 장애 혜택 또한 고령자들의 조기 퇴직 문화를 이끄는 또 하나의 요인으로 작용한다.

OECD의 다른 국가들과 비교했을 때 프랑스는 역사적으로 매우 관대한 사회안전보장 혜택들을 보유하고 있다. 그러나 프랑스는 가까운 시일 내에 연금제도를 개혁해야 할 시기에 직면할 것으로 예측된다(Zaidi, 2008). 구체적으로 Sarkozy 대통령과 Fillon 총리는 연금제도에 대한 대대적인 개혁, 주요 공공부문에 대한 지출의 절감, 퇴직연령 연장 등을 선언하였다(Reuters, 2010). 정부 관료들도 정부의 부채가 감당할 수 없는 수준에 이르기 전에 개혁이 필요하다는 것에 동의하고 있다. 그러나 최근 제시된 퇴직 관련 정책에 근로자들과 노동조합이 강하게 저항하고 있고 현재까지 계획된 제도 변화에 강한 반대의 목소리를 내고 있어 2010년 남은 기간에는 주요 정책들에 대한 깊은 논쟁이 계속될 것으로 전망된다(BBC News, 2010).

연령차별에 관한 제도

차별 금지는 이미 프랑스의 노동 관련 법령에서 구체화되어 있는데(Lokiec,

2008), 연령은 2001년 차별 금지의 대상으로 「노동법」 L 제122-45조로 추가되었다. 제122-14-2조와 L 제321-13조에도 연령차별에 반대하는 내용이 들어가 있으며, 그 내용은 첫째, 연령을 근로계약의 해지 사유로 정한 계약을 무효로 하고 둘째, 실업 혜택을 받을 수 있는 50세 이상의 근로자를 해고하는 고용주는 실업보험당국에 상당한 액수(많게는 일 년치 임금)를 납부하도록 하는 것이다.[1] 「노동법」 위반으로 기소하는 것은 어렵기 때문에 프랑스는 노동정책의 일환으로 국가의 교섭단체위원회가 차별을 예방할 수 있도록 하는 규정을 두기도 한다. 그러나 Bloch(2006)에 따르면 프랑스 법원은 차별 금지 법령을 일관되게 포괄적으로 적용하고 있다. 특히 "프랑스 법원은 임시직이나 견습기간을 포함한 모든 고용계약에 차별을 금지하는 노동 관련 법령을 광범위하게 적용하는 경향을 보여 주고 있다"(p. 724). 나아가 프랑스는 「노동법」을 수정하여 차별로 인한 분쟁이 발생되는 경우 피해자가 아닌 고용주에게 입증책임을 부담시킴으로써 고용주 자신이 책임 없음을 증명토록 하였다.

〈글상자 4-1〉 정책과 인간 간의 밀접한 연계: 프랑스 ANACT의 연령관리

높은 실업률 문제를 해결하기 위해 프랑스의 근로환경개선위원회(프랑스의 ANACT)는 '연령관리'를 최우선 정책 과제로 삼았다. 이 기관은 고령 근로자에 대한 차별을 막고, 고용주들이 이들의 지식과 전문성을 자본으로 활용하여 연령을 부담이 아닌 주요 자산으로 인식할 수 있도록 도와준다.

일부 기업이 각자의 방법으로 이 정책을 완전히 수용하였는데, 이들은 성공적으로 노동력의 고령화 문제에 대응하였다. 예를 들어, 인테리어 회사인 리오네 데코르(Lionet Décor)의 대표인 Pierre Lionet는 곧 회사 직원의 1/4이 50세가 넘는다는 것을 알고는 재능 고갈을 걱정하여 보수교육과 지식 전수에 중점을 둔 연령관리제도를 도입하였다. 특히 Lionet는 회사 전체에 '연령 자산' 프로그램을 두어 고령의 근로자들과 젊은 노동자들이 상호 교류할 수 있도록 공식화된 튜터링 제도를 도입하였다. 이후

---

1) 역자 주: 기업이 경영 악화 등 경제적인 이유로 노동자를 해고하는 경우에도 50세 이상 고령자에 대해서는 보다 엄격한 규제가 적용된다. 직접적으로 고용주의 고령자 해고를 막는 장치도 있는데, 해고 시 '드라랑드(Delalande)'라고 불리는 기여금을 고용보험 관리기관인 상공업고용협회(ASSEDIC)에 납부해야 하는 규정이다. 50세 이상 고령자를 해고하려면 고령자 연령 및 회사 규모에 따라 정해진 특별기여금을 납부해야 한다

회사는 직원들 간 신뢰도가 높아지고 만족스러운 교육 결과 또한 가질 수 있었다.

참고 자료: http://hal.archives-ouvertes.fr/docs/00/26/48/01/PDF/Art-GENDRON-Cedefop-OW-HAL.pdf

고용과 직업 훈련 프로그램

프랑스는 고령의 근로자들이 감소하는 것을 막기 위해 연령차별에 대한 강한 법적 보호책뿐만 아니라 프로그램들도 도입하였다. 그중에서 'Inter-occupational fund'(OECD, 2006, p. 120)는 평생교육을 지향하는 고용주들과 근로자들 또한 지지하는 정부 프로그램이다. 이 프로그램은 기업에서 1년 이상 일한 경험이 있는 근로자들의 기술 숙련도를 측정하여 '트레이닝 패스포트(training passport)'를 지급하는데, 이는 일종의 이력서로 활용되거나 직업 훈련에 소요되는 비용을 보조하기 위해 사용될 수도 있다. 나아가 ANACT(2004~2008년 활동; OECD, 2006, p. 132)는 정책 입안자들, 노동조합 임원, 고용주들을 모이게 하여 고령의 근로자들을 노동시장에서 보다 적절히 활용하는 방안을 모색하도록 하였다. OECD(2006)에 따르면, ANACT의 지부들은 기술, 조직, 사회의 변화에 대응할 수 있는 새로운 방법을 고안하여 기업체에 자문을 제공하고, 고령의 근로자들을 최적으로 활용한 주요 사례를 전파하고 있다.

핀란드

핀란드에서는 약 14%의 남성과 10%의 여성이 공식 퇴직연령인 65세를 지나서도 계속 일하고 있다(International Labor Organization, 2008). 유럽의 다른 국가들과 달리 핀란드 국민들은 50세부터 60세 중반까지 일을 계속 하는데, 남성의 경우 50~54세는 87.3%, 55~59세는 75.1%, 60~65세는 42.7%가 일을 하는 것으로 나타났으며, 여성의 경우도 유사하게 50~55세는 88.5%, 55~59세는 75.1%, 60~65세는 40.1%가 계속 일을 하는 것으로 나타났다.[2)]

지난 십 년 사이에 핀란드는 고령자들이 직장에 오래 남을 수 있도록 다른 OECD 국가들보다 매우 광범위한 고용 훈련을 실시하고 다양한 네트워크를 지원해 왔다(OECD, 2006, p. 131). 특히 1990년대에 심각한 경기 불황을 겪은 후에 핀란드는 고령층이 성공적으로 직업을 찾을 수 있도록 핀란드 고령 근로자 프로그램(Finnish National Program on Aging Workers, 1998~2002년부터 활동), 일자리 개발 프로그램(Workplace Development Program, 1996년부터 이행), VETO 프로그램(2003~2007년) 등 기타 다양한 단기 정책을 시행하였다. 이 프로그램들은 직장에서의 건강증진, 안전보장, 지속적인 능력개발, 장기적 직업만족도 향상에 초점을 두고 있으며, 그 목표는 고용 촉진뿐만 아니라 근로자들의 인식 개선에 있다(OECD, 2004a). 그럼에도 불구하고 핀란드의 근로자와 고용주 대부분은 프랑스와 같이 실업 및 장애 관련 정책들이 개선되기 전까지 관대한 혜택들을 조기 퇴직을 하는 데 이용할 것으로 보인다.

연령차별에 관한 제도

연령차별에 대한 내용은 핀란드의 「반차별법(Nondiscrimination Act)」 제21/2004호에 규정되어 있다. 이 법은 직장, 사회 그리고 군대에서 발생할 수 있는 차별을 광범위하게 다루고 있는데, 제6장에서는 어떠한 형태의 차별도 금지하도록 하고 있다. 국가 정책에도 역시 "그 누구도 연령, …… 건강, 장애, 개인의 성격에 따라서 차별받아서는 안 된다."라고 명시되어 있다(Ministry of Labor, 2004, p. 2). 그리고 「반차별법」은 "제6장 또는 제8장의 규정을 위반한 자는 차별로 인한 고통에 대하여 피해자에게 배상하여야 한다."라고 규정하고 있다(p. 3). 그러나 손해배

2) 역자 주: 핀란드는 EU 역내에서도 가장 노령화된 국가로서 고령자정책(National Policy on Aged Workers: NPAW)의 목표를 노동시장에서 고령(45~55세) 및 노령(55~65세) 근로자가 처한 상황을 개선하고, 이들의 고용 유지 및 구직을 실질적으로 지원함에 두고 있다. 아울러 이를 위한 국가 프로그램으로 사회의 인식 변화, 종합적인 교육/훈련, 근로능력 유지 지원(육체적/정신적 상태 향상, 전문기술 향상 지원 등), 취업 지원 강화 등 방안을 마련 · 시행하고 있다. 한편, 근로능력 지표(현재 보유한 근로능력, 시장에서 요구되는 능력, 질병 및 질병으로 인한 장애 기록, 지난 12개월간 병가 사용 기록, 2년 후 직업능력 전망)를 도입하여 고령자 지원에 활용하고 있으며, 최근에는 「산업안전보건법」 개정, 연금개혁(정년 연장, 62~68세 계층에 대한 탄력적 퇴직제도 도입, 조기 퇴직 제한 등), 사회지출에 관한 재정위원회 설치 등을 통해 고령자 고용증진 및 생애근로기간 연장에 노력을 기울이고 있다.

상액은 1만 5,000유로를 초과할 수 없게 제한되어 있다.

고용과 직업 훈련 프로그램

핀란드는 성인교육과 평생교육 분야에서 탁월한 성과를 보여 주고 있다. 취업 관련 성인교육은 무상이며, 추가 교육에 소요되는 비용은 정부에서 일부 보조금이 나오거나 개인이 부담한다(Nyyssola & Hamalainen, 2001, p. 36; Turner, Toft & Witte, 2008 참조). 그러나 보다 많은 혜택을 향유할 수 있는 고령의 인구, 즉 교육수준이 낮은 사람들의 참여율이 고등교육을 받은 사람들의 참여율보다 낮게 나타났다(Nyyssola & Hamalainen, 2001). 고령의 교육 참가자들 대부분은 정규 근로자들로서 취업보다는 개인적 이유로 참여하고 있다(Nyyssola & Hamalainen, 2001).

이탈리아

이탈리아는 고령자들의 경제활동참가율이 낮은 유럽 국가 중에서 대표적인 예에 해당한다. 2006년에는 65세 이상 인구 중 남성의 6.1%, 여성의 1.2%만이 유급 근로를 하였다(International Labor Organization, 2008). 이탈리아의 공식 퇴직연령은 남성은 65세, 여성은 60세이지만, 공식 퇴직연령 이전인 55~65세까지 고령인구의 경제활동참가율은 30% 이하로 나타났다(Contini & Leombruni, 2006). Rymkevtich와 Villosio(2007)는 고령자들의 취업률이 낮은 이유가 그들이 청년층보다 낮은 수준의 교육을 받았고, 직장을 다닐 때에도 직업 훈련 기회가 제한적이었음을 들고 있다. 55세에서 64세 사이 인구 중 현업에 종사하는 사람들의 비율을 학력별로 비교해 보면, 고등학교 졸업은 65.67%, 중학교 졸업은 44% 그리고 초등학교 졸업은 22%로 나타났다. 교육수준에 따른 편차는 여성의 경우 더 크게 나타나는데, 50세부터 64세까지 고등교육을 받은 여성들이 그렇지 못한 여성들보다 3배나 높은 경제활동참가율을 보였다.

노동력 참여가 저조해지기 시작한 것은 경기 침체로 고령의 근로자들이 일찍 퇴직하면서 나타났다(Contini & Leombruni, 2006). 예를 들어, 고령의 근로자들이 많은 기업과 이탈리아의 사회안전보장 제도는 조기 퇴직자들에게 경제적 인센티브를 주었다. 그러나 1990년대 중반 연금제도가 개정되어 연령과 자기부담금 조건들이 강화되면서 조기 퇴직의 흐름은 점차 가라앉기 시작했다.

연령차별에 관한 제도

2000년 11월에 이탈리아는 연령차별을 포함하여 일체의 차별을 금지하는 내용에 대한 초석을 다졌다. 2003년 「고용 조건의 평등한 대우(Equal Treatment in Employment and Conditions)」 법령은 사람들의 종교, 장애, 연령, 성적 취향에 따라 차별하지 않고 평등한 대우를 해 주어야 한다고 명시했다(Italian Republic, 2003). 고용이나 직장에서의 평등한 대우는 공적 · 사적 영역을 불문하고 모든 사람에게 적용되며, 취업이나 고용 조건, 직업 훈련과 승진, 보수 그리고 해고 조건 등과도 관련된다. 그러나 연령을 불문하고 어떤 직업을 수행하기 위해서는 특별한 조건이 요구되기도 하며, 노동정책의 목표, 노동시장 상황, 직업 훈련의 정도 등에 따라 다양한 직역이 존재하는 것 역시 사실이다. 노동사회정책부는 2005년 12월을 시작으로 5년마다 이 법이 적용된 실태에 대하여 의원 위원회와 상원의원제에 보고한다.

그러나 이탈리아에서는 연령차별이나 고령자들의 사회복귀 문제가 고용주나 정부의 주목을 받지 못하고 있다(Rymkevitch & Villosio, 2007). 오히려 이탈리아 노동시장의 주된 과제는 고령의 근로자들이 불이익을 감수하더라도 청년층의 취업을 증진시킬 수 있는 방법을 찾는 것이었다. 따라서 노동조합은 조기 퇴직 장려정책에 차별적 요소가 존재한다고 여기지 않았으며, 오히려 이러한 정책은 광범위한 사회적 합의하에 경제 재건의 수단으로 활용되었다. 하지만 대부분의 경험적 연구는 청년층 취업을 고양시키기 위해 조기 퇴직 장려정책을 추진하는 것이 그다지 효과적이지 않고 오히려 비생산적일 수도 있음을 보여 준다(Pestieau, 2003).

이탈리아에 연령차별이 존재하는가에 대한 정보는 제한적일 뿐만 아니라 상반되는 의견을 제시하고 있는 경우가 많다(Rymkevtich & Villosio, 2007). 예를 들어, 7만 명 이상의 근로자를 대상으로 한 국가별 비교연구에서는 이탈리아 노동자들의 1/3이 연령차별을 경험하였음을 보고하고 있다. 이에 따르면, 특히 20세 이하 청년층과 45~54세 중장년층들 또한 구직을 하던 중 연령차별을 경험한 적이 있다. 1993년에서 2004년 사이에 발간된 5,000건 이상의 구인광고를 보면 42.4%가 44세 이하를 필수 조건으로 제시 및 홍보하고 있고, 오직 13.1%만이 45세 이상의 직원을 찾았다. 이 외에 직업 훈련 등에 있어서도 고령 근로자들이 차별받고 있다는 내용의 보고서가 존재하기도 한다(Paulli & Tagliabue, 2002).

〈글상자 4-2〉 정책과 인간 간의 밀접한 연계: 이탈리아의 지역단위 「비아기(Biagi)법」

노인들의 높은 실업률을 낮추기 위해 이탈리아 정부는 노동 유연성을 확장시키는 방법을 선택하였다. 2003년 「비아기법」은 이탈리아의 경직되어 있던 고용 조건을 변화시킴으로써 이 문제에 대항하고 있다. 직장에서의 연령차별을 금지하는 규정들과 함께 이 법은 기업들이 그 직군을 비정규직, 고정직, 임시직들로 확대할 수 있는 데 초석을 다졌다. 소규모 지역사회에서 그 변화들이 나타나고 있는데, 예를 들어 베르가모라는 이탈리아의 작은 도시에서는 2004년에 지역 지도자들이 지역 소재 기업들에게 임시직을 도입하고 이를 확대하기 위해 인센티브를 부여하기로 합의하였다. 이러한 합의는 각 지역의 노동시장에 따라 법이 적용될 수 있도록 하고, 지역의 지도자들은 효과를 극대화시키기 위해 매년 그 계획을 검토 및 수정한다.

참고 자료: www.eurofound.europa.eu/eiro/2004/08/inbrief/it0408102n.htm

고용과 직업 훈련 프로그램

고령 근로자를 대상으로 하는 이탈리아의 고용 및 직업 훈련 프로그램은 대부분 제한적이며 충분히 활용되고 있지 못하다(Focarelli & Zanghieri, 2005). 직업 훈련 강좌가 있는 직장에 다니고 있는 고령 근로자들의 비율이 50%임에도 불구하고 그들 중 15%만이 실제로 강좌를 듣는 것으로 나타났다. 심지어 교육수준이 높은 근로자들의 20%가 직업 훈련을 받은 반면, 그렇지 못한 근로자들은 7%만이 직업 훈련을 받았다. 그리고 45세에서 64세까지 사람들의 직업 훈련을 지원한다는 내용이 포함된 제236/1993호 법률이 통과되기 전까지 고령 근로자들은 고용 및 직업 훈련 프로그램에서 제외되어 있었고(Rymkevtich & Villosio, 2007), 이 법률을 제외하면 특정 연령대를 대상으로 하는 평생교육 제도나 정책은 전무한 실정이다.

이탈리아의 몇 안 되는 고용 인센티브 프로그램들은 주로 퇴직을 늦추는 데에 초점을 맞추고 있다. 제243/2004호 법률은 퇴직연령이 지나서도 일을 지속하는 사람들에게 세금 인센티브를 주는 슈퍼 보너스 프로그램을 담고 있다(Focarelli & Zanghieri, 2005). 최소한 57세 이상이면서 35년 정도 사회안전보장 관련 부담금을 납부하여 퇴직 요건을 갖추었으나 2년 이상 퇴직을 연기하고 계속 일을 하고 싶어 하는 사람들은 2004년 10월부터 2007년 12월까지 그들의 사회안전보장 관련 부담금에 상응하는 세금 면제 혜택을 받았다. 그러나 이는 고소득자들만 그 프로그램에 참여하여 실질적으로 혜택을 받는다는 비판이 존재한다(Boeri & Brugiavini, 2008). 서비스 분야 소규모 기업들의 고용주들로 구성된 조직인 콘프콤메르치오(Confcommercio)에 따르면, 회원사들은 고령의 직원들이 젊은 직원들에게 능력을 전수하고 교육이나 훈련 시 강사로 활동할 수 있으므로 이들을 보다 오래 회사에 남겨 두고 싶어 하는 경향을 보인다(Rymkevtich & Villosio, 2007). 지역단위의 다른 프로그램들, 예를 들어 비영리기관인 린콘트로 쿠퍼레이티브(L'Incontro Cooperative; Naegele & Walker, 2007)는 지역의 기업들에서 퇴직한 고령 정비공들을 모집하여 보호작업장 강사로 활용하고 있으며, 이들에게 파트타임 또는 유연시간제 근무를 할 수 있는 혜택도 부여한다.

요약

선진국과 비선진국의 노동정책 전문가들은 모두 한 가지 문제에 동의한다. 그것은 바로 급속도로 진행되고 있는 고령화에 대처하기 위해서 노동자들이 역사상 어느 시기에서 그러했던 것보다 더 오래 일을 해야 한다는 것이다. 그러나 이에 대한 해결방안들은 개별 국가의 상황에 따라 깊은 딜레마에 놓여 있다. 많은 정책의 핵심에는 노동자들의 권리를 보호하는 것과 기업들이 글로벌 시장에서 경쟁적인 위치를 유지하는 것 사이에 상당한 이견이 존재한다. 퇴직연령을 상향하는 것이 일부 국가에서는 합리적인 방법일 수도 있지만, 젊은 나이에 일을 시작해야 하는 개발도상국의 노동자들에게는 이 정책이 어떤 영향을 미칠지 의문이다. 뿐만 아니라 고용주들이 퇴직 혜택이나 임금 상승에 어떻게 적응하고, 고령 근로자들의 건강문제는 어떻게 해결할 수 있을지 의문이다.

각국 정부들은 무엇이 평생고용이며, 무엇이 고용주들로 하여금 사업을 잘 운영하면서도 고령의 근로자들을 유지 또는 고용하는 데 도움이 될지 결정하기 위해 안간힘을 쏟고 있다. 그 가운데 고령의 근로자들에게 유연한 일자리를 제공하거나 일자리를 확대한 기업에게는 현금 인센티브를 주는 방법이 효과적인 것으로 나타났다. 하지만 이는 경제적으로 보다 우위에 있는 근로자들에게만 주로 혜택이 주어질 뿐, 기술력이 부족한 근로자들의 삶에는 그리 효과적이지 못한 문제점을 갖고 있다. 그리고 노동유연성 정책은 그 해석과 집행에 따라 기업들이 근로자들에게 충분한 혜택(예: 기간제나 임시직)을 제공하지 않고 피해 갈 수 있는 방안을 만들어 주는 계기가 되기도 하였다.

세계적으로 직면한 노동정책의 또 하나의 딜레마는 고령의 근로자들을 위한 법과 제도를 갖출 것인가, 그렇지 않으면 전체 근로자들에게 공평하게 혜택이 돌아갈 수 있는 정책을 입안하는가의 문제이다. 초기에는 고령의 근로자들을 위한 프로그램과 평생교육 프로그램이 성공적인 듯 보였으나, 이 프로그램들을 국가적 차원에서 시행하지 않은 일부 국가는 결국 고용 흐름을 변화시키는 데 실패하였다. 나아가 고령 근로자들의 소외문제는 근로자들의 능력과 고용주들의 태도로 해결할 수 있을지 의문이다. 정부는 연령이 고용에 영향을 미치는 편견을 없애야 할지, 아니면 고령의 근로자들이 직장을 구할 수 있도록 도와주어야 할지 등에 대하여 먼저 우선순위를 결정하여야 할 것이다.

오랜 문화적 가치나 사회의 관습이 종국적으로는 고령인구의 근로와 퇴직에 가장 큰 영향을 미친다. 조기 퇴직 문화가 자리 잡힌 국가들이나 비공식적인 노동시장에서 일을 하는 사람들이 많은 개발도상국들에서는 빠른 변화가 요구되는 고용정책에도 불구하고 그러한 변화를 기대하기 어렵다. 오히려 정책 입안자들은 노동시장에서 고령인구의 역할을 점진적으로 재구성하거나 근로자들을 공적 재정 사회안전망으로 유입시킬 수 있는 창의적이고 특별한 정책들을 강구하여야 할 것이다. 보다 분명히 짚고 넘어가야 할 분야는 차별금지정책과 관련된 분야이다. 우리의 연구 결과에 따르면 연령차별 금지에 대한 법령을 제정하고 이를 지속적으로 시행하는 것이야말로 모든 국가에서 고령인구들이 노동시장에서 충분한 가치를 인정받을 수 있도록 하는 시금석에 해당한다.

관련 추가 정보

1. 아시아-태평양 연구 및 혁신 센터(The Asia-Pacific Research and Innovation Centre)

   http://www.watsonwyatt.com

   이 민간부문 센터는 인적 자본, 복리 후생, 투자 및 금융 서비스 연구를 위한 왓슨 와이어트(Watson Wyatt)의 아시아-태평양 지역 중심 기관이다. 사이트(http://www.watsonwyatt.com/images/database_uploads/ageing_ap_06/AP_AgeingWorkforce2006.pdf)에서 아시아-태평양 지역 노인에 대한 고령화 인력 보고서를 볼 수 있다.

2. 국제 AARP

   http://www.aarpinternational.org/topics/topics_list.htm?topic=1974

   국제 AARP는 경제 및 퇴직 보장을 포함하여 고령화와 관련된 여러 주제에 대한 자료를 제공한다. 하위 주제로는 연령차별, 숙련노동력 및 연금에 관한 연구 및 소식이 있으며 이러한 내용은 세계 여러 지역에서 검색할 수 있다.

3. 아시아 경제 연구소(Asia Economic Institute)

   http://www.asiaecon.org/

   아시아 경제에 관한 조사 및 보급을 담당하는 웹기반 조직인 아시아 경제 연구소는 특별히 고령 근로자에 관한 소식을 전한다.

4. 고령자 정책센터(Centre for Senior Policy)

   http://www.seniorpolitikk.no/informasjon/english

   고령자 정책센터는 고령 근로자와 관련된 보고서와 뉴스 요약(영어 번역 포함) 등을 게시하는 노르웨이의 고령 근로자 옹호단체이다. 이 단체의 사명은 조기 퇴직 비율을 낮추고 고령인구의 혜택에 대한 인식을 높이는 것이다.

5. Hofacker, D. (2010). 『세계화된 세계의 고령 근로자: 서구 선진국에서의 퇴직 및 이후 경력 패턴의 국제 비교(Older workers in a globalizing world: An international comparison of retirement and late-career patterns in western industrialized countries)』. Cheltenham, UK: Edward Elgar.
   http://www.thefreelibrary.com/Older+workers+in+a+globalizing+world%3B+an+international+comparison+of...-a0233056143
   이 책에서 Hofacker는 유럽과 북미에서 조기 퇴직으로의 이행을 이해하기 위한 생애주기 접근을 개발하고 테스트한다. 그는 경제적 세계화가 노동시장에서 고령 근로자의 쇠퇴에 기여한 주된 영향요인인 동시에 고령 근로자의 노동시장 재진입 및 퇴직에 영향을 미치는 국가 교육 및 훈련체계와 구체적인 복지프로그램 및 노동 시장 특성에도 영향을 미쳤다고 본다.

6. 아일랜드의 SSRR(Senior Select Retain and Retrain)
   http://ec.europa.eu/employment_social/equal/data/document/age-ie-sen_en.pdf
   2005년 아일랜드는 고령 근로자의 노동시장 참여를 높이기 위해 국가적인 차원에서 SSRR을 시행했다. 이 프로젝트의 목적은 고령자의 재취업 물색 및 취업상태 유지를 위한 관련 정책과 실천을 알리기 위해 다양한 연구과정에 참여하도록 하는 것이다. SSRR의 노력은 사우스 카운티 더블린에서 시범적으로 추진된 '50+의 선택'과 같은 지역 프로그램에 영감을 주었다. 이 프로그램은 워크숍, 일대일 코치, 50세 이상의 희망자를 위한 사내 CV 및 인터뷰 실시 등을 제공했다. 실제 기술을 습득하고 자신감이 향상됨으로써 프로그램 참가자들로부터 긍정적인 반응을 받았다.

M 씨(62세), 그리스 크레타 레팀논

저는 1948년 크레타의 레팀논에서 태어났습니다. 아버지는 버스 운전 기사였고 어머니는 집에서 아이들을 돌보셔서 일은 하지 않으셨어요. 저는 형과 남동생이 있어요. 저는 결혼을 해서 세 딸을 낳았고 딸들을 매일 봅니다.

제 아내는 공적인 일을 하는 동시에 그녀의 아버지의 기업에서도 일을 합니다. 저는 같은 일을 30년 동안 했어요. 저는 트랙터 같은 농기계를 파는 회사를 소유하고 있습니다.

일반적으로 저는 아침 일곱 시에 일어나서 아이들이 학교에 갈 준비를 시키고 보통 아내가 가르치고 있는 학교로 7시 15분쯤 나가서 제가 아이들을 학교로 데려다 주고 바로 회사로 갑니다. 제 일이 2시 30분쯤 끝나면 우리 집이 도시 외곽이라 제가 아이들을 다시 외국어 학원으로 데려다 주어야 해요. 그리고 다시 집에 오면 오후 8시쯤이 되죠.

우리는 가족들과 친구들을 자주 만나는 편이라고 생각해요. 주중에 아이들이 외국어 학원을 가지 않는 날에는 레팀논에 사는 가족이나 친구들을 꼭 보려고 합니다. 가끔은 일요일에도 봐요.

제 건강은 그리 좋지 못해요. 15개월 전에 저는 심장마비가 왔고 아직 회복 중입니다. 저는 활동적인 생활을 하려고 노력하지만 정말로 쉽진 않아요. 하지만 일하지 않으면 지금의 생활을 유지할 수 없기 때문에 계속 일을 하고 있어요.

제가 아직 일을 하고 있기 때문에 연금을 받지는 않습니다. 하지만 곧 퇴직을 하려고 생각하고 있어요. 하지만 연금이 충분한 경제적 지원을 해 줄 수 있을지는 저도 잘 모르겠어요. 제가 연금을 받으려면 문서상으로 35년 동안 일을 해야 합니다. 그렇지만 저는 심장마비가 왔기 때문에 이보다 일찍 퇴직해도 혜택을 누릴 수 있어요. 지금 시점으로는 문서상으로 저는 33년 일했고 보험도 있어요. 그렇기 때문에 지금 퇴직한다면 저는 연금 혜택의 33/35를 받을 수 있습니다. 이 금액이 제 가족과 생활하는 데 충분하냐고요? 절대 아니죠. 제 딸들에게 많은 돈이 들어가기 때문이죠. 하지만 아내의 수입과 제 아파트들을 전세로 내어주고 있어서 어느 정도의 생활은 유지할 수 있을 거라고 생각해요.

병원에 가야 할 때는 제 보험회사에서 지정한 특정 의사들을 방문합니다. 이 경우 진료비는 보험회사에서 전부 부담합니다. 만약 보험회사에서 지정하지 않은 의사를 방문하면 제가 개인적으로 모든 비용을 부담해야 하죠. 제 상태 때문에 저는 6개월에 4~5번씩 보험회사 외의 의사들을 만나야 해요. 이 경우 혼자서 돈을 부담하기에는 힘들어요. 내 보험은 치과 치료를 제외한 치료는 모두 부담해 줍니다.

노인이 스스로를 돌보지 못하는 경우 레팀논 지방자치단체의 '집에서의 간호(care in your house)'라는 제도가 있다고 알고 있습니다. 하지만 저는 이 무료서비스가 노인들이 필요한 모든 것을 제공하지는 않는다고 생각합니다. 그리고 만약 노인이 입원해야 하는데 돌봐 줄 가족이 없어도 보험사에서는 간호사를 단 하루만 무료로 파견시켜 주죠. 저는 개인 간호사가 하루가 지났을 때 돈이 매우 많이 든다는 것을 알고 있어요. 개인 간호사를 쓰는 데 하루에 80달러 정도 들 겁니다. 그리고 정부에서는 공식적으로 정부나 사보험을 들었어야지만 지원을 해 주죠.

그리스에서는 대부분의 노인이 보험을 갖고 있습니다. 보험이 전혀 없는 사람들은 정부에서 운영하는 요양원에 갈 수 있어요.

나이가 든다는 것은 자연스러운 현상이라고 생각해요. 그리고 그 과정에서 심각한 질병만 없다면 나이가 드는 것을 정말 즐길 수 있다고 생각해요. 하지만 병이 있다면 정말 고난이죠.

지금 나이가 좋은 점이 있다면 오래된 친구들, 고등학교 친구, 군대 친구 그리고 대학교 친구들을 만나면 정말 즐겁다는 점이에요. 특히 다 같이 모여서 행복했던 순간들을 되돌아볼 때 말입니다!

저는 지금 나이에 대해서 싫은 점은 딱히 없습니다. 저는 나이가 드는 것은 자연스러운 현상이라고 생각해요. 가끔 뒤집어서 다시 젊어지는 것도 좋겠다고 생각하지만 그렇게 못하죠. 앞으로 제가 할 수 있는 것은 건강하기를 바라고 아이들도 좋은 인생을 살기를 바라는 것뿐이에요.

이 책의 독자들에게 전하는 메시지요? 딱 한 가지요. 건강에 있어서는 항상 조심하라는 것이에요. 어렸을 때부터 자신의 건강을 돌봐야 합니다. 건강하다면 어떤 어려움이 닥쳐도 그 일을 헤쳐 나갈 수 있을 겁니다.

제5장

주택정책

미국의 65세 이상 고령인구가 2040년에는 4,000만 명에서 8,100만 명으로 2배 이상 증가할 것으로 전망함에 따라 정책결정자, 프로그램 관리자 그리고 연구자들이 노인들의 욕구를 충족시키고, 재가생활(aging in place)을 하면서 필요한 욕구에 대한 지원을 받을 수 있도록 하는 주거 옵션과 지역사회를 유지하고 만들기 위해서 일하는 것은 매우 중요하다.

– 『노인 맞춤형 주거욕구를 위한 전략들(Strategies to Meet the Housing Needs of Older Adults)』 (AARP, 연도미상, p. 1)

제가 살고 있는 지역에서는 매우 제한된 노인주택에 대한 옵션이 있어요. 현재 제가 살고 있는 집의 공간이 작기 때문에, 아들이 결혼하면 그 집에서 이사하는 것을 고려하고 있어요. 전 몇몇 친한 지인들이 살고 있는 고향 근처로 갈지도 모르겠어요.

– S 씨(63세), 인도 뭄바이

노인의 동거 형태에 따른 국가의 비교는 전 세계의 선진국과 개발도상국 간에 상당한 차이점이 나타난다(Kinsella & He, 2009). 〈표 5-1〉에서 보여주는 것처럼, 선진국의 노인들, 특히 여성 노인들은 보통 혼자 사는 반면, 가족과 동거하는 노인들은 개발도상국에서 더 일반적이다. 다세대 동거 형태가 다른 국가에서 존재하지 않는다고는 말할 수 없다. 대안적인 동거 형태의 가능성뿐만 아니라 부모에 대한 자식으로서의 의무와 세대에 걸친 자산 이전에 의한 문화적 규범은 노

〈표 5-1〉 가구 구성별, 성별에 따른 60세 이상의 인구분포 비율: 주요 국가와 미국의 평균

주요 국가	독신	부부	자녀/손자녀	기타 친인척	비친족
남성					
아프리카	6.1	10.6	75.6	6.3	1.4
아시아	2.8	14.9	78.1	2.9	1.3
유럽	14.7	54.6	24.5	3.8	2.5
라틴 아메리카와 카리브해 지역	7.8	14.8	65.2	8.3	3.8
미국	14.9	60.1	16.8	4.3	3.9
여성					
아프리카	9.9	6.2	71.1	11.2	1.5
아시아	7.9	8.8	76.0	5.5	1.9
유럽	34.7	29.5	28.7	4.1	3.0
라틴 아메리카와 카리브해 지역	8.7	10.6	65.6	11.2	4.0
미국	34.5	39.7	18.5	4.9	2.4
성별 격차					
아프리카	3.8	−4.4	−4.5	4.9	0.1
아시아	5.1	−6.1	−2.1	2.5	0.6
유럽	20.0	−25.1	4.2	0.4	0.5
라틴 아메리카와 카리브해 지역	0.8	−4.3	0.3	2.9	0.2
미국	19.6	−20.4	1.7	0.6	−1.5

출처: United Nations (2005).

인들이 그들의 말년에 거주하게 될 동거 형태에 영향을 미친다. 예를 들면, 스페인에서는 미망인이 된 노인의 약 66%와 배우자가 있는 결혼한 부부의 약 34%가 적어도 1명의 자녀와 동거한다(Zunzunegui, Beland, & Otero, 2001). 하지만 많은 국가에서 다세대 주거 형태의 감소가 있어 왔다. Karagiannaki(2005)는 그리스의 경우 1974년과 1999년 사이에 결혼한 자녀와 함께 살고 있는 독신 노인의 비율이 23%에서 9% 미만으로 감소하였고, 결혼한 자녀와 함께 거주하고 있는 노인부부의 비율은 14%에서 5%로 감소한 것을 발견하였다. 또 세대 간 공동주거 형태의 감소는 역사적으로 확대가족 구조를 두드러진 특징으로 보여 왔던 일본에서도 나타났다(Takagi, Silverstein, & Crimmins, 2007). 연구자들은 독립적으로 살고 있는 많은 노인의 경우 그들이 가지고 있는 개인적 자원의 증가와 더 좋은 기동성 그리고 자

녀의 독립성이 그들의 독립적인 거주에 기여하는 요인들이라고 추측한다(McGarry & Schoeni, 2000; Ruggles, 2007).

전반적으로 노인을 지원하는 주택정책은 강한 개인주의적 혹은 사회적으로 지지된 노후시스템을 가지고 있는 국가들에서만 일반적이다. 예를 들면, 스위스와 미국처럼 자유주의 경제정책을 가지고 있는 국가의 주택정책과 프로그램은 고령화 또는 빈곤을 둘러싼 정책들과 교차한다. 즉, 시장경제가 대부분의 국민을 위한 주택 형태를 결정하지만, 정부는 특별한 욕구를 가지고 있는 인구를 위한 주택정책을 발전시켜 왔다. 시장에 의한 접근방법은 더 보편적인 사회복지정책을 가지고 있는 국가인 노르웨이의 정책도 변화시키고 있다. 이런 국가에서는 전 국민을 위한 적절한 주택에 대한 정책결정이 20세기 대부분에 걸쳐 하나의 시민권이었다. 그러나 이들 국가의 경제가 점점 더 시장 중심으로 되어 감에 따라 주택을 결정하는 데 있어 시장에 의한 접근을 허용하려는 움직임이 있다.

노인들은 자신의 인지능력 또는 신체능력의 수준과 그들이 처해 있는 환경에 대한 요구 사이에서 적절한 '적합도(fit)'가 있을 때 자신이 살던 집에 계속 머무르면서 스스로를 가장 잘 보살필 수 있다(Lawton, 1980; Lawton & Nahemow, 1973). 따라서 대안적인 동거 형태에 대한 욕구는 일반적으로 더 좋은 신체적 · 심리적 · 사회적 그리고 재정적 보장에 대한 욕구에 의해 촉발된다. 몇몇 국가는 보편적인 주거시스템 또는 일반적으로 노인생활시설(assisted-living facilities)과 노인요양시설(nursing home facilities)을 포함하는 노인장기요양보호를 발전시켜 왔다.

〈글상자 5-1〉 정책과 인간 간의 밀접한 연계: 재가생활을 위한 노인인구의 능력 지원

2000년 이후, 네덜란드에서는 치매노인을 위한 주간보호서비스를 제공하는 그린데이 케어팜(Green Day Care Farms)이 발달해 왔다. 900개 이상의 농장들은 소그룹의 노인들을 위한 원예, 식사 준비 그리고 동물보호와 같은 일을 제공한다. 농장들은 일반적으로 지역사회 내 보건의료서비스 기관들과 함께 일하고 네덜란드 국가보험시스템에서 재정을 지원받는다(Bruin et al., 2009).

[그림 5-1]에서 보여 주는 것처럼, 가장 높은 장기요양보호시설 이용률은 인구통계학적으로 전 세계의 몇몇 초고령 국가에서 나타난다(Kinsella & He, 2009). 일

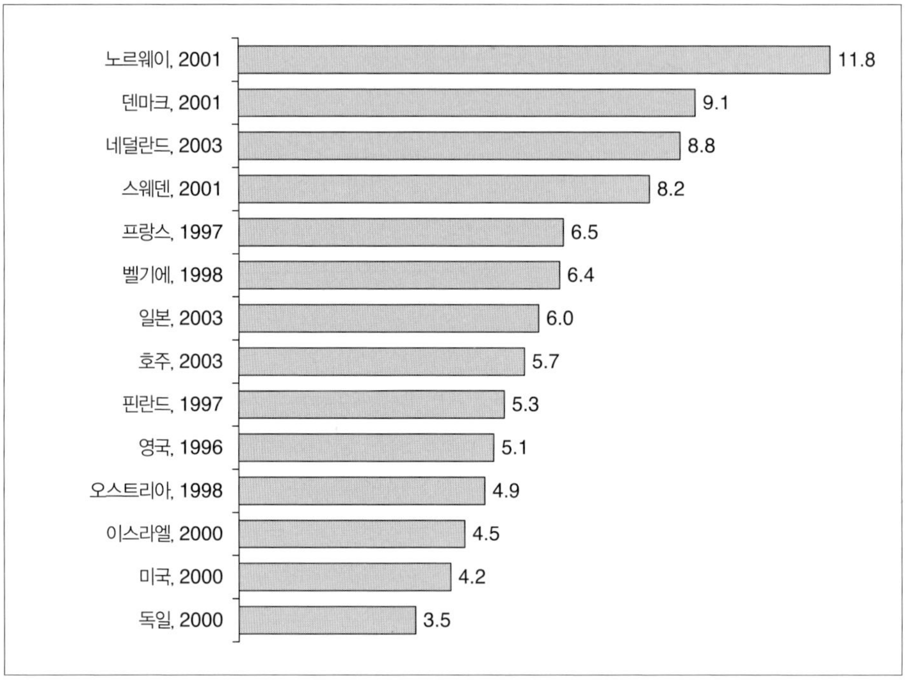

[그림 5-1] 시설에서 거주하는 65세 이상 노인의 비율(2001년)

* 네덜란드와 북유럽 국가에는 사회임대주택에 거주하는 노인들을 포함하였고, 일본의 경우는 장기간 병원에 입원해 있는 노인들이 포함되었다.

출처: Kinsella & He (2009).

반적으로 장기요양보호시설의 공급을 감독하는 정책들은 스웨덴과 영국처럼 통합된 사회서비스 시스템을 가지고 있는 국가들을 제외하면 별개의 독립체들이다. 더 광범위한 사회복지정책을 가지고 있는 국가에서는 욕구가 증가하는 노인들이 사회서비스 시스템에 진입하면 보건의료서비스와 다른 기타서비스뿐만 아니라 그들의 주택에 대한 욕구와 기대를 고려사항에 넣어 사회복지사 또는 사례관리자가 평가하게 된다(제8장 참조). 다수의 국가에서는 가족들이 노인돌봄과 지원을 충분히 제공하더라도 변화하는 인구통계와 사회경제적 조건은 다세대 주거 형태의 실현 가능성에 영향을 미친다는 것을 인식하였다. 결과적으로 많은 국가는 노인을 위한 현재의 주택 욕구와 미래에 기대하는 주택 욕구를 해소하는 방향의 새로운 정책을 채택하였다(United Nations Department of Economic and Social Affairs, 2007).

재가생활[1]에 대한 노인들의 능력을 향상시키는 것은 전체 사회와 노인의 안녕을 위해 대부분의 국가에서 점점 더 중요하게 인식한다. 예를 들면, 미국에서는 대다수의 노인층을 위한 시설보호서비스가 재가보호서비스보다 더 많은 비용이 지출되고 있다고 인식한다. 따라서 주택정책 및 관련 프로그램은 일반적으로 한 국가의 장기요양보호에 대한 접근성과 관련이 있다. 이 장에서는 미국, 브라질, 일본, 노르웨이, 스위스 그리고 스페인의 노인주택과 노인시설 보호에 대한 욕구를 지원하는 정책 범위와 관련된 주택정책들을 검토할 것이다.

미국

미국의 주택정책은 연방정부 산하 주택도시개발부(Department of Housing and Urban Development: HUD)에서 주로 운영되며(Haley & Gray, 2008), 주정부는 정책 집행에 관한 권한을 가진다. 공공임대주택은 저소득층의 개인과 가구를 지원하며 미국에서 가장 크고 오래된 연방정부의 주택 프로그램이다. 1956년에 의회는 처음으로 공공임대주택 프로그램에서 노인에게 우선권을 주었다(Milbank Memorial Fund, 2006). 1960년대와 1970년대 전반에 걸쳐 수행된 대부분의 주택개발은 특별히 저소득층 노인을 위한 전통적인 아파트가 건설되었다. 지방공공주택공사(Local Public Housing Authorities: LPHA)는 일반적으로 주택단지를 운영하고, 세입자는 임대한 주택에 대해 조정 후 월소득의 30%를 넘지 않는 선에서 임차료를 지불한다. 노인 세입자는 공공임대주택에 입주한 세대의 약 31%를 차지한다(U.S. Government Accountability Office, 2005). 이들의 대부분은 연령이 높고 빈곤한 사람들이며 아마도 일반적인 노인가구보다 더 취약할지도 모른다. 전국에서 약 아홉 가구 중 한 가구가 노인가구인 것과 비교하여 공공임대주택은 거의 다섯 가구 중 한 가구가 85세 이상의 노인이 가구주이다.

섹션 202 노인주거지원 프로그램은 노인층을 위해 특별히 설계된 주거 프로그램으로 연방정부가 자금을 지원하는 유일한 프로그램이다(Haley & Gray, 2008). 이 프로그램은 62세 이상의 저소득층 또는 차상위 계층의 노인들을 위한 정부보조금

1) 역자 주: 재가생활(aging in place)은 가능한 한 자신이 오랫동안 익숙하게 살아오던 집에 살면서 변화하는 욕구에 따른 필요한 도움을 받을 수 있는 능력을 말하며, 자립과 삶의 질에 초점을 맞춘다(https://ageingplace.com).

을 지급받는 임대주택을 제공하기 위하여 새로운 주택을 건설하거나 기존의 주택 구조를 보수 · 개조하려는 비영리기관에 연방정부가 저금리로 대출금을 지원한다. 이 프로그램은 1959년에 개시한 이후 대략 25만 개의 거주단위에 따른 약 6,200호의 노인주택시설을 건설하는 데 자금을 지원하였다. 2002년부터는 허가받은 노인 생활시설에 대해 소수의 집단주택을 개조하기 위한 자금도 정부대출금에 포함하였다. 섹션 202 주택단지에 거주하는 세입자들은 해당 지역의 중위소득 50% 미만의 소득을 가지고 있다(Bright, 2005). 이런 주택단지는 일반적으로 교통서비스, 가사서비스 그리고 식사배달서비스(home-delivered meals)와 같은 지원서비스를 제공한다.

섹션 8 주택 바우처 프로그램은 저소득층 개인과 가구를 위해 임대에 동의하는 집주인에게 임대보조금을 지급한다. 지방공공주택공사는 저소득층 거주자에게 그들의 자산을 이용할 수 있게 하거나 주택도시개발부가 제정한 주택품질표준(Housing Quality Standards)을 충족시키기 위하여 그들의 자산 변경에 동의하는 집주인에게 지방공공주택공사가 배당한 자금의 20%까지 할당할 수 있다. 일반적으로 보조금은 세입자의 기여(조정 후 소득의 총 30%의 금액)와 공정시장임대료 간의 차이를 보장한다. 주택단지 기준 바우처 프로그램 섹션 8(project-based Section 8 housing)의 48%가 노인 가구주이다(U.S. Government Accountability Office, 2005).

주택단지 기준 바우처 프로그램 섹션 8과 반대로, 주택 바우처 프로그램 참가자의 대부분은 단독가구주택, 연립주택 그리고 아파트를 포함하는 그들 소유의 주택을 찾는다. 이들은 이 프로그램의 필수 조건을 충족시키는 주택을 선택하는 데 자유롭고(임대료는 공정시장 가격보다 더 높지 않음) 보조금을 지급받는 주택사업이 위치하는 주택단지로 제한하지 않는다. 세입자는 임대주택에 대해 그들 소득의 30%를 임대료로 지불해야 한다. 만약 임대료가 공정시장 가격보다 더 높을 경우, 세입자가 그 차액을 책임진다. 세입자 기준 바우처 프로그램 섹션 8(tenant-based Section 8 housing)의 16%가 노인 가구주이다(U.S. Government Accountability Office, 2005).

저소득층 노인가구를 지원하는 정부 프로그램에는 연방 에너지부(Department of Energy: DOE)가 주관하는 '주택단열지원 프로그램(Weatherization Assistance

Program: WAP)'과 연방 보건복지부가 주관하는 '저소득가구 에너지지원 프로그램(Low-Income Home Energy Assistance Program: LIHEAP)' 두 가지가 있다. WAP에 따라, 저소득층 자택 소유자는 새로운 설비 및 난방시스템 설치에서부터 틈 마개 재료 설치(weather-stripping) 혹은 절연재료를 추가하는 것까지, 그들의 가정에서 에너지 효율성 변화를 만들어 내기 위한 재정을 신청하면 연방정부가 재정을 지원하면서 관리한다. 빈곤층의 150% 또는 그 아래 있는 가구는 서비스를 받을 자격이 있다. 이 프로그램은 매년 대략 10만 가구에 대해 에너지 효율성 서비스를 제공하였으며, 1976년 프로그램 실시 이후 620만 이상의 가구에 단열재를 사용한 에너지 효율성 서비스를 제공하였다(U.S. Department of Energy, 2010). 이 프로그램은 자택 소유자를 위한 공공요금 감소에 더하여 주택단열서비스를 제공하는 사람들을 위한 일자리 창출뿐만 아니라 일산화탄소 배출 감소와 화재 위험의 제거로 국민의 건강과 안전을 개선하는 데 도움을 준다.

미국 보건복지부는 1981년에 LIHEAP를 실시하였다. LIHEAP는 연령에 상관없이 저소득층 가정에 판매회사를 통해 냉난방시스템을 직접 설치해 주거나 혹은 주택 냉난방 비용, 에너지 위기 개입 및 저비용 주택 단열재 시공을 집주인에게 제공한다. 특히 적어도 가구원 중 1명이 공공부조제도(Temporary Assistance for Needy Families: TAFNF, 빈곤가구를 위한 임시 공공부조 프로그램), 보충소득보장제도(SSI, 저소득층 생활보조 프로그램) 혹은 식품구매권(Food Stamps)을 지원받는 가구라면 LIHEAP를 위한 자격을 얻는다. LIHEAP 서비스에 대한 지원자는 공과금 지원, 에너지 위기 지원 혹은 에너지와 관련된 집수리를 신청할 수 있다. 대부분의 LIHEAP 재정은 동절기 동안 지출된다(U.S. Department of Health and Human Services, 2009). 2003년에 난방보조를 수령한 가구의 약 36%와 냉방보조를 수령한 가구의 약 47%는 적어도 60세 이상의 노인 1명이 포함되어 있었다(U.S. Department of Health and Human Services, 2006). 다양한 유형의 연료비 지원을 위해 미국 주정부의 평균가구 급여수준에서 큰 폭의 변화가 있다.

노인층을 위한 주택 수리와 유지에는 상당한 비용이 든다. 그 이유는 그들이 30년 이상 장기간 그들의 집에서 살아왔을 것이기 때문이다. 특정한 집수리 욕구를 제외하면 대부분의 가정은 집에서 일상생활을 하는 데 취약한 노인들의 집수리 욕구를 지원하지 않는다. 재가생활을 위한 노인들은 그들의 신체적 제약을 잘 적응시키기 위해서 그들의 집 구조를 개조해야 할 것이다. 조명, 접근성, 이동성 그리고 욕조시설의 개조는 일상생활을 위한 기능을 향상시키고 안전을 강화할 수 있다(Wardrip, 2010). 주택 유지 · 관리 및 수리비를 위한 주거 지원에 대해 증가하는 노인들의 요구에 대한 반응으로, 다수의 집수리 프로그램이 미국 전역에서 등장하였다. 집수리 프로그램은 집 수선 혹은 간단한 수리를 포함한 지원을 제공한다. 이 프로그램의 재원은 지역사회개발 포괄보조금(community development block grants: CDBG) 혹은 미국「노인복지법」 제3편에 근거한 노인복지보조금으로부터 충당된다(자세한 내용은 제8장 참조). 집수리 프로그램은 그들이 보조받는 집수리의 유형에 따라 달라지지만, 일반적으로 배관, 전기, 난방, 지붕누수, 간단한 수리, 외부 페인트 칠 그리고 잔해 제거를 위한 긴급수리를 포함한다.

〈글상자 5-2〉 정책과 인간 간의 밀접한 연계: 주거 지원

미국 농림부의 농촌지역개발계획은 몇 가지 방법으로 주거 지원을 제공한다. 62세 이상 농촌 지역 주민은 주택단열, 집수리, 임대주택 지원 등에 요구되는 재정을 신청할 수 있다. 지방농촌지역개발사무소는 일반적으로 독립적인 생활을 유지하는 개별 노인을 원조하기 위한 정부기관, 비영리기관 그리고 지역단체와 함께 협력하여 일한다. 예를 들면, 주택단열보조금을 신청했던 유타 출신 미망인이 그녀의 집수리가 의심의 여지가 없다고 평가되었을 때, 농촌지역개발사무소는 그녀에게 연락을 했다. 농촌지역개발사무소는 세 곳의 다른 정부기관과 그녀가 고정수입으로 감당할 수 있는 새로운 집을 건설하기 위해 지역 기업과 함께 팀을 구성하였다. 더 많은 농촌지역개발계획에 따른 성공 이야기는 참고 자료에서 참조할 수 있다.

참고 자료: http://www.rurdev.usda.gov/rd/stories/index.htm

시설보호

장기요양시설은 광범위한 회복, 재활 그리고 의료서비스를 제공하는 집단주거 형태이다. 장기요양산업의 성장에는 연방정부의「소득법」(제3장 참조)과 보건의료 정책(제6장 참조)이 결합한다. 사회보장법, 메디케어(Medicare, 노인의료보험제도) 그리고 메디케이드(Medicaid, 저소득층 의료보험제도)가 제정되기 이전에는, 많은 노인이 의료 및 개인적인 돌봄이 필요하더라도 적은 선택권이 주어졌다. 1세기 초기에 빈민구호소(almshouses) 혹은 '빈민 구제 농장(poor farms)'은 대부분의 취약한 노인, 정신병자, 만성질환자를 돌보았다. 빈민구호소에 살고 있는 사람들 중 60~90%가 65세 이상으로 추정된다(Fischer, 1978). 재정적으로 부유한 노인은 자신의 민족이나 종교단체가 운영하는 노인주택에서 살 수 있는 선택권을 가졌다. 독일과 스칸디나비아 이민자들은 루터란주택(Lutheran Homes)을 건립하였고, 유대인과 감리교 신자들은 자가시설들을 건립하였다(Waldman, 1985). 보조금을 수령하는 시설 거주자와 제공한 서비스에 대한 지급금을 직접적으로 받는 보건의료서비스 제공자를 허용하는 「사회보장법」(1935)은 1950년에 법을 개정하여 요양원 건립을 확대 · 지원하였다. 그러나 요양원산업의 조성에 있어서 실질적인 추진력은 메디케어와 메디케이드의 법률제정에서 비롯되었다. 급성기 환자의 치료를 위한 메디케어와 저소득층의 장기요양보호를 위한 메디케이드는 요양시설에 보험급여를 지급한다. 메디케어와 메디케이드의 법률 제정 이후 요양시설에서 생활하고 있는 65세 이상 노인의 비율은 1963년에 2.5%(Small, 1988)에서 2008년에 4.1%(Adminstration on Aging, 2009e)로 증가하였다.

2004년도에 농촌 지역에 약 1만 6,100개소의 요양시설이 건립되었다(Jones, Dwyer, Bercovitz, & Strahan, 2009). 이 시설들은 50침상 이하의 소형시설부터 200침상 이상의 대형시설에 이르기까지 다양했으며, 평균 약 108침상을 갖추고 있었다. 대부분의 요양시설은 메디케어 또는 메디케이드 서비스센터에서 자격이 주어졌고, 메디케어와 메디케이드에 가입하여 자격이 주어진 이용자에게 제공한 서비스에 대해서는 상환금(reimbursement)을 수령할 수 있었다. 1987년에 통과된 「연방법」 이전의 요양시설은 상환금에 근거하고 있었던 두 가지 수준의 돌봄, 즉 전문요양시설(skilled nursing facilities)과 중간 형태의 요양시설(intermediate care)이 있었다. 전문요양시설은 의학적인 목적을 더 지향하는 돌봄이 필요한 거주자를 위한 보호로 설계되었다. 중간 형태의 요양시설 거주자는 보호간호의 돌봄을 위한 목적이 요구되었다. 그 이유는 두 가지 유형의 돌봄수준이 요양시설 거주자의 기능적 능력의 변화를 정확하게 반영하지 못하였고, 연방정부는 이분법적 분류를 '요양시설'이라는 하나의 명칭으로 대체했기 때문이다. 메디케어와 메디케이드 서비스센터는 1988년에 장기요양보호시설 지불보상체계를 위한 자원이용군(Resource

Utilization Groups: Version III)이라 불리는 하나의 다른 체계화된 환자군 분류시스템을 설계하였다. 이 시스템은 요양시설이 '합리적인 비용'에 근거하여 서비스를 제공한 이후 소급 적용하여 서비스 비용을 지불하는 대신에, 현재는 요양시설이 재활, 포괄적 서비스, 특수치료, 복잡한 임상치료 등 앞으로 예상되는 환자의 치료 욕구에 근거하여 서비스 비용이 지불된다. 이 분류시스템은 2006년에 최신 업데이트되었으며, 노인요양시설 보호에 대한 다양한 형태의 노인들의 욕구를 반영한다.

1970년대 후반에 장기요양보험은 장기요양보호시설에서의 서비스 비용을 보장할 수 있게 되었다. 이 보험정책은 개인이 보험증권에 명시된 장애수준에 도달하자마자 수령하는 일일 돌봄을 위한 일정 금액을 지급하는 보상정책이다. 이 정책은 일반적으로 최대 보장금액 또는 돌봄 일수에 대한 급여를 제한하며, 일부 급여는 제한된 기간 동안 보험금을 지급하기도 한다. 2006년에 의회는 메디케이드에 따른 보험증권의 구매와 장기요양보험의 지급금을 조정하기 위한 승인권을 주정부에 부여하는 법률을 제정하였다. 이 법은 보험증권에 적힌 조항 이외의 장기요양에 대한 욕구를 보장하기 위하여 메디케이드를 승인하였고, 보험계약자는 메디케이드 자격조건을 충족시키기 위하여 그들의 재산을 "모두 써 버리는(spend down)"[2] 것을 요구받지 않았다(Capretta, 2007b). 그러나 장기요양보험증권의 판매가 시장에 도입된 이후 안정적으로 증가하였지만, 노인들은 유용성, 보험료, 제한된 급여 그리고 메디케어와 메디케이드가 장기요양비용을 보장할 것이라는 믿음 때문에 이 보험증권을 구매하는 데 부진하였다.

보험회사들은 장기요양서비스들이 비용효율적이라면 노인요양생활시설을 이용할 수 있는 그들의 보험급여를 사용하도록 장기요양보호정책 대상자들을 점점 더 갈수록 허용하고 있다. 노인요양생활시설의 개념은 주 정부에 따라 차이가 있지만, 일반적으로 개인 돌봄서비스, 24시간 보호, 정해지거나 정해지지 않은 돌봄 지원, 사회적 활동 그리고 몇몇 건강과 관련된 서비스를 제공하거나 조정하는 거주시설로서 정의된다(Wright, 2004). 이런 시설들에는 부가서비스를 지원하는 가정에서

---

2) 역자 주: 'spend down'이란 메디케이드 기준 소득을 초가하는 사람이 의료적 필요(예: 장기요양비용)에 따라 자신의 소득을 반납하거나, 자산을 일정 기간 처리함으로써 메디케이드 자격에 들어가는 것을 말한다. 메디케이드 자격이 주어지면 국가가 고비용의 의료비를 지원하여 메디케이드 대상자의 경제적 · 심리적 부담을 감소시킨다.

의 개인 돌봄서비스, 요양시설이 소유하고 있거나 요양시설에 인접해 있는 1개 단위의 거주보호시설, 부가서비스를 가지고 있는 공동생활주택시설, 특별한 목적으로 지어진 노인요양생활시설, 중간수준의 지속적인 보호를 위한 은퇴자 주거단지(CCRC)를 포함한다. 전국적으로 100만 명 이상의 거주자를 돌보는 노인요양생활시설은 약 3만 9,500개소가 있다(MetLife Mature Market Institute, 2009). 노인요양생활시설을 위한 공적 지불금은 보충적 소득보장을 수령하는 거주자를 위해 주택서비스를 지원하는 시설을 위한 보충적 급여(제3장 참조), 메디케이드의 상환, 메디케이드의 권리포기, 주정부의 장기요양보호 프로그램 또는 이런 자원의 몇 가지 결합 프로그램을 포함한다.

브라질

브라질은 소득과 부의 분배에 있어 많은 불일치와 극심한 빈곤문제를 가지고 있는 국가이다. 노인들이 이용할 수 있는 주거선택권을 포함하여 시민들의 생활양식 간에 심한 격차가 있다. 65세 이상 노인의 약 9%만이 혼자 살고 있고, 18%는 그들의 배우자와 함께 독립적으로 살고 있는 반면, 61%는 성인자녀, 손자녀 또는 다른 친척과 함께 살고 있다(United Nations, 2005). 공동주거는 보통 2세대로 구성된 가정에 유용하다. 젊은 성인자녀들이 구성하는 많은 새로운 가정과 노동자계층의 가정은 경제적인 조건이 독립적인 생활을 어렵게 만든다. 공동가정에서 노인들은 그들의 재산과 정부가 지급하는 노령연금으로 식료품이나 의복 등을 구매하여 함께 생활하는 가족 구성원들과 나누어 소비하는 동안, 노인들은 필요한 돌봄과 지원을 가족 구성원들로부터 받을 수 있다(VanWey & Cebulko, 2007).

da Piedade Morais와 de Oliveira Cruz(2010)는 브라질의 주택정책이 1930년대까지는 중간 및 저소득 계층의 가구가 주택정책에 접근하는 공적인 주택재정시스템이 없었기 때문에, 이들의 대부분은 상류계층에서 사적으로 공급되던 주택임대시장을 통해 주택을 공급받았다고 언급한다. 주택임대시장은 '자가주택'의 원칙이 가속도를 얻었을 때 변화하기 시작하였다. 1942년의 「세입자법(Tenants Law)」은 자가주택을 매각하면 주택 건설을 위한 장려금을 지원하였다. 자가주택의 개발은 중심 지역에서 고층건물 건설의 증가와 주변 지역의 자립주택 건설 그리고 전국의 주요 대도시에서 빈민가와 주변 지역의 정착민 출현과 밀접한 관련이 있었다(da Piedade Morais & de Oliveira Cruz, 2010에서 재인용). 1964년에는 연방정부가 군사정권 아래 주택재정시스템(Housing Financial System: SFH)과 국민주택은행(National Bank: BNH)을 설립하였다. BNH는 국가의 주택정책을 촉진하기 위한 정부 최초의 실질적인 주택계획이었다(da Piedade Morais & de Oliveira Cruz, 2010에서 재인용). 또한 이것은 국가의 주요한 주택정책의 목표 중 하나인 자가주택의 장려를 이끌었다. SFH/BNH 시스템은 주택시장의 상황을 세 가지의 소득, 즉 저소득(popular, 3단계 최저임금까지), 적정소득(affordable, 3단계에서 6단계의 최저임금) 그리고 중간소득(medium, 6단계의 최저임금 이상)으로 구분하였다. 부동산 가격의 폭등이 발생하고 있음에도 불구하고 BNH는 고소득 가구에 중간소득의 보조금을 지급하였고, 저소득층은 국가의 주택정책에 진입할 수 없었기 때문에 대신에 빈민가를 형성하여 주변 지역을 향해 수평적으로 팽창시키고 있었다.

브라질은 여전히 모든 국민을 위한 주택 상황을 향상시키는 포괄적인 주택정책이 부족하지만, 1986년 군사정부 말 이후에 다수의 주거 프로그램의 개발과 이를 위한 법을 제정하는 것을 포함한 많은 정책은 주택부문을 개선시켰다(Valença & Bonates, 2010). 정부지도자들은 세계시장의 동향에 따라 재정구조를 통합해 왔고, 주택정책시스템 내에서 민간부문의 개인회사가 운영하는 구조방식을 조정해 왔다. 이런 개혁과 현대화는 주택시장의 해법이 주택정책에 이익을 주는 경향이 있었다(Valença & Bonates, 2010).

시장기반 경제정책의 결과는 브라질 노인의 거주 형태를 위한 사회계층의 문제가 뒤따른다는 것을 의미한다. 예를 들면, 브라질에 거주하는 노인들 가운데 독립거주 형태는 1980년에 약 27%에서 2000년에 32%로 증가하였다(De Vos & Andrade, 2005). 가장 큰 변화를 보인 인종집단은 백인종의 노인집단이었는데, 이들은 많은 변화를 설명해 주었고, 또한 전체 노인집단 가운데 가장 부유한 집단으로 나타났다. 말레이 인종 및 흑인종의 노인집단에 대한 변화는 거의 없었다. 따라서 증가한 재정자원은 백인종의 브라질 노인집단을 위한 독립거주시설에 일부 지원되고, 나머지는 말레이 인종 및 흑인종의 브라질 노인집단을 위한 다세대 거주시설을 지원할 것이다.

시설보호

브라질은 빈민과 장애인을 돌보는 유럽 공동의 자선빈민시설 시스템을 공유하는 만큼 식민지화의 뿌리를 반영한다(Garcez-Leme, Leme, & Espino, 2005). 요양시설은 브라질에서는 드물다. 대부분의 종교시설이 개인적으로 운영되며, 주로 도심 지역에 설립되어 있다(Garcez-Leme et al., 2005). 이런 시설은 일반적으로 가장 연로하고 취약한 노인들을 보살피며, 어떤 시설은 전문적인 자격을 가지고 있는 간호직원에 의한 의료적 돌봄을 제공하기도 하고, 다른 시설은 사회적 지원을 제공하는 다양한 종류의 구조를 가지고 있다.

일본

전통적으로 제2차 세계대전 이전의 일본 가정에서는 장남이 부모를 보살펴 왔고, 그 부모가 사망하면 가족의 재산을 상속받는다. 정부는 제2차 세계대전 이후에 제도화되지 않은 이 관습체제를 개혁하였지만, 많은 가정은 이 체제를 계속하여 관례적으로 실행한다(Izuhara, 2002, p. 69). 실제로 1950년도의 「국민부조법(National Assistance Act)」은 공공부조가 가족돌봄을 위한 보충급여로서 고려되어야 한다고 명시하였다(Izuhara, 2002). 따라서 장남이 더 이상 독점적인 재산 상속권과 돌봄에 대한 책임성은 없지만 가족들은 여전히 장남이 노쇠한 부모를 부양하기를 기대한다. 노인들은 그들의 배우자와 자녀가 부양하는 것을 기대할 수 있고 형제자매와 손자녀가 자신을 부양하는 것도 기대할 수 있다(Izuhara, 2002). 가족의 돌봄에 대한 기대를 분명하게 명시한 이 국가정책은 불공평한 공공부조를 초래하였다. 그래서 일본은 보편적인 연금과 건강보험을 제공하지만, 어떤 다른 사회서비스를 제공받고 있을 때는 지원이 매우 적다(Izuhara, 2002). 게다가 부모의 노년기 동안 성인 자녀와 부모의 공동거주가 전형적이었지만, 노인들은 자녀가 보살핌이 필요할 때까지 점점 더 부부 또는 단독가구로 거주(1988년에 25%)하고 있다(Izuhara, 2002; Takagi et al., 2007).

일본에서는 85%나 되는 노인들이 자가주택에서 거주하고 있지만, 이는 장기간의 담보로 주택 한 채를 매입하여 2세대가 함께 거주할 가능성이 있다(Izuhara, 2002). 또한 새로운 3세대 주택 형태의 공공주택은 2개의 거실이 있는 것이 특징이다(Izuhara, 2002). 1984년에 일본은 세대가 함께 거주하는 가정에 세금공제를 하기 시작하였으며, 세대 간의 욕구 때문에 건물을 새로 짓거나 또는 리모델링을 위한 특별한 "세금감면"(p. 68)을 해 주었다. 이러한 정책 실행은 다소 변화하고 있지만, 노인부양에 대한 가족전통은 노인돌봄을 위한 자산의 지출을 최소한에 이르게 할 것이다(Izuhara, 2002).

2001년 기준, 일본에서 60세 이상 성인의 58%는 그들의 자녀와 함께 거주한다(Takagi et al., 2007). 연구자들은 성인자녀를 대상으로 노인의 세 가지 거주 형태, 즉 비공동거주(non co-residence), 라이프롱 공동거주(lifelong co-residence), 부메랑 공동거주(boomerang co-residence)[3]에 관한 결정요인을 조사하였다. 그러나 세 가지 거주 형태의 하위표본은 비대표적이며 일반적으로 표본추출로부터 대표성을 가지고 있는 표본의 수보다 더 많기 때문에, 보호시설에 거주했던 사람들을 포함하여 비공동거주 형태의 거주 경험과 보급률은 실제의 표본 수보다 적게 표시되어 표본의 대표성이 불충분하였을지도 모른다(Takagi et al., 2007). 부메랑 공동거주 형태(12.7%)는 배우자의 사망 또는 급성질환의 발생과 같은 결정적인 사건 이후에 다시 공동으로 거주하는 경향이 있었으며, 강한 전통적인 문화규범을 가진 지역에서 조금 더 발견될 가능성이 많은 것으로 나타났다. 놀랍게도, 라이프롱 공동거주 형태(44.7%)는 가족 구성원의 사고방식에서 덜 전통적인 경향이 있는 것으로 나타났다. 연구자는 그 이유를 그들이 전통적으로 생활해 와서 이 쟁점이 그들의 전통적인 규범을 넘어서서 더 강력하게 지지해야 한다고 느끼는 사람에 비해서 덜 두드러지는 문제였을지도 모른다고 추측한다. 표본의 42%는 자녀와 함께 거주하지 않는 것으로 나타났다. 노인의 자택소유, 대형저택의 구입 가능성, 더 좋은 지역경제는 공동으로 거주하는 두 집단 모두에서 공동주택의 결정요인으로 나타났다. 그리고 구조적인 요인들과 관련 정책이 가족의 실천행위에 어떻게 영향을 미치는지를 제안하고 있다.

---

3) 역자 주: 부메랑 공동거주는 부모가 자녀들과 함께 거주하고 있거나 혹은 공동거주를 하고 있지 않다가 이후에 부모가 자녀들과 함께 거주하는 경우를 말한다.

시설보호

일본의 지방자치제는 40세 이상의 모든 일본인은 개호보험에서 비용의 90%를 보장한다. 돌봄이 필요한 65세 이상 노인 또는 노인돌봄 제공자들은 재가 또는 시설 보호를 지원하는 보조금을 신청할 수 있다(OECD, 2005b). 개인은 보조금을 결정하는 여섯 가지의 욕구수준에 따라 평가된다. 장기요양급여를 신청한 73% 이상의 대부분의 노인은 재가보호서비스를 제공받았다. 지방자치제가 돌봄의 특징으로서 포함한 한 가지 옵션은 지역사회 장기요양보호서비스를 이용하지 않고, 더 높은 돌봄수준, 즉 네 번째 수준 혹은 여섯 번째 수준 이상을 제공하는 가족 부양자를 위한 현금성 급여이다.

일본 전체의 그룹홈(group homes) 또는 개호복합주거시설(assisted-living complexes)뿐만 아니라 공공 및 민간의 대규모 요양시설의 수가 점점 더 증가하고 있다(Jenike, 2003). 그러나 보조금을 지원받는 개호시설(residential care facilities)의 이용 가능성과 서비스는 지역의 조세와 지역사회복지 행정가들의 통찰력에 따라 다양하다. 일반적으로 수요는 공급보다 더 높은데, 도쿄와 같은 고도의 밀집지역이 좋은 예이다. Jenike에 의하면, 도쿄의 모든 지역에서 부양자의 연령, 사회복지사무소에서 평가한 노인돌봄 수혜자의 건강 상태 그리고 가구의 구조는 부족한 재정자원을 할당하는 데 고려해야 한다. 예컨대, 한 노인이 사회복지 프로그램에 승인되면, 도쿄 병동과 도시 내의 요양시설에 입소하기 위해서는 보통 2~4년을 기다린다. 인구밀도가 더 낮은 농촌에서는 정부보조금을 지원받는 요양시설 내의 배치가 더 쉽게 이용 가능하다.

노르웨이

노르웨이의 주택정책은 1980년대 이후 사회민주주의에서부터 “자유주의 복지국가[특징] 시장경제, 낮은 공적 지출 그리고 작은 표적집단을 대상으로 한 보조금”까지로 변화해 왔다(Stamso, 2009, p. 194). 복지국가는 네 가지 시스템, 즉 보건의료, 교육, 연금, 주택시스템에 따라 지원하지만, 주택시스템은 국가가 제공하는 것보다 오히려 일반 국민이 주택을 매매하기 때문에 시장 상황에 가장 영향을 받기 쉬운 시스템이다. 1985년 이전, 노르웨이 정부는 국가개입과 더불어 시장 상황을 변화시키기 위해 적극적으로 시도해 왔다(Stamso, 2009). 1984년과 1985년에 점점 더 세력이 강해진 보수정부는 금융기관과 주택시장의 자유화를 이끌었다(Stamso, 2009). 다른 많은 유럽 국가와 달리, 노르웨이는 귀족 문화가 없는 농촌 지역이라는 특징 때문에 자택소유는 역사적으로 일반적이었다(Stamso, 2009). 노르웨이 국민주택은행은 1946년에 개시되었으며, 34번째 주택 건설까지 자금을 지원하였다. 1974년에 제정한 「권리법(Concession Act)」은 노르웨이 지역사회의 특징에 영향을 미쳤다. 예컨대, 농촌 지역에서 자택을 소유할 때는 그 집에서 거주해야 하거나 혹은 그 집을 임대해야 하는 거주 요건을 설정하였다. 이 거주 요건은 사람들이 농촌에서 두 번째로 주택을 구입하면서 도시의 통근자가 거주하는 교외주택지의 조성을 방지하려는 의도가 있었다.

노르웨이는 세 가지 정책전략, 즉 낮은 이자율의 유지, 건전하고 안정된 주택시장의 장려책, 장애인의 접근성이 용이한 주택의 보장과 환경적으로 건강하면서 보편적으로 접근이 가능한 근린주택 개발의 장려책과 함께 모든 국민이 자가주택을 소유하도록 하는 정책적 목표를 가지고 있다(Norwegian Ministry of Local Government and Regional Development, 2004). 노인인구의 기대수명에 따라 노르웨이 국민주택은행은 대출신청을 위한 설계지표에 이러한 부분을 추가하여 보편적인 설계를 장려한다. 또한 이것은 재가생활의 준비를 촉진하기 위한 주택개조용 대출을 조성한다.

시설보호

노르웨이는 핀란드, 스웨덴 그리고 덴마크처럼 공적 서비스는 강력하게 재가생활의 준비를 촉진하며, 욕구가 있을 때 공적인 재가보호서비스를 제공하여 독립생활을 장려하는, 소위 노르딕 모델을 따른다(Meeks, Nickols, & Sweaney, 1999). 게다가 노르웨이는 효율적이면서 경제적으로 적절한 공공주택으로 잘 알려져 있다(Meeks et al., 1999). 노르웨이에서는 가족의 돌봄이 다른 어떤 국가들보다 덜 두드러지지만, 공식적으로 성인 주간보호와 같은 프로그램이 지원되며 일시적인 돌봄은 비공식적인 돌봄을 제공해야 하는 많은 가정을 지원한다(Meeks et al., 1999). 1980년대와 1990년대의 노르웨이는 생활시설 형태의 주택이 성장하였다(Meeks et al., 1999).

노르웨이는 치매 노인의 약 50%가 지역사회에서 가족과 함께 거주한다(Norwegian Ministry of Health and Care Services: NMHCS, 2008). 2007년에 노르웨이 정부는 지방자치제가 치매 노인가족의 독립생활을 지원하기 위해 주간보호 프로그램과 재가보호서비스를 우선순위로 정해야 하며, 돌봄과 관련한 가족을 위한 휴식을 제공해야 한다고 선언하였다. 주간보호 프로그램은 지역사회에 거주하는 노인의 집, 요양원, 주간보호시설에서 제공된다. 게다가 치매 노인의 욕구에 따라 개선할 수 있는 요양시설과 노인생활시설을 설립하는 데 점점 더 집중하고 있다. 노르웨이 국민주택은행은 외부환경의 접근 용이성과 더 작고 공동체적인 생활 공간을 만들기 위한 시설에 보조금을 지원한다(NMHCS, 2008). 이러한 지원의 주요 목적은 연구 결과에서 제안한 것처럼 거주자의 약 80%를 차지하는 치매 노인의 욕구를 충족시키기 위한 시설보호주택을 개선하는 것이다. 또 치매 노인이 거주시설을 변경하지 않고, 더 작은 생활 공간에 거주하면서 그들의 질환을 이해하고 있는 전문직원의 서비스를 제공받을 때 더 높은 삶의 질이 보장된다고 제안한다.

노르웨이는 재가보호와 같은 노화 관련 서비스에 대한 명성을 가지고 있지만, 현실에서는 많은 재가보호서비스가 여전히 비공식적인 부양자의 도움에 의존하고 있다(Fjelltun, Henriksen, Norberg, Gilje, & Normann, 2009). 게다가 노인 또는 그들의 가족이 요양시설로 입소하기를 결정하면, 노인들은 이러한 시설서비스를 제공받기 위해 소득의 75~85%를 지불해야 한다. 입소과정을 살펴보면, 가정방문 간호사 또는 가족들이 요양시설의 입소신청을 요청하는 것으로 시작한다. 그다음, 노인 돌봄의 욕구에 대한 사정을 실시한다. 사정 결과를 통해 돌봄 대상자가 요양시설에 입소할 수 있는 허가를 얻어야 한다. 하지만 대개의 경우 노인들은 요양시설에 입소하기 전 대기자 명단에 등록하게 된다.

스위스

스위스 국민의 65%는 사적 시장에서 운영하는 임대주택에 거주한다(Lawson, 2009; Van Wezemael & Gilroy, 2007). 요양시설에 입소하기를 희망하는 60대와 70대 노인은 사적 시장에서 운영하는 임대주택을 구입하는 것이 가능하지만, 85세 이상의 초고령 노인은 빈곤의 위험에 처해 있으며, 보통 그들이 필요한 돌봄을 감당할 수가 없다(Van Wezemael & Gilroy, 2007). 3층(three-pillar) 구조의 퇴직시스템(국가책임-개인책임-기업책임)은 1980년대에 완전한 효과에 진입하였고, 자유주의적 시장경제를 기반으로 하고 있다. 그러나 스위스의 초고령 노인들은 취약했는데, 그 이유는 고용주의 개인 분담금에 의존하는 혜택에 따른 3층 구조의 계획을 세우지 않았기 때문이다(Lawson, 2009; Van Wezemael & Gilroy, 2007). 의료서비스와 사회서비스를 통합하여 부르는 '노인재가종합서비스(Spitex)'는 스위스에서 점점 더 통합되고 있으며, 지역사회의 주(canton)단위로 조직되고, 재가생활을 용이하게 한다. 노인재가종합서비스 이용자의 44%는 80세 이상의 노인이다(Van Wezemael & Gilroy, 2007). 이들에 대한 서비스는 공공과 민간의 혼합형태로 제공하고, 서비스 비용은 민간보험 또는 개인이 직접 지불한다. 노인들은 일반적으로 재가생활을 지속하기 위한 시설이 제대로 갖춰지지 않은 아파트(flats)에서 거주하는 세입자와는 달리, 자신이 살던 집에서 계속하여 거주하면서 노후생활이 가능하기 때문에 다른 형태의 주택보다 더 높은 비율의 조합주택에 분포해 있다. Van Wezemael과 Gilroy(2007)는 시장경제에 참여하고 있는 집주인은 노인친화적인 아파트를 생산하는 데에서 수익성을 보지 않으며, 게다가 이런 경우는 소수라고 주장한다.

스위스에서는 비영리 주택에 대한 공적 지원이 1992년에서 1993년에 가구의 20%에 영향을 미치는 것에서 정점을 찍을 때까지 간헐적이었다(Lawson, 2009). 노동운동에서 유발된 사회주택정책의 결과로서 19세기에 시작된 조합주택은 산업혁명의 시기 동안 처참한 주거환경에 대응한다. 하지만 조합주택은 국가에서 관리하는 대신에 스위스 국유철도회사 등과 같이 철도회사에 근무하는 노동자를 위한 공공시설을 포함하는 특정한 노동기업에서 운영하였다(Lawson, 2009). 협동조합식의 정책은 가족과 노인을 유인하였고, 몇몇 조합주택은 의료상담실, 주간보호시설, 체력단련시설 그리고 작업실을 특별히 포함하였다(Lawson, 2009).

시설보호

스위스의 장기요양보호는 일반적으로 재가보호를 언급한다. 재가보호 조직의 약 93%는 비영리조직이면서 정부보조금을 지원받기 위한 조건을 충족하는 민간기관이다(OECD, 2005b). 역사적으로 장기요양보호는 탈시설과 지역사회로의 복귀정책 중 한 부분이었고, 최근에야 그들 자신의 권리문제로서 등장하였다(OECD, 2005b). 모든 국민이 건강보험 자격을 가지고는 있지만, 장기요양보호의 서비스 비용은 공적인 재원에 의해 추가로 보충된다. 지방자치제에 의존하면서, 때때로 클라이언트는 세금우대 조치를 받는다. 다른 때에는 돌봄 제공자 혹은 클라이언트에게 직접적으로 지불하고 있다. 민간장기요양보험은 위험을 기반으로 하며 보험료, 특히 노인 여성을 위한 보험료가 매우 비싸다.

스페인

스페인의 주택정책은 국가수준, 광역자치지역/지방수준(Autonomous Communities), 도(provincial)수준, 시(municipal)수준에서 관리된다(Gomez Jimenez & Koebel, 2007). 기본적으로, 국가수준은 2004년에 설립한 스페인 주택부(Spanish Housing Ministry) 아래 재정과 일반적인 정책을 제공하는 반면, 광역자치 지역과 그것들의 지방자치제는 한 곳의 지역수준에 대해 정책을 조정하고 집행한다. 예컨대, 모든 스페인 국민은 "알맞고 적절한 주택"에 대한 권리를 가지고 있지만(p. 27), 개인이 이 권리를 강화할 수는 없다. 오히려 이것은 국가의 목표 중 하나이다. 스페인 정부가 이 목표를 달성하기 위하여 가지고 있는 한 가지 계획은 임대자산보다 오히려 주택을 소유하도록 장려하는 것이다. 예를 들면, 스페인 주택계획(2005~2008)의 목표는 노인, 장애인과 같은 취약집단을 위한 주택자금을 제공하는 것이고, 그것이 어떻게 광역자치지역 수준에 의존하여 집행되었는지를 제공하는 것이다. 집행은 처음으로 주택을 구매하는 자, 접근 용이성을 위한 주택의 개조 그리고 도시중심을 재개발하는 것을 포함하였다. 그러나 가사지원서비스 또는 다른 장기요양서비스와 같이 너무 자주 주택에 영향을 미치는 서비스들은 주택정책으로 잘 통합되지 않았거나 전혀 통합되지 않았다. 게다가 정부가 지방 분권화되면서, 한 지역사회에서 정책제정의 가능성에 대한 기회는 다른 지역사회의 정책제정에 대한 기회와는 다를 것이다. 노인들에게 영향을 미치는 다른 유형의 정책은 스페인의 「장애인법(Spanish Disability Act)」과 '2004~2012년 접근성에 대한 국가계획'과 같이 노화와 분명한 관련성이 있는 장애인을 향한 직접적인 정책이다. 이런 계획은 대부분의 사람이 자신이 살던 집이나 지역사회에서 계속하여 노후생활을 하기를 원하고, 가족 구성원에 의한 돌봄을 받기를 원하며 그리고 접근성 향상을 위한 자금 이용을 강조한다는 것을 인식한다.

1990년대에 스페인의 노인 95%는 자신의 집이나 가족의 집에서 생활하는 지역사회의 거주자였다(Rojo Perez, Fernandez-Mayoralas, Pozo Rivera, & Rojo Abuin, 2001). 2001년에는 전체 가구의 84%가 주택담보를 가지고 있거나 주택담보가 없는 자가주택을 소유하고 있었다(Population and Housing Census, 2001). 여성 노인은 평균수명의 연장으로 기대수명이 더 길어지면서, 더 오랫동안 그들 자녀의 집에서 살거나 혼자 거주하게 된다. 노인과 함께 거주하고 있는 가구의 연령 구성이 현재 더 젊어지는 경향을 보였다(Rojo Perez et al., 2001). 1994년에 제정한 「도시임대법(Urban Letting Act)」은 임대주택에서 살고 있는 마드리드 지방의 노인 13%에게 영향을 미쳤다(Rojo Perez et al., 2001). 이 법이 존재할 때까지 임대료는 고정되었고, 임대주택의 계약은 자동적으로 갱신되었으며, 심지어 일반 성인에게도 확대되었다. 현재 집주인들은 보통 인상된 임대료를 요구하는 갱신된 임대차 계약서의 서명을 요구할 수 있다(Rojo Perez et al., 2001). 이 시기 이후, 임대료는 1991년에서 2001년까지 3%로 감소되었지만, 이것은 유럽과 특히 스페인의 주택소유 증가에 대한 일반적인 형태를 따른다(Population and Housing Census, 2001; Pareja Eastaway & San Martin Varo, 2002 참조). 1994년의 「도시임대법」 이전에는 1964년과 1965년에 유사한 정책이 있었지만(Boyer Decree), 이것은 임대부동산의 규제완화를 분명하고 구체적으로 설명했던 1990년대까지는 효과가 없었다(Pareja Eastaway & San Martin Varo, 2002). 그러나 10년 이상 같은 임대주택에서 거주해

온 노인들이 그들의 소득을 기반으로 하여 매우 낮은 임대료를 받았을지도 모르는 1964년 이전에 서명된 임대계약서는 여전히 집주인에 대해 조정된 임대료와 의무적인 갱신을 특징으로 한다(Pareja Eastaway & San Martin Varo, 2002). Gomez Jimenez와 Koebel(2007)은 이러한 임대부동산의 취약한 조건과 건물 그 자체보다 훨씬 더 값비싼 건물이 위치해 있는 토지로 악명이 높았다고 지적한다. 이용할 수 있는 임대부동산의 14% 중 8%만이 공공주택으로 할당되었다(Pareja Eastaway & San Martin Varo, 2002).

스페인은 임대주택 개발을 좌절시키고 자가주택을 장려하는 법률제정의 역사를 가지고 있다. 3개의 침실 혹은 그보다 적은 수의 침실을 가지고 있는 가구의 약 12%를 포함하여 자가주택의 평균 침실 수는 5개이다(Population and Housing Census, 2001). 65세 이상 여성 독신 노인가구가 65세 이상 남성 독신 노인가구보다 3배나 많았다. 유럽연합 국가 중 스페인과 포르투갈은 가구당 평균 세대원 수가 가장 높은 국가이다. 그러나 90세 이상의 노인은 10%가 시설에서 거주하고, 25% 이상은 단독으로 거주하며, 약 44%는 다른 세대원과 함께 거주하고 있다. 그리고 90세 이상 노인의 20%는 같은 연령대의 사람들과 함께 거주한다.

시설보호

스페인에서 독립적으로 거주하고 있는 대부분의 노인은 일반적으로 가족 부양자와 함께 거주하고 있으며, 3%의 노인만이 요양보호시설에 의존한다(Rodríguez Cabrero, 2002). 가족의 돌봄에만 의존하는 노인은 현재의 인구 변화로 감소할 예정이며, 특히 스페인은 이러한 변화를 다음과 같이 경험하고 있다.

① 요보호 노인의 수 증가와 동시에 돌봄 제공이 가능한 여성 수의 감소
② 이혼율의 증가로 인한 전통적인 가족 모델의 급격한 변화
③ 돌봄 제공의 유효성과 돌봄을 제공하는 데 이용 가능한 시간의 양을 줄이는 노동력 참여의 증가와 관련된 여성의 사회적 역할의 변화

스페인의 장기요양보호 체계는 매우 분권화되어 있고, 지역적인 장기요양보호서

비스로 특징지어질 수 있다(Costa-Font & Patxot, 2005). 이것은 일반적으로 조세를 통해 재정이 충당되며, 이보다 적게는 고용인의 개인분담금과 장기요양서비스 이용료로 재정이 충당된다(Comas-Herrera et al., 2006). 2007년 스페인의 장기요양보호정책에서 두드러진 변화는 국가장기요양보호체계의 실행과 함께 시작되었다. 이러한 변화들은 2015년에 시스템의 완전한 운영이 가능할 것으로 예상되면서 점진적으로 실행될 것이다(Costa-Font & Rovira-Forns, 2008). 이 시스템 이전에 장기요양보호는 자산조사를 실시하여 그 결과에 따라 극빈자만이 재가서비스 또는 시설보호를 지원받을 수 있었다. '현대적인' 스페인 국가의 주요한 특징 중의 한 가지는 장기요양보호의 분권화된 정치적 구조이다(Costa-Font & Rovira-Forns, 2008, p. 22). 스페인은 전국의 기초적인 장기요양보호체계를 유지하는 동안 인지된 긴급한 사항을 처리하기 위한 지역 자체의 구체적인 정책들이 설계되는 17개의 광역자치 지역사회가 있다.

요약

주택과 장기요양보호정책은 궁극적으로 노인의 안전과 돌봄에 책임이 있는 사람에 대하여 전반적인 정부의 법령과 문화적 가치가 불가분하게 관련되어 있다. 많은 국가는 매우 다양한 노년기의 주택 옵션과 중앙정부, 주/지방정부 혹은 가족 구성원이 노인의 장기적인 안녕감에 일차적인 책임을 짊어져야 한다고 요구하는 전통을 지키느냐의 여부에 따라 원조를 한다. 또한 정부의 정치적 성향과 사회적 신념체계는 노인들이 자신의 주택이나 대안적인 주택 그리고 장기요양보호시설에서 부양하는 데 지원을 받을 자격이 있는 것으로 간주한다. 몇몇 국가에서의 원조 범위는 모든 노인에게 유효하지만, 다른 국가들은 빈곤한 노인, 초고령 노인, 요보호 노인과 같은 가장 취약한 노인들만 표적 대상으로 한 정책과 프로그램을 실행하고 있다. 그러나 우리가 기존의 시스템을 검토하면서 분명해진 것은 대부분의 국가가 이상적인 틀임에도 불구하고 그들의 전통적인 원조시스템이 인구고령화의 무게로 붕괴되고 있다는 현실에 직면하고 있다. 부모에 대한 자녀의 부양책임성과 돌봄의 가치에 의존하는 시스템은 가족안정망의 안정성을 폄하시키는 인구학적 그리고 문화적 변화를 보여 주고 있다. 반대로 공적 재원에 전적으로 의존하는 시스템은 증가하는 노인인구에 따른 재정적인 부담으로 인하여 잠재적으로 붕괴될 것이다.

노년기의 주거 지원과 돌봄에 관한 한 가지 특별한 쟁점에 대하여 많은 국가가 전반적으로 동의하고 있다. 이것은 재가생활을 위한 노인을 지원하기 위한 창의적인 방법들을 언제든지 찾는 것이 중요하다. 즉, 노인이 자신의 집 또는 지역사회에서 계속하여 거주하는 것은 경제적 · 사회적 · 신체적 그리고 정서적으로 가장 좋은 선택이다. 강력한 공적 지원시스템을 가지고 있는 국가에서조차 대다수의 노년기 돌봄(late-life care)은 비공식적인 가족 부양자에 의해 제공되고 있다. 따라서 '무엇이 지역사회에서 노인의 안정적인 삶을 위한 최선의 길이며, 누가 이 과정의 성공을 보장하는 것에 대해 가장 책임이 있는가?'에 관한 질문이 남는다. 이 장에서 논의된 국가들은 공적 및 보조금을 지원하는 주택 옵션, 생활주거(assisted-living) 옵션 그리고 장기요양시설 보호(long-term residential care)를 위한 보험 설계를 포함하여, 노년기의 적절한 주택과 실현 가능한 재가보호를 지원하기 위해 광범위한 계획이 발달되었다. 지원 프로그램은 국가에 따라 상당히 상이하게 나타났지만, 모든 국가가 그들의 독특한 주거지원 시스템을 실행할 때 두 가지 중요한 도전에 직면한다. 첫째는 지역적인 프로그램의 국가 내 서버의 차이이며, 둘째는 가구지원 시스템의 자원과 세대 간의 감소이다. 또한 사회계층적 차이, 시골/도시 지역 그리고 전통과 현대의 사회적 가치와 규범 사이의 긴장을 포함하는 다른 요소들도 노인을 위한 주택 설계 정책에 관한 논의에서 고려되어야 한다.

관련 추가 정보

1. 미국 노인생활시설단체연합(ALFA)

   http://www.alfa.org/alfa/Default.asp

   이 기관은 노인생활시설을 전문적으로 운영하는 가장 큰 국가협회이며, 미국의 모든 노인을 위해 정보 선택, 돌봄의 질 그리고 접근성을 위한 옹호로 공공 정책에 영향을 미치는 일을 한다.

2. 호주 주택도시연구소(AHURI)

http://www.ahuri.edu.au/

이 기관은 더 좋은 주택시장의 성과를 달성하기 위하여 연구자, 정책결정자, 산업체 그리고 지역사회와 함께 설계하기, 효과적이고 효율적인 주택지원 프로그램 달성하기 그리고 실행 가능한 지역사회 만들기에 전념한다. 이러한 일에서 중요한 연구 주제 중 한 가지는 노인을 위한 전반적인 주택시장의 상황을 개선하기 위하여 다른 돌봄을 포함한 노인주택 지원과 노인지원 프로그램을 통합하는 방법을 연구한다.

3. 지역사회 및 지방정부공사

http://www.communities.gov.uk/corporate/

이 기관은 영국의 모든 국민의 삶의 질을 향상시키기 위해 번창하고, 지속 가능하며, 활기찬 지역사회를 만들기 위하여 일하는 정부 독립체이다. 이 기관의 출판물 중에는『평생주택, 평생이웃: 고령사회의 주택에 대한 국가전략(Lifetime Homes, Lifetime Neighbourhoods: A National Strategy for Housing in an Ageing Society)』이 있다.

4. 유럽 사회복지정책 연구센터

http://www.euro.centre.org/broschuere_engl.pdf

이 기관은 복지와 사회정책 개발 현장, 특히 다학제적인 접근, 통합정책 그리고 각 분야 간 행동조치를 특별히 요구하는 영역에서 전문지식을 제공한다. 장기요양보호와 개인사회서비스는 그들의 주요한 연구 영역 중의 하나이다.

5. WHO 고령친화적 환경 프로그램

http://www.who.int/ageing/age_friendly_cities/en/index.html

고령친화적인 환경 프로그램은 활기차고 건강한 노화에 기여하는 환경과 사회적 요소들을 다루기 위한 WHO의 국제적인 노력이다.

C 부인(96세), 미국 콜로라도주 그릴리

저는 1914년에 아이오와주 미스틱에서 태어났어요. 할아버지는 감리교 목사였지요. 아버지는 제1차 세계대전(1914~1918)에 참전하셨고, 전쟁이 끝난 후 집에 돌아와서 탄광사무소에서 일했어요. 또한 신문을 편집했던 작은 사무실을 소유하고 있었어요. 그리고 와이오밍의 석유회사에서 일했으며, 유타에서는 군 보안관 대리(deputy sheriff)로 일했어요. 우체국 직원이면서 여성 우체국장이었던 어머니는 다양한 종류의 회사에서 세탁과 다림질 일을 하셨어요. 저에게는 남동생이 둘 있는데, 1명은 1926년에 태어났고 다른 1명은 1920년에 태어났지요. 전 차석으로 고등학교를 졸업한 후 대학에 가기를 원했지만 갈 수 없었어요. 하지만 대학에는 비록 가지 못했어도 살면서 인생에서 많은 것을 얻고 싶었어요.

전 결혼을 두 번 했어요. 한 번은 제가 19세였을 때 오하이오주 클리블랜드에서 결혼했어요. 우리는 1년 동안 그것을 비밀로 하였는데 불경기로 새살림을 꾸려 갈 자금을 갖고 있지 못했기 때문이에요. 그래서 남편은 YMCA에서 살았고, 전 YWCA에서 살았어요. 우리는 슬하에 아들 1명을 두었는데, 현재 70세예요. 난 1939년에 이혼을 하였는데, 그 당시의 사람들은 이혼을 잘 하지 못했어요. 그러한 사회 분위기는 제가 이혼하는 것을 매우 나쁘게 느끼는 어떤 종류의 낙인이 있었지요. 그 이후 난 학교 교사였던 두 번째 남편을 만났고, 결혼 후 6주쯤에 남편은 제2차 세계대전(1939~1945) 신병훈련소에 입대했어요. 짧은 연애를 했지만, 53년간 결혼생활을 지속했지요. 전 이 결혼에서 현재 그릴리에서 살고 있는 1명의 딸을 두었고, 손자녀와 증손자가 있으며 매우 자주 만난답니다.

제 일상은 여기 독립주거아파트에서 이루어지고 있는데, 이곳에서 매일 세 끼의 식사를 제공해 줘요. 식사를 하러 꼭 가야 하는 건 아니지만 활동에 참여하지 못하는 사람들에게는 일상 중 매우 중요한 부분이에요. 전 그림수업, 철자 맞추기 연습과 대회, 일주일에 5일 정도는 운동수업에 참여하고 있고, 또 한 달에 두 번 정도 산책을 해요. 또 전국교육증진단체(nationwide promotes education organization: PEO)에 소속되어 월 2회 모임에 참석하고 있어요. 전 지금까지 춤을 춰 왔어요. 재능경연대회를 위해 리버댄스를 추는 법을 배웠고 대회에 나가서 우승을 했지요. 이곳은 발톱

치료를 해 주는 방문간호사와 혈압(BP)을 측정해 가는 방문간호사가 있어요. 또 미용실이 있고 월요일부터 목요일까지 병원진료를 갈 수 있도록 버스 한 대가 운행되고 있어요. 그리고 목요일에는 월마트를 가는데, 이것은 탐험여행이지요! 또 이곳에는 항상 여러 종류의 음악을 제공하고 있어요. 사람들이 이곳에서 운영하는 모든 프로그램에 참여하게 된다면, 그들은 매일 바쁘게 생활할 겁니다. 어떤 사람들은 이곳에 입주해서 자기 방에서 잘 나오지 않는데 매우 유감이라는 생각이 들어요. 전 사람들과 즐기며, 사람들 주위에 있어야 해요. 매주 일요일에는 교회에 나가요. 제가 믿는 신앙은 저에게 큰 힘의 원천이며 제 삶에서 많은 나쁜 일을 극복하는 데 도움을 주었어요. 교회에 나가는 것은 제 삶에서 매우 중요한 부분이죠.

딸은 저의 훌륭한 도우미인데, 제가 필요한 뭔가가 있을 때마다 도움을 준답니다. 제가 얼마 전에 이곳으로 이사를 와서 적응하기가 매우 힘들었어요. 그 전에는 35년 동안 네브래스카주에 있는 집에서 살았어요. 전 정말 여러 번 내 고집대로 완강하게 버티었지요. …… 결국에는 자녀들이 "어머니, 이 집에서는 예전처럼 혼자 움직일 수 없기 때문에 이제는 결정을 해야 해요."라고 말해 주었어요. 전 자녀들의 말이 옳았다는 것을 알았지만, 그것을 허락하고 싶지 않았어요. 하지만 결국에는 그렇게 하겠다고 말했고, 제가 살던 집을 떠날 것이고 행복해질 것이지만, 가고 싶지 않았어요. 그것은 정원에 있는 큰 나무 한 그루를 뿌리째 뽑는 것 같았어요.

제 건강은 매우 좋아요. 노화로 인한 시력 감퇴가 있고 귀는 잘 들리지 않지만 보청기를 사용하고 있지요. 또 어떤 통증을 가지고 있지만, 의사는 "당신은 96년 동안 대단히 잘 관리하고 있습니다!"라고 말해 주었어요. 전 류머티즘과 울혈성 심부전증을 앓고 있어요. 그래서 매일 다섯 가지 약을 먹으며, 세 가지는 비타민 종류를 먹어요.

전 매월 근로소득을 기초로 하는 사회보장급여를 받고 있어요. 적은 연금을 수령하고 있는데, 그 이유는 교사였던 남편이 월급을 많이 받지 못했기 때문이에요. 제가 클리블랜드의 백화점과 와이오밍의 사료분쇄기 사무실에서 일했을 때 사회보장연금을 납입했어요. 매월 1,065달러의 연금을 수령하고 있는데 충분하지는 않아요. 그 외에 보험료를 받고 있어요. 여기에서 계속 생활하는 것은 우리가 평생 동안 은행에 예금해서 모아 온 돈으로 가능했어요. 또 남편이 캔자스주에 살고 있는 할아버지로부터 상속받은 작은 농장 하나를 제가 소유하고 있어요. 그 소득은 농작물에 따라 다양하고 연간 약 6,000달러의 소득을 얻을 수 있겠지만, 몇 년간은 아무 소득을 얻지 못해요.

메디케어는 제 건강보험료를 부담하고 있고, 전 의사에게 지급할 진료비에 도움을 주는 보충적 보험을 가지고 있어요. 제가 가지고 있는 보충적 보험료에서 매월 207달러를 납부하고 있어요. 그래서 전 의사에게 진료를 받을 수 있고, 그 비용을 지불하는 데 어려움을 겪는다고 느끼지 않기 때문에 고맙게 생각해요. 제가 가지고 있는 보험 중 어떤 보험도 안경과 치과 치료 또는 보청기를 보장해 주지 않으며, 모두 자부담으로 지불해요. 또 저는 다른 웰 케어(Well Care) 보험 프로그램을 가지고 있고, 보험료는 매월 30달러를 납부하고 있어요. 이 보험은 처방약 값을 보장하고, 각 알약 비용을 매월 4달러씩 절감해 준답니다.

지금 제가 살고 있는 곳에 와서 가벼운 살림을 하면서 일하는 누군가가 있어요. 전 매월 지불하는 장기요양보험을 가지고 있지만, 독립적인 생활을 하고 있기 때문에 집세에는 도움을 주지는 못해요. 이곳에서 살고 있는 동안 추가적인 간호치료가 필요할 때 어떤 비용이 보장되는지 잘 몰라요.

나이 듦에 대해서 어떻게 생각하고 있냐고요? 글쎄요. 잘 모르겠어요. 날마다 96세가 된답니다. 제가 어떻게 여기까지 왔는지 모르겠어요! 제가 16세였을 때 했던 것을 할 수 없다는 것을 알지만, 지금 할 수 있는 것은 하지요. 어떤 사람들은 나이가 점점 들어 가는 것이 지옥이라고 말하지만 그것은 정말 아니에요. 그들이 그것을 어떻게 바라보는가에 따라 달라진답니다. 전 그것을 그냥 매일 해요. 사람들은 저에게 매우 친절하다고 말해요. 이곳에 살고 있는 친구들과 일하는 사람들이 그렇게 말해요. 제 나이에 대해서 싫어하는 부분은 나이로 인해 눈과 귀의 기능 상태가 내가 원하는 대로 되지 않기 때문이에요. 하지만 이에 대해 제가 할 수 있는 것은 아무것도 없어요. 그래서 어떤 것을 피할 수 없다면, 그것을 잘 받아들일 수밖에 없겠지요. 따라서 전 그것들에 맞춰 움직이려고 해요. 저는 손자녀를 만나기를 학수고대하고 있고, 그들의 삶에 관여하고 싶어요. 그 아이들에게 유산을 남기고 싶다고 생각을 했고, 각각의 손자녀가 나이를 들어 가면 진가를 발휘할 것이라고 희망하는 유산의 종류를 적었어요. 전 무언가를 해야만 했어요. 많은 사람이 결코 자신의 손주들을 잘 알지 못하기 때문에, 전 손자녀들을 알 수 있는 기회를 갖게 되어 영광스러웠어요.

나이가 점점 더 들어 가는 것에 대한 조언은 평생을 살아오면서 제가 하고 있었던 중요한 것으로, 운동을 하는 것이에요. 특히 운동을 하고 있더라도 근육과 관절할동을 유연하게 하는 것이지요. 그것은 매우 중요하며 꾸준히 해 왔어요. 저는 7세 혹은 8세에 『신체적 문화(Physical Culture)』라는 잡지를 발견했어요. 잡지의 내용은 스트레칭에 대한 모든 동작을 보여 주었고, 저는 꾸준히 그 동작을 따라 했어요. 몸을 움직이게 만들었고, 힘들어도 꾸준히 했어요. 그 잡지를 발견했던 것이 행운이었어요. 평생 동안 스트레칭을 해 왔지만, 그냥 몸을 움직이면서 마음을 활동적으로 유지하세요.

제6장

보건의료정책

더 많은 사람이 더 오래 살고 있다는 사실은 우리 사회와 보건시스템의 엄청난 업적이다. 기대수명은 지난 50년 동안 꾸준히 증가하였고, 앞으로도 수십 년간 계속 증가할 것이다. 하지만 인구구조의 변화는 보건과 장기요양보호 시스템을 위한 새로운 도전을 요구할 것이다.

– 유럽연합 이사회(2003, p. 4)

저는 건강보험료로 매월 105유로를 지불해요. 이 보험료는 의사, 병원, 치과의사 그리고 의약품 구입을 위한 것이지요. 약이 필요하면 약국에 가요. 그리고 어떤 비용도 지불하지 않아도 된답니다. 입원을 해도 마찬가지에요. 하지만 제가 치과의사에게 진료를 받으면 약간의 비용을 반드시 지불해야 해요. 치과의사에게 75%를 지불하고, 25%는 제 진료비로 부담해요. 저는 치료 결과에 매우 만족해요.

– K 씨(69세), 암스테르담

전세계의 정책결정자와 보건의료서비스 공급자들이 노년층을 위한 현재의 보건의료 욕구에 적응하는 데 어려움을 겪고 있다. 더 중요한 것은, 향후 20년에서 40년 이상의 기간 동안 각 국가의 인구에 대한 연령분포에서 예상되는 극적인 변화에 근거하여 보건의료의 변화하는 동향을 예측하기 위해 고군분투하고 있다. 제1장에서 논의한 것처럼, 오늘날 미국과 대부분의 다른 선진 국가들의 기대수명은 80세 이상이다(제1장의 〈표 1-1〉 참조). 인구가 고령화되고 기대수명이 증가함에 따라 정부는 적절한 형태의 예방책을 제공하는 것과 급성기 보건의료서비스와 접근성의 관리 그리고 이러한 서비스에 따른 비용이라는 측면에서 상호 밀접한 관련성이 있는 두 가지의 쟁점에 관심을 가진다.

한 국가가 보건의료비에 지출하는 금액을 추적하기 위한 한 가지 방법은 모든 보건의료서비스와 국내총생산(Gross Domestic Product: GDP, 한 국가의 경제적 산출에 대한 시장 가치)에 지출한 금액 간의 관계를 조사하는 것이다. [그림 6-1]은 1990년과 2006년에 선택된 국가들의 GDP비율로서 보건의료비에 대한 총지출을 보여 준다.

1990년에 미국과 캐나다를 제외한 모든 국가에서 보건의료비 지출에 대한 각 국가의 GDP 비율이 9% 미만으로 나타났고, 영국이 5.9%로 가장 낮았으며 미국은 12.2%로 가장 높았다. 2006년에는 모든 국가가 1990년과 비교하여 보건의료비에 지출한 GDP 비율이 증가한 것으로 나타났다. [그림 6-1]에 제시되어 있는 국가들 중에서 1990년과 2006년에 그 비율은 미국이 가장 높게 증가한 것으로 나타났다

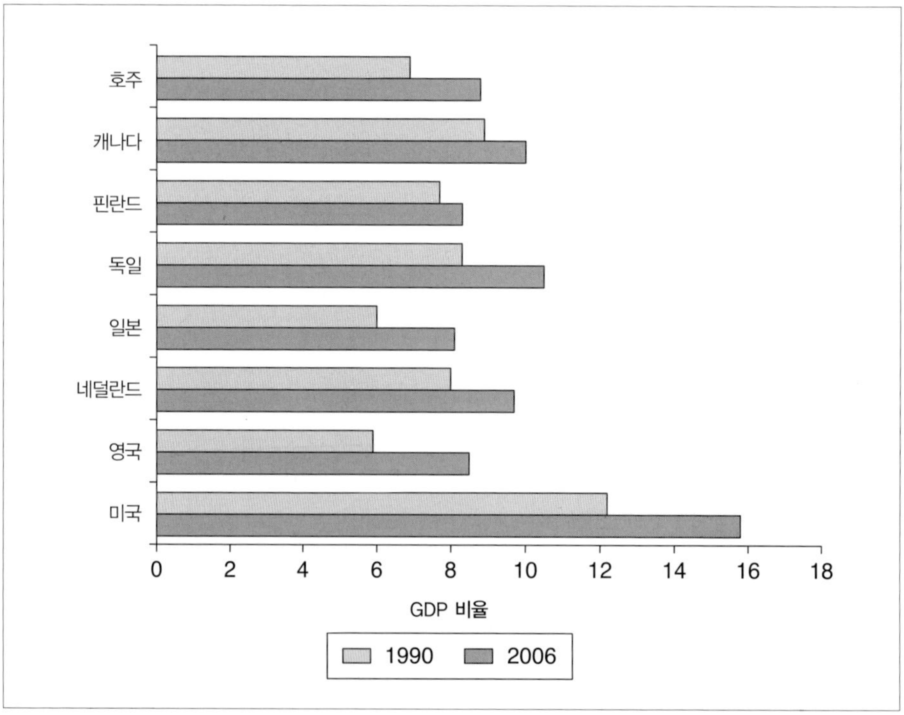

[그림 6-1] 미국과 일부 국가의 보건의료비에 지출한 GDP 비율(1990년, 2006년)

출처: OECD (2009a).

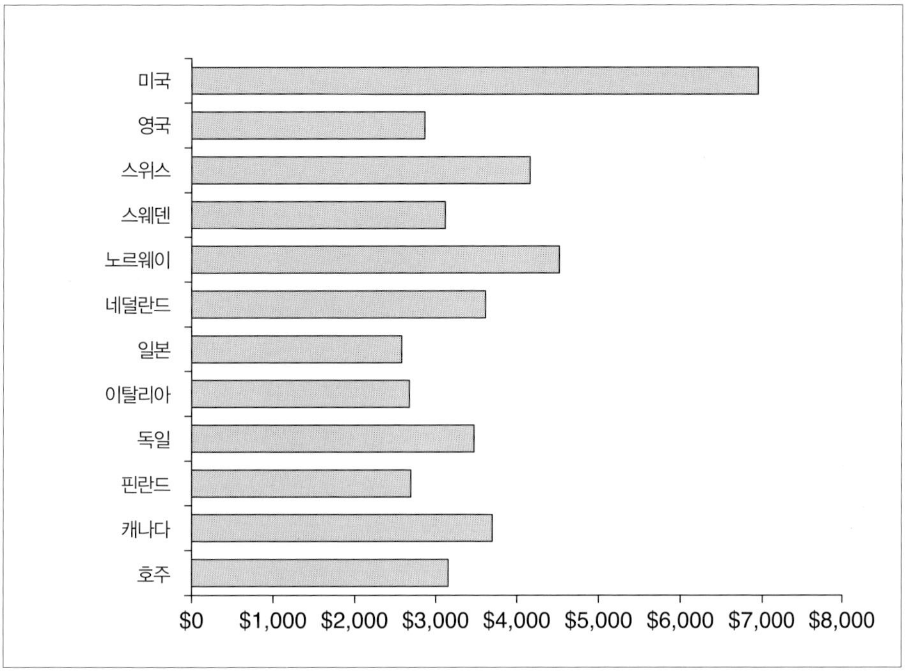

[그림 6-2] 미국과 일부 국가의 1인당(PPP 미국달러) 보건의료비 총지출(2006년)

* PPP는 통화 간 적절한 교환 비율로 사용하는 기준인 구매력평가지수(purchasing power parity)를 의미한다.

출처: OECD (2009a).

(보건의료비 지출에 대한 GDP 비율은 15.8%로 3.6% 증가한 것으로 나타남).

한 국가의 보건의료비 지출을 조사하기 위한 또 다른 방법은 한 사람당 또는 1인당 지출했던 보건의료비의 총금액을 확인하는 것이다. [그림 6-2]에서 보여 주는 것처럼 1인당 보건의료서비스에 지출하는 비용은 미국이 약 7,000달러로 나타났으며, 이 금액은 제시된 6개 국가 중 2배에 해당한다. 일본, 이탈리아, 핀란드는 가장 낮은 1인당 보건의료서비스를 지출하고 있으며, 각각은 1인당 2,800달러 미만으로 지출하고 있는 것으로 나타났다.

인구고령화가 각 국가에서 지출하고 있는 보건의료비 총지출에 얼마나 많은 원인으로 작용하고 있는가? 실제로 노인집단의 보건의료비 지출은 각 국가의 인구 할당보다 더 높은 비율을 보이고 있기 때문에, 인구고령화는 전체 국가의 보건의료서비스 비용에 어느 정도 원인으로 작용한다(Kinsella & He, 2009). 그리고 대부분의 보건의료서비스 비용은 나이가 들어 사망 직전까지 초래한다(R. D. Lee, 2007;

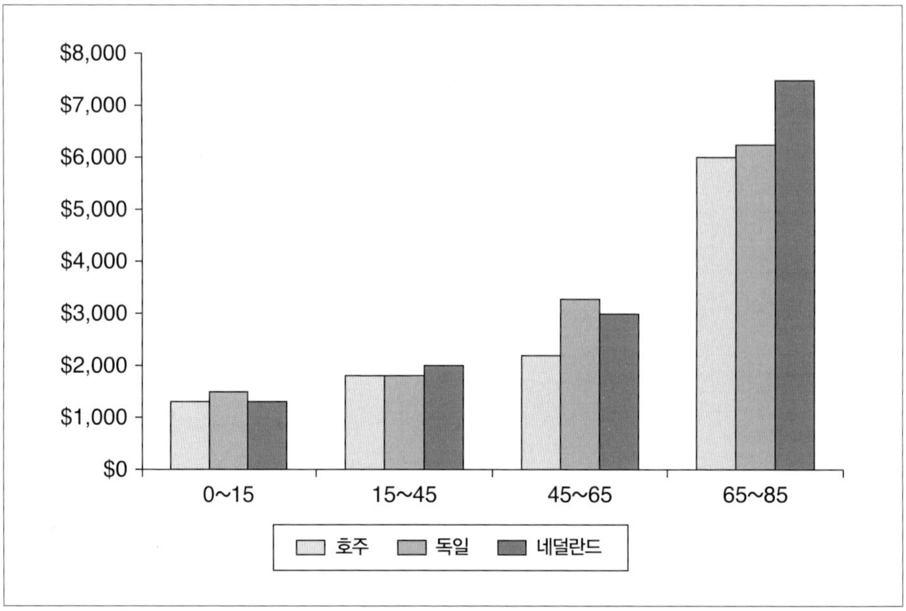

[그림 6-3] 호주, 독일, 네덜란드의 연령집단에 따른 질병 비용(2006년)

출처: Heijink, Koopmanschap, & Polder (2006) 재구성.

Shugarman et al., 2004). 점점 더 가면 갈수록 많은 사람이 고령으로 생존함에 따라 더 높은 보건의료서비스 비용은 젊은 집단에서 초고령자 집단으로 이동한다(Kinsella & He, 2009). 이 비용은 질병에 따른 경제적인 부담을 분명하게 보여 주고 있으며, 한 국가의 전체 보건의료서비스 비용에 영향을 미치는 질병에 따른 비용으로서 조사될 수 있다(Heijink, Koopmanschap, & Polder, 2006). 호주, 독일, 네덜란드의 연령집단에 따른 질병 비용의 변화를 살펴보면([그림 6-3] 참조), 각 나라의 질병 비용이 65~85세의 연령집단에서 가장 높게 나타나고 있음을 알 수 있다.

그러나 연구자들이 보건의료비를 증가시키는 원인인 인구고령화와 추가적인 원인으로 다른 요소들을 확인했다는 것에 주목해야 한다. 사람들이 더 많은 보건의료서비스를 이용할 수 있게 하는 1인당 소득의 증가는 건강보험의 보장 범위 확대와 새로운 고가의 의료기술 그리고 노동인구를 증가시킨다. 한 국가가 보건의료체계를 조직화한 방법 또한 보건의료비의 지출에 영향을 미친다(Lloyd-Sherlock, 2000; Reinhardt, 2003; Zweifel, Felder, & Werblow, 2004).

보건의료서비스가 중요한 사회정책 이슈로서 많은 국가는 예방적이고 정기적인 건강관리의 공급, 장기요양보호 그리고 현재 및 미래 노인의 완화치료에 대한 욕구를 안내하는 다수의 보건의료정책을 채택해 왔다. 이 장에서는 미국, 캐나다, 호주, 중국, 독일 그리고 네덜란드의 보건의료정책이 ① 노년층을 위한 보건의료계획을 어떻게 구조화할 것이며, ② 보건의료계획에서 이용자의 개입을 어떻게 포함할 것인지, ③ 형평성, 규제방식 그리고 비용억제에 대한 이슈에 어떻게 직면할 것인지를 조사할 것이다. 국가보건의료정책과 그 실천은 본질적으로 복잡하기 때문에 필연적으로 가장 핵심적인 요소와 강점 그리고 다양한 시스템에서 나타나는 약점을 분명하게 보여 주기 위해서 각국의 보건의료서비스에 대해 선택한 측면에 초점을 맞출 것이다. 이런 주제들은 제8장과 제9장에서 더 구체적으로 탐색되기 때문에 광범위한 정책적 동향에서 지역사회 기반의 돌봄과 가족의 돌봄을 다룰 것이다. 각 국가의 정책기반, 시스템 구조 그리고 이용 가능한 돌봄서비스를 검토하는 동안, 이런 다양한 보건의료정책의 틀이 각 나라에서 노인의 일상적인 삶에 영향을 미쳐 어떻게 형성되는지를 반추해 보기 위해서는 어느 정도의 시간이 걸린다.

미국

미국은 보건의료정책이 보편적인 치료의 원리로부터 발생하지 않은 세계에서 유일한 주요 선진국가이다(Chappell, 1997). 미국은 다양한 민간의료보험 공급자와 국가의 통제에 따른 의료보험료를 조정하려는 보험회사들 간의 경쟁이라는 점에서 보건의료 공급을 위한 시장적 접근을 사용한다. 그래서 건강보험이 이론적으로는 대부분의 국민을 위한 적절한 가격을 유지하며, 70% 이상의 성인들이 각자의 기본적인 보건의료비 지출을 부담하기 위해 민간보험회사의 의료보험을 구매한다(Organisation for Economic Cooperation and Development: OECD, 2004d). 이 장에서 기술한 것처럼, Barack Obama 대통령은 노년층을 위한 보건의료서비스에 분명한 영향을 미칠 국가건강보험체계의 중요한 개편을 이끌기 위한 법안을 발전시키기 위해 연방의회에 지시했다. 이 법안의 입법과정을 발전시키고 보건의료서비스의 변화가 전개되는 동안의 최신 정보는 이 장의 마지막에 제공된 미국 정부의 웹사이트를 방문하여 참조하기를 바란다.

급성기 보건의료

현재 노인을 위한 급성기 보건의료서비스는 연방정부의 메디케어 프로그램을 통해 최소한도의 일부분이 보장된다(Klees, Wolfe, & Curtis, 2009). Harry Truman 대통령은 1945년에 전 국민을 위한 건강보험의 실현에 대한 계획을 처음 발표하였다. 20년간의 정치논쟁 이후에, 노인과 빈곤층에만 집중해 온 협의적인 의료보장계획이 Lyndon Johnson 대통령의 '위대한 사회(Great Society)' 법안의 한 부분으로서 1965년에 법률로 제정되었다. 병원입원혜택(Medicare Part A)은 입원환자의 입원기간과 관련된 대부분의 비용과 약간의 비입원기간의 치료를 보장하는 병원입원보험(hospital insurance)에 가입한 65세 이상의 노인에게 제공한다. 또 거의 모든 보험수익자가 의사의 진찰에 대한 진료비, 외래환자 진료비 그리고 다른 의료적 서비스의 일부 비용을 보장하는 보충적 의료보험으로 잘 알려진 의사 및 외래방문혜택(Medicare Part B)을 구매한다. 메디케어 프로그램은 연방정부에 납부하는 종업원의 법정 사회보장보험 개인분담금으로만 재원이 조달된다. 따라서 사회보장보험을 받을 자격이 있는 사람은 자동적으로 메디케어 프로그램의 자격을 얻는다. 메디케어는 미국 보건복지부 산하 의료보험청(Centers for Medicaid and Medicare Services: CMS)에서 운영하며, 2009년에 4,500만 명 이상이 메디케어 프로그램 부문의 한 가지 또는 두 가지 유형의 보험에 모두 가입하였다(Klees et al., 2009).

두 가지의 선택적 구성요소는 메디케어가 처음 제정된 이후에 추가되었다. 1997년의 「균형예산법(Balanced Budget Act: BBA)」은 주로 건강관리보건기관(Health Maintenance Organization: HMO)인 민간의료보험을 통해 메디케어 보험급여를 수령하는 것에 대한 선택을 보험수익자에게 준 민간 메디케어 어드밴티지(Medicare Part A, B+ Part D)를 제정하였다. 'Medicare+Choice'로 잘 알려진 「균형예산법」의 법률제정은 민간행위별 수가보험(private fee-for-service plans)과 의료저축계좌(medical savings account)를 지역우선제공자조직(preferred provider organization: PPO, 지정의료기관)과 계약하는 데 메디케어에 권한을 주었다(Kaiser Family foundation: KFF, 2009). 2003년의 「메디케어 현대화법(Medicare Modernization Act)」은 '메디케어 어드밴티지(Medicare Advantage)' 프로그램을 개

칭하였고, 추가적으로 지역우선제공자조직(PPO)과 특별한 요구 계획을 승인하였다. 그리고 프로그램 참여를 장려하기 위한 방안으로 연방정부의 지불금을 인상하였다. 시장의 실행에 기반을 두는 소비자 보호는 「환자와 공급자를 위한 메디케어 개선법(Medicare Improvements for Patients and Providers Act)」의 통과와 함께 2008년에 추가되었다. 따라서 시간이 흐르면서 이러한 프로그램에 대한 메디케어 급여정책은 의료저축 계좌를 생성하는 정책에서 메디케어 보험급여하에 민간보험의 접근성 확대에 더 초점을 맞추는 정책으로 전환되었다. 2009년에 의료보험 수익자의 23%가 민간 메디케어 어드밴티지 플랜에 가입하였다(KFF, 2009).

2003년 「메디케어 현대화법」의 제정은 이 법의 시행 이후로 메디케어 프로그램에 가장 중요한 입법적인 변화를 초래하였다. 더 많은 의료보험 옵션의 추가에 더하여, 메디케어 이용자가 지출하는 본인부담 의약품 구입비의 감소에 도움을 주기 위해 임의적인 외래환자 처방의약품보험을 도입하였다. 파트 D로 알려진 이 옵션은 2006년에 효과가 발생하였다. 이것은 연방정부가 승인한 민간의료보험을 통해 의약품에 접근하는 모든 노인과 장애인 보험수익자들에게 제공한다. 처방약혜택(Medicare Part D)은 보험금의 설계, 비용분담금, 사전허가, 의약품 양의 제한 및 단계치료와 같은 이용관리 도구 그리고 보장하는 의약품에 따라 달라진다(KFF, 2009). 메디케어 처방의약품보험에 등록하는 것은 보험수익자들이 적어도 일반적인 처방약혜택보험만큼이나 좋은 다른 자원(예: 고용주 지원 의료보험)으로부터 처방의약품보험에 등록되어 있지 않는 한 메디케어 보험수익자들 대부분의 경우 임의가입자이다. 보험수익자들이 등록을 지연하는 각 달에는 국민 월평균 보험료의 1%와 동일한 벌금에 처해진다. 2010년 2월에 2,760만 명의 보험수익자들은 메디케어 처방의약품보험에 등록하였다(KFF, 2010).

장기적 보건의료

1965년에 제정된 메디케이드 프로그램은 저소득층에 대한 공적 부조제도로서 연방정부와 주정부의 공동 프로그램이다. 이 프로그램은 저소득 가구 및 개인을 위해 세 가지 형태의 의료적 지원을 제공하기 위해 설계되었다.

① 건강보험
② 장기요양보호
③ 메디케어와 메디케이드 보험료, 본인부담금 그리고 비용분담금에서 보장되지 않는 서비스에 대해 저소득층 메디케어 보험수익자를 위한 보충적 의료보장

각 국가가 자체적으로 자격기준을 개발하고, 보험의 유형, 금액과 혜택의 범위, 서비스에 대한 지급률을 결정하며, 그들 자체의 프로그램을 운영하지만, 메디케이드 보험수익자들에게 다음의 기초적인 의료적 서비스를 제공해야 한다(KFF, 2009).

① 입원환자와 외래환자 병원서비스
② 의사서비스, 내과 및 치과의사의 수술서비스
③ 요양시설서비스
④ 지방보건진료서비스
⑤ 전문요양서비스 자격을 갖춘 사람들의 가정방문 간호서비스
⑥ 연구 및 엑스레이 촬영서비스
⑦ 임상간호서비스

이 프로그램이 특별히 노인을 위해 설계하지는 않았지만, 2005년에 메디케이드에 가입한 사람들의 10%가 노인으로 나타났고, 메디케이드 지출의 25%를 설명하고 있으며, 대부분은 장기요양보호에 대한 비용을 보장하는 데 사용하였다(KFF, 2009). 왜냐하면 메디케어는 급성기에 있는 사람들을 위한 치료 외에 시설보호 또는 다른 재가보호서비스의 장기요양보호 비용을 보장하지 않았기 때문에, 노인들은 시설보호서비스 혹은 재가보호서비스의 모든 비용을 지불해야 한다. 메디케어가 노인들의 돌봄 욕구를 제공하기 위해 민간장기요양보험 자격 옵션을 가지고 있지만, 민간 건강보험료는 대다수의 노인이 엄두도 못 낼 정도로 여전히 높은 비용을 유지하고 있다(Kaiser Commission on Medicaid and the Uninsured: KCMU, 2006). 보통 장기적인 보건의료서비스를 필요로 하는 노인들은 자신을 돌보는 데에 필요한 비용을 충당할 수 있는 자원을 가지고 시작한다. 그러나 대부분의 노인

이 결국에는 자기 재산을 "모두 써 버리고" 저소득층을 위한 의료보험인 메디케이드 자격을 얻게 된다.

메디케이드에서 노인을 위한 보건의료비 지출의 증가에 따라, 보건의료비 지출을 통제하기 위한 한 가지 방법으로서 관리의료(managed care)가 등장하였다. 입법자가 장기요양보호 비용에 대한 메디케이드 비용을 통제하기 위해 제정했던 또 다른 방법은 모든 주정부가 메디케이드를 포함한 장기요양보험의 구매와 관련 있는 법률을 제정하도록 승인하는 것이었다. 2006년 2월에 연방의회는 보험계약자가 메디케이드 자격규정을 충족시키기 위해 그들의 재산을 '모두 써 버리는 것'을 요구하는 것 없이 보험증권에 적힌 보험조항을 초과하는 장기요양보호에 대한 욕구를 보장하는 메디케이드를 승인하는 법률을 제정하였다(Capretta, 2007b).

1981년에 연방의회는 재가 및 지역사회를 기반으로 한 HCBS(개인돌봄, 일시보호, 성인 주간보호서비스 그리고 개인응급응답시스템)와 같은 광범위한 서비스들을 제공할 수 있게 주정부가 메디케이드 면제 프로그램(Medicaid waiver programs)을 제정하도록 하는 법률을 제정하였다. 이 프로그램의 목적은 대다수의 노인을 위한 우선권 부여뿐만 아니라 요양시설 보호에 대한 비용-효과적인 대안으로서 노인들이 필요한 보호와 지지를 받으면서 자신이 익숙하게 살던 집에서 계속 생활하도록 하는 데 있다. 대다수의 메디케이드 장기요양보호를 위한 재정은 여전히 시설보호에 사용되고 있지만, 메디케이드 지출의 약 41%는 HCBS를 위한 것이다(Burwell, Sredl, & Eiken, 2007). 2006년에 노인 또는 장애인 HCBS 보험수익자를 위한 연평균 지출액은 요양시설의 보험수익자를 위한 2만 6,617달러와 비교하여(Klees et al., 2009) 참가자 1명당 각각 8,954달러와 9,644달러로 나타났다(KFF, 2009).

면제 프로그램 참가자의 50%는 노인 또는 장애인을 대상으로 법적인 권리포기를 통해 서비스를 받는다(KFF, 2009). 48개의 주와 컬럼비아 특별자치구는 ① 선택적 1915c HCBS 면제자, ② 법이 정한 가정방문 간호 급여, ③ 선택적 주정부의 개인적 돌봄서비스 급여계획을 통해 서비스를 제공한다. 이 면제 프로그램에 따라 주정부는 치과진료, 전문간호서비스와 같은 전통적인 의료서비스와 일시보호, 사례관리, 환경개선 등과 같은 비의료적인 서비스가 결합된 프로그램을 제공할 것이다. 또한 주정부는 면제에 대한 비용의 중립 요건을 충족시키고, 주정부의 예산할당액을 초과하지 않도록 면제비용을 제한하기 위해 제한적인 금융자격 수준, 제한적인 금융자격기준, 엄격한 기능적 자격기준 등과 같은 광범위한 비용-억제 전략들을 사용한다(KCMU, 2009).

지난 30년 동안, 정책결정자들은 메디케이드 HCBS 프로그램의 확대에 따라 시설보호에 대한 대안으로서 이용자의 선호도에 반응해 왔다. 2005년에 제정한「적자감축법(Deficit Reduction Act)」의 일부로서 연방의회는 "요양원을 떠나서 보다 큰 지역사회로의 지향으로 메디케이드 부문의 장기적인 보건서비스 전달체계에 다시 초점을 맞추기 위해 주정부를 위한 새로운 장려책과 기회를 만들었다"(Crowley, 2006). 예를 들어, 이 법은 장기요양시설에서 지역사회로까지 메디케이드 등록이행을 지원하는 것을 목적으로 하여 메디케이드 등록자 추적을 통한 재정지원 프로그램(Money Follows the Person Program)을 통해 지역사회서비스가 증가함에 따라 주정부가 경쟁적인 보조금을 신청하도록 하기 위한 옵션을 제공한다(CMS, 2010). 또한 이것은 저소득층 노인들에게 HCBS 지원을 확대하고 어떤 면에서 주정부가 면제자 없이 개별적 자립지원서비스를 고려할 수 있는 '현금급여와 상담 옵션'을 제공하기 위한 새로운 옵션들을 만들었다(Cash and Counseling, 2007). 이러한 공급에 대한 세부사항은 매우 복잡하지만, 전반적으로 증가하고 있는 고령인구와 건강관리센터의 수용인원 제한 그리고 장기요양보호시설에 거주하는 노인들을 위한 과도한 돌봄비용을 관리하는 주정부로서, 지역사회를 기반으로 하는 돌봄 옵션으로 증가된 관심을 향한 변화를 강조한다.

완화의료

1982년에 제정된「조세 및 국가재정책임법(Tax and Fiscal Responsibility Act)」은 메디케어 호스피스 프로그램을 만들었다. 의사서비스, 간호케어, 의료사회서비스, 가정방문 지원, 상담, 단기 입원환자 케어, 물리치료, 언어치료, 작업요법, 가정봉사원서비스, 의학용품, 의료기구, 의료설비 등의 호스피스 서비스는 질병치료를 위한 기초적인 메디케어 서비스를 받는 것을 포기하기로 선택하거나 완화의료서비스만 받는 사람들로 기대수명이 6개월 미만에 있는 시한부 환자들에게 제공된다(Klees et al., 2009). 이런 서비스는 고통 완화, 의료 및 사회서비스 지원, 물리치료, 간호서비스, 증상관리를 포함한다. 원래는 서비스의 보장 범위가 210일로 제한되었지만,

1990년 「총괄예산조정법(Omnibus Budget Reconciliation Act)」의 통과로 이 부분을 삭제하였다. 메디케어는 현재 의사가 욕구가 있다는 것을 증명하는 한 메디케어 승인 호스피스 프로그램에 의해 제공할 때 호스피스 서비스를 위한 비제한적인 보장일수를 제공한다.

메디케어는 호스피스 서비스를 위한 가장 일반적인 재정자원이지만, 메디케이드도 48개의 주와 컬럼비아 특별자치구에서 호스피스 서비스를 제공한다. 메디케이드에서 제공하는 호스피스 서비스의 총 지출액은 2004년에 11억 2,900만 달러로 나타났다(Hospice Association of America, 2009). 또한 호스피스는 민간의료보험, 건강관리보건기관(HMO), 지역우선제공자조직(PPO), 민간단체(예: 미국 공동모금회)와 같은 지방정부, 주정부 그리고 연방정부의 재원으로부터 상환을 받는다(National Hospice and Palliative Care Organization, 2009).

캐나다

메디케어로 불리는 캐나다의 건강보험체계는 사회연대의 문화에 근거하여 모든 시민을 위한 건강보험으로 정부 지원의 보편적인 시스템이다. 이 사회보험 시스템은 모든 캐나다 노인을 위한 기본적인 예방과 급성기 의료서비스 비용을 보장한다. 이 시스템에 대한 재정적인 근거는 더 큰 연방제의 개인분담금을 포함하지만, 캐나다 「헌법」하에 건강보험 관리를 위한 일차적인 책임성을 실제로 가지고 있는 개별적인 지방들이다(Steinbrook, 2006a). 이 구조 때문에 연방정부의 재정에 대한 지출, 이용할 수 있는 서비스, 연방정부의 재정의존도에 대한 비율은 전국적으로 상당한 차이가 있다. 미국처럼 캐나다도 가파른 노령연금 프로파일을 가지고 있다(Kotlikoff & Hagist, 2005). 다시 말해서, 정부는 젊은 층을 위한 건강보험에 비해 노인층을 위한 건강보험을 훨씬 더 많이 지출한다.

급성기 보건의료

연방정부의 정책은 모든 시민이 지급불능을 이유로 의사 및 병원 서비스를 거부당할 수 없다는 것을 분명하게 진술한다. 심지어 전문적 치료 또는 외과적 치료에서도 모든 캐나다 시민이 쉽고 공평하게 접근할 수 있다. 하지만 전문적 서비스에 대한 요구는 의료적 치료와 외과적 수술, 안과적인 절차들이 너무 긴 대기자 명단을 만들면서 어떤 지방에서는 보편적 서비스가 과중한 부담이 된다. 광범위한 서비스는 모든 노인이 무료로 이용할 수 있지만, 이 시스템은 때때로 '적절한 시기의 어떤 환자들의 욕구를 충족시키는 데'에는 실패한다고 비판하고 있다(Steinbrook, 2006a).

필요한 의료적 절차들에 대한 대기자 명단을 줄이려는 시도에서, 일부 지방은 공공의료와 민간의료의 혼합형태를 고려하는 정책의 변화를 함께 경험하고 있다. 그러나 캐나다에서 진행 중인 논쟁은 민간의료의 옵션에 대한 적은 투입이 보편적 공적 시스템에서 어떤 긍정적 혹은 부정적인 결과를 가져올 것인지에 대한 논쟁이 격렬하다. 대기자들이 '너무 지나치게 많은' 상태인 경우, 민간수단을 통해 어떤 대기자명단을 우회하려는 환자들을 허락하고 있는 2005년 대법원 판결은 민간부문의 확대된 역할에 대해 개방은 하였지만, 이 새로운 유연성(flexibility)이 지방정부의 건강보험관리, 국가보건정책 또는 전체 환자진료에 대해 장기적인 영향을 미칠 것인지는 여전히 불명확하다. 현재 민간의료는 캐나다의 핵심적인 보건서비스의 1% 만을 설명하고 있다(Steinbrook, 2006a).

캐나다의 법이 정한 주정부의 건강보험을 통해 획득한 보편적인 건강보험서비스는 일반 조세를 통해 재정이 지원된다. 이 재정은 각 지방의 건강보험 재정의 대략 1/3을 제공하는 연방정부를 포함하여 연방정부와 주정부에 의해 연대적으로 제공된다. 건강보험 재정의 나머지는 주로 지방의 개인 및 법인 조세를 통하여 지원된다(Steinbrook, 2006a; Tanner, 2008a). 인구고령화에 따라 캐나다는 재정분담금에 대한 통제권을 분권화하였고, 각 지방정부가 건강보험료의 지출을 줄이기 위해 목표 변경을 가능하게 하였다. 그러나 연방포괄보조금(federal block grants)을 통한 재정 지원에 대한 자격을 얻기 위하여 지방정부는 정의된 보편성, 포괄성, 이동성, 접근성 그리고 공공행정에 관한 매우 구체적인 기준을 맞추어야 한다(Tanner, 2008a). 캐나다는 현재 의료 기준을 보장하기 위한 책임성이 다양한 지역에서 '전문적인 규제조직 사이에 넓게 분포'하고 있다(OECD, 2005b). 가장 두드러진 국가규제 조직은 캐나다 보건서비스인증협회(Canadian Council on Health Services

Accreditation: CCHSA)이다. 자발적인 의사에 따라, 이 조직은 일차적인 건강보험 공급자, 병원, 재활시설 그리고 장기요양보호시설의 서비스 질에 접근한다.

캐나다는 대부분의 다른 국가보다 국가정보 인프라 정책을 개발하는 데 더 많은 시간이 걸렸다. 2001년 4월에 캐나다 수상은 미래의 건강보험에 대해 연구하고 추천하기 위한 캐나다의 미래건강보험위원회(Commission on the Future of Health Care)를 설립하였다. 로마노 보고서로 알려진 결과보고서는 건강보험체계의 혁신과 갱신에 대한 47가지의 추천 내용이 포함되어 있다. 첫 번째, 12개의 추천서 중 5개는 캐나다의 건강보험정보기술 인프라를 구축하는 데 집중되어 있다. 전자개인건강보험(electronic personal health records: ePHRs, 환자들이 정기적인 접근성을 가질 수 있도록 하기 위한 포괄적인 기록)을 실행하는 것은 캐나다의 건강보험시스템을 현대화하는 것과 모든 캐나다인을 위한 접근성과 결과를 개선시키기 위한 중요성의 하나로서 검토되어 왔다(Romanow, 2002). 이 추천보고서에서 2000년에 제정된 「개인정보보호와 전자기록물법(Personal Information Protection and Electronic Documents Act)」은 전자개인건강보험의 비밀보장을 위한 보건부문을 2002년에 확대하였다(Office of the Privacy Commissioner of Canada, 2006). 전자개인건강보험은 여전히 초기 발달단계에 있으며, 2009년 초 기준으로 약 17%의 과정만이 완료되었다. 그러나 각 지방은 2016년까지 완전한 전자개인건강보험의 집행을 위해 정해진 일정표와 지침서를 가지고 있다.

장기적 보건의료

캐나다 「건강보험법」의 일부분이지만, 정부는 급성기 보건의료 비용에 대해 재정을 충당한 것만큼 노인장기요양시설 또는 지역사회에 기반을 둔 노인보호에 대한 재정의 역할을 분명하게 하지 않는다. 재가 및 시설 장기요양보호 프로그램 모두 자산조사를 실시한다. 즉, 이 프로그램들은 현물급여 자격이 있는 사람들에게 무료 또는 차등제로 서비스를 제공한다. 캐나다의 건강보험시스템의 구성요소와 유사한 장기요양서비스에 관한 자격은 지역 간에 상당한 차이가 있다. 왜냐하면 대부분 지역의 의료보험 지출은 불안정한 비율에서 증가하고 있기 때문이다. 캐나다는 인구통계학적 변화가 조세기반에 부담을 주기 전에 노인들의 건강을 관리하는 것에 효율성을 개선시키고 있는 것 같다. 이런 이유로 서비스의 통합에 대한 압력이 있다(MacAdam, 2008). 캐나다에서 2002년 재가 및 지역사회 보호에 대한 통합적인 전략은 만성적인 조건과 장애를 가지고 있는 노인들을 위한 보호에 대한 통합을 강조하는 정책이 증가하였다. 이 정책은 인구가 고령화되어 감에 따라 의료적 서비스의 접근성과 질 그리고 지속성을 목표로 한다.

노인통합관리시스템(프랑스의 SIPA)은 캐나다의 몇몇 지역에서 병원, 요양원과 같은 시설서비스의 이용과 비용을 줄이려는 목표를 가지고 구체적으로 조정해 왔다(MacAdam, 2008). 노인통합관리시스템 이면의 계획은 지역사회가 취약계층 노인들의 복합적인 장기요양 욕구를 충족시키기 위해 건강서비스 및 사회서비스, 지역사회서비스, 병원진료 그리고 시설보호 등 폭넓은 통합서비스를 제공하는 것이다. 1차진료 의사들과의 협력에서, 다학제 팀은 지역사회의 욕구와 조직을 평가하고 건강서비스와 사회서비스의 대부분을 전달하는 책임을 맡는다. 초기의 노인통합관리시스템은 시스템에 대한 추가비용을 지출하지 않고 제도적 서비스를 지역사회 기반 서비스로 대체할 수 있는 전망을 보여 주었다(MacAdam, 2008).

완화의료

캐나다 공적 건강보험의 도입 이후 약 7년째인 1974년에 병원은 완화의료병동을 운영하기 시작하였다(Canadian Hospice Palliative Care Association: CHPCA, 2009). 호스피스 완화의료는 빠르게 증가하였고, 고접촉의 완화의료와 첨단기술에 의한 급성기 보건의료의 균형을 맞추기 위하여 건강보험을 개혁하는 사회운동으로서 넓게 승인되었다. 캐나다 완화의료는 건강보험시스템 내의 하나의 옵션이 된 이후에, 병원단위에서 재가 및 장기요양시설까지 확대되었다.

2000년에는 사회문제 및 과학기술 상임위원회(Senate Standing Committee on Social Affairs, Science, and Technology)가 캐나다인의 완화의료에 대한 쟁점들을 다루는 국가전략의 필요성에 대한 보고서를 출판하였다. 따라서 2001년에 캐나다 보건국은 말기의료와 관련된 쟁점들을 관리하고, 다른 정부기관에 대해 캐나다인들의 품위 있는 죽음에 대한 욕구를 옹호하기 위해 완화 및 임종간호 사무국(Palliative and End-of-Life Care Unit)을 설립하였다(CHPCA, 2009). 2004년에 '건강보험 강화를 위한 10년 계획(A 10-year Plan to Strengthen Health Care)'의 한 부분으로서, 지역 및 지방정부 당국은 간호 및 사례관리 직원, 의료진 그리고 다른 개인적인 돌봄에 대한 욕구를 포함하는 가정완화의료(palliative home care)와 관련한 사회서비스 재정을 지원하는 데 승인하였다(Romanow, 2002).

호스피스 완화의료는 캐나다 전역에 걸쳐 다양한 방법으로 대금을 지불한다. 소규모 지역만이 지역건강보험 아래의 핵심서비스로서 호스피스 완화의료를 설계하였다. 나머지 지역에서는 호스피스 완화의료는 예산 삭감에 의한 재정취약성을 허용하는 지방의 재가보호 예산 또는 다른 보건서비스 예산에 포함될 것이다(CHPCA, 2007; Health Canada, 2009). 완화의료서비스를 위한 재정은 개인, 사회기관, 서비스단체, 지역사회 암서비스 시설 그리고 다른 유사한 조직들로부터 개인적인 기부금으로 충당된다.

〈글상자 6-1〉 정책과 인간 간의 밀접한 연계: 건강보험의 접근성

건강보험의 비용을 줄이기 위한 한 가지 방법은 예방적인 건강보험서비스에 대한 접근성이다. 캐나다인들은 온타리오 원격의료(Ontario Telehealth)에 접근한다. 이것은 온타리오 건강 및 장기요양보호국이 제공하는 무료서비스로 주민들로부터 신뢰를 받고 있다. 온타리오 주민들은 수신자 부담으로 전화를 하고, 등록된 간호사와 통화할 수 있으며, 건강 관련 상담을 받을 수 있다. 간호사들은 클라이언트에게 만성질환 관리를 위한 자기돌봄 식이요법을 개발하도록 지원할 수 있고, 의학적 처치를 원하거나 생활방식 및 건강에 대한 쟁점들을 다루는 것에 관한 상담을 제공할 수 있다. 또 간호사들은 클라이언트에게 적절한 지역사회서비스를 안내할 수 있다. 이 서비스는 일주일 내내 매일 24시간 동안 이용할 수 있다. 이 서비스에 대한 구체적인 정보는 참고 자료 1을 확인하면 된다.

네덜란드 국민의 90% 이상이 영업시간 이후에도 병원을 이용할 수 있다. 이러한 병원의 목적은 비응급의료적 치료에 대한 응급실 방문을 줄이기 위한 것이다. 예를 들어, 암스테르담의 뉴웨스트 병원은 오후 6시에 문을 연다. 클라이언트는 의료문제에 대한 상담을 받기 위해 병원에 전화를 한다. 때때로 클라이언트들은 즉각적인 처지를 위한 조언을 구하지만, 보통 직원들은 환자가 병원에 올 필요가 있는지 또는 가정방문이 필요한지를 결정한다. 일반적으로 심각한 건강문제를 가지고 있는 노인들은 일반의사, 간호사 그리고 준 의료직원을 포함할 수 있는 의료팀으로부터 가정방문을 받는다. 이러한 병원에 대한 더 많은 정보는 참고 자료 2에서 확인할 수 있다.

참고 자료: 1. www.health.gov.on.ca/en/public/programs/telehealth/
2. www.npr.org/templates/story.php?storyId=92606938
www.commonwealthfund.org/usr_doc/Grol_qualityNetherlands_910.pdf

호주

호주 보건의료시스템은 연방정부와 주정부 간에 책임을 나누며, 공적 영역과 사적 영역(영리와 비영리)의 개입이 혼합되어 있고 복잡하다(Duckett, 2004; OECD, 2005b). 호주의 국가보건의료시스템의 목적은 전달체계와 재정에서 상당한 사적 영역의 개입을 통해 국민을 위한 옵션을 할당하면서 보건의료에 대한 보편적인 접근성을 제공하는 것이다(Commonwealth Fund, 2009). 이 시스템은 거리가 먼 농촌 지역의 주민들을 위한 보건의료의 접근성에 대한 저항이 있을 뿐만 아니라 호주 토착집단과 일반인구에 대한 보건의료의 접근성 간에도 몇몇 상당한 불평등이 존재하지만, 대다수의 호주인이 주요한 수송 또는 재정적 장애 없이 일반적인 예방 및 응급진료를 받으려고 접근할 수 있다는 것을 언급한다.

급성기 보건의료

일반조세로 지원되는 호주 정부의 메디케어 프로그램은 국민 대부분에 대해 의료적 및 병원 방문의 비용을 보편적으로 보장한다. A보조금 프로그램(A benefits schedule)은 다양한 서비스, 절차 또는 치료를 위한 보조금액을 안내한다. 이 프로그램의 비용과 의사들이 실제로 서비스를 제공한 후에 청구하는 비용 간의 차이는 환자의 본인부담금으로 충당한다(Commonwealth Fund, 2009). 공공병원은 주정부 소유로 관리되고, 국가의 병원침상은 약 70%를 보유한다. 비영리 자선병원들 또한 이용할 수 있으며, 민간 영리병원 수는 최근에 확대되었다(Duckett, 2004). 또한 호주 중앙정부는 처방의약품 비용에 대한 보조금을 제공하는 의약품보조금제도

(Pharmaceutical Benefits Scheme)를 지원한다. 이것은 몇 가지를 제외하고는 거의 모든 처방약을 보장한다. 처방약의 비용에 대한 일부 부담금은 연금수급자와 특정 소득기준 아래에 있는 국민들은 더 낮지만, 대부분의 국민은 처방약 비용을 통한 약간의 지원을 받는다(Duckett, 2004). 연방정부는 민간 건강보험에 의한 구매에 대해 추가적으로 30%의 보조금을 제공하며, 연방정부의 지도자들은 보장되지 않는 서비스 또는 메디케이드와 의사진료비 청구 간의 차이를 통한 지원에 대해 민간보험료의 구매를 국민들에게 적극적으로 장려한다.

보건서비스에 대한 재정과 서비스 공급의 책임은 호주 연방정부와 8개의 주 그리고 지방정부에 분산되어 있다(Commonwealth Fund, 2009). 연방정부는 정책입안, 광범위한 공중보건계획과 보호, 의료, 제약(의약품) 그리고 노인간호서비스에 대한 자금제공자(funder)/보험자로서 일차적인 책임성을 가지고 있다. 또한 연방정부는 민간 건강보험을 규제하고, 보조금을 지급하며 그리고 서비스 공급에 대한 주/지방정부의 재정을 지원하는 중요한 역할을 한다. 한편, 주정부와 지방정부는 전달체계에 있어서 더 많은 개입을 한다. 이러한 정부는 공공병원을 소유하고 운영하며, 지역사회와 학교건강 프로그램을 관리할 뿐만 아니라, 정신건강, 치과서비스 그리고 촉진적 건강서비스에 대한 다양한 서비스를 직접적으로 전달한다(Commonwealth Fund, 2009).

연방정부와 주정부는 일반 조세수입을 통해 국가보건의료시스템에 대한 지원을 제공한다. 또한 연방정부와 주정부의 체계는 시설 및 지역사회 기반의 장기요양서비스를 위한 대부분의 재정을 지원하는 데 도움을 준다. 전반적으로, 정부는 연방정부 수준의 47%에서 주정부 수준의 23%를 포함하는 건강보험비용의 약 70%를 지급한다. 건강보험비용의 나머지는 민간보험(8.6%) 혹은 개인분담금에 의해 충당된다. 처방전과 장기요양서비스와 관련된 비용은 연금수급 상태와 지불능력에 근거하여 측정된다. 그래서 어떤 사람들은 다른 사람보다 전체 건강보험비용 중 개인분담금을 더 낸다. 호주 정부가 어떤 환자도 거부되어서는 안 된다는 철학을 받아들인 후, 서비스는 지불불능에 근거를 두면서 모든 노인은 포괄적 의료적 서비스와 장기요양서비스의 옵션에 접근할 수 있다(OECD, 2005b).

장기적 보건의료

1997년에 「노인장기요양법(Aged Care Act)」이 제정되면서 호주 정부는 노인돌봄에 대한 주요한 정책에 주안점을 두었다. 이 정책은 주거 및 노인장기요양서비스, 재가 및 지역사회장기요양서비스(HACC), 지역사회노인요양 패키지 그리고 확대된 재가노인요양 패키지를 포함하는 다면적이고 통합된 '노인장기요양시스템'으로 발달하였다. 또한 호주 정부는 노인들의 의료적 · 신체적 · 사회적 그리고 심리적 욕구를 근거로 하여 시설 또는 재가보호서비스에 대한 전문적인 평가를 제공하는 노인장기요양 전문평가팀을 위한 재정을 지원한다. 게다가 주거선택과 장기요양시스템의 운영에 관한 추천과 지침서를 제공한다(OECD, 2005b). 노인들은 시설보호 또는 지역사회 보호를 위한 호주 정부의 보조금을 받기 전에 노인장기요양평가를 받는다. 평가를 받고 나면, 노인들은 이들 프로그램 중 한 가지 이상의 프로그램에 참여할 수 있는 자격이 주어지며, 정부보조금의 차등제에 근거하여 약간의 서비스 요금이 지불된다.

노인시설보호서비스는 숙식을 제공하고 집에서 더 이상 생활할 수 없는 노인들을 돌보는 '낮은 수준' 혹은 '높은 수준'의 돌봄을 지원한다(Australian Institute of Health and Welfare: AIHW, 2006). 노인재가보호서비스는 여러 종류의 서비스 요금을 지불하도록 법적으로 허가한다. 그러나 정부가 모든 서비스의 요금을 계산하고 규제한다. 몇몇 서비스 요금은 표준화되어 있는 반면, 다른 서비스 요금들은 개인소득에 근거하여 계산한다. 1997년에 제정된 「노인장기요양법」에 따른 노인요양주택은 무료 또는 지원형 주택으로 알려진 노인요양시설에 요금을 지불하는 데 지원이 필요한 최소한의 사람들을 돌보도록 요구한다. 이런 이유로 노인요양시설들은 추가적인 정부보조금을 받으며, 정부보조금을 받기 위해 노인주거시설에 대한 승인기준에 따라 인가되어야 한다. 그 기준은 관리, 돌봄, 생활방식, 서비스의 질 그리고 안전에 관한 이슈와 같은 것들을 포함한다.

대부분의 HCBS는 '실질적, 중한, 매우 중한' 장애를 가진 모든 성인의 자립을 강화하기 위하여 HACC 패키지를 통하여 제공되며, 시설보호에 있어 조급한 입소를 막는다(AIHW, 2006). HCBS는 연방정부와 주정부 그리고 지방정부 간의 비용분담 프로그램이다. 몇몇 프로그램은 저소득에 기초한 서비스 비용을 지불한다. 그리고 비용의 총계와 형태는 주정부와 지방정부 간에 차이가 있다. HACC 프로그램은 가정방문 간호서비스, 음식배달서비스, 가사지원서비스, 주택보수서비스, 교통과 쇼핑 보조, 통합병원진료, 가정 또는 센터 기반 임시보호 그리고 서비스의 효과적인 조정을 위한 일반적인 지원을 포함하는 각 개인의 특정 욕구에 맞춘 다양한 서비스를 제공한다(AIHW, 2006). HACC서비스 기준에 대한 국가지침서는 재정이 지원된 모든 HACC에 서비스의 표준화된 기준, 서비스의 질, 전달체계에 대해 전국적으로 일관된 접근방법을 제공한다.

반면, 지역사회 노인요양 패키지는 자신의 집에 계속 남아 노년기를 보내기를 원하는 노인들에게 제공되지만, 실제로 낮은 수준의 주거요양에 대한 자격을 얻기 위하여 그들에게 허용될 더 많은 복잡한 요양 욕구가 있다. 참가자들은 가장 핵심적인 패키지 제공자로부터 서비스 수준의 조정과 감독에 대해 더 강화된 서비스가 제공된다(AIHW, 2006). 확대된 노인재가서비스도 비슷하게 조정되지만, 집에서 계속 남아 '높은 수준'의 돌봄을 받을 자격이 있는 사람들에게만 제공되며 방문간호의 투입을 포함한다(OECD, 2005b). 지역사회의 노인요양과 확대된 재가노인요양서비스를 포함하고 있는 모든 지역사회보호서비스 제공자는 그 자격과 서비스체계에 대한 호주 정부의 일정한 기준을 충족해야 한다.

또한 호주 정부의 보건의료서비스에 대한 스펙트럼은 비공식적인 부양자들을 위한 다양한 공식적인 정부의 지원을 포함한다. 이런 서비스들은 집에서 지내면서 가족 및 친구에게 돌봄을 제공하기를 희망하는 비공식적인 간병인들을 위한 세 가지의 다른 옵션을 포함한다. 첫째, 간병인보조금(Carer Payment)은 부양의 책임 때문에 노동시장에 참여할 능력이 없거나 혹은 최소한도의 능력이 있는 사람들을 위한 소득지원금이다. 둘째, 간병인 수당(Carer Allowance)은 일하는 사람들을 위한 추가적인 소득지원이지만, 장애 또는 심각한 의학적 상태에 있는 성인 및 아동의 돌봄을 위해 많은 시간을 소비하는 사람들을 위한 보충적 소득지원의 국가보조금이다. 셋째, 정부의 간병인 휴식 프로그램은 지역사회에서 단기 혹은 시급한 휴식을 위한 재정을 지원한다(OECD, 2005b).

완화의료

호주 정부도 다른 국가들처럼 완화의료를 위한 정부의 지원과 주안점은 시간이 흐르면서 발전하였다(Allen, Chapman, O'Connor, & Francis, 2008). 1987년에 빅토리아의회 위원들은 생명을 연장하기 위해 기이하고 극단적인 시도를 반대하는 환자들의 권리에 초점을 둔 『존엄한 죽음을 위한 선택(Options for Dying with Dignity)』을 출간하였다. 이것은 사람들에게 치료를 거부할 권리를 제공하는 1988년의 「의료법(Medical Treatment Act)」을 따랐으며, 하나의 변화는 그다음 몇 년 동안 많은 다른 호주의 주정부에서 모방하였다(Ramadge, 2000).

1989년에 호주 정부는 재가완화의료 프로그램을 지원하는 메디케어 인센티브 패키지(Medicare Incentive Package)를 발표하였다. 이 조치는 1993년 완화의료 프로그램을 통해 호주 정부로부터 추가 자금을 제공받으면서 이후에 논쟁이 되었다. 이 프로그램은 다음 4개의 넓은 영역에서 완화의료를 위한 지원을 제공한다(Commonweath of Australia, 2009).

① 지역사회의 환자, 가족, 간병인을 위한 지원
② 지역사회의 완화의료 의약품에 대한 접근성의 확대
③ 교육, 훈련, 노동인구를 위한 지원
④ 완화의료서비스를 위한 연구와 서비스의 질 개선

완화의료서비스의 전달체계를 위한 첫 번째 지침인 호스피스와 완화의료공급을 위한 기준은 국가완화의료협회와 호주 의료서비스 표준위원회에 의해 1994년에 발전되었다(Ramadge, 2000). 이러한 지침은 주로 말기 암 환자의 돌봄에 중점을 두었다. 암에 비해 만성적 혹은 일상생활을 제한하는 질병을 갖고 있는 사람들이 완화의료의 전달체계에서 득이 될 것이라는 인식에서 호주 정부는 '거주노인시설의 완화적 의료접근을 위한 지침들'을 위임했다(Allen et al., 2008; Australian Government National Health and Medical Council, 2006).

2000년 10월 호주 보건부(Australian Health Ministers) 자문위원회는 국가완화의료전략, 호주의 정부, 주정부 그리고 지방정부가 완화의료정책 개발을 안내하기 위해서 사용한 정책문서 그리고 호주 전역의 서비스 전달체계를 승인하였다(Commonwealth of Australia, 2009). 완화의료 프로그램은 2003년에서 2008년까지 호주 보건의료협정의 일부로서 각 주정부와 지방정부의 호스피스에서 관리되었고, 호주 정부는 지역사회에서 제공된 완화의료 기준의 개선을 지원하기 위한 국가의 활동에 대해 200만 달러 이상을 지출하였다. 예를 들면, 호주 보건의료협정으로부터 재정이 지원되면서, 주정부와 지방정부는 완화의료서비스의 접근성과 서비스의 질을 포함하는 공동 성과지표를 개발하고 평가하기 위하여 협력적으로 일한다.

호주에서 완화의료서비스의 재정을 위한 책임성은 서비스 유형과 서비스가 제공되는 실천 현장에 따라 다르다(Gordon, Eagar, Currow, & Green, 2009). 병원 외 진료와 조제 서비스는 국가건강보험시스템하에서 보장된다. 따라서 이러한 서비스들은 주로 전국에서 일정한 방식으로 접근된다. 입원환자 병원서비스 또는 지역사회 기반 완화의료서비스를 위한 재정에 대한 국가 모델은 없다. 이러한 서비스를 위한 재정은 각각의 주정부와 지방정부의 책임이다.

중국

중국의 지역사회 기반 시설의 다른 측면에 따라 국가보건의료체계는 계획경제에서 시장경제로의 이행에 고군분투하고 있다(Zhang & Chen, 2006). 현재 모든 국민을 위해 무상으로 이용되는 보건서비스는 보험가입을 위한 충분한 재정이 있는 고용근로자로부터 공동분담금을 요구하며, 대다수의 농촌, 빈곤층 그리고 건강보험을 갖고 있지 않은 근로자들에게는 본인부담 비용에 대한 완전한 보장이 필요하다. 정부는 지역사회 건강보험 프로그램과 함께 노인 및 장애인과 같은 취약집단에 대한 욕구를 충분히 충족시키기 위한 노력을 하고 있지만, 높은 수준의 채워지지 않는 국민들의 욕구와 실제로 충분히 이용하지 않는 보건서비스로 인해 전국에서 전반적인 문제가 되고 있다(Zhang & Chen, 2006).

급성기 보건의료

중국은 모든 국민을 위한 보편적 복지체계를 마련한 적은 없지만, 역사적으로 도시의 근로자들에게 평생 동안 무료건강보험과 부양가족을 위한 건강보험 비용의 50% 보장 자격을 주었다. 1980년대의 보건의료개혁은 국가의 재정적 부담을 줄이기 위한 의도가 있었지만, 도시근로자와 그들의 확대가족들에게 거의 보편적이었던 건강보험체계에 극적인 변화가 있었다(Sun, 2004). 의료보장은 지방정부, 고용주 그리고 개인이 책임진다. 점점 더 갈수록 고용주는 정부가 권한을 주지 않은 범위는 제공할 수 없기 때문에, 예전에 거의 보편적이었던 건강보험의 접근성을 주로 환자의 지불능력에 근거하게 되었다(Sun, 2004). 또한 중국 농촌지역의 협동조합식 의료정책(Rural Cooperative Medical Scheme)은 몇몇 건강보험에 대한 접근성을 가지고 농촌 지역에서 살고 있는 사람들에게 제공하는 것이었다. 그러나 현실적으로 대다수의 시골 농부와 그들의 가족들은 이런 협동조합의 회원이 아니며, 모든 의료적 본인부담 비용을 지출하고 있다(Zhang & Chen, 2006).

최근에 중국 정부는 공식적으로 국가의료지원시스템의 취약성을 인식하였고, 새로운 도시근로자의 기본의료보험시스템과 농촌 지역의 협동조합식 의료정책에 따라 증가된 보험보장 범위에 대한 몇 가지를 추진하였다. 2005년까지 이러한 노력들은 건강보험 요율에 대한 몇 가지 진전을 만들어 냈지만, 두 가지 프로그램은 전반적인 영향에 의한 파급효과를 제한받는 상당한 문제점을 가지고 있었다(Hew, 2006). 경제적 불황과 심각한 농촌-도시 지역 건강 차이에 대한 응답에서, 중국 정부는 개선된 치료와 더 보편적인 건강보험의 보장을 확대하기 위해 건강보험시스템에 대한 주요한 구조조정을 계획하고 있다. 현 시스템에서 과중한 본인부담 의료보험료에 대한 인식은 중국의 가정들, 특히 농촌 지역의 가정에 두었으며, 정부는 향후 3년 동안 건강보험시스템을 개선할 계획을 포함하였다(Lawrence & Liu, 2009; Wang, 2009). Wang이 중국의 '보편적 건강보험의 시도'로서 기술한 내용을 보면, 중국 정부는 2011년까지 인구의 90%까지 건강보험 보장 범위를 확대하기 위해 8,500억 위안(1,250억 달러)의 예산을 지출하려고 계획하고 있다. (중국) 국민에게 더 광범위하게 분배하는 필수적인 의약품과 백신을 제공하는 건강보험 지원체계는 이 새로운 건강보험계획의 일부이다(Lawrence & Liu, 2009; Wang, 2009).

중국은 국가건강보험시스템이 가지고 있는 몇 가지 문제점을 해결하기 시작하였지만, (중국) 국민들은 여전히 건강보험 비용의 대부분을 주로 직접 책임지고 있다. 2003년에 중국 도시인구의 거의 45%와 농촌인구의 79%가 어떤 형태의 의료보험 보장도 없이 생활하고 있었으며, 그래서 어떤 의학적 치료를 위해 본인부담금을 지불하고 있는 것으로 나타났다(Hew, 2006). 의료보험 비용이 꾸준히 증가하고 있지만, 동시에 의료보험에 지출하는 정부의 GDP 비율은 감소하고 있는 것으로 나타났다. 중국의 일반 병원들은 정부로부터 그들 소득의 10% 미만을 지원받는다. 또한 값비싼 의약품을 과도하게 처방하고 많은 비용이 지출되는 의학적 실험을 과잉 활용함으로써 국민들에게 의료비를 충분히 청구하여 병원들이 지속적인 운영을 할 수 있었다(Hew, 2006; Sun, 2004).

현재 중국의 모든 병원에서는 진료를 안내하기 위한 통합된 정책이 부재하다. 또한 건강보험 전문가들의 교육과 훈련을 위한 최소한의 필수 조건에 관한 통일된 국가 지침들이 인정되지 않고 있다(Hew, 2006). 서비스의 질 통제의 약점 때문에, 환자 진료의 질, 건강보험 직원의 질 그리고 건강보험에 대한 모니터링은 매우 가변적이고 중국의 전체 의료시설에서도 취약하다. 특히 농촌 지역은 건강보험 직원의 심각하게 낮은 서비스 질에 고통을 받고 있다. 2001년 농촌 지역에 대한 연구는 마을 의사들의 70%가 고등학교 이상의 학력을 가지고 있는 사람이 없었으며, 평균 20개월만 의료적 훈련을 받았다고 보고하고 있다(Hew, 2006).

장기적 보건의료

노인장기요양보호는 전통적으로 중국 가정에서 대부분의 돌봄을 제공하는 며느리와 성인자녀들이 제공해 왔다. 이 돌봄방식은 한 자녀 정책의 1세대 부모들이 노인 및 퇴직연령에 도달하기 시작할 때 향후 10년간 점점 더 낮은 실현 가능성을 보일 것이다(Zavoretti, 2006). '4-2-1 문제'라고 하는 외동자녀들은 부모와 조부모들을 위한 돌봄 욕구에 직면할 것이다.

현재 중국은 장기요양보험 욕구를 충족하기 위하여 노인시설 보호를 제공하는 두 가지 공존시스템을 가지고 있다. 이 시설보호들은 복지시설, 노인재가시설, 전문요양시설, 노인병원, 요양시설, 재활병원 그리고 치매로 고통받고 있는 노인들을 위한 정신건강병원을 관리하는 의학적 치료시스템을 운영하는 사회복지시스템을 포함한다(Wu, Mao, & Xu, 2008). 복지시설, 노인아파트 및 노인주택은 국가와 지방 수준에서 주무부처가 운영한다. 이러한 시설들은 정부조직, 비정부조직 또는 민간 투자자들에 의해 운영된다.

중국에서 대부분의 요양원은 공적 자원에 의해 지원된다. 2001년에 중국 정부는 중앙 및 지방정부 차원에서 주무부처가 농촌 지역의 노인들을 위한 읍단위의 주거 보호시설을 건축하는 재원을 요구했던 징 광 프로젝트(Xing Guang Project)에 착수하였다(Wu, Mao, & Zhong, 2009). 사무관은 이 프로젝트를 위해 사회복지 로터리 펀드(lottery funds)의 20%를 할당하였다. 2006년에 사무관은 특별히 워바오 지역의 노인들을 위한 지역사회 기반 시설을 건축하기 위한 사회복지 로터리 펀드의 일부분을 할당하기 위해 주무부처가 한 번 더 요구하는 지아 광 프로젝트(Xia Guang Project)를 착수하였다. 워바오 지역의 노인들, 즉 빈곤한 노인들은 음식, 옷, 주거, 건강관리 그리고 장례서비스의 다섯 가지 기본 욕구에 대한 공급을 정부로부터 지원받았다(Wu et al., 2009).

돌봄 선택의 범위가 도시 지역보다 더 많이 발달된 농촌 지역에서 함께 지낼 가까운 친척들이 없는 사람들뿐만 아니라 빈곤하면서 자녀들이 없는 노인들은 요양원시설에서 생활하게 될 가능성이 있다. '사회화된 사회복지서비스들의 증가 추세에 관한 의견들'과 '노인사회서비스의 발달에 관한 의견들'을 포함하는 정책문서들은 농촌 지역의 노인시설 보호에 대한 빠른 성장을 돕는다(Chu & Chi, 2008). 시설거주 노인들이 외부시설의 입원을 요구하면 보험은 이 비용의 40%만 보장하지만 의료비용의 나머지 60%는 시설거주 노인과 시설 간에 분담한다(Wu et al., 2008). 또한 일부 시설은 일비를 보전하기 위하여 정부로부터 토지를 받는다. 그들은 자체적인 자급을 위하여 돼지를 치고 농작물을 기르는 데 주요한 기능적 장애가 없는 직원과 시설거주 노인을 요구한다. 왜냐하면 장기요양시설의 거주자들 대부분은 기능적으로 장애가 없으며 밭일을 함께 돕고 있기 때문이다. 이런 정부의 토지 공급에 의존할 수 없는 시설들은 입소요금과 다른 부대비용의 지불을 감당할 수 있는 노인들을 허용한다. 지난 10년간, 사적으로 운영하는 장기요양시설들은 일부 농촌 지역에서 알려지기 시작하였다. 이러한 시설들은 거주자들로부터 받은 입소요금에만 의존하며, 일반적으로 워바오 지역의 노인들의 입소를 허용하지 않는다(Wu et al., 2008).

중국이 노인인구가 증가함에 따라 정부 후원으로 건축하고 운영하는 대다수의 요양원의 재정집행은 지역사회 및 재가 돌봄을 향한 정책 주안점에 대해 몇 가지가 변화되었다. 예를 들면, 2001년과 2004년 사이에 중국 정부는 3,000만 명의 노인들을 위한 긴급지원, 주간보호, 건강관리서비스 그리고 여가활동과 같은 서비스들을 제공하는 노인을 위한 3만 2,000호의 스타라이트센터(Star Light Centers)를 건립하였다(Chu & Chi, 2008).

완화의료

완화의료는 죽음에 다가가는 사람들을 위한 돌봄으로서 1990년대 초에 중국에 도입되었다(Kerr, 1993). 이런 돌봄은 지역적이고 광범위하지 않았다(Goh, 2008). 완화의료서비스들은 주로 텐진, 베이징, 상하이, 청두 그리고 광저우를 포함하는 주요 도시들에 소재한 병원에서 이용할 수 있다. 이 서비스를 이용할 수 있는 지역에서도 비교적 소수의 중국인들이 이 의료 형태를 찾고 있다. 이에 대해 전문가들은 장수를 추구하는 것은 중국 문화에 내재되어 있기 때문에, 사람들은 죽음을 언급하는 것을 부끄러워하였고 죽음을 기다리기 위한 장소로 혼자 가게 허락하는 것이라고 제언한다(China Daily, 2006).

독일

유럽연합에서 지원하는 건강보험에 대한 두 가지의 두드러진 체계는 세금으로 재정이 충당되는 국가보건서비스체계와 중앙정부로부터 독립적으로 운영되는 보험재정에서 모아진 사회보험체계이다. 독일은 강제적인 사회보험에 기초한 하나의 시스템을 가지고 있고 이것은 후자의 범주로 구분된다. 모든 소득수준에서 모든 연령의 국민들은 이 사회보험체계에 참여할 수 있다. 그러나 독일은 민간보험구매를 선호할 경우, 사회보험 가입탈퇴를 위해 특정한 소득수준 이상의 가구에 대한 옵션을 제공한다. 민간 건강보험은 독일의 공적 건강보험 프로그램을 보완하거나 보충할 수 있다(Lundy & Finder, 2009). 대부분의 국민은 일차적인 보장 또는 민간보험으로 건강보험을 보충하기 위해 민간공급자에게 의존한다(OECD, 2004c). 2006년에 전체 독일 인구의 거의 90%는 공적 시스템으로 보장되었지만, 독일인의 26%는 보충적 기본 민간보험을 가지고 있었다(Lundy & Finder, 2009). 2009년 1월 1일 기준, 독일의 역사에서 처음으로 모든 국민이 공적 건강보험에 가입하게 되었다(Bundesministerium für Gesundheit, 2009).

급성기 보건의료

독일의 건강보험체계는 사회적 연대, 지방분권 그리고 자치규제의 주요한 원리에 근거를 두고 있다(OECD, 2004c). 중앙정부는 보건서비스가 전달되는 입법구조 안에서만 제공되는 데 비해, 다양한 보험재정 관리와 서비스 공급자는 개별적인 주정부의 사법권 아래에서 관리된다(Länder). 이러한 '주정부 중심주의(state centrism)' 또는 주정부의 '반자치권(semi-sovereignty)'은 독일에서 오랜 역사적인 전통을 가지고 있다(Altenstetter & Busse, 2005). 독일의 시스템에 대한 한 가지 독특한 측면은 질병금고(sickness funds)에 의한 보험구매자들과 건강보험서비스 제공자들의 엄격한 분리이다. 그다음에 건강보험료는 건강보험체계에 대한 이 두 가지 영역 간에 팽팽한 협상을 한다.

사회보험 필수의료 급여 패키지는 의료적 돌봄에 대한 교통편의뿐만 아니라 예방, 검사, 진단, 치료 그리고 재활서비스의 보장을 포함한다(Jakubowski & Busse, 1998). 건강보험료는 개별적으로 징수되고, 다른 독일의 연방주 내의 질병금고에 의해 관리된다. 이러한 재정은 공적 보험정책에 참여하는 모든 독일 국민으로부터 받은 기여금으로 관리된다. 2003년에 독일 의회의 의원들은 일반내과의 진료를 위한 공동부담, 재원기간을 위한 공동부담 그리고 처방약품에 대한 환자 본인부담금을 인상하는 데 동의하였다(Burgermeister, 2003). 2004년과 2007년 사이에 발생했던 건강보험개혁에 관한 논쟁은 의회의 의원들이 과거에 진료를 받고 있던 환자들보다 치료를 위해 더 많은 비용을 지불할 환자를 요구한다. 2006년에 독일의 건강보험재정 중 약 77%는 의무적인 사회보험의 건강보험에서 자발적인 개인분담금의 기여로 확보되었고, 10%는 민간보험 또는 다른 민간재정으로 충당되었으며 건강보험 비용의 나머지 13%는 환자들로부터 진료비 본인부담금으로 충당된다(Lundy & Finder, 2009).

법정 건강보험시스템의 재정은 2007년 건강보험개혁의 일부분으로서 2009년 1월에 공식적으로 붙여진 법정 건강보험시스템의 경쟁을 강화하기 위한 법으로 변경되었다(Bundesministerium für Gesundheit, 2009). 모든 기여자는 현재 일률적인 개인분담금 비율로 지급하고, 조세로부터 증가하는 총 금액은 질병금고로 유입된다. 이 기금에서 건강보험재정은 기여자에 대한 돌봄을 보장하기 위해 필요한 자원을 얻게 된다.

장기적 보건의료

1995년에 독일은 건강보험시스템에 장기요양보험을 추가적인 층(pillar)으로 부가하였다(Federal Ministry of Health, 2009). 보험에 가입한 모든 국민은 욕구가 있을 때 법적으로 지원받을 자격이 주어지며 재정적 상황은 장기요양자격에는 영향을 받지 않는다. 오히려 급여는 돌봄에 대한 필요성의 평가수준(상당한 정도, 중한, 매우 중한)을 토대로 보장된다. 돌봄을 받은 수준에 상관없이, 예방 및 재활(장기요양보호 욕구의 증가를 해결하거나 욕구의 감소 또는 예방하기 위한 조치)은 최우선순위의 서비스이며, 재가보호는 시설보호보다 우선적으로 주어진다.

모든 국민은 각자의 건강보험에 맞는 장기요양보험을 가지고 있어야 한다. 만약 연령에 상관없이 한 사람이 사회건강보험을 가지고 있다면, 장기요양보험은 자동적으로 가입된다. 민간 건강보험을 가지고 있는 사람들 또한 장기요양보험을 구매하도록 요구된다. 민간 장기요양보험하에 제공된 보장들은 법정 장기요양보험에서 제공된 사람들과 대등해야 한다. 또한 민간보험회사는 노인들을 위한 적당한 조건과 요율을 제공하도록 요구된다. 오히려 이 복잡한 시스템에서 공공 및 민간 장기요양보험은 일률적인 규제에 따라 관리된다. 그 점에서 보험수익자들은 평가되고, 세 가지 다른 보호 욕구의 수준(상당한 정도, 중한, 매우 중한)에 근거한 장기요양서비스를 위한 자격이 주어진다(OECD, 2005b). 요양원과 같은 시설에서 이용할 수 있는 공간의 수는 국가가 대기자들 없이 시설보호에 대한 현재의 수용성을 다룰 수 있다고 의미하는 보험정책의 채택 이후 상당히 증가하였다. 1995년 이후 독일의 재가보호 공급자 수 또한 2배 이상이 되었고, 현재 노인들의 보호 욕구를 지원하는데 충분한 지역사회 기반 시설로서 평가되었다(OECD, 2005b). 따라서 장기요양보험은 집에서 또는 입원환자 돌봄의 안정화와 전문적 서비스의 팽창에서 뚜렷한 기여를 만들었다(Federal Ministry of Health, 2009).

사회부조는 사람들이 본인부담금을 충당하기 위한 매우 충분한 소득을 가지고 있지 못할 때 시설 및 재가보호의 재정으로 기여한다. 장기요양보험에 대한 고정기여율은 이미 독일 노인인구의 보호 욕구와 보조를 맞추지 못하고 있으며, 그 전망은 다가올 미래의 건강보험서비스를 찾는 더 큰 인구 비율로서 장기요양서비스에 가장 많이 의존하는 초고령 노인들로 더 암울해질 듯하다(OECD, 2005b).

독일의 서비스품질보증 프로그램은 장기요양공급자들이 서비스의 품질 결과를 생산하고 내부 품질보증 메커니즘을 수립하기 위한 책임이 있다고 서술하는 「2001년 장기요양 품질보증법(2001 Long-Term Care quality Assurance Law)」에 따라 공급자와 질병금고에 대부분의 책임성을 두고 있다. 질병금고는 돌봄의 서비스 질에 대해 모든 보험수익자의 공평한 접근을 보장하기 위한 책임을 진다. 감독과 규제는 개별적인 주정부에 의해 느슨하게 모니터링되었고, 국가수준에서의 중요한 보건정책 감시조직으로서 연방정부 보건국에서 광범위하게 안내되었다. 또한 건강보험 자문위원회는 많은 전국적인 의료문제에 대해 자문 역할을 한다(Jakubowski & Busse, 1998). 그리고 건강보험서비스 공급자와 구매자들 사이에 계속 진행 중인 가격협상은 합리적인 수준에서 건강보험의 가격책정을 유지하기 위한 규제 메커니즘으로서 이용된다.

완화의료

다른 서구 국가들과 달리 독일은 전문화된 호스피스 돌봄에 대한 강력한 실천을 가지고 있지 않다(Schneider, Lueckmann, Behmann, & Bisson, 2009). 독일 호스피스 운동은 1980년대에 등장했지만, 공적 보건의료체계로 잘 통합되지 못하였다. 1994년에 독일 완화의료협회(German Association for Palliative Medicine)는 전문적인 건강보험 돌봄 제공자들이 완화의료의 전달체계에서 목소리를 내면서 설립되었다. 그러나 2005년까지만 해도 현대의학의 윤리 및 입법 조사 위원회

(Enquete Commission on Ethics and Legislation)는 독일 완화의료서비스의 품질과 유효성에서 불만족했다고 언급하였다. 특히 이 위원회는 더 많은 서비스, 교육, 재정적 지원 그리고 관련 연구를 요청하였다(Schneider, Buser, & Amelung, 2006). 이러한 요청에 대한 반응에서, 2007년 독일 건강보험개혁의 일부로서 입법자들은 국민들에게 '전문의 외래환자 완화의료'를 받을 자격을 주었다. 그러나 그 개혁은 지역사회의 일반의들이 제공하는 전형적인 비전문가 서비스를 강화하지 못하였다.

〈글상자 6-2〉 정책과 인간 간의 밀접한 연계: 본인부담금

건강보험 재정정책의 한 가지 측면은 개인이 보건의료서비스를 이용했을 때 지불해야 하는 본인부담금 수준에 대한 결정이다. 이 장의 서두에서 언급했던 것처럼, 암스테르담에서 살고 있는 퇴직자 K 씨는 네덜란드의 건강보험시스템에서 기본적인 보건의료서비스와 처방의약품에 대한 모든 비용을 보장받고, 매월 본인부담금 105유로(140달러)를 지불한다. 다음의 표는 이 장에서 검토한 여러 국가 중에서 5개국의 만성질환 노인의 본인부담금 지출의 변화를 보여 준다. 이 표가 보여 주는 것처럼, 만성질환 노인의 직접적인 본인부담금을 미국과 비교했을 때 네덜란드가 다른 국가들보다 훨씬 낮았다.

만성질환 노인의 보건의료서비스 이용에 대한 본인부담금(2008년)

국가	미화 500달러 미만	미화 1,000달러 이상
호주	43%	25%
캐나다	57%	20%
독일	57%	13%
네덜란드	72%	8%
미국	31%	41%

출처: Commonwealth Fund (2008); Schoen, Osborn, How, Doty, & Peugh (2009) 재구성.

네덜란드

네덜란드는 일반조세를 통해 보편적으로 보건의료비를 지원하는 유럽 경향을 거부한다. 대신 네덜란드는 민간의 임의적인 보험을 포함한 강제적인 보험료 재정정책의 혼합 유형이다(Jakubowski & Busse, 1998). 이 정책의 건강보험과 장기요양보호를 위한 보험체계는 다음과 같은 세 가지의 다른 층(pillar)으로 구성된다(OECD, 2005b).

① 특정한 소득수준까지의 강제적 국가 건강보험
② 소득 임계치 위에 있는 사람들을 위한 민간 건강보험
③ '대재난' 혹은 '예외적인' 위험과 '보험에 비적합한' 것으로 간주되는 비용들을 보장하기 위해 전 국민을 위한 포괄적인 공적 계획

이 보건체계의 마지막 층 또한 만성질환 및 다양한 돌봄환경 전반에 걸쳐 광범위한 장기요양서비스에 기인하는 긴급돌봄 욕구를 보장한다.

급성기 보건의료

네덜란드 건강보험의 역사는 정부와 자선조직들 간의 변화하는 관계를 반영한다. 대체로 사적이거나 자선적인 계획에서 기원하는 것은 거의 모든 네덜란드 병원들이 여전히 사적이며, 모두 비영리 조직들이다. 개인의 소유권이 우세함에도 불구하고, 네덜란드 정부는 보건의료시스템을 강하게 규제하고 있다.

네덜란드의 보건정책은 정부와 조직적인 집단들 간의 상호작용에 의해 형성된다(Exter, Hermans, Dosljak, & Busse, 2004). 기본적인 조직들에는 의학, 건강관리, 공중보건, 환경보호에서 과학적인 최신기술에 관해 정부에 자문하는 법정조직인 보건위원회, 건강보험과 복지정책 이슈들에 관해 자문하는 독립적인 정부조직체인 공중보건과 건강보험위원회 그리고 건강보험에 대한 서비스의 질과 접근성을 감독하는 건강보험조사단이 있다.

네덜란드의 의학적 치료는 주로 공적 및 사적 보험정책시스템에 의해 재정이 지원된다. '과도기의 보건의료체계(Health Care Systems in Transition)' 보고서에서 기술한 것처럼(Exter et al., 2004), 네덜란드의 보건의료시스템은 세 가지 구획(compartments)으로 나눠진다. 「예외적 의료비용법(Algemene Wet Bijzondere Ziektekosten)」하에 보장된 첫 번째 구획은 개인이 부담하거나 민간보험으로 적절하게 충당할 수 없는 비용인 장기요양보호나 고비용 치료(high-cost treatment)와 관련된 예외적인 의료비용을 보장한다. 몇 가지를 제외하고는 국적에 관계없이 네덜란드에 살고 있으면서 네덜란드 소득세를 내야 하는 모든 사람은 이 법에 의해 보장된다. 두 번째 보험 프로그램 구획은 공식적이고 필수적인 의학적 치료를 보장하며, 대체로 「질병금고법(Sickness Fund Act)」「건강보험접근법(Health Insurance Access Act)」과 같은 민간의료보험 혹은 공무원을 위한 건강보험정책에 따라 보장된다. 소득제한을 충족시키고 사회보장급여를 받는 모든 사람은 「질병금고법」에 따라 65세까지 보험에 가입된다. 1998년 1월 기준, 65세가 되기 전에 「질병금고법」에 따라 보험에 가입을 했던 65세 이상 노인들은 그들이 65세에 도달된 이후에도 이 방식의 보험에 가입하는 것을 지속한다. 이들의 소득은 더 이상 중요한 요소가 아니다. 이것은 '당신이 있는 곳에 머물러라(stay where you are)'의 원리로 잘 알려져 있다. 이 법적 보호의 중요한 이유는 노인들이 정당성 없이 소득의 많은 부분을 보험료로 지출하고 있었기 때문이다. 민간보험을 가지고 있는 65세의 노인들은 그들의 소득이 최대 상한선을 넘지 않게 제공되는 질병금고와 통합하여 선택할 수 있다. 세 번째 보험 프로그램 구획은 덜 필수적인 것으로 간주하는 치과, 안과, 대체의학과 같은 돌봄의 보충적 형태를 보장한다. 현재, 비용은 주로 민간 건강보험으로 충당된다. 건강보험재정의 상호 보완적인 자원들은 조세, 진료비 본인부담금 그리고 임의적인 추가 건강보험료를 포함한다.

장기적 보건의료

네덜란드는 매우 포괄적이고 다양화된 전문적인 장기요양보호시스템인 재가보호 및 시설보호를 자랑한다. 거주노인들을 위한 광범위한 급성기 및 장기요양서비스의 전달체계는 2002년 노인보건전략에 의해 관할 보건위원회 수준에서 통합되었다(OECD, 2005b). 이러한 프로그램은 모든 국민이 부담하는 보험금의 기여로 지원된다. 이 프로그램은 모든 연령이 이용할 수 있지만, 개인소득에 기초한 고용인의 부담금을 요구한다.

이미 언급한 것처럼, 민간보험으로 보장되지 않는 장기요양과 관련된 의료비용은 「예외적 의료비용법」에 의해 보장된다(Exter et al., 2004). 몇 가지를 제외하고는 네덜란드에서 살고 있는 모든 사람과 네덜란드에서 고용되어 네덜란드 소득세를 납부해야 하는 모든 비거주자는 이 법에 따라 보장된다. 1990년대 초에 진행 중인 보건개혁의 일부분으로서 몇몇 자격은 질병금고로부터 변화되었고, 민간 건강보험에서 「예외적 의료비용법」으로 변화되었다. 그러나 이 정책은 1996년에 역전환되면서 노인요양원과 노인주택은 「예외적 의료비용법」 급여 패키지에 또다시 포함되었다.

다른 유럽 국가들과 비교하여, 네덜란드는 거의 가장 높은 비율의 노인주거시설을 가지고 있다(Exter et al., 2004). 전문요양시설의 범위는 다양한 의존 혹은 치매, 감각 손상 혹은 정신치료 욕구와 같은 구체적인 보건의료 욕구의 수준을 가지고 있는 노인들이 이용할 수 있다. 또 시설보호를 필요로 하는 대다수의 노인은 요양원 혹은 유사한 주거시설에서 살고 있지만, 일부 노인은 장애인을 위한 거주시설에서 혹은 정신건강 문제를 가진 사람들을 위한 정신 및 심리사회적 돌봄을 제공하는 보호시설에서 돌봄을 받는다.

장기요양보호를 받는 노인 중 거의 58%가 자택 혹은 다른 지역사회 기반의 시설에서 살고 있다. 네덜란드의 재가보호서비스의 범위는 식사지원서비스(meals-on-wheels) 및 가사지원서비스에서 성인 주간보호와 더 집중적인 요양치료에 대한 일시적인 돌봄서비스에 이른다(OECD, 2005b). 최근에 네덜란드는 요양원 이용의 감소와 동시에 재가보호의 보급과 수용이 증가한 경향을 보였다(Statistics Netherlands, 2008). 추가적인 재가보호서비스의 성장과 장기요양서비스 옵션의 보편적 유효성(availability)에 관한 강조는 자주 공적 서비스 이용에 따라 발생하는 확대가족의 돌봄 책임성의 규범에 대한 국가의 일반적인 배제가 매우 흥미로움을 주었다. 네덜란드에서 장기요양보호의 지형에 기여한 광범위한 서비스 공급자들을 고려할 때, 네덜란드는 서비스 관리에 있어 '자동조절장치(self-regulatory)' 접근법을 받아들인다. 네덜란드의 주요한 돌봄서비스협회의 모든 조직은 포괄적이고 공식적인 내부품질관리체계를 준수해야 한다. 이러한 지침서에 대한 규정은 서비스 공급자들이 자격증을 승인받기 전에 독립기관으로 점검받는다.

완화의료

네덜란드에서 완화의료는 정규적인 보건의료의 한 부문이다. 네덜란드 보건서비스 연구기관에서 준비한 정책보고서에 의하면(Francke, 2003), 네덜란드 정부는 1996년에 호스피스의 구성단위와 완화의료 업무를 시작한 의료시설로서 완화의료에 관한 정책을 발전시키기 시작하였다. 건강, 복지 및 스포츠부(Minister of Health, Welfare, and Sport)는 완화의료를 위한 욕구가 향후 10년 내에 훨씬 더 증가할 것이며, 그 영역의 계획을 지원하기 위한 기대를 근거로 하여 시뮬레이션 프로그램을 개시하였다. 그 지원계획은 정책결정을 알리는 세 가지의 구체적인 독립된 프로그램을 포함하였다. 보건연구기관/의학적 과학 프로그램은 연구의 장려와 혁신적인 과제와 함께 주어진다. 이 작업은 완화의료에 대한 더 좋은 특징과 측정에 기인한다. 완화의료개발센터는 6개 대학센터에서 완화의료의 개발을 촉진하고 안내하기 위해 설립되었다. 완화의료개발센터는 수많은 연구과제를 착수하였으며 완화의료 현장에서 상담 및 훈련과 관련된 과제를 소개하였다. 완화의료통합 프로젝트팀은 호스피스 전문직원, 호스피스 자원봉사자(volunteer-run) 그리고 호스피스를 정기적인 건강관리로 끌어들이는 것의 통합을 촉진하기 위한 방법을 조사하였다. 이 팀은 완화의료 제공자들 간의 협력, 조정 그리고 네트워크의 개발에 중요한 공헌을 하였다.

네덜란드에서 완화의료는 일반적으로 일반의, 간호사 그리고 재가보호서비스 종사자들에 의해 제공된다. 일반의는 그들의 의료행위에 대해 의무적인 공적 건강보험계획과 민간 건강보험계획을 통해 보상을 받을 수 있다. 일반의들이 제공하는 서비스는 통증관리와 환자와 그들의 가족에 대한 심리 · 정서적 지원을 포함한다. 이와 유사하게, 재가보호서비스 기관의 종사자들도 공공 및 민간 보험회사들을 통해 보상을 받는다.

요약

고령인구의 증가에 따른 보건의료 욕구와 비용을 해결하기 위해서 각 국가들은 다양하고 복잡한 방식의 보건의료체계를 조직화하여 왔다. 이들 국가는 보편적인 의료 대 시장중심의 의료, 공공 대 민간의 재원과 보험체계, 영리 대 비영리 보건의료의 공급 그리고 의무적 대 자발적 시민 참여의 다양한 수준을 협상해 왔다. 또한 다른 많은 국가와 마찬가지로 국가재정의 안정과 공평한 서비스 분배 간의 형평성에 대한 고려를 해 왔다. 예컨대, 시장중심의 시스템은 종종 일부 노인을 위해 좋은 돌봄을 제공하고 다른 사람들의 돌봄을 완전히 무시하는 심각한 격차를 남긴다. 반면에 보편적 시스템은 인구고령화로 인해 보건의료서비스를 공평하게 이용할 수 있지만, 매우 적은 사람이 선택적 혹은 적절한 서비스를 받는 동안 인구고령화에 의해 매우 약하게 확대될 것이다. 이와 유사하게 민간재정과 보험체계는 부유층에 불균형적으로 이득을 줄 것이며, 공공재원 및 보험체계는 더 광범위한 개인에게 서비스를 제공하는 동안 지불능력을 유지하기 위해 고군분투할 것이다. 균형을 찾기 위한 고군분투의 중심에는 이 질문이 있다. 노인들을 위한 보건의료에 대해 정부가 어느 수준까지 책임을 져야 하는가? 각 시스템은 다양한 대답을 가지고 있고, 몇몇 시스템도 이 모든 측면을 처리하지 못한다. 그러나 다양한 보건의료 모델에 대한 검토는 국민들이 가장 안정적이고 포괄적인 경향을 주는 다양한 접근 범위(시스템을 구성하는 독창적인 혼합시장, 보편적 시스템, 공공/민간의 재정계획, 영리/비영리의료 그리고 법정의무/선택적 참여)를 받아들인다는 것을 제안한다.

다수의 국가는 중앙정부, 주/지방정부 그리고 지역사회 수준에서 보건의료시스템의 규제를 위한 전략 범위들을 실행해 왔다. 일부 국가는 정부에 의존하는 반면, 다른 일부 국가는 독립적인 규제기관에 의존한다. 일부 국가는 국가표준을 가지고 있는 반면, 다른 일부 국가는 지역사회 수준에서 기준을 결정한다. 다른 문화는 정부 혹은 독립적인 규제기관에 의해 엄격한 외부감독을 강조하는 반면, 다른 보건의료 문화는 돌봄 제공자들에 의해 내부 자기조절장치에 강력하게 의존한다. 대부분의 시스템은 보건시스템의 관리와 서비스 전달에 대한 책임성을 넓게 분배할 필요성이 있는 것을 발견한다. 따라서 세계 곳곳에서 보건서비스에 대한 지속적인 규제와 공평한 분배에 관한 도전을 이끌어 낼 필요성이 있다.

이 장에서 논의된 국가들 중에 호주와 네덜란드는 중앙정부, 주정부, 개별적 비용 사이에서 공공 및 민간 건강보험의 공급 간에 최대균형을 입증한다. 노인을 위한 포괄적인 보건의료시스템은 재정적 갈등과 불공평한 서비스 분배를 초래하는 보건의료체계에 대해 더 좁은 접근법을 가지고 있는 국가들을 위한 모델로서 제공될 것이다. 대부분 이 두 국가가 가지고 이용하는 통합된 정책전략은 완화의료에 대한 대안으로부터 완전한 서비스의 범위에 대해 노인들을 반드시 공평하게 접근하게 하며, 지역사회와 시설보호에서 노년기 돌봄의 유연한 지속성을 만들었다. 그러나 소수집단 노인의 상당한 비율을 가지고 있는 호주와 미국과 같은 국가들은 포괄적인 노년기의 돌봄을 제공하는 데 있어 추가적인 장애에 직면한다. 가장 성공적인 보건의료시스템조차 소수집단의 유일한 건강보험 욕구를 드물게 다룬다. 이것은 평균수명에 따라 그리고 국경을 넘어서 유효하다.

관련 추가 정보

1. 미국 퇴직자협회 산하 공공정책연구소(보건연구)
   http://www.aarp.org/research/ppi/health-care/
   이 사이트는 미국과 전 세계에서 보건을 포함하는 노인인구와 관련된 다수의 이슈에 대하여 연구를 수행하고 보고한다.

2. 미국 질병관리예방센터(CDC)
   http://www.cdc.gov/aging/
   이 사이트는 미국 연방정부 보건복지부의 목표이며, 노인에게 영향을 미치는 다양한 건강과 관련된 이슈들에 관한 정보를 제공한다.

3. 국제 호스피스 및 완화의료협회
   http://www.hospicecare.com
   이 조직의 비전은 전 세계 환자와 그들의 가족을 위한 호스피스 및 완화의료에 대한 적절한 이용과 접근성을 지원하는 것이다.

4. 미국의 건강보험개혁

http://www.healthreform.gov/

이 책은 출판 예정으로, Barack Obama 대통령이 「환자보호 및 부담적정보험(Patient Protection and Affordable Care Act)」(2010)을 서명하였고, 이것은 곧 공법 제111-148조로서 공표될 것이다.

5. 카이저 가족재단

http://www.kff.org/healthreform/upload/8061.pdf

이 재단은 새로운 미국 건강보험법(U.S. health care law)에 대한 훌륭한 요약을 제공한다.

6. 헨리 카이저 가족재단

http://www.kff.org/

이 비영리 민간조직은 미국과 전 세계에서 보건정책에 관한 연구보고서를 제공한다. 이 조직은 특히 HIV/AIDS 인식과 예방을 대상으로 하는 공공보건정보 캠페인들을 개발한다.

7. 세계보건기구(WHO)

http://www.who.int/en/

WHO는 세계 보건문제에 관해 선두로 제공하고, 보건연구 어젠다를 공유하고, 규범과 기준을 정하고, 증거기반 정책 옵션들을 분명하게 설명하고, 국가들에 대해 기술적 지원을 제공하고, 보건 동향을 모니터링하고 평가하는 것에 대한 책임성이 있다.

G 부인(67세), 네덜란드 암스테르담

저는 1939년에 태어났어요. 예전에 이탈리아에서 결혼을 했지요. 그리고 로마에서 남편을 만났지만, 그는 사망했어요. 제가 계속해서 로마를 방문하는 이유는 가족들이 아직 로마에 살고 있기 때문이에요. 전 1982년에 네덜란드 남자와 재혼을 했지요. 현재 여기에서 매우 좋은 집에서 남편과 함께 살고 있어요. 여기는 매우 좋은 곳이에요. 저는 네 마리의 고양이를 키우고 있어요.

제가 어렸을 때, 이탈리아에서 고전 발레를 했으며, 그 이후 암스테르담의 이곳 오페라에서 춤을 추었어요. 우리 가족들은 오페라에 살고 있어요. 어머니는 의상디자이너였고, 아버지는 오케스트라에서 일했으며, 저 역시도 오케스트라에서 일했어요. 제가 암스테르담의 이곳 오페라에 있기 전에는 1년 동안 파리에 있었고, 18년 동안 로마에서 살았어요. 로마에서는 이탈리아 TV 공영방송(RAI)에서 일했으며, 극장과 TV에서 빅쇼를 진행했어요. 저는 유명한 이탈리아 가수인 Modugno와 함께 일했으며, 그를 매우 잘 알았지요. 정말 신나는 생활이었어요. 제가 14세 때 오페라와 함께 일하면서 독일, 스페인, 프랑스로 여행을 다니며 다양한 세계를 보았고, 미국 뉴욕에도 있었어요. 이제는 로마에만 갈 뿐 더 이상 여행을 다니지 못해요. 바스타(Basta)는 '이제 충분하다, 끝냈다'라는 것을 의미하지요! 그래서 35세가 되었을 때, 다시 암스테르담으로 돌아갔지요. 35세에 발레리나로서의 삶을 끝냈어요.

발레리나를 그만두고 암스테르담의 마케팅 분야에서 몇 년 동안 일했던 네덜란드로 돌아갔어요. 그다음 60세에 퇴직을 했지요. 이제는 더 이상 일하지 않아요. 이미 너무 열심히 일했기 때문이에요.

제 일상은…… 친구들을 만나러 가고, 쇼핑을 가고, 책을 읽어요. 난 항상 독서를 하고 있고 바느질에 집중하지요.

저는 네덜란드로부터 연금을 받아요. 제가 65세였을 때 그것을 받았지요. 저는 적은 금액의 네덜란드 정부 연금(AOV)을 받지만, 이웃들은 좋아하지 않아요. 왜냐하면 제가 이탈리아에 살고 있었기 때문에, 네덜란드에서 오랫동안 일하지 않은 이유이지요. 또 제가 이탈리아의 극장에서 일했던 회사로부터 한 연금을 받고 있어요. 그리고 제가 암스테르담의 이곳 가게에서 일하고 있었을 때부터 매달 조금씩 급여에서 공제하여 납부했기 때문에 한 가지 연금을 받아요. 그래서 총 세 가지 연금을 가지고 있지요. 저는 제 연금이 적절하다고 느껴요. 그리고 남편도 연금이 있어요. 하지만 연금소득에 대한 세금을 내야 해요.

최근 보건시스템은 변화했어요. 현재 모든 사람은 매달 건강보험에 얼마를 납부하면서 기여해야 해요. 남편과 저는 각각 매달 105유로를 납부해요. 어떤 사람들은 보험료 총액과 의사, 처방의약품과 같이 무엇을 이용하느냐에 근거하여 각각 다른 금액을 납부해요. 그래서 저는 혈액검사를 위한 처방의약품을 선택해야 하고, 검사를 받으면 정부가 모든 것을 지불해 주지요. 그리고 카드를 가지고 있어요. 이 카드를 보여 주면 어떤 금액도 지불하지 않아도 돼요. 만약 제가 처방의약품이 필요해서 약국에 가서 그들에게 이 카드를 보여 주면 약값을 지불하지 않아도 돼요. 제가 이탈리아에 갔을 때 만약 처방의약품이 필요해서 그들에게 이 카드를 보여 주면 이탈리아에 있는 동안 약값을 지불하지 않아도 되지요. 이 카드는 국제적으로 사용할 수 있어요. 그래서 제가 매달 105유로를 지불하면 필요한 의약품은 보장된답니다. 치과 치료는 25%라는 약간의 비용을 지불해야 하며, 병원 치료 비용은 지불하지 않아요. 병원은 매우 좋아요. 그곳은 매우 가깝고 제가 걸어갈 수 있는 곳에 있어요. 의사를 만나는 데 오래 걸리지 않아요. 안경은 보장되지 않아서 직접 지불해야 해요. 만약 제가 병원에 입원해서 개인병실을 원한다면, 민간보험 혹은 더 많은 보험료를 추가로 지불할 수 있어요.

교통과 같은 다른 것들에 대해서는 제가 여기저기를 돌아다니려고 택시를 탈 필요가 있다면, 택시비를 지불한 다음 그 비용을 상환받기 때문에 무료예요. 작은 버스를 이용할 수 있다면 1.5유로에 이용할 수 있을 거예요. 또한 전차를 이용할 수 있는데, 65세 이상 노인은 전차요금의 50%를 지불하지요. 택시가 매우 비싸기 때문에 전차가 좋아요. 이것은 암스테르담을 여기저기 돌아다니는 데 매우 편리해요.

매달 전차는 무료 혹은 할인된 비용으로 할 수 있는 무언가를 가지고 있어요. 이번 달에는 동물원을 갈 수 있고 다른 달에는 반값으로 영화관 혹은 극장에 가거나 혹은 보트와 다른 것들로 여행을 할 수 있어요. 그것들은 때때로 요금을 지불하지 않거나 약간의 요금을 지불하며, 어떤 일이 있는 모든 달에 대한 정보를 보내 줘요. 하지만 이 혜택은 암스테르담에서만 이용할 수 있으며, 다른 도시에서는 이용할 수 없어요.

만약 어디에 가기를 원한다면 노인을 위한 클럽들이 있고 그곳에서 먹을 수도 있어요. 원한다면 식사도 할 수 있는데, 원한다면 매일 할 수도 있어요. 점심 혹은 저녁이 있어요. 그 거리의 끝에는 노인들을 위한 아파트가 있고, 의사도 이용할 수 있어요. 자신을 위해 요리도 할 수 있지요. 혹은 요리를 원하지 않거나 혹은 아프다면, 그들은 당신을 위해 요리를 해 줄 거예요. 정부는 이것을 지원하지 않아요. 이것들은 사적이지만, 대부분의 노인은 저처럼 살고 있는 집에서 계속 지내기를 원해요. 저는 1998년 이후부터 여기에서 계속 살고 있어요.

만약 여러분이 집에서 도움이 필요하다면, 여러분은 도와줄 누군가를 집으로 올 수 있게 요청할 수 있어요. 제 이웃은 청소를 잘 하지 않고 이 서비스를 기다리기 때문에 일주일에 두 번 집 청소를 하러 오는 한 소녀가 있어요.

네덜란드에서 이것들은 매우 좋아요. 우리는 항상 "그것이 좋지 않다. 그것이 좋지 않다."라고 말하지만, 건강을 위해 이것은 좋고, 또한 노인들을 위해 이것은 좋아요.

저는 나이 듦에 대해서 생각하지 않아요. 안 돼, 안 돼, 아니요. 저는 항상 그렇게 해 왔어요. 저는 모든 연령이 나이 듦에 대해 좋은 무언가를 가지고 있다고 생각해요. 하지만 40세였던 한 친구가 있었고, 그녀는 어려운 시기에 있었으며, 그녀는 발레를 은퇴하면서 즐거운 마음으로 기다리는 무언가를 전혀 생각하지 않았기 때문에 자살을 했지요. 그 일은 슬펐어요.

67세는 저에게 매우 좋은 나이예요. 저는 건강하게 80세, 90세에 도달하기를 희망해요. 제 나이에 대해서 싫어하는 것은 아무것도 없어요. 여러분은 매우 어린 사람들을 볼 수 있지만, 그들은 매우 늙었죠. 그들의 마음은 늙었어요. 태양은 비추지요. 하지만 그들은 "그것은 너무 덥다. 그것은 너무 춥다. 비가 오고 있다."라고 항상 부정적으로 불만을 토로하지요.

네덜란드에서 그리고 이탈리아에서의 일반적인 젊은이들 또한 노인들로부터 독립하지만, 모두는 아니고 일반적으로 그래요. 하지만 저는 그것이 여러분 안에 있다고 생각해요. 저는 사람들에게 '나의 이름은 ________이지 부인(signora)이 아니에요!'라고 말해요. 저는 그것이 자기 자신 안에 있다고 생각해요. 만약 여러분이 더 외향적이라면, 그것은 여러분의 밖에서 기인하고 있어요. 어떤 사람들은 그들이 50세라고 생각해요. 그것은 여러분 마음 안에 모두 있지요. 네덜란드에서 그들은 만약 여러분이 늙었다면, 여러분은 꽃을 보기 위해 창문을 통해 가만히 앉아서 본다고 말해요. 저는 대부분의 노인이 네덜란드에서 이렇게 하고 있다고 생각해요.

나이를 드는 것에 대해 학생들에게 해 주고 싶은 조언은 여러분이 긍정적이어야 한다는 것이지요. 세상은 좋지 않지만 여러분은 어떤 것을 만들어야 한다고 생각해요. 비가 온 후 햇살은 항상 비추니까요.

제7장

정신보건정책

사람들이 더 오래 살고 인구가 점점 더 고령화됨에 따라, 정신질환을 앓고 있는 사람의 수가 향후 수십 년 동안 증가할 것이다. 이러한 부담은 고통, 장애, 경제적 손실 측면에서 엄청난 비용을 초래하고, 이러한 추세는 미래에도 증가할 수밖에 없을 것이다. 사람들의 정신건강을 증진시키기 위해 정부가 일관적이고 포괄적인 전략을 구체적으로 만들어 내고 투자하는 것은 중요하다.

– 세계보건기구(2001, p. 8)

만약 내가 몸이 건강하다면 나이 듦에 대해 생각하지 않아요. 전 정말 상관없지만, 가끔씩 제가 과거에 가지고 있었던 그 활력이 없다는 것을 인식해요. 저는 제 남은 삶을 고대하기에는 너무 많이 남아 있지 않다는 것을 알아요. 그래서 가끔은 매우 우울하고, 처음부터 다시 내 삶을 시작할 수만 있다면 얼마나 좋을까라고 생각해요. 저는 지난날의 추억을 의지하면서 살아가지만, 가끔씩 전혀 기억이 나지 않아요. 그래서 제 머리 속이 매우 좋지 않다는 것을 반복해서 느끼죠. 그래서 가끔 저는 자동차를 탄 후에 잠시 동안 괴성을 지르기도 해요.

– A 부인(76세), 이탈리아 피에몬트

세계보건기구는 정신건강을 개인이 자신의 잠재력을 실현하고, 일상생활의 스트레스에 대처할 수 있으며, 생산적이고 유익하게 일하고 공동체에 기여할 수 있는 안녕(well-being) 상태로 정의한다(WHO, 2009). 65세 이상의 노인 대다수는 구조적으로 노화와 관련한 변화를 극복하면서 정신건강을 유지한다. 그러나 일부 노인은 자주 우울증과 불안으로 인해 정신건강 상태가 좋지 않거나 또는 정상적인 노화의 일부가 아닌, 개인적인 큰 고통, 사회적 배제, 장애 그리고 삶의 질 저하를 초래하는 약물남용과 치매와 같은 나쁜 정신건강 상태를 경험한다. 치매를 예로 들어 보자. 전 세계에서 치매를 앓고 있는 사람들이 약 3,000만 명으로 추정되고 있다(Alzheimer's Disease International, 2008). 이용할 수 있는 역학적 자료에 따르면, 치매를 앓고 있는 고령자 수는 2050년까지 1억 명 이상 증가할 것으로 예상한다. 선진국과 비교하여 개발도상국에서 더 낮은 치매 유병률의 경향을 보이지만(〈표 7-1〉 참조), 국제알츠하이머학회(Alzheimer's Disease International)는 이완율과 사망률에 대한 패턴이 선진국가의 패턴과 결합되면 치매 유병률도 높아질 것이라고 예측한다.

정책의 발달, 자원의 할당 그리고 노년기의 정신건강 문제에 대한 관리를 위한 서비스의 수립에 영향을 미치는 것으로 나타나는 보편적인 양가성이 있다. ① 정서적 관심보다 신체적 증상을 강조하는 노인들의 경향, ② 정신건강의 진단과 관련된

〈표 7-1〉 일부 WHO 지역과 노인집단의 연령대에 따른 치매 유병률의 추정

지역		노인집단의 연령					
WHO 지역	지역 구분	60~64세	65~69세	70~74세	75~79세	80~84세	85세 이상
EU	서유럽	0.9	1.5	3.6	6.0	12.2	24.8
EU	동유럽	0.9	1.3	3.2	5.8	12.2	24.7
AM	북아메리카	0.8	1.7	3.3	6.5	12.8	30.1
AM	남아메리카	0.8	1.7	3.4	7.6	14.8	33.2
EM	중동	0.9	1.8	3.5	6.6	13.6	25.5
EM	북아프리카, 중동	1.2	1.9	3.9	6.6	13.9	23.5
WP	일본, 호주, 뉴질랜드	0.6	1.4	2.6	4.7	10.4	22.1
WP	중국과 주변 지역	0.6	1.7	3.7	7.0	14.4	26.2
SEA	인도네시아, 스리랑카, 태국	1.0	1.7	3.4	5.7	10.8	17.6
SEA	인도와 주변 지역	0.4	0.9	1.8	3.7	7.2	14.4

* EU: 유럽, AM: 아메리카, EM: 지중해 동부, WP: 서태평양, SE: 동남아시아
출처: Alzheimer's Disease International (2008) 재구성.

낙인(stigma) 때문에 정신적 문제를 공개하는 것을 꺼리는 경우, ③ 노년기 정신건강 장애의 징후들을 확인하기 위한 서비스 제공자들의 교육 부족, ④ 노년층과 보건-서비스 제공자들이 모두 가지고 있었던 '정상적인 노화(normal aging)'에 대한 고정관념은 개인이 인지, 심리적 및 행동적 증상의 심각성을 폄하하려는 원인이 된다. 그리고 ⑤ 제한적인 재정 및 규제 구조는 노년층의 정신보건서비스에 대한 부족을 악화시킨다(Mauch, Kautz, & Smith, 2008).

전 세계적으로 인구의 69%를 차지하는 국가의 약 78%가 정신보건정책을 제도화하였다(WHO, 2005a). 많은 국가가 자국민에 대한 정신보건 욕구를 다루기 위해 현존하는 프로그램을 보고하고 있지만, 특히 노년층을 위한 구체적인 프로그램 유형과 서비스의 질에 관한 정보는 종종 제한되거나 이용이 불가능하다. [그림 7-1]에서 보여 주는 것처럼, 현존하는 노년층을 위한 정신보건 프로그램은 매우 다양하

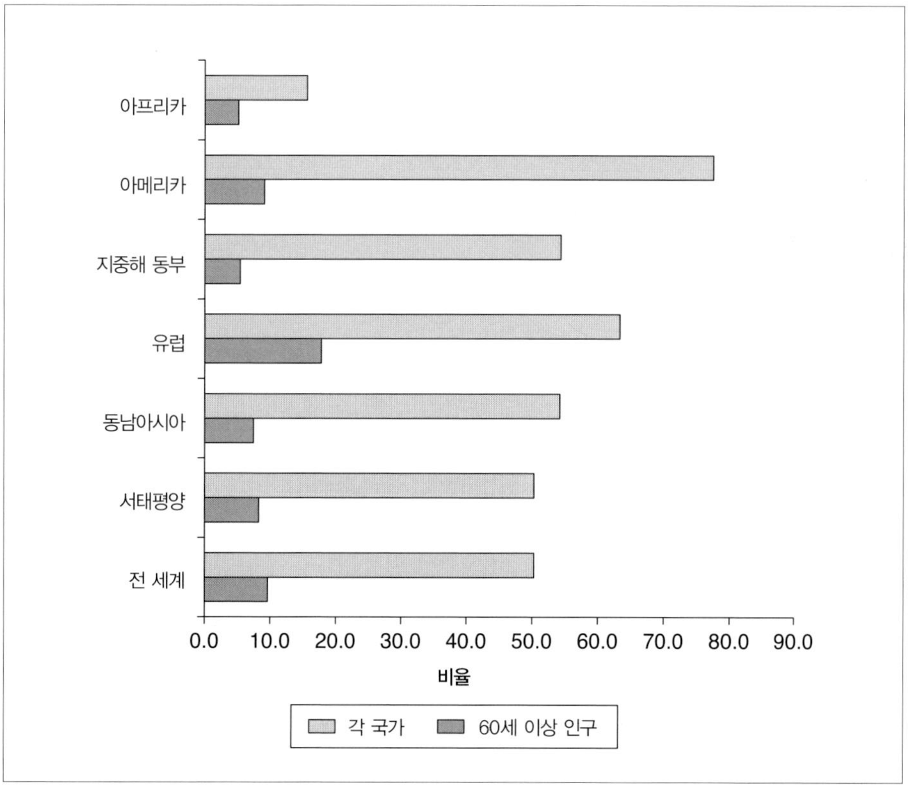

[그림 7-1] 노인 정신보건 프로그램의 분포와 각 WHO 지역과 세계 노인인구 비율의 비교

출처: WHO (2005a).

고, 지역사회의 부(wealth) 또는 지역 발전과 매우 밀접하게 관련되어 있다. 노년층을 위한 정신보건프로그램을 제공하고 있는 국가는 아프리카 지역 15.6%, 서태평양 지역 50%, 미주 지역 국가가 77.4%를 제공하고 있다(WHO, 2005a).

이 장에서 논의된 국가들은 정신보건서비스를 지원하는 데 다양한 접근법을 선택하며, 각 국가의 고령인구를 수용하기 위한 정신보건정책의 검토에 대한 다양한 국면을 보여 준다. 우리는 정책, 규제, 재정 그리고 노년층을 위한 정신보건서비스의 효과적인 공급을 촉진하거나 방해할 수 있다는 데에 세심한 주의를 기울이도록 지도자들을 격려한다. 여러분이 다양한 정책수준에서 어떤 결정에 주목하는 미국, 캐나다, 호주, 스웨덴, 영국 그리고 스페인의 독자적인 프로파일들을 읽었던 것처럼, 장벽들을 제거하기 위해 시작할 수 있다. 왜냐하면 노인들이 다른 건강서비스에 접근하는 것만큼 쉽게 정신보건서비스에도 접근할 수 있기 때문이다.

미국

미국에서는 다른 모든 성인 연령집단보다 더 낮은 비율인 3% 미만의 노인들이 치료를 위해 정신보건 전문가를 찾고 있다고 보고한다(Bartels et al., 2004). 아마도 이것은 미국이 정신보건에 관해 분명하게 명시된 포괄적인 국가정책이 없기 때문일 것이다(WHO, 2005d). 오히려 모든 시민을 위한 정신건강치료는 일반 보건정책에서 구성되어 있으며 이것은 다양한 입법부의 결정, 국가의 조직, 주정부 프로그램, 다수의 민간보험과 교차하고 있다. 정신보건은 1차 건강관리시스템의 한 부문으로 간주되지만, 정신보건 현장에서는 1차 의료전문가에 대한 정기적인 훈련은 수행하고 있지 않다(WHO, 2005d).

정신보건이 처음으로 제정됐을 당시에는 노인보건서비스를 제공하는 정부의 주요한 두 가지의 보건정책계획이었던 메디케어와 메디케이드(제6장 참조)가 정신보건치료의 제공에 대한 자세한 내용을 거의 언급하지 않았다. 시간이 지나면서 이러한 프로그램을 통해 정신보건서비스에 대한 보장은 점점 더 확대되었다. 예를 들면, 1987년까지 메디케어는 외래환자의 정신치료와 후속조치 진단서비스를 위해 보험수익자에게 연간 최대 250달러의 비용을 보장하였다. 연간 지불 상한선은

1987년 「일괄예산조정법(The Omnibus Budget Reconciliation Act: OBRA)」의 제정으로 1,100달러까지 인상되었다. 1989년 「일괄예산조정법」은 정신건강치료에 대한 연간 지불 한도를 삭제하였으며, 심리학자와 임상사회복지사가 제공하는 서비스의 보장 범위를 확대하였다. 2009년 기준, 정신건강치료를 위한 메디케어의 보장 범위는 병원기반 입원환자의 치료를 포함하는 정신건강서비스(파트 A), 입원 중 의사 및 치료사 서비스(파트 B), 정신건강 진단 및 치료를 위한 외래환자 서비스(파트 B) 그리고 항 정신 약물처방(파트 C와 D)을 포함하고 있다(Medicare Benefit Policy Manual, 2009).

메디케어와 메디케이드에 대한 자격을 가지고 있는 개인은 추가적인 정신건강서비스에 대한 자격을 가질 수 있다. 메디케이드 개혁의 일부분으로서 1987년 「일괄예산조정법」은 주요한 정신적 질환에 대한 1차 또는 2차 진단을 받은 모든 잠재적 수요자 사례가 요양원 입소에 적절한지 또는 정신질환에 대해 적극적인 치료가 필요한지를 결정하기 위한 조기진입심사를 받을 것을 요구한다. 1987년 「일괄예산조정법」이 보장하는 정신질환은 조현병(schizophrenia), 편집장애(paranoid disorders), 주요정동장애(major affective disorders), 분열정동장애(schizo-affective disorders) 그리고 이례적인 정신병(atypical psychoses)을 포함한다. 그러나 주정부는 정신건강서비스의 범위를 결정하는 데 유연성을 가지고 있으며, 주정부의 메디케이드 급여 패키지는 연방정부의 안내 지침서 내에서 상당한 차이가 있을 수 있다. 예를 들면, 19개 주정부만 메디케이드를 통하여 심리치료사 서비스를 보장하고, 5개 주정부만 의료사회사업서비스를 위한 메디케이드 급여를 제공한다(Center for Medicare Advocacy, Inc., 2009).

서비스의 범위는 확대되었지만 정신건강진단과 비교해 보면, 신체건강을 위한 메디케어와 메디케이드 급여 간의 불균형은 지속되고 있다. 예를 들면, 메디케어는 일반적인 의료서비스의 상환율 80% 대비 외래환자 정신건강서비스를 위한 50% 상환율을 가지고 있으며, 노인들이 병원에 입원하지 않는 한 정신건강치료를 위한 처방약에 대한 메디케어 보장 범위는 없다. 입원환자를 위한 정신건강서비스의 보장 범위에 관한 메디케어 보험의 한도는 일반 건강보험 입원환자의 보장 범위에 대해 제한이 없는 것과 비교하여 190일이며, 메디케어와 메디케이드 보험은 정신보건서비스를 위한 상환에 관해 중증장애, 허가받은 정신보건 방문 수에 관한 제한 및 한도로서 장애에 대한 지정 요구와 같은 구체적인 조건을 둔다(Center for Medicare Advocacy, Inc., 2009; Sivis, McCrae, & Demir, 2005). 정신보건서비스에 대한 메디케어 지불동등성(payment parity)의 발전은 2008년 「환자와 제공자를 위한 메디케어개선법(Medicare Improvements for Patients and Providers Act)」의 통과와 함께 만들어졌다(National Committee to Preserve Social Security and Medicare, 2008). 2010년 초, 외래환자의 정신의학 서비스에 대한 치료와 관련해 비용에 대한 분담금에서 감소하였다. 2014년까지 보험수익자들은 파트 B 서비스에 대한 표준 금리 20%의 공동보험률을 지불할 것이다.

1996년 의회는 민간보험을 가지고 있는 개인에게 다른 건강지원과 동등한 정신보건급여를 제공해 주려는 시도에서 「정신보건균형법(Mental Health Parity Act: MHPA)」을 제정하였다. 「정신보건균형법」, 집단보건계획, 보험회사 그리고 정신보건급여를 제공하는 건강관리조직 산하에서 치료 및 수술급여에 관해 비용한도액을 부과하지 않는 계획은 더 낮은 정신보건급여에서도 비용한도액을 부과하지 않을 수 있다. 그러나 「정신보건균형법」의 공급은 약물남용 또는 약물의존을 위한 급여에는 적용되지 않는다(U.S. Department of Labor, 2008).

노인 정신보건정책

노인을 위한 정신보건서비스를 개선하기 위한 광범위한 정책계획은 아직 성공적이지는 않지만, 일부 소규모의 입법과 규제 관련 정책결정들이 지역사회와 시설에서 심리요법과 같은 정신보건서비스에 접근하는 노년기의 삶을 개선할 잠재력이라는 것을 만들어 왔다. 이러한 단계는 2001년에 제정된 치매 환자에게 제공된 심리적 서비스에 대한 메디케어 상환, 심리학자들이 제공한 광범위한 범위의 서비스를 보장하기 위해 2002년에 제정된 메디케어 의료보험, 행동사정 및 개입규정의 확대 그리고 노인을 포함하여 서비스가 충분하지 못한 취약계층과 일할 수 있도록 심리학 전문가를 훈련시키는 종합 대학교와 단과 대학을 지원하는 전국 대학원 심리학 교육 프로그램의 설립을 포함한다(Karlin & Duffy, 2004). 미국 「노인복지법」에서 재원 또한 노인 정신보건서비스를 지원하기 위해 사용될 수 있다(구체적인 내용은 제8장 참조). 예를 들면, 1992년 「노인복지법」에 추가된 제3편-F는 우울증 예방 검사, 지역사회 정신보건서비스의 조정, 교육적 활동의 공급 그리고 정신의학 및 심리적 서비스에 대한 위탁을 포함하는 질병예방과 건강증진서비스를 위한 소액의 재원을 제공한다.

지속적인 노력은 노년기의 정신보건서비스에 대한 지원을 증가시킬 정책에 영향을 미친다. 2005년에 24명의 정신보건 치료전문가 패널, 소비자, 공급자, 연구자 그리고 정부의 보건공무원들은 정신보건서비스에 접근하기 위해 시도하는 노인들이 직면한 장벽들을 확인하기 위해 함께 모였다(Mauch et al., 2008). 이들이 제출한 보고서는 ① 신체적 건강과 정신보건서비스 혹은 방문에 대해 같은 날의 청구서 지불에 관한 국가 메디케이드의 제한, ② 정신보건서비스와 관련된 협력치료와 사례관리를 위한 상환의 부족, ③ 비의료인, 대안실천가 혹은 계약 실천가/제공자들이 공급하는 서비스에 대한 상환의 부재, ④ 1차진료 의사들이 정신건강진단과 부합하는 치료에만 해당하는 계산서를 청구할 때 상환에 대한 메디케이드의 불허, ⑤ 농촌 및 도시 지역의 낮은 상환율, ⑥ 예방적 치료 현장에서 예방적 정신보건서비스를 검사하고 제공하는 것에 대한 장려금의 부족을 포함하는 많은 재정적 장벽을 구체화시켰다(Mauch et al., 2008; Psychiatric Services Online, 2008). 따라서 정신건강치료를 위한 재정안정망은 정신보건서비스의 욕구가 있는 노인들이 쉽게 완화될 수 있는 것에 따라 많은 격차를 가지고 있다.

재정구조가 비슷한 규제에 대한 접근법은 노인들에게 정신보건서비스를 개선시키거나 또는 방해하는 동시적 잠재성을 가지고 있다. 정신보건정책과 재정처럼 정신보건서비스에 대한 강제적인 시스템은 연방정부, 주정부 그리고 지역사회계층들에 의해 복잡해진다. 메디케어와 메디케이드 서비스를 위한 센터들은 메디케어와 메디케이드 프로그램을 관리하기 위한 강제적인 조직체이다. 이것은 전국의 메디케어 매개자 혹은 중개인으로 잘 알려진 민간보험회사들과의 계약을 통해 메디케어 프로그램을 운영한다. 그다음에 건강보험 외래환자의 정신보건에 대한 요구를 따르는 것에 책임이 있다.

메디케어와 메디케이드 서비스센터들이 이러한 중재자들을 감독하기 위하여 10개의 지역사무실을 가지고 있지만, 중개인들과 의료 책임자들은 서비스 지역의 지역의료에 대해 재검토할 정책들을 결정하여 상환할 만한 '의학적으로 필요한' 치료를 구성하는 것에 대한 결정을 안내한다(Karlin & Duffy, 2004). 이 분권화된 시스템 때문에 지역의료에 대해 재검토할 정책들은 상당히 다양하며, 어떤 정책들은 정신보건서비스에 대해 제대로 된 상환을 막으면서 너무 제한적이거나 너무 좁게 해석한다. 한 지역의 정신보건전문가들은 다른 지역에서 쉽게 상환되는 서비스에 대한 범위를 부인할 것이다. 이전에 언급한 것처럼, 중앙정부는 그들이 수립한 정부 지침서 내에서 제공하는 정신건강 메디케이드 급여를 결정하는 데 권한을 가지고 있으며, 많은 주정부는 최근에 불경기에 대응하여 심리적 서비스를 위한 메디케이드 지불을 제한하였다. 게다가 요양원의 돌봄을 측정하기 위해 사용된 연방정부의 품질표준 또한 시설 거주자들의 심리적 서비스의 이용을 폄하할 수 있는데, 오직 약물치료만 이 시스템의 유용한 우울증 치료요법으로서 계산되었다. 따라서 분산되어 있는 다양한 규제구조는 모순을 만들었고, 정신보건서비스에 대한 노인들의 접근성에 상당한 영향을 미치는 도전이 되고 있다.

다수의 넓은 지역적 지향성과 입법적인 노력은 관심을 하락시켰고, 노인이 이용할 수 있는 정신보건서비스의 방향에 영향을 미쳤다. 1960년에 제정된 미국 「장애인법(Americans with Disabilites Act: ADA)」(1991)과 대법원의 옴스테드 판결(Supreme Court's Olmstead v. L. C. decision; Cornell University Law School Legal Information Institute, 1999) 또한 미국 보건정책 수립에 결정적인 시기가 되었고, 정신적인 장애로 고통받고 있는 사람들을 위한 합법적인 토대가 되었다. 미국 「장애인법」은 차별로부터 정신건강장애를 가지고 있는 개인을 보호하고, 대법원 판결 후에 지역사회 거주자의 권리를 승인하였다(President's New Freedom Commission on Mental Health: PNFCMH, 2003). 정신건강 관리로 간주되는 어떤 포괄적인 정책을 설정하지 않는 동안, 이러한 사건들은 정부환경의 변화를 자극하였고, 정신적인 장애로부터 고통받고 있는 사람들이 부딪히는 장벽에 대한 관심을 증가시켰다. 그리고 전국적인 지역사회 기반의 정신건강 관리 옵션의 확대에 대한 중요성을 강조하였다. 같은 맥락에서 『정신건강: 공중보건국 보고서(Mental Health: A Report of the Surgeon General)』(Surgeon General U.S. Public Health Service, 1999)는 전반적인 건강의 기본적인 측면으로서 정신건강을 확인하는 것과 이 영역에서의 대립되는 서비스 장벽의 중요성을 강조하면서 국가적 관심을 일으키는 것을 도왔다.

2002년에 George Bush 대통령은 뉴프리덤 정신보건위원회를 소집하였다. 이 조직은 국가정신보건 전달체계의 연구와 '그들이 지역사회에서 살고, 일하고, 배우고, 충분히 참여함'에 있어 정신질환 혹은 정서장애로 고통을 겪고 있는 사람들을 수용하려는 더 나은 서비스를 위한 제언을 책임지고 있다(PNFCMH, 2003). 위원회의 최종 보고가 노인들의 특정 욕구를 다루려는 데는 실패하였지만, 연방정부 수준에서 정신건강 관리 전달체계의 부적절성을 확인하였다. 많은 서비스 제공자의 기대는 긍정적인 면에서 결국 노인들을 위한 서비스에 영향을 줄 수 있는 변화에 대한 '정책 창(policy window)'을 제공하려는 것으로 연결된다(Karlin & Duffy, 2004). 모든 국민을 위한 정신보건서비스를 향상시키기 위해 위원회가 제시한 여섯 가지 기본적인 제언들 가운데 적어도 다음 네 가지의 추천사항은 서비스 장벽의 감소, 서비스 범위의 증가 그리고 노인들이 이용 가능한 정신건강지원에 대한 서비스의 질을 완전히 강화시킬 수 있었다(PNFCMH, 2003).

① 신체건강과 정신건강 간의 관계에 대해 모든 미국 시민을 더 충분히 교육시키기
② 더 많은 소비자와 가족 주도의 정신건강 관리 만들기
③ 정신건강 관리의 불균형(disparities) 없애기
④ 조기 정신건강 검사, 사정 그리고 일반적인 실천사례 소개하기

캐나다

현재 캐나다 노인의 약 20%는 정신질환을 앓고 있다(Canadian Mental Health Commission, 2006). 캐나다 정신건강협회(Canadian Mental Health Association: CMHA, 2009a)는 정신질환 유병률이 노인집단과 젊은 연령집단 간에 유사하지만, 노인들 또한 치매, 섬망(delirium)과 같이 연령과 관련된 정신적 장애와 싸워야 하는 것에 주목할 것을 제의한다. 이러한 장애와 약물남용을 추정하면, 노인들 중 정신건강 문제에 대한 유병률은 30%로 높을 것이다(Elderly Mental Health Care Working Group: EMHCWG, 2002).

일반적으로 캐나다의 보건시스템은 노인들의 독특하면서 다양한 정신건강 욕구를 인식하지 못한다. 캐나다 정신건강위원회(2006)는 고령인구를 고려하여 캐나다

의 정신보건시스템이 직면하고 있는 몇 가지 중대한 도전과제를 확인한다.

① 특정 연령에 한정된 치료와 지원서비스의 불충분한 이용 가능성
② 정신보건서비스에 대한 제한된 접근성
③ 지역기반 정신건강 관리에서 시설기반 정신건강 관리로 이행하려고 할 때 적절한 관리에 대해 비능률적이고 불필요한 혼란을 초래
④ 정신질환 노인의 회복과 지속적인 지역사회 생활을 목적으로 하는 효과적인 지역사회 기반 치료를 적극적으로 추구하기보다 급성 또는 장기 요양시설에 배치하려는 경향

미국의 경향과 비슷한 캐나다의 주요한 이슈는 낙인을 찍고 정상적인 노화과정에 운명론을 적용하는 사회적 경향이 있다. 전문가, 가족 구성원 그리고 노인들이 '단지 나이를 먹는 것'에 기인하는 것으로서 노년기 말년의 실질적인 고통의 증상을 일축하는 경향이 있다(Canadian Mental Health Commission, 2006에서 재인용).

정신보건서비스에 대한 지원은 캐나다 전체 보건의료시스템의 한 부분이다. 메디케어로 잘 알려진 이것은 사회연대문화에 근거하여 모든 국민을 위한 강제적 건강보험에 의한 보편적인 시스템이다(제6장 참조). 사회보험체계는 정신건강 관리를 포함하여 모든 연령의 캐나다인을 위한 기본적인 예방비용과 급성기 의료의 치료적 비용을 보장한다. 이 체제의 설립에 대한 토대는 약 1/3이 상당한 연방정부 보조금이며, 나머지 건강보험 비용은 주로 지방의 개별세금 및 법인세로 지원된다(Steinbrook, 2006a; Tanner, 2008b). 개별 지방들은 캐나다 「헌법」에 따라 건강보험 관리를 위한 기본적인 책임성을 가지고 있다. 따라서 정신보건서비스는 전 지방에 걸쳐 상당한 격차가 있다.

1차진료는 노인들을 위한 정신보건관리체계의 근간을 이루며, 지속 가능한 치료의 진입 초점이 된다(EMHCWG, 2002). 정신보건 지원을 탐색하는 노인들을 위한 3단계 진료시스템에 이르는 관문은 일반의들(practitioners)과 재가보호 또는 요양원 허가에 대한 다른 건강보험 제공자 심사를 통해서이다. 1차진료 의사들은 노인 환자를 위한 정신보건 관리에 접근하는 데 있어 어려움을 자주 보고하고 있는데, 이 문제는 3단계 시스템이 어떻게 기능하도록 되어 있는지에 대해 깊게 방해받

는다. 따라서 전문적인 지원을 필요로 하는 사람들마저도 자주 기본적인 수준에 도달하지 못한다(Canadian Alliance on Mental Illness and Mental Health: CAMIMH, 2006). 2차 시스템은 전문적인 예방, 진단 그리고 노인 정신건강, 정신의학 또는 노인 정신의학에서 구체적인 훈련을 받은 전문가의 치료상의 돌봄을 포함한다. 정신건강 질환을 가지고 있는 노인의 약 10~15%만이 이 돌봄수준이 필요하지만, 그들은 종종 제한된 자원 때문에 외면되었다(EMHCWG, 2002). 캐나다의 3단계 시스템의 마지막 수준인 3차진료는 외래환자 서비스, 대학 연구병동 그리고 농촌/외딴 지역 아웃리치와 같이 전문가 또는 기술력, 장비, 시설을 수반하는 매우 전문화된 서비스를 포함한다. 이러한 매우 복잡한 사례는 전체 노인인구의 약 1% 또는 2차 서비스를 받는 노인의 약 10%에 이른다.

시설에서 장기요양서비스가 필요한 노인은 종종 이 돌봄 연속체의 흐름에서 배제된다. 많은 장기요양서비스 주택은 정신보건 욕구를 염두에 두고 설계하지 않았고, 대부분의 거주자 배치는 주로 신체적 기동성 문제를 근거로 하였다(Zahradnik, 2007). 정신보건에서 불충분한 직원 훈련은 장기요양보호 시설에서 계속 쟁점이 되고 있고, 이 시설의 의사들마저도 노인에게 영향을 미치는 더 넓은 스펙트럼에 관해 더 포괄적인 훈련보다는 최소한의 치매 및 알츠하이머 교육을 받는다(Zahradnik, 2007).

캐나다의 정신보건 프로그램을 위한 재정수준은 불공평하고 파편화된 서비스가 입증하듯이 많은 사법관할 구역의 부족한 정신보건 지원과 함께 사회적 요구를 맞추기에는 불충분하다(CAMIMH, 2006). 정신보건서비스의 적자는 수요와 공급 사이의 격차가 너무 커서 정신보건서비스를 받으려는 대기자 명단이 거의 유지되지 않아 매우 심각하다(CAMIMH, 2006). 또한 저비용의 임시주택(low-cost transitional housing)과 적절한 소득지원과 같은 지역사회 원조의 부재는 노인과 캐나다 시민이 직면하는 정신건강 문제로부터 회복을 지연하는 격차로서 확인된다.

정책결정자에게 정보를 제공하기 위하여, CAMIMH는 2006년에 정신질환과 정신건강에 관한 행동체계를 만들었다. 지지자들은 정신보건에 관한 국가행동계획의 수립을 향한 가속도를 보여 주는 캐나다 정신건강위원회를 만들기 위해 정부의 지도자들과 지방정부 보건장관들 간에 2005년에 달성된 이 행동체계의 생성과 합의에 대한 기대를 지지한다(CMHA, 2009b). 이 위원회는 현재 다섯 가지 핵심적인 계획을 추진하고 있다.

① 회복과 안녕에 대한 전국적인 정신건강 전략
② 반낙인(antistigma) 프로그램 개발 주도
③ 노숙인 실증연구 과제
④ 지식교환센터의 창설
⑤ 옹호와 변화의 참여를 위한 구성원 모집을 하는 정신보건 프로그램의 파트너들

노인 정신보건정책

2002년에 설립된 캐나다 노인정신보건연합체(Canadian Coalition for Seniors' Mental Health: CCSMH)는 노인들, 특히 장기요양보호시설에서 거주하고 있는 노인의 정신보건서비스에 명시된 정책 개선을 지지한다. 이 연합체는 노년기의 정신보건과 관련된 문제에 대한 네트워크 연구의 개선, 노인 정신건강서비스를 위한 가장 좋은 실천지침서의 보급 그리고 이러한 지침서를 시험하기 위해 캐나다의 전체 지침과제 실행을 향한 행보를 만들어 왔다(CCSMH, 2008). 예를 들면, 2004년에 CCSMH는 노인의 정신보건에 관한 국가연구와 지식교환 네트워크를 구축하였다. 2005년에는 캐나다공중보건국에서 지원한 재원을 통하여, CCSMH는 노인 정신보건영역에서 가장 좋은 실천지침서를 위한 캐나다의 첫 번째 증거기반 제언들의 발달을 촉진하였다(CCSMH, 2008). 2007년 이후에는 CCSMH가 국가 전역에 걸쳐 일곱 가지 실천지침 과제를 통하여 이러한 증거기반 제언들을 시험해 왔다. 제언된 지침들은 불균형하게 혹은 의미심장하게 노인들에게 영향을 미치는 다음 네 가지 특별한 정신건강 문제에 반응한다.

① 섬망의 사정과 치료
② 우울증의 사정과 치료
③ 장기요양보호에서 정신건강 문제의 사정과 치료
④ 자살 위험의 사정과 자살 예방

캐나다의 공중보건국은 캐나다 전역에 걸쳐 다양한 보건환경과 노인서비스 환경에서 이러한 지침을 확대 적용하기 위해 2008년에 새롭게 재원을 조달하여 CCSMH의 노력에 대한 지원을 계속하여 왔다.

캐나다의 다른 옹호 및 연구집단인 노인심리사회이익집단 또한 노년기 정신건강 관리를 위한 전국적인 정책 변화를 주도하고 있다. 이 집단은 영국 컬럼비아 노인정신병협회(British Columbia Psychogeriatric Association)와 캐나다 공중보건국의 인구보건재정부 간의 공동연구에서 촉구되었다. '노인 정신보건 프로그램 및 정책설계의 가장 좋은 실천'으로 명명되었고, 2005년에서 2008년의 초기 과제는 노인의 정신건강을 최적화하려는 사회 및 보건서비스 환경을 촉진하기 위하여 설계된 기구(MacCourt, 2004)인 '노인 정신보건정책 렌즈'를 전국적인 프로그램과 정책의 발달로 통합하고, 노인들을 위한 정신건강 결과를 개선하는 것에 대한 효과성을 평가하는 데 지원해 왔다(Seniors Psychosocial Interest Group, 2004).

또한 사회문제 및 과학기술 상임위원회는 정신건강, 정신질환 그리고 중독서비스에 관하여 마지막 정책보고서의 1장에서 노인들의 특별한 정신보건 욕구들을 다룬다(Canadian Mental Health Commission, 2006). 넓은 의미에서 위원회 구성원들은 ① 전문화된 치료 프로그램 또는 캐나다 노인을 위한 지원서비스의 부족, ② 이 영역에서의 지식교환 연구의 부족, ③ 효과적인 치료와 회복을 위한 노력이라기보다 부적절한 시설에서 노인을 '대규모 공동 수용시설(warehouse)'에 방치하려는 경향이 있는 사회적 노인차별(Canadian Mental Health Commission, 2006)을 인식한다.

보고서는 ① 노년 학자, 노인에 대한 전문간호 제공자 그리고 노인의 독특하고 다양한 욕구에 대해 정신보건서비스의 맞춤식 개선을 위한 정신보건 및 중독치료 제공자들 간의 정보 공유를 일차적인 목적 중의 하나로서 초점을 맞추는 캐나다 정신건강위원회의 한 부문으로 지식교류센터를 설립하고, ② 신체적 질환에 대해 이용할 수 있는 지원과 동등한 수준으로 서비스를 받을 노인의 집 또는 가족 부양자의 집에서 노인들에게 정신보건지원서비스를 공급하며, ③ 노인 정신건강 환자를 급성기 치료에서 장기요양보호시설 또는 다른 적절한 주택으로 전환하려는 노력과 이에 따른 임상적으로 적절한 정신보건서비스 현장을 제공하기 위해 장기요양보호시설의 훈련받은 직원을 포함하여 이러한 시스템의 부적합성을 해결하기 위해 구체적인 정책 권고사항을 제공한다(Canadian Mental Health Commission, 2006).

정책개혁을 위한 또 다른 통찰은 '손을 뻗어 다가가기: 문화적으로 다양한 노인을 위한 정신보건 실천 우수사례'라고 명명한 캐나다의 3개년 국가연구 과제 중의 하나로서 빅토리안 간호사협회에서 제출하기로 되어 있는 마지막 예측보고서에서 곧 얻게 될 것이다. 이 보고서는 2008년에 완료되었으며, 문화적으로 다양한 노인들과 함께 일하기 위한 모범 실천지침서와 측정도구를 추가로 제공하기 위한 계획을 가지고, 문화적으로 다양한 노인들의 정신건강 욕구에 효과적으로 대응하기 위한 캐나다 지역사회조직의 역량 강화를 목표로 하였다. 중독 및 정신건강센터(Center for Addiction and Mental Health: CAMH, 2005)는 물질남용, 정신건강 또는 도박문제에 직면하는 노인들과 대면하는 직원과 자원봉사자를 위한 지침서를 발표해 왔다. 국가기관과 옹호집단들이 캐나다의 포괄적인 정신보건개혁을 위한 단계를 배치해 왔지만, 정부 지도자와 정책결정자가 이러한 다양한 노력과 통찰을 연결된 국가차원의 노력으로 엮어 배치할 것인지에 대한 의문은 남아 있다.

호주

호주 노인을 특징짓는 정신보건통계는 다른 국가의 노인과 많은 차이가 없다. 호주 노인의 약 14.5%가 정신건강 문제를 가지고 있는 것으로 보고한다. 2007년 정신건강과 안녕(wellbeing)에 대한 전국조사는 호주 성인 5명(20% 또는 320만 명) 중 1명이 모든 연도에서 정신질환을 경험한 것으로 보고한다. 노인을 포함한 모든 연령집단에서 가장 일반적인 정신건강에 대한 관심은 불안장애, 정서장애 그리고 물질남용이었다. 이러한 개인 중 다수(대략 210만 명)는 조사 시점에 정신보건서비스를 이용하지는 않았지만 상담, 정보 그리고 사회적 개입에 대한 욕구를 인식하였다.

전통적으로 정신병원과 시설은 서비스 및 치료 욕구에서 개인을 위한 다수의 정신건강치료를 제공하였다. 1992년에 정책은 보호시설서비스에서 지역사회를 기반으로 한 서비스로 나아가게 되어 호주 정신건강치료의 접근법이 변화하게 되었다. 호주의 모든 정부는 5년간의 국가정신보건계획을 통하여 집행되었고, 재확인되었던 국가정신보건정책을 채택하였다(Australian Health Ministers, 2000). 국가정신보건전략으로 알려진 이러한 계획들은 정신장애를 가지고 있는 사람들의 권리보호와 시민의 자유를 위한 체계를 세워 왔고, 1차진료를 포함한 정신건강이 주류 보건시스템의 한 부분이 되어야 한다는 입장으로 발전하였다. 특히 호주 연방정부, 주정부 그리고 지방정부는 독립형 정신병원의 규모와 수를 축소하기로 약속하였으며, 그다음 그것들을 일반 병원의 응급병실과 주거시설을 포함한 지역사회 기반 서비스의 범위로 대체하기로 약속하였다.

〈글상자 7-1〉 정책과 인간 간의 밀접한 연계: 호주의 노인정신보건서비스

호주의 빅토리아에서 노인정신보건서비스(APMHS)는 만성적 정신질환을 앓고 있거나 노년기의 심각한 정신건강합병증을 앓고 있는 65세 이상 노인들이 이용 가능하다. 또한 치매와 같은 인지적 질환으로 고통을 겪고 있는 심각한 행동적 또는 정서적 장애를 가지고 있는 사람들도 이용 가능하다. 빅토리아의 지역부서를 통해 다학제적 정신보건팀은 지역사회 기반 사정, 치료, 재활 그리고 사례관리를 제공한다. 또한 빅토리아의 지역부서 서비스는 주요 노인시설에서 관리되지 않을 수 있는 반복적인 인지적 · 행동적 · 정서적 장애를 가지고 있는 장기요양서비스 환자에게 제공하는 전문가 APMHS 요양원과 병원을 포함한다. 결국 단기간의 정신질환자를 위한 급성기 입원환자의 치료는 노인간호시설 또는 일반 병원에서 제공된다. 더 많은 자세한 정보는 참고자료에서 확인할 수 있다.

참고 자료: www.health.vic.gov.au/mentalhealth/services/aged/index.htm

정신보건서비스의 혼합에서 변화는 상당하다. 1993년에 주정부의 정신보건 자원 가운데 29%만이 지역사회 기반 치료로 옮겨졌고, 정신과 병상의 73%는 독립형 병원에 위치되었으며, 이것은 정신보건서비스에 대한 주정부와 지방정부의 지출 총액의 절반을 소비하였다. 이것은 2002년까지 지역사회 기반 치료를 위한 주정부의 정신보건 자원 가운데 51%와 주정부의 정신보건 자원 가운데 29%를 소비하는 독립형 병원의 정신과 병상의 39%로 변화되었다(Whiteford & Buckingham, 2005). 정신보건서비스에 대한 양적 확대뿐만 아니라 서비스의 질 개선은 정신보건

전략의 목표 중 하나였다. 서비스의 질과 안전성 체계의 한 부문인 서비스 품질의 표준화는 보건서비스 승인기관에서 이용되었다. 2003년 6월까지 모든 공공 정신보건서비스의 거의 90%가 서비스를 표준화하는 부분에 대한 용어를 검토하는 과정이 시작되었고, 거의 절반이 이러한 표준화에 대한 검토가 완료되었다(Whiteford & Buckingham, 2005).

2008년에는 국가정신보건자문위원회가 국가보건개혁에 미치는 영향에 대한 광범위한 전문가들로부터 독립적인 조언을 얻기 위해 호주 정부의 공식적인 메커니즘을 제공하기 위해 설립되었다(Australian Government, 2008). 이 위원회에서 임명된 10명의 패널은 ① 정신보건정책의 전략과 전반적인 방향에 관한 조언, ② 현재 호주 중앙정부, 주정부 그리고 지방정부에서 재정이 지원되는 정신보건 프로그램의 집행, ③ 기존의 정신보건 프로그램의 조정과 통합을 위한 개선방법에 관한 지침서 그리고 ④ 노인을 포함한 특별한 욕구를 가지고 있는 사람들을 위한 정신보건 프로그램에 초점을 맞추는 방법에 관한 조언 등을 포함하는 정신건강 이슈에 관해 보건 및 고령화에 대한 장관들에게 독립적이고 신뢰할 수 있는 조언을 제공한다.

노인 정신보건정책

고령화되고 있는 호주의 국가전략은 21세기 상반기 동안 호주가 전례에 없었던 인구고령화가 될 것이라는 인식에 대한 반응에서 2002년에 착수되었다. 국가전략에 대해 안내되는 두 가지 원리는 특별히 노인정신보건서비스와 관련이 있다. ① 연령에 상관없이 모든 호주 국민은 자신의 전 생애 동안 삶의 질을 최적화하는데 그들의 다양한 욕구에 맞는 적절한 치료서비스로 접근하여 이용할 수 있어야 한다. 그리고 ② 확실한 증거기반은 노인인구가 응답하도록 정책을 알려야 한다(Hassett, Fortune, & Smith, 2007). 호주 노인들을 위한 전문화된 정신건강치료에 대한 접근성이 최근에 크게 개선되었지만, 여전히 도시 및 농촌 지역 전반에 걸쳐 불평등한 접근은 존재한다.

다른 많은 국가와는 달리, 호주는 노인을 위한 연속적인 보호체계를 제공하기 위한 시도에서 건강과 정신보건서비스를 통합하였다. 일반의들은 정신보건을 위한 1차진료를 제공하고, 지역사회 기반 노인정신병 간호사, 정신의학자 그리고 노년정신과 의사들은 조언을 주면서 필요한 만큼 지원한다. 모델에 대한 중요성은 지지되면서 협력되었고, 1차진료, 지역사회 보호 그리고 지역사회 기반 노인치료, 노인의학과 노인정신의학을 포함하는 전문가서비스 간의 치료를 공유하였다(WHO, 2005a). 지역사회 치료 패키지 이용의 다양성뿐만 아니라 호주의 정신보건 전문가들과 일반의들 간의 높은 수준의 조정이 존재함에도 불구하고, 국가는 여전히 노인을 위한 불충분한 정신보건서비스의 전문성에 시달린다(Trollor, Anderson, Sachdev, Brodaty, & Andrews, 2007).

2005년에 호주 보건장관들은 공동으로 2006년에서 2010년까지 국가보건의 우선사항을 치매 돌봄(dementia care)으로 하는 국가치매 행동체계를 위한 개발(Ageing Research Online, 2006)에 합의하였다(Australian Health Ministers' Conference, 2006). 보건, 지역사회 그리고 노인돌봄의 다른 국가적 계획의 맥락 내에서 발달된 체계는 치매환자와 부양자 그리고 치매환자 가족의 삶에 있어서 질을 개선시키기 위한 조정된 국가적 접근에 대한 국가정책 및 집행계획이다. 각 주정부와 지방정부는 표적대상 지역에 살고 있는 노인과 그들의 가족에 대한 욕구에 맞는 치매서비스에 대한 지침을 제공하기 위하여 자체적으로 치매계획을 준비함으로써 국가 치매행동체계의 개발에 기여하였다(2004~2011 노인돌봄을 위한 퀸즐랜드의 지침, 테즈메이니아의 치매치료계획 2000 등). 정부는 치매환자와 부양자 그리고 그들의 가족을 위한 삶의 질을 강화하기 위하여 서비스 전달, 사정, 치료 그리고 관리를 개선하는 활동을 지원하는 데 5년 동안 3억 2,060만 달러를 지출하였다(Ageing Research Online, 2006). 특정한 성과를 얻기 위한 이 국가 치매행동체계는 활동과 재정의 중복을 감소시키기 위한 치매연구, 사정, 치료 그리고 돌봄에 대해 더 많이 일괄적이고 비용 효과적인 접근들을 이끄는 정책 및 서비스 발달을 알리기 위해 의도되었다(Australian Health Ministers's Conference, 2006).

스웨덴

스웨덴의 정신건강 문제는 65세 이상 노인의 약 10%에 영향을 미친다. 가장 일반적인 질환은 노인인구의 10%에 영향을 미치는 우울증이지만, 6%는 불안 혹은 어떤 종류의 정신병적 문제로 고통을 받는다(Berleen, 2004). 다른 국가들의 경향과 유사한 스웨덴의 노인들은 전문화된 정신보건서비스를 충분히 이용하지 않으며, 활용할 수 있는 정신보건 자원, 치료방법 그리고 서비스 이용률에 대한 이용서비스 지역 간의 격차가 두드러진다(Silfverhielm & Kamis-Gould, 2000).

국가정신보건정책을 가지고 있지 않은 스웨덴은 전체 국가보건정책으로부터 별개이다(WHO, 2005c). 하지만 1982년 스웨덴의 「보건 및 의료서비스법(Health and Medical Service Care Act)」의 전문에서 1차진료와 동등하면서 환자와 그들의 가족과 협력하여 높은 질의 정신건강치료를 제공하기 위하여 지역사회의 책임성을 분명하게 한다(Silfverhielm & Kamis-Gould, 2000, p. 294). 즉, 스웨덴의 전체 보건체계에 대해 복지국가 접근에 합의하면서, 정신보건서비스는 노인과 같은 취약한 집단들을 포함한 모든 시민의 기본적인 권리로서 법에 의해 보장된다.

정신보건서비스는 원래 1982년에 통과되었고, 1995년에 수정된 「사회서비스법(Social Services Act)」에 의해 관리된다. 이 법에 따르면 정신건강 진단을 받은 사람들을 포함한 시민들은 공공서비스를 받을 권리를 가지고 있으며, 생애주기별 모든 단계에서 지원된다(Socialstyrelsen, 2008, p. 4). 정신질환자를 위한 불충분한 사회서비스에 대한 의회의 비판으로 자극되면서, 1995년의 정신보건의료개혁(Mental Health Care Reform of 1995)인 이 법에 대한 가장 최근의 수정은 지방자치단체가 신체적 장애와 같이 정신적 장애자를 위한 돌봄에 대해서도 똑같은 책임성을 가지고 있다고 구체적으로 명시한다(Silfverhielm & Kamis-Gould, 2000; WHO, 2005c). 분명히 명시된 정신보건정책이 부족함에도 불구하고, 스웨덴은 정신보건에 대한 구체적인 예산 할당을 하지 않으며, 정신건강을 위한 치료에 대해 전체 보건예산의 약 11%를 지출한다(WHO, 2005c). 스웨덴의 정신보건서비스는 주로 조세를 기반으로 한 국가건강보험을 통하여 재정이 지원된다. 개인에 대한 치료 비용을 제한하기 위해 최고 한도액이 존재한다. 즉, 1차진료일 이후 12개월 동안 의료상담을 위한 최고 한도액에 도달한 이후, 서비스는 무료라는 것을 의미한다(Swedish Institute, 2007a).

정신보건 영역에 제공되는 스웨덴의 보건 및 복지서비스의 넓은 우산 아래, 조절 가이드라인에 대한 다양한 계층 또한 있다. 국가보건복지위원회는 감독의 책임성, 사회서비스, 보건 및 정신건강 관리, 치과 치료, 환경적 건강 그리고 전염병의 통제에 대한 평가 및 모니터링을 맡고 있는 정부기관이다(Silfverhielm & Kamis-Gould, 2000). 이 기관의 기본적인 책무는 「국가보건사회보호법(National Health and Social Care Acts)」에서 출발한 지침서를 따르도록 주 자치단체의회 및 지방자치제 당국을 장려하는 것이다. 비록 이 의회가 추천된 보호 지침서를 준수하지 않는 스웨덴의 지역사회에 대해 제재를 가하기 위한 권한은 가지고 있지 않지만, 지금까지 주정부 자치단체의회는 정신보건의 공급에 대한 이러한 지침서를 수용하였다(Silfverhielm & Kamis-Gould, 2000).

시설보호에서 지역사회보호로 옮긴 다른 많은 유럽 국가처럼, 스웨덴은 지역사회에서 정신건강보호의 관리를 위해 매우 분권화된 체제를 향해 변화되었다. 지역사회를 기반으로 한 이 변화는 25년 동안 외래환자 정신보건 병동에서 거의 85%의 환자 수 감소와 동시에 지역사회서비스의 증가를 가져온 상당히 극적인 것이었다(WHO, 2005c). 정신보건서비스에 대한 책임성은 보건 및 의료서비스의 공급을 부여받은 23개의 주정부 자치단체의 의회와 사회 및 일반적 서비스에 책임이 있는 228개의 지방자치제로 나누어졌다(Silfverhielm & Kamis-Gould, 2000).

노인 정신보건정책

정신보건 규제체제와 유사하게 스웨덴의 노인복지에 대한 책임성은 분명하게 정신보건과 연령과 관련된 서비스 전체에 영향을 주는 관리의 공통부분을 만들면서 3개의 정부수준으로 나누어졌다(Socialstyrelsen, 2008). 국가수준에서, 의회와 정부는 법률제정 및 경제적 조치를 조정하는 것에 의하여 정책 목표 및 방향이 출발된다. 지방수준에서, 주정부 자치단체의 의회 혹은 지방정부는 노인을 위한 보건 및 의료적 치료의 공급에 책임을 진다. 지역수준에서, 지방자치제들은 노인의 사회적 서비스 및 주택 욕구를 충족시키기 위한 법적 의무가 있다. 정신건강 문제를 겪고 있는 노인들이 노인서비스에 대한 진입점에서 실천되기 때문에 자주 간과되었거나 부적절한 치료를 받았다는 것에 대한 우려가 있다(Socialstyrelsen, 2008). 노인들이 사회적 서비스로부터 원조를 구할 때, 서비스에 대한 사정 욕구는 기본적으로 사람들의 신체적 능력에 근거하며, 정신건강에 대한 문제는 거의 고려되지 않는다.

2003년에 국가보건복지위원회는 치매장애를 가지고 있는 사람들의 보건 및 사회적 돌봄을 위한 지침서를 개발하도록 지시하였다(Swedish Association of Local Authorities and Regions, 2007). 그 결과, 국가 지침서는 효과에 대한 가장 유용한 전문지식, 비용 효과성, 윤리 그리고 다양한 치매 돌봄 조치에 대한 법률제정의 완전한 사정(assessment)에 근거한다. 정부는 2006년에 가족 구성원과 치매에 관한 문제를 포함하여 노인의 건강 및 사회적 돌봄의 우수성을 위한 국가센터를 발전시키도록 국가보건복지위원회에 지시하였다. 우수성(excellence)을 위한 스웨덴 치매센터는 가족 부양자들을 위한 국가센터와 함께 2008년 1월에 오픈되었고, 스웨덴 정부에서 재정을 지원하였다.

스웨덴의 체계가 호의적으로 가장 많이 수행된 정신보건 개입 영역은 자살예방이다. 스웨덴의 모든 자살자의 약 1/4인 300~400명의 65세 이상 노인들이 매년 자살을 한다(Swedish Association of Local Authorities and Regions, 2007). 1993년 국가자살예방위원회의 설립 이후, 65세 이상 노인들 중 거의 50%의 자살자가 감소되었다(Berleen, 2004). 그러나 75세 이상 남자 노인들은 일반적인 스웨덴 남자들에 비해 자살빈도가 여전히 2배로 높았으며, 똑같은 연령집단의 여성들과 비교해도 자살빈도가 4배나 높다.

유럽연합의 스웨덴 총리인 Fredrik Reinfeldt는 2009년 두 가지의 우선적인 쟁점사항으로서, '건강하고 품위 있는 노화(healthy and dignified aging)'와 '알코올 관련 손상의 예방(prevention of alcohol-related harm)'을 인식하였다. 그는 보건 및 사회적 문제에 집중한 시설들과 건강하고 품위 있는 노화에 대한 해로운 알코올 소비의 결과 간의 개선된 조정과 협력을 위한 욕구에 대해 강조하였다(Ministry of Health and Social Affairs, 2009).

영국

영국에서는 300만 명의 노인이 자신의 삶의 질에 상당히 영향을 미치는 정신건강 문제를 경험하고 있는데, 이 수는 향후 15년에 걸쳐 1/3로 증가하게 될 것이다(M. Lee, 2007). 일반적으로 지역 전체에 걸쳐 노인들의 건강문제를 나타내는 보건부는 65세 이상 노인들 중 진단할 수 있는 정신건강 문제의 발생을 일반적인 실천가 사무실을 방문하는 사람들 가운데 대략 40%, 일반 병원 환자들 중 50% 그리고 장기보호시설 거주자의 60%가 될 것이라고 추정한다(Philp & Appleby, 2005). 치료서비스개선협력팀(Care Services Improvement Partnership: CSIP; West Midlands, 2006)은 우울증이 노인들 중 약 12~15%에 존재하며, 치매는 대략 노인인구의 5%에 영향을 미친다고 보고하였다. 55세와 74세 사이 연령대의 사람들은 모든 연령대 중 술과 관련된 가장 높은 사망률을 차지하고 있고, 노인들은 영국의 모든 연령대 중 가장 높은 자살률을 보고하고 있다(Age Concern, 2007).

스코틀랜드를 제외한 영국의 국가들은 1998년에 설립된 통합국가정신보건정책, 1999년에 신설된 국가정신보건 프로그램 그리고 2000년에 통과된 국가물질남용정책을 안내한다(WHO, 2005d). 이 통합된 정책은 1차진료와 서비스의 접근성, 심각한 정신질환자를 위한 효과적인 서비스, 치료 제공자를 위한 서비스 그리고 자살감소를 위한 활동에 초점을 맞춘 정신건강에 대한 옹호, 장려, 예방, 치료 그리고 회복의 구성요소를 포함한다.

정신보건을 위한 영국의 예산배분금액은 그 지방 전체 보건예산의 약 10%를 차지한다. 이러한 재정은 우선 국가조세, 민간보험, 사회보험 그리고 부대비용에서 충당한다. 영국의 국민보건서비스(National Health Services: NHS)는 약 85%의 보건 및 사회적 돌봄의 독립된 국가체제를 위한 비용을 지원하며, 지방정부가 나머지 비용을 책임진다. 그 분담금은 잉글랜드와 웨일스의 두 국가보다 스코틀랜드와 북아일랜드가 더 많이 투자함에 따라 국가들마다 차이가 있다(WHO, 2005d).

정신보건은 영국의 1차 보건의료체계의 책임성으로 간주되며, 심각한 정신건강 문제에 대한 치료는 정신보건 현장에서 정규훈련을 받은 개업의사(general practitioners)에게서 치료를 받을 수 있다(WHO, 2005d). 또한 영국 전체에 걸쳐 노인들이 이용할 수 있는 독립적이고 전문화된 프로그램과 서비스들이 있다. 시스템은 국민보건서비스로부터 의료서비스가 지원되지만 지방정부에서 사회서비스를 제공받는 잉글랜드와 웨일스를 포함하여 국가에 따라 약간 다르게 조직되었다. 스코틀랜드는 유사한 구조를 유지하지만, 다른 법적 체계 내에서 관리되며 북아일랜드는 보건 및 사회서비스 영역들이 통합되어 관리된다(WHO, 2005d).

잉글랜드와 웨일스에 독특한 정신보건 관련 제정법이 있다. 1983년 「정신보건법(Mental Health Act)」은 사정, 치료 그리고 정신건강 문제를 가지고 있는 사람들의 권리를 다룬다(Department of Health, 2009). 본래 이 법은 오로지 병원환경에서만 정신건강을 위한 치료에 초점이 맞추어져 있었지만, 그 법에 대한 개정은 지역사회의 정신건강 문제의 발생에 대해 의무적인 치료가 가능하도록 도입되었다. 2005년의 「정신능력법(Mental Capacity Act)」은 정신능력이 부족한 사람들과 그들의 원조에 관해 결정하는 사람들과 관련된 현재 최고의 실천과 관습법 원리를 법령에 명시하였다(Department of Health, 2007). 구체적으로 「정신능력법」은 치매를 갖고 있는 사람들과 정신건강 문제를 가지고 있는 사람들을 포함하여, 확실한 결정에 대한 능력이 부족한 사람들에게 자율권을 주고(empower) 또는 보호하기 위한 법적 체제를 제공한다. 또한 잉글랜드는 2010년 현재 적어도 20%의 자살로부터 사망률을 감소시키는 것을 목적으로 하는 국가자살예방 전략을 가지고 있다(CSIP, West Midlands, 2006). 하지만 이 정책은 4명의 자살시도마다 1명의 자살과 함께 '누가 자살에 제대로 성공했는가?'로 노인들의 자살 이슈를 구체적으로 다루지 않는다(CSIP, West Midlands, 2006).

본래 1991년에 계획했던 영국의 정신보건정책의 초석은 치료 프로그램적 접근이다. 이 지시에 따라 정신보건서비스 단위들은 모든 세대의 영국 시민을 위한 중재의 개발 및 집행(지역사회에 대한 보호시설의 이행)과 지역사회 정신의학서비스에서 사회서비스 영역과 함께 협력해야 한다(WHO, 2003). 불행하게도, 이러한 협력에 있어 어떤 영역은 생산연령에게 제공되는 서비스를 강조하는 정책적 편견 때문에 60세 이상 노인들을 배제한다(CSIP, 2005; Minshull, 2007). 치료 프로그램적 접근은 정부의 정신보건 프로그램을 계획하는 데에 있어 중요한 구성요소이며, 그러한 연령에 대한 편견 없이 집행된다면 노인들에 대한 성공적인 서비스 제공에 중추적인 역할을 할 수 있다.

노인 정신보건정책

노인을 위한 정책에서 정신보건의 배제와 정신보건정책에서 노인의 배제는 노인을 위한 서비스와 공급에서 격차를 만든다(Age Concern, 2007). 노인을 위한 국민보건서비스체계는 '건강관리의 재정, 계획 그리고 서비스 전달체계의 모든 측면에서의 연령차별'(Alliance for Health and the Future, 2005)을 근절시키고, 모든 노인이 높은 수준의 품질서비스를 이용할 수 있도록 표준화(standards)를 세우기 위해 2001년에 출범하였다(Department of Health, 2001). 이 체계는 영국의 모든 보건지역이 2011년까지 노년기의 정신건강을 위한 충분한 재원이 제공된 전문가서비스를 요구한다(CSIP, 2005; Minshull, 2007).

노인을 위한 국가체계가 존재하였음에도 불구하고 많은 정부와 비정부가 노년기의 정신건강이 지금까지 등한시되었던 영역이라는 것에 대한 우려를 표명하였다(Age Concern, 2007). 현재 광범위하게 펴져 있는 반낙인 운동은 영국의 정신질환과 관련하여 진행 중이지만, 이 운동의 메시지는 연령문제와 노인에 대한 서비스의 전체 스펙트럼에 성공적으로 합의하였다. 아마도 정신보건정책과 서비스들이 본래 생산 가능한 연령인 성인을 위한 환경 개선에 초점을 맞추어 처음부터 만들어졌던 사실에서 비롯한 중요한 연령불평등이 지속된다는 것이다. 65세 이상 노인들은 종종 익숙지 않은 서비스 환경으로 이전되거나 심리적인 서비스로부터 완전히 배제된다(CSIP, 2005; Minshull, 2007).

이러한 우려의 결과로, 노년기 정신보건 및 복지에 관한 연구가 2003년에 시작되었다. 이 연구의 목적은 정책, 실천 그리고 연구 영역에서 노인에 대한 정신보건의 방치를 조사하는 것이다. 노인을 위한 정신보건서비스 체계의 모든 수준에서의 개선에 대한 권고를 만들었지만(즉, 정부, 지방정부 당국, 보건부서, 교육부서, 공공조직체, 기업 그리고 비정부조직), 이러한 대부분의 권고는 아직 구체적인 정책과 실천의 결과를 산출하지 못하였다(Age Concern, 2007).

노년기 정신보건서비스의 개선된 종합적인 조정을 향한 움직임이 있다. 노인 정신보건에 대한 최근의 전국적인 관심은 영국의 보건부가 정책결정자, 치료서비스 협력팀, 건강관리위원회 그리고 사회적 돌봄조사를 포함하는 노인 정신건강서비스를 위한 프로그램위원회를 설립한 것이다. 이러한 노력의 의도는 정신보건과 연령 포괄성(age-inclusivity)이 정책개발 전반에 걸쳐 교차하는 한 주제로 볼 수 있도록 확인하는 것이다(Philp & Appleby, 2005).

〈글상자 7-2〉 정책과 인간 간의 밀접한 연계: 영국의 국가치매전략 참가자 사이트 프로그램

이 장에서 이미 강조되었던 영국의 2009년 국가치매전략은 첫 번째 2년 동안의 지원에서 1억 5,000만 파운드(2억 3,100만 달러)를 수령하였다. 이 대규모 계획의 일부분으로서, 보건부는 국가전략, 즉 치료, 원조에 대해 쉽게 접근할 수 있게 하고, 치매진단에 따르는 조언과 구조화된 공동 지원을 개발하며, 네트워크를 배우는 것의 두 가지 중요한 목적을 달성하기 위해 혁신적인 접근들을 실행하기 위한 적절한 참가자 사이트에 대해 재정을 지원하도록 지역당국과 그들의 보건 파트너들을 허락하고 있다. 참가자 사이트 프로그램은 추진하는 계획들에 대한 효과성 혹은 비효과성의 강력한 근거를 제공하기 위해 설계되었다. 그래서 정부는 국가치매전략 프로그램을 확대하면서 가장 성공적인 모델만 재생산한다. 더 많은 구체적인 정보는 참고 자료에서 확인할 수 있다.

참고 자료: www.dh.gov.uk/en/SocialCare/Deliveringadultsocialcare/Olderpeople/NationalDementiaStrategy/index.htm
www.dh.gov.uk/prod_consum_dh/groups/dh_digitalassets/documents/digitalasset/dh_099134.pdf

스페인

국가차원의 연구 결과에서는 스페인 성인의 약 1/4이 전 생애 중 어느 시기에 정신건강 문제를 경험한다는 것을 보여 준다(European Policy Information Research for Mental Disorders Consortium, 2008). 다른 성인인구와 같이, 스페인 성인의 가장 일반적인 정신질환은 우울증(10.6%), 특정공포증(4.8%), 알코올남용(3.6%) 그리고 기분저하증(dysthymia, 3.6%)을 포함한다. 휴스카 지방에서 1차진료 현장의 노인 환자 293명에 대한 정신 증상과 정신질환의 유병률을 중심으로 조사한 최근 연구는 노인 환자의 거의 50%가 초기사정에 있어 어떤 형태의 정신 증상이 나타났지만, 이 연구의 조사 대상 인구의 29%만이 이전의 정신적 진단을 가지고 있었다(Olivera et al., 2008). 이 한 지방으로부터 추정하는 연구 결과물은 지역사회 거주 노인들의 정신적 문제에서 다루어야 할 필요성을 제안한다.

스페인은 국가정신보건정책을 가지고 있지만, 정신건강 문제는 국가수준에서 하나의 포괄적인 계획에 의해 다루지 못했고, 오히려 스페인의 17개의 개별 자치단체를 형성하여 독립적으로 운영하는 지방의 아주 분권화된 체계의 지역사회보건계획하에 구조를 잡은 공표된 정신보건정책을 가지고 있다(Salvador-Carulla et al., 2006; WHO, 2001, 2005c). 개별 지역사회의 계획은 옹호, 장려, 치료 그리고 회복의 요소를 포함하지만, 정신보건을 위한 조직과 재정자원은 서비스 지역에 따라 상당히 다르다.

국가수준에서의 핵심정책과 입법활동은 모든 연령대의 국민들을 위한 정신보건의 실천이 안내된다. 이러한 실천들은 1985년의 정신의학개혁위원회와 「일반보건법(General Health Law)」을 포함한다. 정신의학개혁위원회는 스페인의 정신병원시설에서 지역사회 건강단위를 포함하고 있는 지역사회 기반의 더 다양한 수준의 보호로의 이행을 장려하였다(WHO, 2001, 2005c). 건강보호권을 보장하는 「일반보건법」은 "다른 질환과 함께 공평한 수준에 대한 정신질환의 치료"를 가져오는 정신보건에 대한 하나의 장(chapter)을 포함한다(WHO, 2001, p. 82).

보편적인 건강권은 보건시스템이 전체적으로 일반 조세에 의하여 재정이 지원되고, 환자로부터 지불금을 요구하지 않는 광범위한 서비스를 포함하는 스페인법의 한 부문이다(WHO, 2001). 정신적인 치료는 국가보건예산의 일부분으로서 고려된다. 따라서 정신보건서비스는 일반적으로 대부분 조세를 통하여 재정이 지원되고, 다음으로 환자/가족의 본인부담금 그리고 드물게 민간보험에 의해 재정지원이 되고 있다(WHO, 2001, 2005c). 게다가 정신질환은 국가에서 장애의 원인으로서 인식되었기 때문에, 정신건강 문제를 가지고 있는 어떤 사람들은 스페인의 사회보장체계로부터 장애수당을 수령하기 위한 자격을 부여받는다.

2002년에 보건자원관리는 국가에서 지역사회로 이전되었다. 당국의 이 이전은 증가하는 비용, 열악한 조건의 국가정신병원 그리고 자치적 지역사회의 초기 설립을 촉발시킨 지역사회 보호의 돌봄에 대한 전문적 인식과 건강보험을 분권화된 단위로 이전하려는 경향이 있는 시기인 1977년에 시작되었다(WHO, 2005c). 자치적 지역사회의 보건당국들은 현재 정신보건서비스의 집행과 규제에 대한 책임성을 가지고 있다. 지역정신보건정책은 지역사회보호모델을 기반으로 하며, 각 지역은 지역의 정신보건 자원을 명명하기 위한 다양한 용어를 사용한다(Navarete & Palanca,

2005). 각 지역의 공중보건체계는 정신보건서비스의 중요한 제공자이다. 정신보건 치료는 전반적인 건강관리체계의 한 부문으로서 고려되기 때문에 치료는 종종 1차 진료 수준에서 발생하지만, 1차진료 전문가들은 일반적으로 정신보건에 대한 구체적인 훈련을 하고 있지 않다(WHO, 2005c). 다양한 지역에서 제공된 정신보건에 대해 국가적 감독을 하는 중앙집권화된 시스템은 없다.

노인 정신보건정책

스페인의 대부분의 지역에서 노인을 위한 전문화된 정신보건서비스는 없다. 하지만 몇몇 지역에서 다양한 지역사회시스템 간에 존재하는 변동에 대한 반영으로 노인의 욕구를 표적으로 하는 서비스가 있다. 예를 들면, 마드리드 정신보건계획은 이러한 표적인구의 하나로서 노인을 포함하는 '취약한 클라이언트 집단'을 위하여 설계된 특정 프로그램을 제공한다(Navarete & Palanca, 2005). 이 마드리드 계획은 치료계획에 대한 이용자 및 가족 관련 서비스, 적절한 장기요양시설과 일시보호서비스를 제공하는 서비스 전달체계와 서비스의 질, 노인을 위한 서비스에 대해 강력하게 영향을 미치는 서비스를 위한 잠재성을 가지는 모든 정책목표를 개선하기 위한 구체적인 정책들의 윤곽을 보여 준다. 이 지역의 정신보건체계는 지역사회 정신보건센터에서 외래환자를 치료할 뿐만 아니라 가사지원서비스는 1차진료와 사회적 서비스로부터 투입과 조율을 지원한다.

비록 스페인의 개별적인 공급 중에서 일부는 노인들 가운데 불안, 우울, 정신병과 같은 정신건강 문제와 치매와 같은 인지장애에 대해 비교적 높은 유병률이 확인되지만, 국가 비율은 이제 정해져야 한다(Olivera et al., 2008). 따라서 스페인에서 특정 연령의 정신보건서비스를 위한 실제 수요는 알려져 있지 않다. 하지만 기존 연구와 추정된 인구 변화에 근거하면, 실제 수요는 일반의들이 정신의학적 이슈들에서 개선된 훈련이 필요하고, 스페인의 고령화에 직면하는 정신보건문제의 스펙트럼을 다루기 위한 사정을 나타낸다.

〈글상자 7-3〉 정책과 인간 간의 밀접한 연계: 마드리드는 스페인의 정신보건 욕구의 선두에 선다

마드리드는 정신보건 욕구를 가지고 있는 노인들을 위한 지원을 개선하기 위하여 중요한 조치를 취하였다. 이 지방에서는 다학제적인 팀에 의한 정신보건 아웃리치, 재가치료와 사회 · 심리적 서비스 그리고 노인과 같은 취약한 클라이언트 집단을 위한 추가적인 전문서비스가 모든 36개 도시구역에서 이용 가능하다. 또한 마드리드는 치매환자를 포함하여 노인을 돌보고 있는 가족들에게 재가지원을 제공하는 개인을 위한 '간병인 보조금(carer subsidy)'을 제공한다. 또한 스페인의 보건복지부는 마드리드에서 노인 정신보건에 관한 계획된 대통령회의를 통하여 정신보건과 안녕을 위한 유럽협정 내에서 노인들을 위한 우선지역에 대해 치료를 개시하였다. 더 많은 상세한 정보는 참고 자료에서 확인할 수 있다.

참고 자료: www.eurofound.europa.eu/events/2010/confmadrid0410/index.htm

요약

이 장에서 기술된 국제적인 체계는 시스템, 정책, 법률에 대한 범위를 나타내고, 이러한 노력들은 고령화를 지원하는 효과적인 정신보건의 제공에 대한 엄청난 도전에 직면하여 설계되었다. 여러 국가가 정신보건서비스의 공급에 대한 접근성에서는 상당한 격차를 보이고 있지만 노인의 특별한 욕구를 다루는 것에 관해서라면 대부분 똑같은 경험을 공유한다. 종합적으로, 다수의 국가는 서서히 퍼지면서 쉽게 극복되지 않는 다양한 장애물에 직면한다. 정신보건정책은 단편적 혹은 포괄적인 국가계획의 부문 또는 구체적으로 노인을 표적 대상으로 하거나 더 일반적인 정책언어에서 그들의 요구를 감싸고 있는지와 노인차별의 이슈, 정신질환에 대해 붙여지는 낙인, 노인을 위한 전문적 서비스의 결핍 그리고 국가 및 시스템 전반에 걸쳐 노년기의 정신보건서비스에 대한 충분한 이용을 포함한다. 감탄할 만한 발전은 많은 지역에서는 정신보건치료에 대한 더 공평한 분배를 만들지만, 정책결정자들은 정부가 어떻게 견고한 사회적 저항에 대해 가장 성공적으로 정면에 맞설 수 있는지와 전 세계의 거의 모든 국가에서 노인들을 위하여 현재 적절한 정신건강지원에 대한 공급을 지연시키는 서비스의 격차를 어떻게 줄일 것인지에 대한 질문에 대답할 수 있기 위해서는 가야 할 길이 멀다.

관련 추가 정보

1. Jane-Llopis. E., & Gabilondo, A. (Eds.). (2008). 「노인 정신보건: 합의문서(Mental health in Older People: Consensus paper)」. Luxemburg: European communities.
   http://ec.europa.eu/health/ph_determinants/life_style/mental/docs/consensus_older_en.pdf
   이 논문은 수치 및 경향을 강조하며, 노년기의 정신보건에 대한 중요한 측면을 논의하며 증거기반 조치들에 대한 예들을 확인한다.

2. 영국 정신건강재단
   http://www.mentalhealth.org.uk/our-work/older-people/
   이 비영리조직은 구체적으로 노인을 위한 연계 및 서비스를 제공한다. 주제는 삶의 이행, 가정 개선, 치매 그리고 완화의료를 극복하는 것과 관련된 지역사회계획들을 포함한다.

3. 미국 정신보건연구원(NIMH)
   http://www.nimh.nih.gov/index.shtml
   이것은 미국의 보건복지부 아래에 국가보건기관을 구성하는 27개의 시설과 센터 중의 하나이다. 국가정신보건기관 웹사이트는 구체적인 정신건강질환과 진행 중인 연구에 대한 정보를 제공한다.

4. 인도 정신건강 및 신경과학연구소(NIMHANS)
   http://www.nimhans.kar.nic.in/
   NIMHANS는 임상사업, 연구 그리고 교육을 전문으로 하는 인도의 선두적인 정신보건센터이다. 이 센터는 60세 이상 노인을 위한 정신질환을 전문으로 하는 노인임상을 비롯하여 몇 가지 임상을 포함한다.

5. Oxley, H. (2009). 「건강한 노화정책: 개요(Policies for healthy aging: An overview)」(OECD Health Working Paper 42). Paris: OECD.
http://dx.doi.org/10.1787/226757488706
이 논문은 몇몇 OECD 국가에서 정신보건을 포함하여 건강한 노화와 관련된 정책들을 다룬다.

6. 범미보건기구(PAHO)
http://www.paho.org/English/DD/PIN/mentalhealth_index.htm
이 사이트는 라틴 아메리카와 카리브해 지역에서 정신보건서비스에 관한 계획과 개발에 대한 개관을 준다.

7. 국제정신보건연합(WFMH)
http://www.wfmh.org/
WFMH는 정신보건 종사자, 소비자 그리고 정책결정자의 국제적인 조직체이다. 이 조직은 이문화적 관점에서 다양한 정신보건 주제들에 관한 보고서를 다룬다.

W 부인(89세), 미국 콜로라도주

저는 12월에 콜로라도주 러브랜드에서 태어났는데, 생각 좀 해 볼게요. 제 생각에는 1921년 23일인 것 같아요. 맞아요, 1921년이 맞아요. 저는 우리 집의 맏이로 태어났어요. 아버지는 대서부 설탕공장에서 일하셨고, 농부였으며 사탕무 밭에서 일했어요. 어머니는 살아오는 동안 세탁소, 제과점, 기업체 청소 등 다양한 직업을 가지고 있었어요. 부모님은 1900년대에 러시아에서 이민 온 독일인이었어요. 4명의 자녀를 두었는데 제가 맏이예요. 우리는 매우 가난해서 농장에서 계속 살았어요. 어머니는 밀가루 포대로 우리 모두의 옷을 만들어 입혔어요. 그 옷들을 만드는 데 솜씨가 좋았지요.

저는 1945년에 결혼을 했어요. 남편은 콜로라도주에 있는 캠프 헤일(Camp Hale)에서 전쟁기간 동안 정육공장에서 일했어요. 이후에 퇴직할 때까지 지역 화물택배회사에서 일을 했지요. 저는 고등학교를 졸업하지 못했어요. 우리 가족들은 제가 일하기를 원했기 때문이에요. 그래서 저는 결혼할 때까지 우리 가족을 위해 유모로서 일을 했어요. 결혼한 후에는 집을 청소하는 일을 하거나 백화점에서 일을 했고, 남편이 일했던 화물회사에서 비서로 일을 했어요. 그다음에는 35세였던 것으로 생각해요. 지역 교육구역에서 부모 코디네이터, 교사보조로서 일을 했고, 인적자원 사무실에서 일을 했어요. 저는 매일 아침 새벽 4시에 일어났어요. 그래서 저는 어떤 교사가 부재했을 때 대리교사가 와서 대신하도록 전화하기 위해 새벽 5시에 일하러 갈 수 있었어요. 저는 두 딸과 아들을 두고 있어요. 아들이 몇 년 전에 갑자기 저세상으로 떠났는데, 그때가 아마 10세였을 거예요. 딸 1명은 제가 살고 있는 같은 마을에서 살아요. 딸이 저에게 다정하게 대하는 것이 고마워요. 다른 딸은 콜로라도주 남부에 살고 있어요. 그 딸은 손자녀들을 키우고 있는데, 그들과 함께 잘 살고 있을 거예요.

제 일상은 아침에 일어나 준비를 하는 겁니다. 제가 샤워할 때 어떤 도움을 받아요. 그다음 아침을 먹으러 내려가요. 그리고 제가 살고 있는 이곳에서 실시하는 모든 활동에 참가하지요. 우리는 꽤 자주 많은 다양한 체험학습을 떠나요. 우리는 빙고(Bingo), 위(Wii) 같은 다양한 게임을 하지만 전 그것을 지켜보기만 해요. 정말 그것을 할 줄 모르기 때문이죠. 활동 담당자는 항상 우리의 체험학습과 쇼핑—저는 딸과 함께 쇼핑하는 것을 좋아하기 때문에 자주 참석하지는 않아요—그리고 버스 탑승, 빙고게임, 미용체조를 책임지지요. 저는 정말 바쁘게 지내고 있어요. 단어를 찾는 퍼즐들을 즐겨하는데, 제 마음을 계속 활동적이게 하고 싶어서죠. 이것이 일정표예요. 오늘이 몇 일이죠? 4월 28일. 내일 무슨 활동이 있는지 여기 일정표에서 볼 수 있어요. 여기 보세요. 금요일에도 마찬가지로 '행복한 시간'을 진행하네요. 저는 무릎을 치료하기 위해서 다른 건물로 가야 해요. 또 누군가를 여기에 오도록 해서 우리의 발톱과 손톱을 관리해 줘요. 여기에는 미용실도 있어요.

저는 연금을 받아요. 제가 백화점과 화물운송회사에서 일했던 것에 대한 사회보장연금을 받아요. 또 PERA 교육구역에서 일했을 때부터 연금을 받았어요. 전체 연금액은 최근까지는 항상 괜찮았어요. 저는 여기 이 아파트에 대한 집세를 지불해야 하고, 집세는 공공요금, 난방, 케이블 그리고 매일 세 끼의 식사를 보장하며, 제가 약을 잘 받도록 돕는 원조자를 위해 지불해요. 또 제가 약값에 대한 비용은 지불하지만, 딸이 그 비용을 책임지고 있기 때문에 얼마인지는 몰라요. 의료보험은 제가 이곳에서 생활하는 것에 대해 어떠한 비용도 지불해 주지 않는다는 것을 알고 있어요. 그래서 딸이 필요한 금액의 부족액을 대신 지불해 주어 저를 도와주고 있어요. 하지만 저는 여기에 있는 것이 너무 힘들어요. 여기에 있는 모든 사람은 매우 친절하고 좋으며, 많은 도움을 주고, 매우 예의 바르지요. 그리고 우리가 할 수 있는 매우 많은 것을 가지고 있어요. 하지만 저는 다른 마을에서 50년 동안 살아왔던 집을 가지고 있는데, 제가 왜 그곳에서 살 수 없는지를 몰라요. 그러나 딸은 제가 살던 집에서 사는 것은 안전하지 않을 뿐만 아니라 집으로 와서 저를 도와줄 사람을 둘 형편이 안 된다고 말했어요. 저에게는 멋진 숙녀가 있었어요. 보자, 그녀의 이름이 뭐였더라? 에디, 맞아요. 그녀의 이름은 에디였는데, 매일 아침과 저녁 나를 도와주러 왔어요. 하지만 저는 지난 크리스마스 동안 폐렴으로 많이 아파서 병원에 입원해 있었어요. 그리고 이 아파트에 오게 되었지요. 제 삶 전체가 허물어졌지요. 제 모든 물건은 곳곳에 흩어졌어요. 여기 집 다락에 조금은 있어요. 저는 제 물건들이 어디에 있는지 몰라요. 그리고 그 모든 것이 어떻게 일어났는지 정말 기억이 안 나요. 저는 친구들이 그립고, 교육구역에서 함께 일했던 사람들이 보고 싶어요. 가끔씩 난 여기에 가만히 앉아서 울어요. 울보가 되는 것이 싫지만 너무 외롭다고 느껴요. 가족들과 함께했던 모든 즐거움이 그리워요. 우리는 매우 친했지만, 모두들 어딘가 다른 곳에서 살아요. 알다시피 저는 여기에 가만히 앉아서 TV를 시청해요. 저는 할 수 있을 때 독서를 하지만 요즘은 운전을 할 수 없어요. 그래서 원할 때마다 외출했던 것처럼 나갈 수 없어요. 그래서 여기에 가만히 움직이지 않고 앉아 있어요. 저를 찾아와 주는 단체도 없어요. 이 집은 너무 작아요. 가족들이 머물 수 있는 곳이 있을까요? 저는 혼자였던 적이 없었기 때문에 저에게는 너무 모질다고 생각해요. 저는 부모님과 함께 살았어요. 그 이후 53년 동안 결혼생활을 했어요. 지금은 저 혼자예요. 제가 가는 곳, 제 머리를 두는 곳은 아무 상관이 없지만 저는 혼자가 될 거예요.

제 건강은 좋은 것 같아요. 정말 매우 좋아요. 저는 심한 관절염을 앓고 있어요. 저는 이 세상에서 가장 총명한 정신을 가지고 있지는 않지만, 제가 정신이 건강한 것에 대해 기뻐요.

나이가 점점 더 들어 가는 것에 대해 제가 어떻게 느끼고 있냐고요? 글쎄, 진실을 말하자면, 저는 여기에 존재하는 것이 기쁘고, 매일 일어나서 침대에서 나올 수 있을 만큼 건강한 것에 감사해요. 그리고 페인트 칠하는 방법 배우기, 코바늘 뜨개질 배우기 그리고 이전에 하려고 시간을 내지 못했던 다른 잡다한 것들에 대해 배우는 것과 같이 해야 할 일들을 해 왔어요. 제 나이에 대해서 무엇이 마음에 들까요? 글쎄요, 저는 제 나이에 대해서 좋아하는 것을 말할 수 있을지 모르겠지만, 많은 것을 보았고 또 해 왔어요. 저는 일을 시작하는 것에 대해서 걱정할 필요가 없지만, 제 기쁨(즐거움, 만족)은 제가 교육구역에서 일했던 모든 것이었어요. 저는 그 일의 일부분은 할 수 없지만 하고 싶어요. 여러분은 약해지지 않고, 여러분의 건강을 염려하며 계속 살아가기 위해 운동을 해야 한다는 것에 유의해야 해요. 그들은 더 이상 여러분이 운전하는 것에 대해 좋아하지 않지요. 그들은 여러분이 능력이 없다고 느끼며, 조금 성가시게 느낄 거예요. 저는 많은 책을 읽어요. 그래서 세계에서 진행되고 있는 것들과 계속 소통할 수 있지요. 또 똑똑하게 행동할 수도 있고요. 여러분은 아무것도 하지 않으면서 앉아 있는 것을 원하지 않지요. 여러분은 세상에서 일어나는 일에 대해 조금은 알 수 있도록 해야 해요.

저는 오래 살기를 기대해요. 증손자들이 자라는 것을 보고 싶어요. 그 아이들이 학교에도 가고, 건강하고, 삶을 즐기면서 여행하기를 원해요.

나이 들어 가는 것에 대해 젊은이들에게 하고 싶은 충고는 교육을 받고, 교육에 열중하고, 다양한 것에서 폭넓은 통찰을 계속 가지라는 것이에요. 세상에는 여러분이 알고 싶은 것에 대해서 만나야 할 많은 다양한 것이 있어요. 그것은 모든 사람이 나가서 변호사가 되어야 한다는 것을 의미하지는 않아요. 기계공이 되기 위해 배우는 사람들 역시 중요하지요. 개개의 사람들은 자신이 하고 싶어 하고, 할 수 있고 또 잘할 수 있는 것에 대해 자랑스럽게 여길 만한 것을 찾아내야 해요.

제8장

지역사회지원정책

지난 10년에 걸쳐서 우리는 '모든 세대가 함께하는 사회(society for all ages)'를 만들고, 노인을 위한 UN 원칙(United Nations Principles for Older Persons)을 국제적으로 활성화시키는 데 주력해 왔다. 이 원칙은 노인의 참여, 자아실현, 독립, 보호, 존엄이 지켜지는 포괄적 사회를 만들기 위해 채택된 것이다. 이 원칙의 실현을 위한 정책 지원운동이 지속적으로 펼쳐지면서, 보다 많은 노인이 자신의 능력을 향상시키고, 독립을 유지할 수 있고, 적절한 지원과 보호가 제공되는 환경에서 살아갈 수 있게 되었다.

– UN 사무총장 반기문(2009. 9. 28.)

결혼생활이 51년째 되던 때, 78세이던 남편이 사망했어요. 우리는 자녀가 없었지만, 남편은 매우 좋은 사람이었고, 즐거운 생활을 해 왔기에 저는 행복했어요. 우리는 늘 사이가 좋았지만, 그는 당뇨병이 있었고 많이 아팠으며, 결국 사망했습니다. 그것이 인생이군요! 그의 죽음 이후, 저는 언제나 혼자였어요. 하늘과 몇 그루의 나무를 제외하고는 만날 사람이 아무도 없는 시골집에 고립되어 있었어요. 그래서 저는 작은 도시로 이사를 했고, 그곳에서는 이전보다 더 행복했습니다. 남편이 사망하던 1999년에 제 몸의 일부가 마비되었어요. 저는 자신에게 물었어요. "나는 어떻게 하지? 나는 자녀도 없고 아무도 없는데!"

– M 부인(80세), 이탈리아 로비고

지역사회 기반 프로그램과 서비스는 M 부인과 같은 노인들이 사회적/신체적 안녕을 향상시키면서 지역사회에 계속해서 유대감을 가지고 참여하는 것을 도울 수 있다. 지역사회 기반 프로그램과 서비스는 다양한 유형으로 조직화될 수 있다. 교통, 정보, 의뢰/지원 서비스는 여타의 다른 서비스에 접근할 수 있도록 도와준다. 재가서비스, 법적 지원, 영양, 정신건강 상담, 건강정보서비스는 노인들의 사회적이고 신체적인 안녕 욕구를 충족시켜 줄 수 있다. 레크리에이션, 여가활동, 평생학습, 자원봉사활동 그리고 시민활동은 노인들의 사회적 참여를 활성화한다. 지역사회의 프로그램과 서비스에 대한 접근성은 노후의 전반적인 삶의 질에 중요한 영향을 미친다. Kosberg(1994)에 의하면, 지역사회 기반 서비스와 프로그램은 노인들이 독립을 유지하고, 지역사회에 참여하고, 보호받을 수 있도록 지원한다. 따라서 노인들은 독립적인 삶의 질을 유지할 수 있을 뿐만 아니라 개인적이고 사회적인 관계 속에서 그들의 완전한 능력을 향상시킬 수 있다.

정책과 지역사회 기반 서비스

지역사회서비스들은 사회, 문화, 교육, 건강 관련, 주택, 교통 프로그램 등의 다양한 범위를 포함한다. 그래서 지역사회 서비스정책에 대한 출발점은 일반집단을 위해서는 어떤 서비스가 적합한지, 또 신체장애나 환경문제로 일반집단을 위한 서비스를 제한받는 사람들을 위해서는 어떤 서비스가 조정되고 변경될 필요가 있는지를 결정하는 것부터 시작한다.

[그림 8-1]은 일반집단과 표적집단이 지역사회에서 필요로 하는 욕구에 대해 정책이 어떻게 응답하는지를 보여 준다. 원의 바깥 영역은 일반집단이 이용할 수 있는 지역사회 프로그램을 의미한다. 바퀴의 중앙은 일반 프로그램에 접근할 수 없는 표적집단의 욕구에 응답하는, 새로운 프로그램과 서비스를 가리킨다. 일반 프로그램과 표적 프로그램의 연결은 프로그램의 변주가 있는 서비스의 연속성을 나타낸다. 즉, 정도에 있어서 차이는 있으나, 표적집단이 일반집단 프로그램을 더 쉽게 이용할 수 있는 접근성의 차이가 서비스의 연속성에 포함된다. 예를 들어, 지역사회는 모든 시민에게 대중교통을 이용할 기회를 제공한다. 그러나 교통비 삭감이나

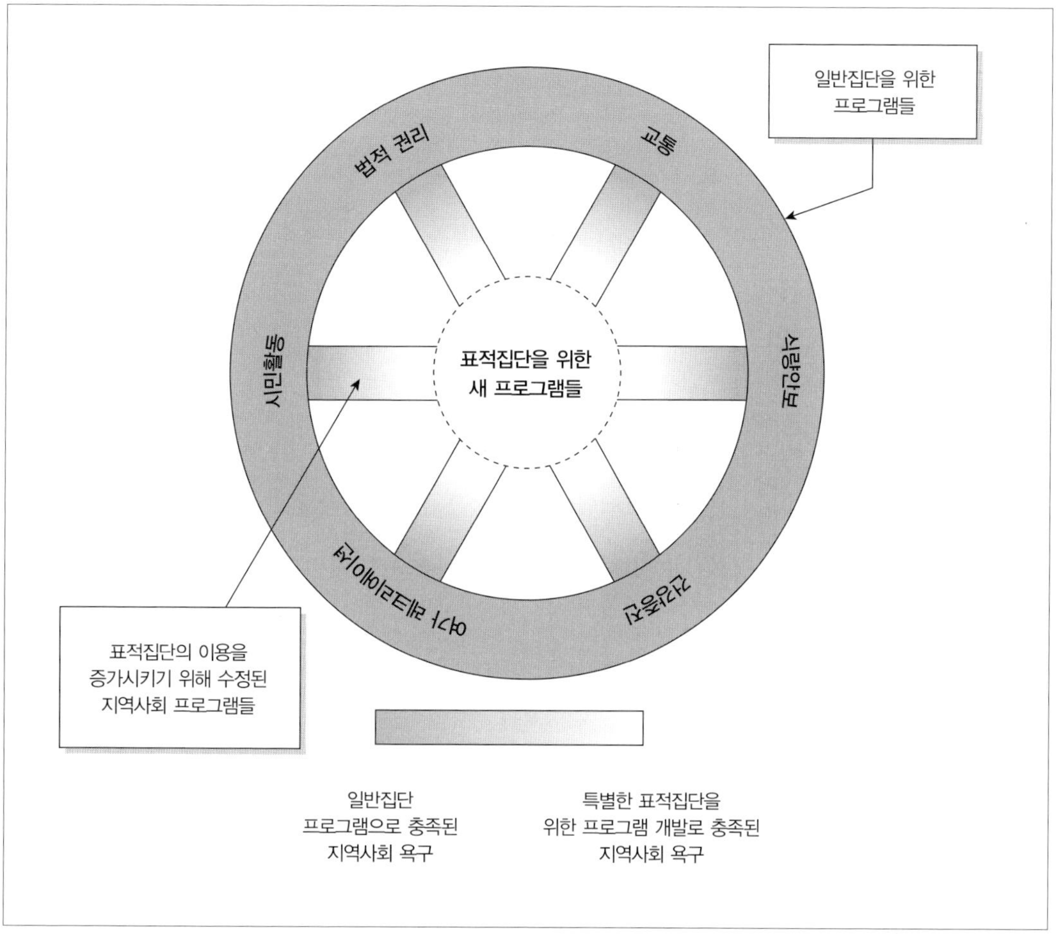

[그림 8-1] 일반집단과 표적집단을 위한 지역사회 프로그램의 사회복지정책 연속체

출퇴근 등 번잡한 시간 동안은 변경된 노선을 제공하는 정책으로 노인들의 일반 대중교통에 대한 접근성을 촉구하는 법안을 제정할 수도 있다. 그러나 장애인이나 노인들은 일반집단을 위한 대중교통을 이용할 수 없기 때문에, 프로그램의 다양한 변주에 상관없이 새로운 대중교통 프로그램은 통행서비스(door to door) 같은 장애인이나 노인을 위한 맞춤형 서비스를 만들 필요가 있다. 사회정책 입안자들은 '지역사회서비스의 연속성에 따라 일반집단과 표적집단 사이의 어느 지점에서 정책이 입안되어야 하는가?'를 고민하게 된다. 만약 이에 대한 결정이 이루어지면 서비스나 프로그램은 어떻게 재정을 마련하고 전달하는가? 서비스를 제공하는 데 있어서 공적-정부 영역, 자발적인 비영리 영역, 영리 영역 사이의 혼합적 구조에서 각 영역의 역할은 무엇인가?

국제적 개관

지역사회 기반 서비스의 다양성과 전문성에 대한 거시적 수준의 지표를 규명하는 것은 어렵다. 고용 프로그램, 건강 프로그램, 교육 프로그램 등의 모든 사회적 프로그램과 전 연령대를 위한 다양한 프로그램에 대한 지출이 자료에 포함되어 있고, 지출내역에 대한 정보는 수많은 정부기관을 통해 널리 퍼져 있다. 그러나 OECD는 공공의료서비스에 대한 지출을 제외하고 30개 국가의 사회복지 지출 자료(적어도 국가정책이 사회적 프로그램을 지원하는 정도를 파악할 수 있는 자료)를 정리해 왔다. OECD의 공공사회복지 지출 자료는 현금급여, 물품이나 서비스와 같은 직접적인 현물제공, 사회적 목적을 위한 세금우대로 구성된다(OECD, 2009c). 또한 복지혜택은 하나 혹은 보다 많은 사회적 목표에 부합하면서, 저임금 가구, 노인, 장애인, 환자, 실업자 혹은 청년층을 대상으로 할 수 있다. 그러므로 OECD의 자료를 통해서 각 국가의 사회 프로그램 지출에 대해 매우 넓은 안목을 가질 수 있고, 더 나아가 각 국가의 노인 프로그램과 사회적 돌봄에 투자하는 자원에 대해서 통찰력을 가질 수 있다. [그림 8-2]는 각 국가의 사회복지 지출에서 큰 차이를 보여 준다. 스웨덴은 국민순생산의 가장 높은 비율(7.8%)이 사회서비스에 투자되었고, 멕시코는 가장 낮은 비율(0.1%)을 보여 준다. 미국은 0.8%를 투자하고 있어, 국가들 중에서 하위순위로 세 번째를 차지하고 있다. 핀란드와 덴마크와 같은 스칸디나비아 국가들은 상위 1/3 그룹에 포함된다. 분석에 포함된 아시아 국가들 중 한국과 일본은 하위 1/3 그룹에 포함된다.

각 국가의 사회적 돌봄 프로그램에 대한 지출 비율은 향후 20년간 노인인구의 증가로 인해 확실한 영향을 받을 것이다. 결과적으로 노인들의 지역사회 기반 서비스에 대한 욕구가 다가오는 미래에 어떻게 충족될 수 있는지, 이 욕구 중에서 어떤 것이 입안될 수 있는지에 대한 관심이 증가되어 왔다. 국제사회에서는 이미 지역사회의 어떠한 욕구를 법적으로 충족시켜야 하는지에 대한 논의를 시작하고 있다. 2002년 마드리드에서 개최된 제2차 UN 세계고령화회의(United Nation's Madrid Second World Assembly on Ageing)에는 150개 이상의 국가와 국제기구가 참석하

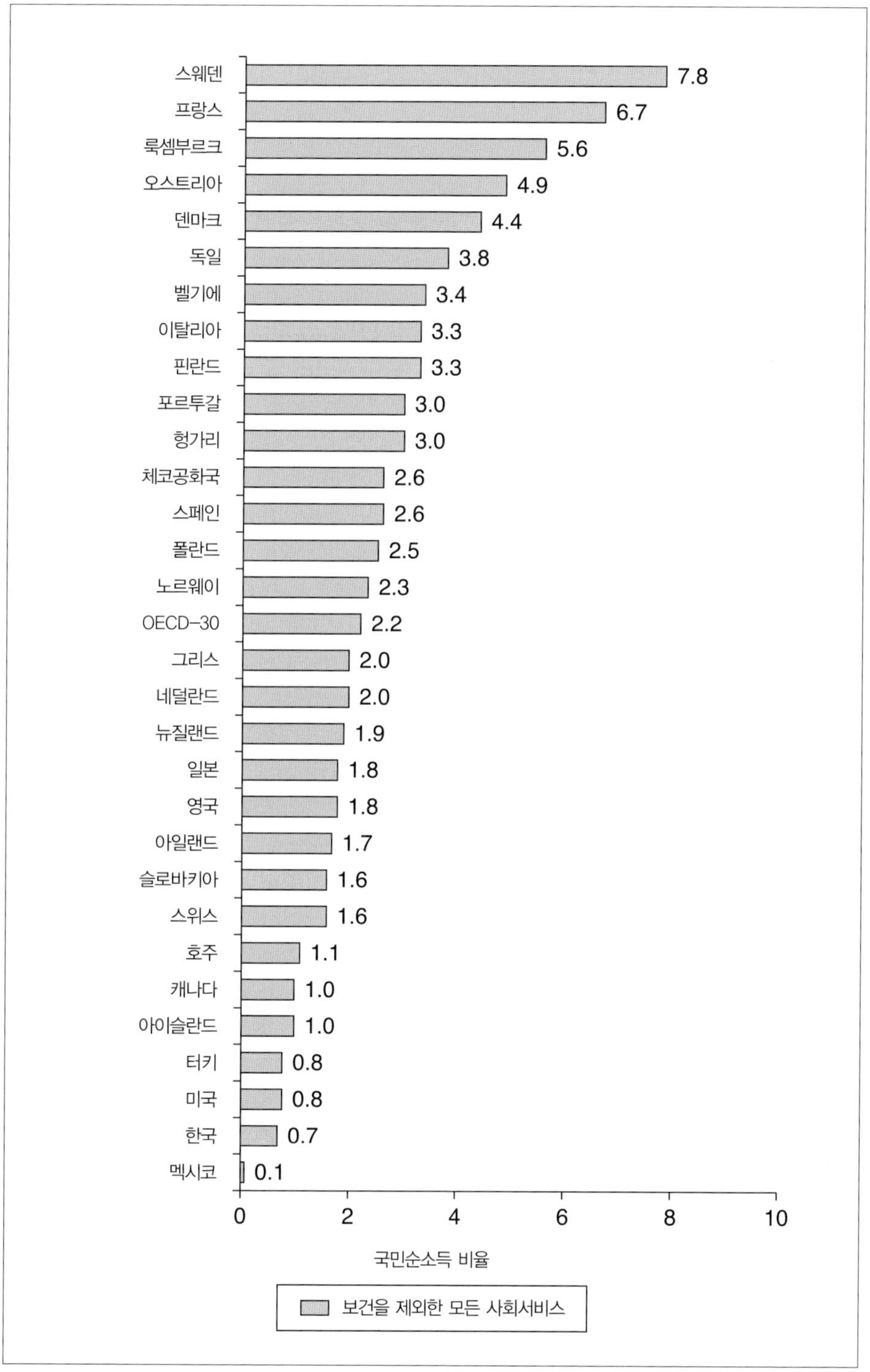

[그림 8-2] 국민순소득 비율에서 보건 이외의 공공 사회복지 지출(2009년)

출처: OECD (2009c).

였고, 국제고령화행동계획(International Plan of Action on Ageing)을 채택하였다. 국제고령화행동계획은 노인이 사회적 · 경제적 · 문화적 활동, 레크리에이션, 스포츠와 자원봉사활동에 적극적으로 참여할 수 있도록 정부의 노력을 촉구하는 결의안이다.

또한 세계보건기구(WHO, 2007)는 고령친화적인 지역사회계획(Age Friendly Communities initiative)을 홍보하고 있다. 고령친화적인 지역사회계획은 '활동적 노화를 촉진하는 포괄적이고 접근 용이한 도시환경'을 창조하기 위해 지방정부의 협력을 이끌어 낸다. 이 계획은 활기찬 노화를 가능하게 하는 도시구조와 서비스의 조정을 포함한다. 고령친화적 지역사회의 요소는 교통, 야외 공간, 주택, 사회통합, 시민참여, 의사소통, 정보, 지역사회지원서비스를 포함한다.

이 장의 목적은 지역사회에서 살아가는 노인의 독립, 복지, 사회적 참여를 향상시키기 위한 정책의 방법과 그 차이를 검토하는 것이다. 다양한 범위의 지역사회 프로그램이 있기 때문에, 범위를 좁혀서 3개의 국가와 6개의 중요한 지역사회 기반 사회정책(식품과 영양, 레크리에이션과 여가, 교통, 법적 지원, 정보와 의뢰/지원, 시민참여)을 선택해서 논의하였다. 미국, 영국, 스웨덴을 통해 지역사회 프로그램을 촉진하는 방식과 사회 프로그램에 대한 정부지출의 규모에 대한 세 가지 다른 방식을 보게 된다. 지역사회 기반 가정건강서비스는 이 장의 논의에서는 제외하고, 제9장에서 보다 자세히 논의된다. 미국의 정책과 프로그램에 대한 논의부터 시작하겠다.

미국

영양 프로그램, 교통, 지역사회 참여, 법적 지원 등의 지역사회 기반 서비스에 대한 사회정책이 수많은 입법조치를 통해서 만들어지고, 이들 서비스는 수많은 연방정부기관을 통해서 실행된다. 미국의 「노인복지법」은 수많은 지역사회 기반 서비스의 전달에 있어서 중심을 이루는 법률 중의 하나이다(제2장 참조).

1965년에 통과된 「노인복지법」은 노인을 위한 광범위한 지역사회 기반 서비스를 재정적으로 후원하는 획기적인 법이다. 이 법에 의해 광범위한 지역사회 프로그램과 서비스를 옹호하고, 조직하며, 전달하는 구조와 체계가 만들어졌다. 또한 무수히 많은 비영리조직뿐만 아니라, 연방수준, 주정부수준, 지방수준의 서비스기관을 연결하는 '고령자 네트워크(Aging Network)'가 설립되었다. 「노인복지법」은 몇 년에 걸쳐서 국민 영양건강 프로그램, 노인학대와 유기예방 프로그램, 건강증진 프로그램, 장기요양 옴부즈맨, 수발자 지원 프로그램 등 수많은 지역사회 기반 프로그램을 만들었다. 「노인복지법」 제3편부터 제7편은 건강과 지역사회 기반 서비스와 프로그램에 대한 운영을 다루고 있다. 대부분의 지역사회에서 지역노인복지사무소(AAA)는 서비스를 직접적으로 전달하지는 않지만, 법에서 제정하고, 주나 지방의 지역노인복지사무소에서 계획한 서비스를 실행하기 위해, 경쟁적인 보조금 획득과정을 통해서 지방의 기관들과 계약한다. 아래에서는 지역사회 기반 서비스를 제공하는 데 있어 「노인복지법」의 역할을 논의할 것이다.

식품과 영양 프로그램

1939년에 처음 시작된 식품권 프로그램(Food Stamp Program)은 '생활보호대상자들'이 쿠폰을 이용해서 식품을 구매할 수 있는 프로그램이다(U.S. Department of Agriculture: USDA, 2009c). 이 프로그램은 생명력이 짧아서 1943년에 종료되었는데, 프로그램을 유지하게 했던, 광범위한 실업과 식량과잉이 끝났기 때문이다(USDA, 2009c). 그러나 1964년 의회는 「식품권법(Food Stamp Act)」을 통과시켰고, 이 법에 의해 식품권 프로그램은 미 농무부의 지도하에서 각 주와의 협력관계를 이루어 주 비용의 50%를 공유하는 지속적인 프로그램이 되었다. 초창기 프로그램에 명시된 목적은 농업경제를 강화하고 저소득가구의 영양수준을 개선하는 것이었는데, 이는 1974년이 되어 전국적으로 실시되었다.

「식품권법」에 의해 자격기준, 프로그램 운영 및 규제와 관련하여 많은 변화가 있었다. 「2008 식품영양법(Food and Nutrition Act of 2008)」에 의해 프로그램상의 몇 가지 변화가 있었다. 그중의 하나는 연방 프로그램의 명칭이 보충적 영양지원 프로그램(Supplemental Nutrition Assistance Program: SNAP)으로 변화한 것이다. 그러나 주들은 프로그램의 명칭을 변화시키지 않을 선택권을 가진다. 보충적 영양지원 프로그램은 다소 복잡한 재정적 자격기준을 제시하며, 가구 구성원으로 노인 혹은 장애인의 포함 여부도 기준으로 한다. 또한 재정적 자격기준의 하나로, 가구의 현금 혹은 저축액을 포함한다. 이 액수는 3,000달러(이것은 주택가치, 보충적 소득보장 급여, 401K와 같은 퇴직계획계좌는 제외한다)와 가구 구성원 1명당 1대의 차(공정 시장 가격으로 4,650달러 이상일 수 없다)를 초과할 수 없다. 만약 차량이 법적 가이드라인에서 제시하는 목적에 따라 사용되고 있다면, 이들 차량은 재정 결정에서 제외된다(USDA, 2009c).

재정적 자격을 결정하는 두 번째 기준은 가구의 총소득이나 순소득을 사정하는 것이다.[1] 만약 가구 구성원에 적어도 60세 이상의 성인 1명이 포함되면, 소득 자격 기준은 빈곤선의 100%가 되는 월 가계순소득을 바탕으로 한다. 공제는 근로소득의 20%, 2인 가구를 위한 141달러의 표준공제, 35달러 이상의 현금 의료지출 그리고 공제 후 가계소득의 절반을 초과하는 주거비용을 포함한다. 2인 노령가구에 대한 월 순소득은 1,167달러를 초과할 수 없다. 만약 가구 구성원이 영구적인 장애기준을 충족시키는 60세 이상이면서 장애로 인해서 음식을 독립적으로 구매 및 준비할 수 없다면, 이러한 개인들은 식품구매 지원 가구로 간주되고, 가구의 다른 구성원들이 월 가계순소득 기준을 충족시켜야 한다. 2009년에 자격이 되는 2인 노령가구를 위한 최대 혜택은 한 달에 367달러였다. 지방 사회서비스국을 통하여 프로그램이 운영된다. 개인들은 지방 사무소에서 신청을 하고, 만약 자격기준이 충족되면, 식품구매용 직불카드를 받는다. 2009년 9월에 1,680만 가구가 보충적 영양지원 프로그램에 참여하였다. 이는 2008년 9월에 비해 19.9% 증가한 것이다. 모든 수혜자들을 위한 평균 혜택액수는 275.53달러였다. 독거노인을 위한 월평균 혜택은 76달러, 비독거 노인을 위한 월평균 혜택은 172달러였다(USDA, 2010).

1973년에 「농업 및 소비자보호법(Agriculture and Consumer Protection Act)」이 제정되었다. 이 법은 예비산모 및 산모, 영유아, 아동 그리고 60세 이상의 노인들

1) 역자 주: 2017년 10월 1일부터 2018년 9월 30일까지 SNAP 지원을 위한 소득 자격기준

가구 크기	월 총소득(빈곤선의 130%)	월 순소득(빈곤선의 100%) 노인과 장애인이 있는 가구를 위한 기준
1인	1,307달러	1,005달러
2인	1,760달러	1,354달러
3인	2,213달러	1,702달러
4인	2,665달러	2,050달러

출처: https://www.fns.usda.gov/snap/snap-special-rules-elderly-or-disabled

에게 물품을 제공하는, 상품형 보충식품 프로그램(Commodity Supplemental Food Program)에 자금을 지원한다. 미 농무부는 프로그램 운영 자금을 지원하고, 참여하고 있는 주와 인디언부족 조직들은 식품배분을 위해 공적인 조직과 비영리조직을 이용한다. 현재 32개의 주(알래스카주, 애리조나주, 캘리포니아주, 콜로라도주, 일리노이주, 아이오와주, 인디애나주, 캔자스주, 켄터키주, 루이지애나주, 미시간주, 미네소타주, 미시시피주, 미주리주, 몬태나주, 네브라스카주, 네바다주, 뉴햄프셔주, 뉴멕시코주, 뉴욕주, 노스캐롤라이나주, 노스다코타주, 오하이오주, 오리건주, 펜실베이니아주, 사우스캐롤라이나주, 사우스다코타주, 테네시주, 텍사스주, 버몬트주, 워싱턴주, 위스콘신주)와 컬럼비아 특별구가 이 프로그램에 참여한다(USDA, 2009a).[2] 지역의 기관들은 지원자의 자격을 결정하는데, 노인의 경우 연방 빈곤선의 130%나 그 이하의 소득이어야 한다. 1인이나 2인 노령가구는 각각 1년에 1만 4,079달러와 1만 8,941달러의 소득을 가져야 한다.[3] 2008년에 대략 44만 4,000명의 노인들이 이 프로그램에 참여하였다(USDA, 2009a).

또 다른 연방 식품배분 프로그램은 「1983 긴급식량지원법(Emergency Food Assistance of Act of 1983)」에 의해 처음 승인된 긴급식량지원 프로그램(Emergency Food Assistance Program)이다(USDA, 2009b). 이 프로그램은 노인을 포함한 저소득 계층들에게 비영리 푸드뱅크를 통해서 혹은 직접적으로 긴급식량을 제공한다. 미 농무부는 긴급식량을 구매해서, 빈곤선 이하의 소득자와 실업자의 수를 바탕으로 각 주에 식량을 배분한다. 연방정부는 운영되는 프로그램에 자금을 지원하고, 각 주들은 자격지침을 설정하고, 식량을 푸드뱅크나 푸드 공장 등의 지역 자선기관에 배분한다. 이들 자선기관을 통해서 적격자에게 직접 식량이 전달된다. 예를 들어, 피딩 아메리카(Feeding America, 이전에는 America's Second Harvest로 알려짐)는 1년에 25억 파운드 이상의 식품과 채소를 보관하고 배분하는데, 긴급식량지원 프로그램을 통해서 정부 물품을 받는 주요한 수혜자이다(Feeding America, 2010). 또한 식량은 단체급식소(congregate meal sites)에도 배분된다.

---

2) 역자 주: 2017년 기준 컬럼비아 특별구와 50개 주가 CSFP 프로그램에 참여하고 있다(미 농무부 홈페이지 참조).

3) 역자 주: 2017년 CSFP의 소득 가이드라인은 1인과 2인 노령가구의 경우 1년에 각각 1만 5,678달러와 2만 1,112달러로 상향 조정되었다(미 농무부 홈페이지 참조).

「노인복지법」의 영양서비스(제3편-C)는 2개의 영양서비스 프로그램, 즉 급식과 가정배달식 영양서비스와 음식보충 프로그램인 영양서비스 인센티브 프로그램(Nutrition Services Incentive Program)을 설립하고 운영자금을 지원한다. 제3편-C는 노인을 주요 대상으로 한 영양 프로그램의 주요자금 원천이다. 목적은 기아와 식량 부족을 줄이고, 노인의 건강과 사회적 복지를 향상시키는 것이다.

제3편-C 프로그램에 자금을 지원하는 공식보조금(formula grants)은 60세 이상 노인들의 할당을 바탕으로 각 주와 지자체(territories)에 제공된다. 주 혹은 지방의 지역노인복지사무소는 프로그램을 실행하기 위해 교대로 지역공급자와 계약한다. 제3편-C 아래의 모든 식량 프로그램은 영양과학 전문가와 영양사에 의해 영양학적으로 건강이 보장되는 음식을 제공한다.

2008년에 제3편-C 영양서비스를 위한 자금은 6억 450만 달러였는데, 이는 2008년 미국 연방노인청(AoA) 예산의 54%를 차지한다(Napili, 2008). 비록 프로그램이 식사비용을 청구하지 않지만, 참여자들은 전국적으로 2~4달러 사이에서 식사비용을 기부하도록 되어 있다. 참여자 기부와 연방, 주, 지역 자금, 사적 기부가 이들 프로그램을 지원한다. 제3편-C 자금은 급식 프로그램 운영비용의 절반 이하와 가정배달 식사 프로그램 비용의 25% 이하를 충당한다(AoA, 2009b).

「급식영양관리서비스법(Congregate Nutrition Services section of the Act)」에 의해 시니어센터와 같은 급식 현장에서 식사배달, 영양사정, 교육과 상담이 이루어질 수 있다. 이 법은 일주일에 5일 혹은 그 이상의 주기 동안(이 주기가 적용되지 않는 시골 지역은 제외하고, 주 기관에 의해서 그보다 짧은 주기가 적용되기도 한다), 적어도 한 끼의 따뜻한 식사나 다른 적절한 식사를 제공할 것을 요구한다. 식사는 주간보호센터, 다세대 식사 장소를 포함한 급식 현장에서 제공되어야 한다(OAA, 2006년에 수정됨). 식사와 더불어 영양교육, 영양상담, 다른 영양서비스도 제공된다.

급식 프로그램은 60세 이상의 모든 사람과 60세 이하의 특정 범주에 속하는 모든 사람(예: 장애인 혹은 장애를 가진 배우자)이 이용할 수 있다. 어떤 곳은 아침식사를 함께 제공하기도 하지만 급식 프로그램의 대다수는 낮 시간에 식사를 제공한다. 2008년에 급식영양관리 프로그램을 위해 4억 1,000만 달러의 자금이 할당되었다. 2007년에 급식영양관리 프로그램은 160만 명 이상의 노인들에게 9,400만 달러 이상의 식사를 제공했다.

〈글상자 8-1〉 정책과 인간 간의 밀접한 연계: 아이다호주 맥케이의 급식영양관리서비스

「노인복지법」에 의한 급식 프로그램은 모든 주와 지역으로 확대되고 전국적으로 농촌과 도시 공동체의 영양복지를 위해 중요한 역할을 한다. 맥케이는 아이다호의 중앙과 동쪽, 아이다호 폭포로부터 북서로 100마일 떨어져 위치해 있는 500명 이상의 사람이 거주하는 작은 시골마을이다. 인구의 1/4이 65세 이상이고, 65세 이상의 19.8%가 빈곤선 이하에서 살아간다. 마을에는 작은 식료품 가게 하나와 지역 식당이 두 곳 있다.

급식 프로그램은 멕케이 노인지역센터에 있는 2개의 방에서 월요일과 금요일에 제공된다. 93세의 한 참가자는 다음과 같이 말했다. "나는 사람들과의 친교를 위해서 여기에 옵니다. 센터에서 내가 받는 식사는 내가 일주일 동안 얻는 유일한 따뜻한 식사입니다."

「가정배달식 영양서비스법(Home Delivered Nutrition Services Act)」은 영양사정, 상담, 가정에 있는 노인들에게 식사배달을 위한 자금을 지원한다. 이 법에 의해 일주일에 다섯 번 혹은 그 이상의 주기(그러한 주기가 적용되지 않는 시골에서는 제외되거나 주 기관에 따라 긴 주기가 승인됨)로 하루에 적어도 한 번의 식사—식사는 뜨거운 식품, 찬 식품, 냉동식품, 건조식품, 캔식품, 신선 식품 혹은 보충식품, 부가적 식품으로 구성될 수 있다—가 집으로 배달되어야 한다. 급식영양관리 프로그램과 함께, 공식 보조금은 각 주나 자치령에 거주하고 있는 60세 이상 노인의 수를 바탕으로 주와 자치령에 지원된다. 2008년 가정배달식 영양 프로그램을 위해 1억 9,380만 달러의 자금이 할당되었다. 또한 90만 명 이상의 사람에게 1억 4,090만 달러 이상의 식사가 제공되었다(AoA, 2009c)

영양서비스 인센티브 프로그램은 주, 자치령, 적격 대상자인 부족조직들에게 추가재정을 지원하는데, 지역의 식품 프로그램을 보충하기 위한 것으로 식품제공에만 사용된다. 각 주들은 현금, 물품 혹은 현금과 물품의 혼합방식 중에서 선택할 수 있다. 2008년 이 프로그램을 위한 자금은 1억 5,340만 달러였다(AoA, 2009c).

레크리에이션과 여가

미국 시니어센터는 역사적으로 노인의 레크리에이션과 여가 프로그램의 핵심이 되어 왔다. 비록 최초의 시니어센터가 1943년 뉴욕에서 문을 열었지만, 「노인복지법」의 통과로 시니어센터의 현 시대가 열렸다(Leanse, Tiven, & Robb, 1977). 1973년 의회는 「노인복지법」 5편을 제정했다. 5편은 노인을 위해 지역서비스를 조정하고 통합하는 '지역의 구심점'으로서, 건강, 사회, 교육 등 넓은 범위의 서비스를 제공하는 '시니어센터의 다목적성'을 인정하고, 재정적 지원을 제공하는 내용을 담고 있다. 1978년 이 법의 수정으로 제3편에 시니어센터에 대한 지원이 포함되었다. 시니어센터는 지방의 지역노인복지사무소의 지도하에서 「노인복지법」에 따른 서비스 전달의 구심점으로서, 광범위하고 빠르게 팽창되었다. 비록 「노인복지법」에 의해 자금을 지원받는 모든 지역의 구심점이 시니어센터가 아니더라도, 2008년에 증명된 9,240개의 구심점 중에서 6,935개가 시니어센터였다(AoA, 2009h). 2011년 기준, 1만 5,000개의 시니어센터가 있는 것으로 추정되는데, 성격은 다양하다. 아이다호의 맥케이같이 유일하게 영양 프로그램만 제공하는 작은 영양서비스 기관부터, 사회, 문화, 건강, 여가, 레크리에이션과 같은 넓은 범위의 프로그램을 가진 다목적성 기관까지 다양한 성격의 시니어센터가 존재한다(Dal Santo, 2009). 다목적성 시니어센터가 제공하는 가장 대중적인 서비스는 다음과 같다(Dal Santo, 2009).

- 건강 및 심리적 안녕을 위한 프로그램과 정보
- 문화 이벤트
- 예술과 공예
- 레크리에이션과 신체단련 프로그램
- 세대 간 프로그램
- 취업 알선
- 교육 프로그램
- 정보와 의뢰
- 재정 및 법적 지원
- 여행 레저와 지역 야외활동

- 식사와 영양관리 프로그램과 교육
- 차량서비스
- 자원봉사활동 기회
- 사회적 네트워킹 기회

시니어센터는 매년 1,000만 명의 노인들에게 봉사하고 있는 것으로 추정된다(National Institute of Senior Centers, 2005). 다양한 곳이 시니어센터에 자금을 지원한다. 「노인복지법」에 따른 기금과 더불어, 지방 및 각 주정부, 비영리기관, 보조금, 경영 및 멤버십 지원금이 자금의 출처이다.

교통서비스

교통수단은 노인들이 건강관리서비스에 접근할 수 있고, 친구나 가족들과의 만남 및 관계를 유지할 수 있게 돕는다. 또한 노인들이 지역사회의 행사에 참여할 수 있고, 독립적인 생활을 유지할 수 있도록 돕는다는 점에서 교통수단은 매우 중요한 요소이다.

노인을 위한 교통지원정책은 두 가지 목적을 위해 조직되는 경향이 있다. ① 의료적 목적, 고용, 쇼핑, 은행일 등 본질적인 혹은 생활유지 목적에서의 이동, ② 친구나 가족 방문, 시민문화 행사, 종교 행사, 봉사활동 등 삶의 질 향상을 위한 이동(U.S. Government Accountability Office, 2004). 교통수단을 이용하는 다양한 목적 때문에, 노인을 위한 교통지원정책은 분절되고, 수많은 다른 연방기관과 관련되어 있다.

5개의 연방기관이 일반 인구집단과 노인집단을 위한 차량서비스 제공에 관련되어 있다. [그림 8-3]은 5개의 연방기관, 기관 내의 각 부서, 자금과 서비스를 제공하는 부서 내의 프로그램을 보여 준다. 색칠된 공간은 노인을 주요 대상으로 하는 이송 프로그램을 의미한다. 색칠되지 않은 프로그램은 퇴역군인을 위한 이송 프로그램과 같이, 이들 프로그램이 제공할 수 있는 인구집단에 노인이 포함되는 것을 의미한다. 자금은 다음과 같은 다양한 종류의 차량서비스를 지원한다. 정규 일정과 미리 결정된 노선을 따라 운행되는 고정 노선(fixed-route), 지하철, 기차 혹은 시내 전차 등의 차량을 포함하는 환승체계(rail transit system), 고정노선을 운행함과 더불어 미리 조정된 서비스를 포함하는 유연노선(flex-routes), 조기일정을 요구하는 요구 반응적 체계(demand-responsive system), 정규적인 고정 노선 차량의 사용이 제한되는 장애인을 위한 유사환승체계(paratransit system)(United We Ride, 2007).

[그림 8-3]에서 보는 것처럼 미 교통부와 보건복지부는 노인을 위한 교통서비스에 대부분의 자금과 프로그램을 제공해 주는 2개의 연방기관이다. 지역사회 교통 프로그램을 만든 법은 1998년 6월 9일에 제정된 「21세기를 위한 교통평등법(Transportation Equity Act for the 21st Century)」과 2005년 9월 10일에 제정된 「안전성, 책임성, 유연성 및 효율성을 갖춘 교통 형평성 법(Safe, Accountable, Flexible, Efficient Transportation Equity Act-A Legacy for Users: SAFETEA-LU)」이다.[4] 이 법에 따라 미 교통부(2010)는 다음의 프로그램에 대한 자금지원을 승인했다.

- 노인과 장애인을 위한 공식 프로그램(Formula Program for Elderly Persons and Persons with Disabilities, 섹션 5310)[5]: 프로그램에 대한 자금은 공식보조금으로 각 주에 할당되는데, 노인과 장애인에게 서비스를 제공하는 자금으로 사용된다. 각 주들은 조화로운 서비스 제공을 위해 사적 비영리조직과 공적 기관에 자금을 하위 할당한다. 각 주들은 노인과 장애인의 수를 토대로 하여 그들의 할당량을 받는다.
- 자본투자보조금 '새로운 출발'(Capital Investment Grants New Starts, 섹션 5309)[6]: 새로운 환승체계 혹은 기존 체계의 확장(경량전철, 중전철, 통근철도, 단궤철도 혹은 버스도로/다인승 차량 시설)에 대해 자금을 지원한다.

4) 역자 주: 「SAFETEA-LU법」이 2009년 사실상 만료된 이후, 2012년 제정된 「MAP-21(Moving Ahead for Progress in the 21st Century)법」은 연방이 보조하는 고속도로, 고속도로 안전, 대중교통 등 노면교통 프로그램에 대한 자금을 승인하는 신규 법안으로, 2014년 9월 30일까지 27개월 동안 약 1,050억 달러 규모의 교통예산을 도로건설, 유지관리, 안전, 대중교통, 교통계획 및 제반 연구에 배정한다. 이후 2015년에 국가교통 예산법안으로 「FAST법」이 새롭게 제정되었다. 「FAST법」은 낙후된 교통 인프라 보수 초점을 맞추어 'Fixing America's Surface Transportation Act'라는 이름으로 지어졌다. 「FAST법」의 기본 골격은 「MAP-21법」을 계승하면서 도로 및 교량과 같은 육상교통과 관련된 시설의 유지 및 보수에 초점을 맞추고 있다[도로정책연구센터(http://roadresearch.or.kr) 참조].

5) 역자 주: 2012년 제정된 「MAP-21법」으로, 노인과 장애인을 위해 향상된 기동성(Enhanced Mobility of Seniors and Individuals with Disabilities, 섹션 5310) 프로그램으로 보다 강화되었다(http://map21.transportation.org/Pages/Safetealuvsmap21.aspx 참조).

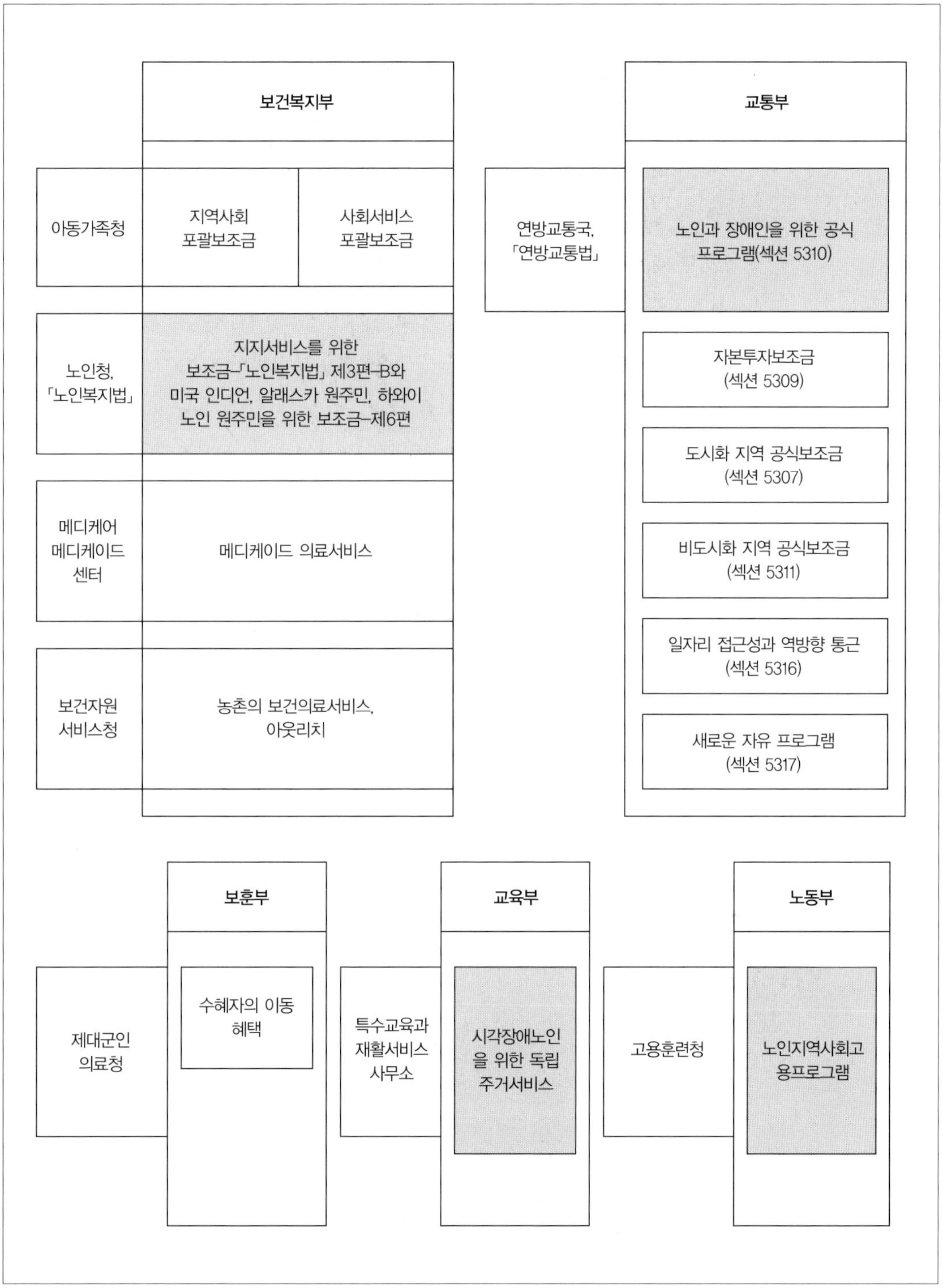

[그림 8–3] 교통서비스를 지원하는 연방정부 프로그램 개요

- 도시화 지역 공식보조금(Urbanized Area Formula Grants, 섹션 5307): 도시화된 지역의 대중교통수단에 대한 설비투자를 지원한다.
- 비도시화 지역 공식보조금(Non-Urbanized Areas Formula Grants, 섹션 5311)[7]: 시골과 작은 도시의 대중교통수단 체계를 위한 투자와 운영에 대해 지원한다. 또한 도시화된 지역 밖의 서비스를 위해 각 주에 공식 투자와 운영 보조금을 지원한다.
- 일자리 접근성과 역방향 통근(Job Access and Reverse Commute, 섹션 5316)[8]: 일자리에 대한 접근성을 높이고, 역방향 통근서비스를 제공하는 지역 프로그램에 대해 자금을 지원한다. 도심에서 살고 근교지역에서 일하는 저소득 개인들을 위해 교통수단을 지원하는 것이다.
- 새로운 자유 프로그램(New Freedom Program, 섹션 5317)[9]: 미 「장애인법(Americans with Disabilities Act)」에 따라 장애인의 교통수단 욕구에 부응하는 서비스와 시설 개선에 대해 자금을 지원한다. 공식보조금은 관련 투자와 운영비용을 위해 지원된다. 각 주는 장애인의 수를 바탕으로 하여 자금을 받는다.

「노인복지법」 제3편-B가 자금을 제공하는 교통서비스는 노인들의 재가생활(age in place)[10]이 유지될 수 있도록 고안된 서비스이다. 보조 교통서비스 역시 제3편-B가 자금을 제공하는데, 각 지역사회마다 노인의 교통수단 욕구를 충족시키는 방법이 다르기 때문에 서비스 유형이나 범위가 다양하다. 예를 들어, 병원 방문을 위해서 집에서 병원까지, 즉 출발지부터 목적지까지 지원되는 통행서비스(door to door), 시니어센터나 주간보호센터에 가기 위한 교통서비스, 자신의 집 바로 밖에서 교통수단을 이용할 수 있게 집 안팎으로의 이동을 돕는 서비스(door through door), 자원봉사운전자 프로그램, 교통바우처 프로그램에 대해 자금이 지원된다. 2008년에

---

6) 역자 주: 「MAP-21법」에 의해 고정안내로 자본투자 보조금(Fixed Guideway Capital Investment Grants, 섹션 5309)으로 수정되었다.

7) 역자 주: 「MAP-21법」에 의해 농촌 지역 공식보조금(Rural Area Formula Grants, 섹션 5311)으로 보다 강화되었다.

8) 역자 주: 「MAP-21법」의 제정과 함께 폐지되었다.

9) 역자 주: 「MAP-21법」의 제정과 함께 폐지되었다.

10) 역자 주: 노인들이 시설이 아닌 자신의 집에 거주하면서 살아갈 수 있도록 하는 것을 말한다.

교통서비스를 위한 「노인복지법」상 자금은 총 2억 1,950만 달러가 사용되었고, 의사 진료실, 식료품 가게, 약국, 시니어센터, 식당, 다른 필요한 일상활동 장소로 노인들에게 2,800만 이상의 승차를 제공했다(AoA, 2008c; Napili, 2008). 「노인복지법」에 따른 교통서비스를 이용하는 노인들의 대다수는 75세 이상이고, 혼자 살아간다(AoA, 2006)

미 보훈부, 교육부, 노동부도 교통서비스를 제공하였다. 예를 들어, 노동부 산하 노인지역사회서비스 고용 프로그램(Senior Community Service Employment Program)은 지역사회의 고령 근로자를 위한 일터기반 훈련 프로그램인데, 먼 곳에 거주하는 참여자들을 돕기 위한 교통서비스를 제공하였다(U.S. Department of Labor, 2004). 보훈국(Veterans' Administration)은 적격 수혜자에게 특정 환경에서, 택시나 렌트카와 같은 특별교통서비스(의료적으로 정당할 때)를 제공하는 권한을 가진다. 시각장애 노인을 위한 독립적 주거서비스(Independent Living Services for Older Individuals Who are Blind)는 55세 이상이고 최근의 시각장애로 인해 취업이 극히 곤란하며 독립적인 주거를 실현할 수 없는 사람을 지원한다. 이 서비스는 적격 대상자에게 교통서비스를 제공한다.

법률서비스

정부와 법체계는 모든 사람이 정의(justice)에 동등하게 접근할 수 있는 것을 근본적인 원리로 삼는다. 이 원리의 중심요소는 범죄나 민사상 문제(civil matters)와 관련하여 변호사를 이용할 수 없는 개인들에게 법적 서비스를 제공하는 것이다. 민사상 문제에 대한 법적 지원정책이 다음에서 논의된다.

노인들, 특히 저소득 노인들은 법률서비스가 필요한 인구집단이다. 저소득 노인과 그들의 가족은 건강관리, 연금수당, 주거보조와 장기요양주거환경, 인지능력을 둘러싼 문제 등 다양한 복지 프로그램의 복잡하면서 때로 모순되는 요구 조건 때문에 도움이 필요하다(이 장의 초기에 식품권 자격기준 참조). 저소득 노인들에게 법적 조언과 변호사를 제공하는 2개의 연방법은 「법률구조공사법(Legal Services Corporation Act)」(1974)과 「노인복지법」 제3편이다.

비영리기관인 법률구조공사는 「법률구조공사법」(1974)에 따라 1974년 의회에 의해 설립되었다. 법률구조공사의 사명은 연방 빈곤선 125%에서 살거나 그 미만에 머무르고 있는 저임금 개인들의 법적 서비스에 대한 동등한 접근을 향상시키는 것이다. 법률구조공사는 연방정부의 기금을 137개의 독립적인 지방 법적 보조 프로그램으로 재분배한다(LSC, 2010). 법률구조공사는 2008년에 3억 5,040만 달러의 연방자금을 받았다. 지방의 법률지원 사무소는 가족법, 주택, 소비자 문제, 소득유지의 문제와 관련하여 노인을 포함하여 적격 클라이언트에게 무료 변호사를 지원한다.

「노인복지법」 제3편-B는 제한된 종류의 민사상 법률문제에 대해 모든 주가 어느 정도의 법률상담서비스를 제공할 것을 강제 규정하고 있다. 각 주들은 각 주의 법률서비스 개발자(legal assistance developer)의 지도 아래 서비스 전달에 대한 조정, 기술적 지원, 지역 제공자를 위한 훈련 프로그램을 제공한다. 지방의 지역노인복지사무소와 계약한 제공자들은 경제적/사회적 욕구가 가장 큰 노인들에게 서비스를 제공하고, 소득, 건강관리, 장기요양, 영양, 주택, 공공요금, 보호서비스, 후견제도, 학대, 방임, 연령차별과 관련된 법적 문제에 대한 서비스 우선권을 제공한다(OAA, 2006). 또한 프로그램은 「노인복지법」을 기반으로 자금보충 노력을 하는 데 있어 무료서비스를 제공하는 지방의 민간변호사협회와 연계하여 일해야만 한다. 2007년 9억 4,300만 시간의 법률 상담제공을 위해 2,520만 달러가 사용되었다(AoA, 2009f, 2009g).

「노인복지법」 제4편은 법률서비스를 제공하고, 전국적인 법적 후원체계를 설립하기 위해서 후원 프로젝트와 그것의 실현에 대한 자금지원을 승인한다. 이 체계는 주와 지역노인복지사무소가 노인에게 법률서비스를 제공, 개발 및 후원하는 것을 돕는데 다음과 같은 지원을 포함한다. ① 사례 컨설팅, ② 훈련, ③ 상당한 양의 법률 상담과 지원서비스의 제공, ④ 노인에게 법률상담을 제공하는 지역 제공자를 위해 법률서비스 전달체계의 설계, 실행, 운영에 대한 지원(OAA, 2006). 현재 전국법률자원센터(National Legal Resource Center)는 사회경제적 욕구를 가진 노인들에게 노인권리 보호와 법률서비스를 확장하거나 개선하기 위해 설계된 전시 프로젝트에 자금을 지원한다. 전국적인 수준의 지원을 위하여 다음 5개의 프로그램이 자금지원을 받는다. 전국노인법률센터(National Senior Citizens Law Center)는 법률과 노화분야의 전문인과 후원자들이 사례상담을 제공한다. 전국소비자법률센터

(National Consumer Law Center)는 노화와 법률서비스 네트워크를 통해서 전문인과 후원자를 위한 훈련을 제공한다. 사회노년학센터(Center for Social Gerontology)는 능률적이고 효과적인 법적 체계 및 노화서비스 전달체계의 개발에 대한 기술을 지원한다. 노인권리옹호센터(Center for Elder Rights Advocacy)는 법률에 관한 전화상담 전문인 연결망을 위해서 기술을 지원한다. 법과 노화에 대한 미국변호사협회위원회(American Bar Association Commission on Law and Aging)는 노화와 법률서비스 네트워크에 있는 전문인과 후원자들에게 노인의 법적 권리에 대한 정보와 자원을 제공한다. 2009년에 이들 프로그램을 위한 자금은 총 73만 6,302달러였다(AoA, 2010d).

정보와 의뢰/지원 서비스

이용할 수 있는 연방과 주의 모든 프로그램 정보를 제공하는 것은 2개의 정부 발의안을 통해 공식화되었는데, GovBenefits.gov와 「노인복지법」에 따른 노인과 그 가족을 위한 국가노인보호 정보서비스웹(National Eldercare Locator Service)이 그것이다. GovBenefits.gov는 2002년에 출발하여 16개의 연방기관 및 50개 주와 협력관계를 이루고 있는데, 연방정부의 공식적인 복지 웹사이트이다. 이 사이트를 방문하면 1,000개 이상의 복지 프로그램에 대한 수혜자격 여부를 판단할 수 있는 사전조사 질문과 정보를 찾을 수 있다(GovBenefits.gov, 2010).

국가노인보호 정보서비스웹은 후원을 찾는 개인들을 각 주 및 지방의 지역노인복지사무소와 지역사회 기반 조직에 연결시켜 주는 전국적인 정보서비스이다. 이 서비스는 「노인복지법」에 의해 재정지원을 받는다. 국가노인보호 정보서비스웹은 24/7/365 서비스인데, 매년 13만 5,000건 이상의 상담전화를 받고, 25만 명 이상의 웹사이트 방문자가 있다(https://eldercare.acl.gov/Public/Index.aspx). 국가노인보호 정보서비스웹은 재정지원, 건강관리, 건강보험과 서비스, 수발자 지원 프로그램, 교통서비스, 법률서비스, 주택에 대해서 일반적이면서 구체적인 정보를 제공한다. 국가노인보호 정보서비스웹은 전국지역노인복지사무소연합회(National Association of Area Agencies on Aging)와 전국주정부노인복지국연합회(National Association of State Units on Aging)와 협력하여 운영된다(National Association of

Area Agencies on Aging, 2009). 2008년에 국가노인보호 정보서비스웹을 위한 자금은 총 110만 달러였다(Napili, 2008).

복지에 대한 홍보와 등록을 위한 전국센터(National Center on Benefits Outreach and Enrollment)를 설립하기 위한 자금은 연방노인청이 제공한다(National Council on Aging, 2010b). 이 센터는 연방과 주의 복지 프로그램에 대해 노인들의 수혜자격 여부를 판단하는 데 도움이 되는 웹 기반의 결정지원 장치와 10개의 복지등록센터에 재정을 지원해 왔다. 제3편-B 자금은 지방의 지역노인복지사무소를 통해서 정보제공과 지원서비스를 형성하는 데 사용된다.

시민참여활동

모든 연령집단의 시민참여활동(civic engagement)을 향상시키기 위한 새로운 노력이 2008년 이후, 지난 10년간 그리고 최근에 이르기까지 지속되었다. 미국고령화학회(American Society on Aging)에 따르면, 노년의 시민참여활동은 '개인적으로는 삶을 풍부하게 하고 사회적으로는 지역사회를 이롭게 만드는, 개인적/공적 관심활동에 참여하는 행동'을 의미한다(American Society on Aging, 2010). 시민참여활동의 핵심요소인 자원봉사주의(volunteerism)는 「노인복지법」상의 프로그램 전달에 있어서 중요한 역할을 해 왔다. 그러나 시민참여활동에 대한 새로운 관심이 전국적으로 부상하였는데, 2006년 「노인복지법」 개정으로 자원봉사자들을 참여시키는 전략, 즉 다세대적 시민참여활동 계획(Multigenerational and Civic Engagement Initiative)이 그것이다. 수정안은 모든 「노인복지법」상의 프로그램에 대한 자원봉사자 이용지침 제공, 노인을 포함하는 다세대적 시민참여활동 프로그램에 대한 보조금 지원, 연방노인청과 전국 및 지역사회 서비스연합(Corporation for National and Community Services)의 협력요청을 포함한다(AoA, 2010a). 다세대적 시민참여활동 계획의 중요한 목적은 다음의 활동을 통해서 노인들이 지역사회에서 주요한 공헌을 할 수 있게 만드는 것이다. ① 다세대적 시민참여활동을 위한 설명과 연구 프로젝트, ② 지역사회의 욕구에 부응하기 위해 노인을 이용하는 포괄적인 국가전략, ③ 특별 욕구를 가진 가족과 노인 자원봉사자를 연결시키는 다세대 간 프로그램. 전국고령자협회(National Council on Aging)는 이 계획에 대해 3년 기간의 프로젝트 자금을 지원받았다. 이 프로젝트는 시민참여활동 프로그램 개발의 일환으로 지역 프로그램에 대한 기술적 후원을 위해 고안된 것이다.

1990년의 「전국 및 지역사회 서비스 법(National and Community Service Act)」과 재승인된 「에드워드 케네디 서비스 미법(Edward M. Kennedy Service America Act)」(2009)은 1993년 연방기관인 전국 및 지역사회 서비스연합(Cooperation for National and Community Service)을 만들었는데, 이는 3개의 전국적인 자원봉사자 프로그램—미국조합(AmeriCorp), 미국을 배우고 봉사하라(Learn and Serve America), 노인조합(Senior Corps)—을 관리하기 위한 것이었다. 노인조합 프로그램은 조부모양육 프로그램(Foster Grandparents Program)으로, 60세 이상의 자원봉사자와 특별한 욕구를 가진 아동이나 청소년을 연결시켜 주는데, 노인봉사자는 일주일에 15~40시간가량 학교, 병원, 약물중독치료센터, 아동돌봄센터를 포함한 다양한 현장에서 봉사한다. 소득자격 요건을 충족시키는 자원봉사자는 한 시간에 2.65달러의 적정한 급여를 받는다. 퇴직노인 자원봉사 프로그램(Retired and Senior Volunteer Program)은 노인들에게 지역사회에 있는 다양한 종류의 서비스 기회를 제공한다. 또한 자원봉사자들은 그들이 원하는 활동을 일주일에 몇 시간 할지를 선택할 수 있으며, 활동 동안에 주행 거리와 보험에 대해 배상받을 자격을 지닌다. 노인친구 프로그램(Senior Companion Program)은 60세 이상의 숙련 자원봉사자와 일상생활 과제 수행이 힘들고 외출이 힘든 성인을 연결한다(Corporation for National and Community Service, 2004). 노인친구 자원봉사자들은 일주일에 15~40시간의 서비스를 제공하고, 소득자격 기준을 충족시키는 사람들은 하루에 2.65달러의 급여를 받는다. 노인조합 프로그램을 위한 2009년의 기금은 2억 1,300만 달러였다(Corporation for National and Community Service, 2009).

영국

영국의 지역사회 기반 사회 프로그램은 넓은 범위의 활동을 포함한다. 지역사회 기반 프로그램의 구체적 목표를 자세히 명시한 '백서'나 '녹서'와 같은 성명서뿐만 아니라 법안이 국가적 수준에서 이들 프로그램의 실행을 위해 압력을 준다. 법안

방향이나 성명서가 명확히 만들어지면, 서비스 전달은 지방정부 의회의 책임이다. 서비스는 지방정부 의회나 자선기관 및 비영리와 사적 영역에 있는 기관이 교대로 제공한다.

1948년의 「국가부조법(National Assistance Act)」과 재승인 법으로, 지방당국은 신체장애인들의 복지를 증진할 수 있는 주택과 사회돌봄 체계를 만드는 데 있어서 권한을 부여받았다. 보다 최근에는 노동연금부(Department of Work and Pensions)와 연금과 노령화사회를 위한 주 국무성 장관(Minister of State for Pensions and the Ageing Society)이 만든 중요한 정부 성명서인 '기회의 시대(Opportunity Age)'(Department for Work and Pensions, 2005)는 노인을 의존적 대상으로 인식하는 것을 종식하기, 보다 길어진 수명에 대한 건강과 행복을 보장하기, 노인이 사회의 완전한 참여자가 되기를 목적으로 하는 사회적 비전을 실현하기 위해 전략적 핵심안을 제시했다. 변화를 위한 주요 표적 분야는 ① 보다 큰 경제활동참가율과 유연성이 성취되어서, 50대 이상의 사람들이 경력을 지속할 수 있고, 건강을 잘 관리할 수 있으며, 일과 가족생활에 대한 조화를 이룰 수 있는 노동과 임금, ② 노인들이 사회에서 완전하고 적극적인 역할을 담당할 수 있게 하는 적극적 노화, ③ 노인들의 독립과 통제력 유지를 지원하는 서비스이다. 적극적 노화를 실현하기 위한 '기회의 시대' 성명서의 성과로서 교통, 학습, 여가, 자원활동 분야에서 프로그램 개발이 추가적으로 이루어졌다. '기회의 시대' 후속은 2009년 6월의 '모든 세대가 함께 하는 세상 만들기(Building a Society for All Ages)'라는 제목으로 발간된 정부의 전략적 비전이다. 2005년 문서의 주제를 바탕으로, 여가, 스포츠, 학습, 교통, 자원활동, 서비스 접근 분야에서 부가적인 프로그램이 개발되었다. 지방당국은 이들 프로그램에 대한 자금을 지원받고, 자선기관 및 비영리 혹은 사적 영역의 기관들과 계약하여 서비스를 제공한다.

식품과 영양 프로그램

영국의 다양한 종류의 가정 및 지역사회 기반 급식 프로그램이 노인에게 봉사하고 있고, 정부가 자금을 지원한다. 미국과 달리, 영국에는 저소득 개인들을 위한 독립적인 식품권 프로그램이 없다. 저소득 개인에게 제공되는 다양한 월별 현금수당이 식품비를 대신할 것으로 생각된다. 1990년의 「국민보건서비스와 지역사회돌봄법(National Health Service and Community Care Act)」(U.K. Acts of Parliament, 1999)은 지방의회의 책임하에 일상적인 활동에 도움을 필요로 하는 모든 사람을 사정하여, 가정배달 식사가 돌봄계획에 포함될 수 있도록 한다. 지역사회 급식서비스(Community Meals Service)라고 불리는 가정배달 식사는 노인을 위한 프로그램으로, 지방의 사회서비스 부서가 관리한다. 매일 식사를 준비할 수 없거나 장애인, 환자, 병약자 혹은 지방 의회정책에 따른 소득기준을 충족시키는 노인을 대상으로 하는데, 지방의 성인사회돌봄부서가 이에 대한 사정을 담당한다. 「국민보건서비스와 지역사회돌봄법」에 따라 자격이 되지 못하는 사람들은 한 끼 식사에 대략적으로 3.12파운드(4.75달러)의 비용으로 프로그램에 참여할 수 있다(Bath & North East Somerest Council, 2009). 급식은 적어도 월요일부터 금요일까지 매일 서비스를 대부분 제공한다. 냉동식품은 주말 동안 소비를 위해 이용된다.

지역사회 기반 영양 프로그램은 자선기관이 제공하고 중앙정부와 지방정부가 자금을 지원한다. 노인복지자원센터(Age Concern Resource Centres)와 여성자원봉사대(WRVS)와 같은 자선조직은 쇼핑 지원이나 점심식사와 같은 영양 후원서비스를 제공한다. 노인복지자원센터와 같은 지역의 다양한 비영리조직은 쇼핑 지원을 제공한다. 이들 지역 센터의 종사자들은 노인에게 식품을 배달하기 위해 지역 슈퍼마켓과 협력해서 일한다. 비록 슈퍼마켓이 배달비용을 지불하더라도, 이러한 서비스는 무료이다. 또한 점심식사(종종 런치클럽이라고 불림)는 적은 요금으로 이용할 수 있다(2.90프랑 혹은 4.40달러; Age Concern, 2010b).

레크리에이션과 여가/스포츠

노인을 위한 여가와 레크리에이션 프로그램(영국과 그 밖의 유럽에서는 스포츠로 간주됨)이 얼마 동안 존재해 왔다. 이전에 언급된 백서— '기회의 시대'(Department for Work and Pensions, 2005)와 '모든 세대가 함께 사는 세상 만들기'—는 노인의 새로운 여가, 레크리에이션, 평생학습 프로그램을 개발하는 데 있어서 촉진제 역할을 했다. 일반적으로 노인들은 지방에 있는 노인복지자원센터와 다른 지역사회 연합회를 통해서 여가활동에 참여하는 기회를 가진다. 예를 들어, 에이지 컨선(Age

Concern)이라는 단체는 50세 이상의 사람들을 위한 화초 가꾸기, 산책, 요가, 수영, 태극권을 포함하는 '최상의 컨디션 유지(Fit as a Fiddle)' 프로그램의 지방시대를 열고 실행하기 위해서 전국복권 보조금 펀드(National Lottery grant funds)를 사용해 왔다(Age Concern, 2010a). 또한 이 단체는 건강한 노화와 관리(Ageing Well and Fit) 프로그램을 통해서 노인건강 멘토가 되고자 하는 50세 이상의 자원봉사자를 모집하고 훈련시킨다. 이들 자원봉사자는 고립된 사람이나 지역사회 집단들과 접촉하여 지역공동체에 있는 건강관리서비스와 참여기회에 대한 경로를 알려주며, 다이어트/영양, 신체활동, 낙상예방과 같은 다양한 주제에 대한 조언을 제공한다. 다른 지역사회 센터 또한 여가와 레크리에이션 프로그램에 대한 참여경로를 알려 준다. 예를 들어, 퀸즈 크레센트 지역사회협회(Queen's Crescent Community Association)와 하이게이트 뉴타운 지역복지관(Highgate Newtown Community Center)은 모든 연령대의 사람들을 대상으로 하는 다양한 종류의 사회교육 프로그램과 노인들을 대상으로 하는 프로그램, 즉 노인 점심클럽, 영화, 운동 프로그램, 빙고수업, 당일여행, 세대 간 워크숍, 영어수업, 컴퓨터 수업을 제공한다(Highgate Newtown Community Center, 2010; Queen's Crescent Community Association, 2010). 서비스는 무료로 제공되거나 소정의 수강료(2파운드 혹은 3달러)를 요구한다.

2005년 '기회의 시대' 전략 기획을 통해 정부가 시작한 두 프로그램 중의 하나는 74세 이상의 노인들을 위한 TV 수신료 면제(수신료는 BBC 국내 방송서비스를 후원하는데 TV 방송을 시청하거나 녹음하는 데 사용된다)였다. 148파운드(224달러) 수신료 면제로, 75세 이상의 많은 노인이 정보와 오락을 위해 TV를 이용할 수 있게 되었는데, 이는 노인들의 정보 획득과 지역사회 참여를 활성화한다는 이념을 바탕으로 하고 있다(Department for Work and Pensions, 2009). 두 번째 프로그램은 지방의회가 운영하는 무료 수영 프로그램으로 60세 이상의 노인들에게 무료 수영기회가 제공된다.

'모든 세대가 함께 사는 세상 만들기' 성명서(Department for Work and Pensions, 2009)는 노인들의 지역사회 참여를 증가시키기 위해 수많은 계획안을 시도해 왔다. 예를 들어, 활동적 60세(Active at 60) 프로그램은 문화, 교육, 사회 행사 활동에 노인의 적극적인 참여를 증가시키고, 이들 행사기회에 대한 접근성을 높이는 법적 정보를 제공했다. 이 프로그램의 실행을 위해 지방당국과 자원조직들이

상호 협력한다. 지역사회 프로그램과 서비스에 대한 참여를 쉽게 하기 위한 또 다른 전략으로, 지방당국은 일체형(all-in-one) 접근으로 다양한 지역활동(예: 스포츠 클럽, 버스 여행, 박물관, 도서관, 상업어음 할인)에 참여할 수 있는 스마트 카드의 사용을 시범적으로 펼쳤다. '모든 세대가 함께 사는 세상 만들기'의 다른 계획안은 50세 이상 사람들의 참여를 유도하는 지역사회 스포츠 체계를 만들기 위해 46개의 스포츠 관련 정부기관을 포함하고 있다. 노인들의 디지털 문맹수준을 개선하기 위해 디지털 멘토(Digital Mentors) 프로그램을 시범적으로 운영하고, 학습변혁자금으로 2,000만 파운드(3,020만 달러)를 지원했다. 비공식적 학습기회에 대한 참여를 증가시키기 위한 활동으로, 전국성인평생교육연구소(National Institute of Adult Continuing Education)와 3세대기금(Third Age Trust)이 동원되었다.

〈글상자 8-2〉 정책과 인간 간의 밀접한 연계: 디지털 스마트 카드

'모든 세대가 함께 사는 세상 만들기' 백서의 목적 중의 하나는 노인들의 지역사회 참여를 향상시키는 것이다. 다양한 종류의 프로그램(정부와 사적 영역)에 대한 용이한 접근을 향상시키기 위해서 디지털 스마트 카드(Digital Smart Card)가 만들어졌다.

브랙널 지역에 사는 60세 이상의 사람들은 도서관, 무료버스 서비스, 스포츠 클럽에 접근하기 위해 디지털 스마트 카드를 사용할 수 있고, 100개의 지역 기업으로부터 할인을 받는다. 부가적인 혜택은 이전처럼 무료버스 사용 등록을 위해 시에 갈 필요가 없는 점이다. 대신에 스마트 카드를 사용하는 모든 장소에, 카드로 이용할 수 있는 서비스를 등록할 수 있다. 긴 시간 이동을 할 필요가 없기에 이동문제를 가진 사람에게 이로운 혜택이다.

더비셔 지역에 유사 프로그램이 있는데, 이는 카드를 사용하기 위해 등록한 1,400개 이상의 지역 기업에 대해 할인해 주는 것이다. 도서관 서비스가 자동적으로 카드에 포함되어서, 결과적으로 2만 명의 사람들이 도서관에 등록했다. 잡지, 로드쇼 정기간행물을 포함하는 의사소통 전략과 병행되어서, 카드는 지역사회서비스에 대한 참여수준을 향상시켰다. 더비셔 지역에서는 정부의 복지후생계획뿐만 아니라 DVD 대여, 자전거 대여를 포함시켜 카드 사용을 확장시키는 기회를 찾고 있다.

교통서비스

「교통법(Transport Act)」(U.K. Acts of Parliament, 2000)은 5년마다 지방운송계획(Local Transport Plan)을 만들 때, 지방교통당국을 위한 법률상의 요구 조건을 도입했다. 이동문제를 가진 사람과 노인들의 교통수단 욕구에 부응하기 위한 지방교통당국의 의무를 포함한다. 2008년 이 법의 재수정은 1995년의 「장애차별법(Disability Discrimination Act)」과 2005년의 재수정과 같은 맥락에서 지방교통법안의 영역을 넓혔다. 이 법은 지방계획의 개발 시 노인과 장애인의 욕구에 대한 고려를 보장한다. 또한 교통부 장관은 장애인을 위해 택시, 대중교통수단, 철도차량에 대한 접근성을 촉구하는 규제를 만들 수 있다.

2007년의 「버스통행양보법(Concessionary Bus Travel Act)」으로, 2008년 4월 초에 영국 전역에 걸쳐 비수기의 무료 버스통행이 제정되었다. 이 법에 따라 60세 이상의 사람들과 장애인은 주중 오전 9시 30분부터 밤 11시까지와 주말이나 공휴일은 하루 종일 무료로 지역버스를 이용할 수 있다(U.K. Acts of Parliament, 2007a). 지방당국은 지역적 욕구와 환경을 바탕으로 최소한의 법률을 뛰어넘는 서비스를 제공할 수 있다. 그러나 부가적인 서비스를 위해서는 지방당국이 자금을 지원해야 한다(Department for Transport, 2009). 혼자 여행할 수 없는 사람들을 위한 친구동반 패스권, 버스가 제한되거나 드문 지역에 다른 형태의 교통수단을 이용한 무료 여행, 바쁜 시간에 여행을 허락하는 시간제한의 확대는 몇몇 지방당국이 제공하는 특징적인 서비스이다(Age Concern, 2009).

교통법에 기인한 다른 프로그램은 택시공유제(taxi sharing)와 택시버스제(taxibuses)[11]를 위한 보조금(subsidies) 서비스이다. 보조금으로 노인과 장애보행자들이 교대로, 보다 적은 요금(택시 여행과 관련된 정상운임이라기보다는)을 지불하고 이용할 수 있다. 또한 보행자가 택시를 미리 예약하고, 택시를 예약한 여러 명이 공유함으로써 삭감된 운임으로 여행할 수 있는 택시공유 프로그램이 제도화되었다. 택시카드 프로그램은 런던에 있는 것으로, 대중교통수단을 이용할 수 없는, 심각한 이동 손상을 증명할 수 있는 사람들을 위한 통행서비스(door to door)이다.

---

11) 역자 주: 시간에 구애 없이 택시처럼 사람이 찼을 때 출발하는 작은 버스제도를 말한다.

이용자는 이동 거리를 바탕으로 정액 요금을 지불하는데, 요금은 1.50파운드(2.25달러)부터 11.50파운드(17.85달러)까지 이른다. 런던 자치구가 이 프로그램에 대한 재정을 지원하고, 런던 이송의회 및 환경위원회(London Councils Transport and Environment Committee)가 프로그램을 운영한다. 승차 전화예약 서비스(Dial-a-Ride)[12]는 지방의 무료서비스인데, 런던 지하철이나 버스를 사용할 수 없는 장애인을 위한 서비스이다.

〈글상자 8-3〉 정책과 인간 간의 밀접한 연계: 교통법, 택시카드 그리고 런던의 호출전화 프로그램

런던의 호출전화 프로그램은 택시카드 프로그램에 대한 보완서비스로서, 택시가 부족한 지역(벡슬리, 일링, 엔필드, 해링게이, 힐링던, 하운즐로, 킹스턴, 램베스, 루이셤, 머튼, 서더크)에 사는 사람을 위한 것이다. 이동문제를 가진 사람은 이 프로그램을 통해 보조금이 지불된 통행서비스(door to door) 차량을 제공받는데, 미니캡이라는 개인소유 차량수단을 사용할 수 있다. 이용자는 호출 전화교환원에게 전화를 하고, 전화교환원은 참여하고 있는 미니캡 회사와 계약하고 예약하는 일을 한다.

이 프로그램에 대한 자격이 되는 개인은 일 년 이동 예산으로 200파운드(302달러)를 지원받는다. 이용자는 보통 한 번의 이동에 1.50파운드(2.25달러)를 지불하는데, 보통 11.80파운드(17.85달러)나 더 저렴한 가격(대략 2마일의 거리)의 비용이 든다. 거리가 멀수록 이용자의 비용은 증가한다. 200파운드의 예산이 사용되면, 매년 4월에 새로운 할당량이 지원된다.

숍모빌리티(shopmobility)는 영국 전역에 걸쳐 제한된 이동문제를 가진 사람에게 수동휠체어, 파워휠체어, 파워스쿠터를 빌려 주는 이동 프로그램이다(National Federation of Shopmobility, 2010). 장비는 도시 내의 쇼핑 및 여가시설에 대한 접근을 돕는다는 목적과 함께, 이동시간에 따라 대여해 준다. 프로그램은 영국 전역의 다양한 도시에서 이용할 수 있는데, 어떤 도시에서는 지방의회로부터 자금을 받아서 운영하거나 장비 사용을 위해서 작은 이용료를 부과한다. 전국자문위원회인

---

12) 역자 주: 전화예약으로 출발지와 목적지에 차량을 대기시키는 서비스이다.

장애인이송자문위원회(Disabled Persons Transport Advisory Committee)는 장애인의 이동 욕구를 충족시키기 위한 요구 조건으로 지방의회가 숍모빌리티를 후원할 것을 제안했다. 교통부(Department of Transport)가 재정을 지원하는 또 다른 자선조직, 이동센터포럼(Forum of Mobility Centres)은 운전능력 사정, 운전학교 등록비, 독립적 이동문제와 관련한 정보(주로 자동차와 관련되고, 운전자 혹은 보행자로서 차량 사용에 대한 적응)를 제공한다. 또한 어떤 센터는 휠체어와 스쿠터의 선택과 사용, 자동차 적응에 대한 조언을 제공한다.

장애인을 위한 소득보장으로서, 장애생활수당은 이동문제를 고려하여 교통비 부담에 도움이 된다. 교통서비스에 대한 명시된 욕구가 있다면 장애수당이 약간 더 많다.

법률서비스

법률서비스는 중앙정부가 재정을 지원하고 법무부(Ministry of Justice)가 감독한다. 「법률서비스법(Legal Service Act)」에 의해 법률지원을 제공하기로 승인받은, 법률서비스 위원회(Legal Services Commission)가 법률서비스를 운영한다(U.K. Acts of Parliament, 2007b). 법률상담은 지역사회 위원회의 법률 조언 프로그램을 통해서 무료로 제공된다(Legal Services Commission, 2007a). 민사상 문제에 대해 60세 이상의 노인들에게는 조언 이상의 법률 지원이, 지역사회의 법률서비스 프로그램을 통해서 소득과 자산 자격기준을 충족시키는 사람들에게 제공될 수 있다. 사례에 따라서 현금을 지불하거나 혹은 사례의 성과에 따라서 비용이 면제될 수 있다. 시민상담소(Citizens Advice Bureaux)와 같은 조직들은 지방당국으로부터 재정 지원을 받아서 사실상 운영비용에 해당하는 명목상의 비용으로 법률 조언을 제공한다(Legal Services Commission, 2007b).

정보와 의뢰/지원 서비스

정보와 지역사회에 대한 접근성을 향상시키기 위해 국가적 수준의 관심과 계획이 지속되어 왔다. 노동연금부(Department of Work and Pensions)의 지도하에서

링크에이지 플러스(LinkAge Plus) 프로그램은 주택, 교통, 건강, 사회적 돌봄, 노동, 자원활동 분야에서 중앙정부, 지방정부, 제3영역의 정보를 단순화하고 배치하기 위해 만들어진 것이다. 기본적인 전제는 정보탐색과 서비스 접근을 위해 사람들이 찾아가는 '잘못된 문은 없다'는 것이다. 정부 간 계획안(intergovernmental initiatives)은 서비스 전달의 중심에 노인들을 배치시키고, 다양한 분야(예: 건강관리, 주택과 고용)에서 요구되는 서비스를 결합시키는 통합적 체계관점을 바탕으로 개인의 욕구에 대한 접근을 시도한다.

'모든 세대가 함께 사는 세상 만들기' 백서(Department for Work and Pensions, 2009)는 사람들이 적절한 서비스를 찾고 조언을 얻을 수 있는 전략을 제시했는데, 그것은 숙련되고 박식한 사람들로 구성된 원스톱 정보 사이트이다. 퍼스트스톱(FirstStop, www.firststopcareadivce.org.uk/)은 돌봄, 주택, 고용, 자원활동, 비공식적 성인학습에 관해서 무료정보를 제공하는 프로그램으로, 정부와 자선조직 및 사적 조직과의 결합 프로젝트이다(Department for Communities and Local Government, 2010). 자금은 지역사회와 지방정부 부서(Department for Communities and Local Government)가 지원하고 복권펀드(Big Lottery funds)가 보조금을 지원한다.

국민보건서비스(National Health Service, 2010)가 자금을 지원하는 수발자 다이렉트(Carers Direct)라는 정보 사이트는 수발자들에게 전화상담(helpline)과 웹페이지를 제공한다. 돌봄 단계에 따른 안내, 복지혜택 정보, 지방당국과 후원집단을 위한 연락정보, 새로운 논문, 사례 연구가 담긴 비디오 등 포괄적인 온라인 자료를 가지고 있으며, 수발자에게 정보, 조언, 후원을 제공한다.

시민참여활동

여성자원봉사대(WRVS) 자선기관은 노인들이 지역사회에서 잘 살아가면서 독립을 유지하고 중요한 역할을 담당할 수 있도록 서비스를 제공하는데, 자원봉사자를 이용하는 조직들 중의 하나이다. 여성자원봉사대의 전형적인 봉사자들은 퇴직한 고령자이거나 시간제 노동자이면서 다양한 사회적 배경을 가진 사람들이다. 자원봉사 서비스의 수혜자는 노인들이다. 2008년부터 2009년까지 자원봉사자들은 4,500명 이상의 노인에게 좋은 이웃(Good Neighbours) 서비스를, 2만 4,538명의 노인에게 식사배달서비스를, 6,000명의 노인들에게 응급상황 지원을 그리고 7,000명의 노인에게 쇼핑 지원이나 교통수단을 지원해 왔다(WRVS, 2010).

'모든 세대가 함께 사는 세상 만들기'를 반영하여 2009년 4월에 만들어진 함께하는 세대 프로그램(Generations Together Programme)은 세대 사이의 긍정적인 상호작용을 향상시키고 지역공동체의 욕구를 충족시킨다(Department of Health, 2010). 총 550만 파운드(830만 달러)에 달하는 12개의 지역 프로젝트는 아동, 학교, 가족부(Department for Children, Schools, and Families), 각료 내 제3영역 사무소(Office of the Third Sector in the Cabinet Office), 보건부(Department of Health), 노동연금부(Department for Work and Pensions), 지역사회와 지방정부를 위한 부서(Department for Communities and Local Government)를 포함한 중앙정부와 지방정부의 광범위한 동맹으로 재정이 지원되었다. 함께하는 세대 프로그램의 구체적 목적은 ① 세대 간의 일에 더 넓은 관심과 관점 가지기, ② 프로그램이 끝날 때까지 세대 간 활동에 참여하는 자원봉사자의 수를 2만 명까지 증가시키기, ③ 세대 간 계획안의 효과성에 대한 증거 제공하기이다.

스웨덴

스웨덴에서 노인을 대상으로 하는 지역사회서비스의 법적 기반은 1982년의 「사회서비스법(Social Services Act)」에 의해 만들어졌다(Ministry of Health and Social Affairs, 2007). 「사회서비스법」에 따른 사회서비스의 목표는 경제적/사회적 보장, 동등한 생활 조건의 조성, 지역사회에 대한 참여의 향상이다. 사회복지위원회(Social Welfare Committees)의 지도 아래, 지원을 받지 못하거나 욕구가 충족되지 못한 사람들에게 서비스를 제공하는 것은 지방자치당국(municipalities)의 책임이다. 사회복지위원회는 노인이 안전한 환경에서 독립적으로 살고, 지역사회에서 사람들과 함께 적극적이고 의미 있는 활동을 하며, 가정의 도움이나 서비스 신청이 가능할 수 있도록 보장해 준다. 위원회는 자치단체 의회(county council) 및 지역사회의 기관 및 조직과 함께 협력하여 지방자치 계획을 개발하고 서비스를 제공한다. 294개의 지방자치당국이 있다는 사실을 고려한다면, 지역사회 기반 서비스의 영역과 이용 가능성은 스웨덴 전역에 걸쳐 다양하다고 할 수 있다. 지역사회서비스에 대한 스웨덴의 사례를 보기 위해서 스톡홀름의 경우를 살펴보겠다.

식품과 영양 프로그램

스웨덴의 거의 모든 지방자치당국은 스스로 요리 및 식료품 구매를 할 수 없고 주간보호센터에서 공동식사를 할 수 없는 사람들을 위해서 가정으로 배달되는 식사서비스를 제공한다. 비용은 노인의 소득에 따라 다양하다. 그러나 스톡홀름에서 한 달에 2시간 이상의 점심도시락 배달과 재가보호(home care)서비스는 최대 한 달에 389크로나(53.31달러)의 비용이 든다(Stockholm Government, 2010a). 거의 모든 지방정부당국은 노인이나 장애인들에게 배달식사서비스를 제공한다. 전체적으로 2006년에 스웨덴의 5만 7,300명의 사람들이 식사배달을 받았고, 이는 2004년부터 대략 5,000명의 수혜자가 증가한 것이다(Swedish Association of Local Authorities and Regions, 2007).

〈글상자 8-4〉 정책과 인간 간의 밀접한 연계: 스톡홀름의 지역사회 예방 아웃리치 프로그램

스웨덴 노인돌봄정책 목적의 하나는 "노인이 안전한 환경에서 나이가 들고 독립을 유지하는 것"이다(City of Stockholm, 연도미상, p. 6).

스톡홀름의 노인돌봄 계획은 노인이 가능한 한 그의 집에 거주하도록 돕기 위한 조치를 포함하고 있다. 서비스 중의 하나는 75세 이상의 노인을 위한 가정용 예방전화이다. 공무원이 노인돌봄 프로그램에 대한 정보를 제공하기 위해서 노인가정을 방문한다.

또 다른 서비스는 관리인서비스(Janitor Service)이다. 이 프로그램은 전구나 커튼 교체, 가구 이동, 지하나 다락으로의 무거운 상자 이동 등과 같이 단순하지만 노인에게 부상의 위험을 줄 수 있는 일상활동에 대한 도움을 제공한다. 관리인서비스는 무료로 제공되지만 가구당 일 년에 6시간으로 제한된다. 보다 많은 정보는 참고 자료에서 확인할 수 있다.

참고 자료: www.stockholm.se/FamiljOmsorg/Aldreomsorg/

레크리에이션과 여가

스웨덴 노인들은 수많은 레크리에이션 및 여가기회와 교육기회를 이용할 수 있다. 종종 노인교육이라고 불리는 평생학습 기회는 정부의 보조금 지불과 지방자치당국과 지방 비영리기관의 운영에 의해 이루어진다(Folkbidningsrådet, 연도미상). 이들 학습기회는 모든 연령대의 개인에게 열려 있고 민중고등학교(학위를 주지 않는 성인교육기관)와 학습공동체를 통해 제공된다. 몇몇은 참여를 위해서 수강료를 지불한다. 민중고등학교가 성인교육을 제공하는 것과 더불어, 스터디 북센스콜란(Study Vuxenskolan)은 보다 넓은 범위의 워크숍, 교육과정과 문화행사를 제공한다. 가장 유명한 것 중의 하나는 학습 동아리(study circle)이다. 학습동아리는 특별한 주제에 대해 계획된 학습을 실행하기 위해 구체적인 시간표에 따라 만나는, 소규모 집단의 사람들(보통 7~12명의 참여자)이 모인 학습방법이다. 스톡홀름에는 거의 모든 주제에 관련하여 대략 5만 여 개의 학습동아리가 있다. 또한 스터디 북센스콜란은 강의, 연주회, 다른 문화행사를 포함하는 3만 여 개 이상의 문화행사를 조직한다.

시니어넷 스웨덴(SeniorNet Sweden, 2010)은 1997년에 시작된 비영리, 비정치 조직으로, 노인들의 '정보 격차(digital divide)'를 해소하기 위해 정부 보조금을 받아 운영된다. 웹사이트는 프로그램과 활동에 대한 지역 클럽소식뿐만 아니라 시니어넷 중앙의 소식을 포함하여, 모든 구성원의 만남의 장이 된다.

교통서비스

1979년에 스웨덴은 10년의 기간에 걸쳐 장애인의 욕구를 충족시키는 대중교통수단 의무화에 대한 법안을 통과시켰다. 이 법안의 지도 아래 이후 30년에 걸쳐 접근 가능 도시와 도시 간 교통수단서비스에 대한 개발이 이루어졌다. 보다 최근에 교통서비스에 대한 스웨덴적 접근은 "어떤 지역사회도 하나의 교통수단 형태로는 완전히 봉사될 수 없다."는 이념과 지역사회-반응 대중교통 설계(Community-Responsive Public Transportation design)라는 체제를 바탕으로 하고 있다(Ståhl, 1999). 스웨덴 법에 의해 지방자치당국은 다양한 종류의 교통서비스를 제공하는 것과 이러한 서비스의 질에 대한 책임을 진다.

스웨덴에서 지역사회-반응 대중교통 설계는 주류의 대중교통수단 서비스를 의미하는데, 이 서비스는 고정노선을 운행하고 저층버스를 이용한다. 저층버스는 이동에 어려움을 가진 사람이 이용하는 데 편리하다. 또한 정규적인 대중교통수단을 사용할 수 없거나 건강시설, 쇼핑센터 그리고 다른 대중적인 공간에 갈 수 없는 노인과 장애인을 위해, 그들의 집 가까이에 있는 계획된 노선이나 정규 노선에 있는 저층의 중간 혹은 미니 버스에 접근할 수 있는 서비스 노선도 포함한다. 장애 때문에 정규적인 대중교통수단을 사용할 수 없는 사람들을 위한 이동서비스는 일반적인 공적 서비스와 특별한 이동서비스 모두를 포함한다. 스톡홀름에서 의료 장애인으로 등록된 사람들은 무료나 저비용[30km(18.6마일)당 70크로나(9.80달러)]으로 교통서비스를 이용한다. 그러나 한 달에 420크로나(58.80달러) 이상을 지불하는 사람은 없다(Vardguiden Stockholm, 2010). 또한 이용자들은 1년에 특정 횟수(190)의 이동으로 시작하여 만약 필요하다면 그 이상을 요구할 수 있다. 이동 시 동반자는 미리 승인받으면 비용 지불 없이 이용할 수 있다. 이동은 특별한 교통수단이나 택시를 이용하여 이루어질 수 있다.

법률서비스

「법률구조법(Legal Aid Act)」(van Zeeland & Barendrecht, 2003)에 따라, 법적 지원을 받을 수 없는 개인에게 법적 조언과 도움이 제공된다. 이 법에 의해 법률서비스를 필요로 하는 스웨덴 사람들은 의무적인 법률보험정책을 바탕으로 법률서비스를 이용할 수 있다. 법률보험은 가정보험으로 자동적으로 충당되는데, 스웨덴 인구의 97%가 가정보험을 가지고 있는 것으로 예측된다(van Zeeland & Barendrecht, 2003). 그러나 모든 스웨덴 국민은 「법률구조법」에 의해 1,162크로나(162달러)로 2시간가량의 법률 조언을 받을 수 있거나, 제한된 재정자원[연간 7만 5,000크로나(1만 500달러)보다 적은 소득]을 가지고 있으면 이보다 적은 시간의 조언을 받는다(Legal Aid Authority, 2007).

법률 보험을 통해서 변호사를 이용할 수 없으면, 정부는 전국법원관리국(National Courts Administration)을 통해서 일 년에 26만 크로나(3만 6,401달러)보다 적은 가계수입을 가진 사람들에게 법률서비스를 제공한다(Legal Aid Authority, 2007).

정보와 의뢰/지원 서비스

지방자치당국은 엘드레 디렉트(Äldre Direkt, Mature Direct) 서비스를 제공하는데, 이는 노인들에게 프로그램 및 서비스 정보와 지원을 제공하기 위해 센터와 교류를 활성화하는 것이다(Stockholm Government, 2010b). 스톡홀름의 엘드레 디렉트 웹사이트는 재가보호서비스, 주거적응 프로그램, 생명의 전화체계, 주거선택, 잡역부 서비스, 지역사회 활동, 교통서비스에 대한 정보를 제공한다(Stockholm Government, 2010b). 게다가 스톡홀름에는 노인 관련 문제에 대한 조언, 후원, 지도를 제공하는 노인옴부즈맨 제도도 있다.

시민참여활동

중앙정부는 "사람들은 조직화를 통해서 비정부기관(NGOs)과 다양한 종류의 대중운동에 참여하는 최선의 기회를 가져야 한다."는 정책을 채택해 왔다(Ministry of Integration and Gender Equality, 2008, p. 1). 더불어, 성평등통합부(Ministry of Integration and Gender Equality)는 이들 조직이 선호적인 분위기에서 활동하고 운영할 수 있게 조직과 협회를 격려하고 후원하는 책임을 진다. 비록 최근 자료에서는 스웨덴 국민의 90%가 비정부기관에 소속되어 있고, 16세부터 85세 인구집단의 50% 이상이 자원활동에 참여하고 있음을 보고하지만(Ministry of Integration and Gender Equality, 2008), 노인들의 시민참여활동을 증진하기 위한 특별한 국가정책이나 계획안은 현재 없다.

요약

지금까지 살펴본 3개의 국가는 지역에서 노인의 삶의 질을 향상시키기 위한 목표를 명시해 왔다. 그러나 이러한 목표를 성취하기 위한 정책적 접근은 3개의 국가가 차이가 있다. 미국은 수많은 핵심 법(예: 「노인복지법」)을 가지고 있는데, 이 법들은 프로그램을 재정적으로 지원하며, 다소 예방적 성격을 지닌다. 또한 지방의 지역노인복지사무소와 프로그램 전달에 책임 있는 체계를 결정할 뿐만 아니라 프로그램의 구체성을 규정하는 권한을 가진다. 미국의 지역사회 자원 또한 수많은 다른 체계 속에 펼쳐져 있다. 그러나 「노인복지법」이 노인 대상 지역사회서비스를 집중화시키는 일을 한다. 영국에서는 전략적 백서를 바탕으로, 정책 방향과 목적을 설정하는 국가 법안에 따라 특정한 프로그램을 개발하고, 이들 프로그램은 중앙정부의 다양한 단위가 운영하고 자금을 지원한다. 반면, 스웨덴은 가장 탈중앙적 법안을 가지는데, 이는 중앙정부가 법률적 안을 통해서 넓은 어젠다를 설정하고 지방자치당국이 어젠다의 실행을 위해 자금과 권위를 제공받기 때문이다.

관련 추가 정보

1. 미국 연방노인청(Administration on Aging)
   www.aoa.gov
   연방노인청은 「노인복지법」을 관리하고, 다양한 법안과 새로운 정책계획, 노인에 대한 다양한 정책과 프로그램에 대한 정보를 제공한다.

2. AgeUK
   https://www.ageuk.org.uk
   AgeUK는 2개의 자선조직을 통합하여 새롭게 만들어진 웹사이트이다. 이전의 헬프 더 에이지드(Help the Aged)는 영국을 중심으로 노인생활의 개선을 위해 노력하는 세계적인 조직망이다. 에이지 컨선(Age Concern)은 권리옹호 집단으로 영국 전역에서 지역사회 후원 프로그램을 제공해 왔다.

3. 세계보건기구 고령친화적 환경 프로그램
   http://www.who.int/ageing/age-friendly-world/en
   이 프로그램은 세계보건기구의 국제적 노력의 결실로서, 건강하고 활동적인 노화를 위해서 변화되어야 할 환경적/사회적인 요소를 포함하고 있다. 고령친화적 환경을 위해 도시들이 거치게 될 각 단계와 노력들을 소개하고 있다.

4. 메트라이프 재단(Metlife Foundation)

https://www.aarp.org/content/dam/aarp/livable-communities/old-learn/civic/the-maturing-of-america-communities-moving-forward-for-an-aging-population-2011-aarp.pdf

메트라이프 재단은 도시와 자치군이 노인 욕구를 보다 충실히 충족시켜 줄 것을 목적으로 다양한 기관과 협력관계를 이루어 왔다. 즉, 국제 도시/자치군 경영협회(International City/County Management Association), 전국자치군협회(National Association of Counties), 전국도시리그(National League of Cities), 살 만한 지역사회를 위한 동반자(Partners for Livable Communities)와 협력관계를 이루면서, 전국지역노인복지사무소연합회의 지도하에 구체적인 계획안에 대해 자금을 제공해 왔다. 이 재단은 「미국의 성숙: 고령인구를 위해 지역사회를 정상궤도에 위치시키기(The Maturing of America: Getting Communities on Track for an Aging Population)」라는 보고서를 발간했다.

5. 스톡홀름 도시

http://www.stockholm.se/FamiljOmsorg/

스톡홀름 노인을 위한 다양한 종류의 지역사회 후원 프로그램을 소개한다.

R 부인(81세), 영국 런던 켄싱턴

저는 영국의 남연안에 위치해 있는 바다 근처의 돌셋에서 태어났습니다. 아버지는 공무원이셨고, 어머니는 주부였어요. 저는 22세 때 런던에 왔어요. 저는 남동생 1명, 자녀 1명, 손자녀 3명을 두고 있습니다. 남편은 영국 항공회사에서 일하는 비행기 기술자였어요. 그는 전쟁 동안 영국 공군에 있었고, 전쟁이 끝났을 때 영국 나사(BA)에 가입했죠.

저는 매우 적극적인 사람은 아니고, 제 건강에는 특별한 문제가 없어요. 그렇지만 고혈압이 있어요. 나이를 생각한다면 나쁜 편은 아닙니다. 건강보험으로 진료비용이 충당되고, 진료는 무료이며, 의사를 만나는 것은 어렵지 않아요. 건강보험 충당이 변하지 않았고, 꽤 좋아요. 어떻게 지내는지 의사가 물을 때, 저는 그저 여전히 숨 쉬고 있다고 말하곤 해요. 그는 "괜찮아요. 계속 건강을 잘 유지하세요."라고 말합니다.

저는 직장과 주정부로부터 연금을 받아요. 저는 14세부터 일하기 시작했고, 67세 때 퇴직했습니다.

현재 저는 교통서비스를 받아요. 그것은 택시카드(taxicard)라는 것입니다. 쇼핑센터에 가기 위해 택시가 필요해서 전화를 하면, 택시가 저를 태우러 오고 비용은 1.50파운드입니다. 이 카드가 없으면 택시요금으로 5~6파운드를 지불해야 합니다. 이 카드는 매우 편리해요. 저는 한 달에 열 번의 이동을 하기 때문에 카드 사용은 매우 실용적입니다. 필요하면 택시가 있기 때문에 저는 집 안에만 있지 않아요. 가게가 멀리 떨어져 있어도 필요하면 저를 태워 줄 서비스가 언제든 있지요.

저는 쇼핑, 음식 준비, 집 청소 혹은 개인적 욕구를 위해 어떤 도움도 필요로 하지 않아요. 도움이 필요하다면 언제나 이용할 수 있습니다. 의사가 추천하면, 수발자를 지원받을 수 있고, 수발자는 필요한 모든 것을 도와줍니다. 그 비용은 소득에 따라 지불해요. 지원은 환경에 따라 다양합니다.

60세 이상의 노인을 위한 가족주택 자선프로그램 대기자 명단에 제 이름을 올려놓았습니다. 남편이 건강문제가 많아서, 우리는 이 아파트를 얻을 수 있었어요. 월요일부터 금요일까지 필요하면 도와줄 사람들이 많아요. 아파트 임대료는 소득에 따라 달라요. 대략 한 달에 400파운드인데, 난방과 온수를 포함하고, 전기세는 지불합니다. 여기 아래층에서 세탁을 할 수 있고, 모든 사람이 이용할 수 있는 공동방과 오븐이 있는 공동부엌이 있어요. 그리고 만약 작은 아파트방을 가지고 있으면, 친구가 방문할 때 이용할 수 있습니다. 6개월에 한 번씩 개인의 욕구, 소득, 건강상태를 사정하고, 필요하면 요리와 목욕을 위해 매일 도움을 받거나 수발자를 지원받을 수 있습니다. 사회서비스는 많고 이론적으로는 훌륭하지만, 이론과 실제는 다르지요. 어떤 것도 완벽하지는 않아요.

'60+'라는 자선조직이 있는데, 런던 근처에서 작은 여행을 하거나, 모임을 가지며, 특별한 일을 하지만 비용을 지불하지는 않아요. 그들은 노인을 위해 많은 일을 합니다. 휠체어 사용자를 위한 버스서비스를 제공해요. 저는 매달 그들에게 작은 기부를 하는 것을 좋아해요. 또한 우리는 무료 버스 패스권으로 버스를 사용할 수 있고, 런던 근처를 무료로 여행해요. 1파운드로 쇼핑센터에 갈 수 있는 전화호출승차

(Dial-a-Ride) 서비스가 있어요. 런던에서 75세 이상이라면 TV 시청은 무료입니다. 런던에서 사는 것은 운이 좋다고 할 수 있는데, 런던 바깥의 사람들은 우리가 받는 서비스를 누리지 못하기 때문이죠.

저는 노인이 보이지 않는 존재라고 느끼지 않습니다. 존재를 인식시키는 것은 개인에게 달렸다고 생각하는데, 여전히 살아 있고 숨 쉬고 있다고 계속 기억시키는 노력이 필요해요. 어떤 사람들은 아파트에서 문을 닫고 어떤 것도 하지 않고 어디에도 가지 않으면서 살아갑니다. 이런 생활은 어떤 사람에게도 좋지 않아요. 그들이 언제 아프고 언제 도움을 필요로 하는지 모르게 되죠. 저는 이곳에 훌륭한 친구들이 있어요. 16년 동안 한 이웃을 알아 왔는데, 남편이 죽은 이후, 그와 그의 아내가 저를 많이 도와주었어요. 이곳에는 제가 도움을 필요로 한다면 전화할 수 있는 많은 친구가 있습니다.

늙어 가는 것에 대한 제 생각이요? 그것에 대해 제가 할 수 있는 것은 없어요. 그래서 저는 나이 드는 것을 귀찮아하지 않아요. 그것을 비웃고 견딥니다. 제가 기대하는 것은 무엇일까요? 평화와 고요! 고령, 나이 듦을 기대하면서!

제9장

가족돌봄정책

이탈리아 노인의 생활에서 가족은 여전히 지배적인 역할을 담당한다. 그러므로 노인 삶의 질에 있어 가족은 가장 중요한 요인이 되고 있다. 그리고 가족은 자원이 불충분한 노인들에 대한 지원을 보장한다.

– 이탈리아의 노동사회정책 장관 Hon. Roberto Maroni

어머니와 20년 동안 같이 살면서, 어머니를 돌보는 데 있어서 지지서비스(support services)는 저에게 큰 영향을 끼쳤습니다. 특히 어머니의 생애 마지막 2년 동안 지지서비스의 도움이 무척 컸어요. 거의 자포자기 심정으로 힘들었던 어느 날, 저는 시청의 사회서비스 부서에 전화를 걸어, "안녕하세요? 저는 어떤 재정적 지원이나 요양서비스도 필요 없어요. 하지만 물리적인 도움(mechanical help)이 너무나도 필요해요."라고 도움을 요청했어요. 그리하여 서비스의 일환으로, 어머니를 사정하기 위해 간호사가 방문했어요. 그리고 12시간 내에 저는 샤워 기구를 가지게 되었어요(어머니가 샤워하는 것을 도와주기 위해 욕실에 들어가려던 참이었어요). 저는 어머니를 들어 올리는 것이 힘들었는데, 그들이 보내 준 '웨이브침대'의 도움으로 어머니를 들어 올릴 수 있었어요. 지지서비스는 정말 경이로울 정도로 놀라웠죠. 어머니가 요실금이 있었을 때는 침대용 패딩시트를 제공받았어요. 저는 필요한 모든 것, 전에 결코 알지 못한 것을 12시간 내에 가지게 되었어요. 사회서비스 부서는 저에게 필요한 모든 것을 말해 주었는데, 꽤 재미있었던 경험이 있습니다. 어느 날, 어머니가 가진 2인용 침대를 보면서 간호사가 이렇게 말하더군요. "매일 20분씩 당신이 이 침대에 누워 있었으면 좋겠어요." 저는 간호사를 바라보며 "저요?"라고 물으니, 그녀는 "네. 왜냐하면 당신은 휴식이 필요하고, 이 침대가 휴식을 가지는 데 도움이 될 테니까요."라고 말했어요. 이후, 그들은 저를 체크하기 위해 일주일에 한 번씩 방문했어요(저는 그것을 요청하지 않았습니다). 그리고 제가 다른 도움을 필요로 할 때, 그것들은 몇 시간 내에 저의 집에 도착해 있었지요. 지지서비스는 환상적이었습니다. 저는 그 모든 것에 대해 어떤 비용도 지불할 필요가 없었습니다.

– M 부인(74세), 영국 런던

나이가 들면서 많은 사람이 신체적 한계나 인지기능의 쇠퇴를 경험하고, M 부인의 어머니처럼 돌봄 지원이 필요할 것이다. 그래서 노인들이 신체적 혹은 정신적 손상으로 자기를 돌보는 것이 어려울 때 가족과 지역사회는 '노인들의 개인적/사회적 돌봄 욕구가 충족될 수 있도록 누가 이것을 보장할 것인가?'라는 문제에 직면한다. 이 장에서는 노인, 그들의 가족, 다양한 수준의 정부 사이에서 개인의 건강과 사회적 돌봄에 대한 책임감이 어떻게 공유되는가를 논의한다. 우선, 돌봄과 관련한 인구통계 개요를 제공한다. 다음으로, 4개 국가의 가족과 지역사회 기반 돌봄지원에 대한 사회정책 체계를 소개한다.

돌봄에 대한 세계적 인구통계

노인이 더 이상 자신을 돌볼 수 없는 경우, 그들을 돌보는 주요한 책임을 맡은 사회단위는 가족이다. 그러나 지난 여러 해 동안 세계적으로 일어난 인구사회학적 변화 때문에, 직접적으로 노인을 돌보던 가족의 능력은 압박을 받아 왔다. 제1장에서 논의한 것처럼, 기대수명의 증가와 출생률의 감소로 인해 가족 안에서 살아 있는 세대 수가 증가하였다. 그러므로 성인자녀들이 자기 자녀나 손자녀까지도 돌볼 가능성이 많아질수록, 노인들의 입장에서 그들을 돌봐 줄 성인자녀들은 점점 감소하게 된다. 노부모를 돌봐 줄 나이 든 성인자녀들의 수가 감소하는 이러한 현상에 대한 지표 중의 하나는 부모부양비(Parent Support Ratios: PSR)이다. 부모부양비는

50~64세 이상 인구 100명당 80세 이상 인구수를 말한다. [그림 9-1]에서 보듯이, 1950년에 50세와 64세 연령 사이의 사람 수에 비례하여 80세 이상의 사람은 적다. 미국, 캐나다, 서유럽, 동아시아에서는 10보다 더 적은 비율을 가진다. [그림 9-1]에 제시된 모든 지역에서 1950년부터 2030년까지 부모부양비가 뚜렷하게 증가할 것으로 예상되지만, 미국, 캐나다, 서유럽에서 부모부양비의 증가는 더 빠르고 더 클 것으로 기대된다. 예를 들어, 미국에서 1950년의 비율은 8이고, 2000년의 비율은 22이며, 2030년까지는 33으로 증가할 것으로 기대된다. 서유럽은 2030년까지 23부터 37까지 비율이 증가할 것으로 기대하고 있고, 동아시아는 10부터 23까지의 증가를 기대하고 있다.

일반적으로 여성은 가족 내의 주요한 노인 수발자이기 때문에, 여성의 부모부양비를 검토해 보는 것은 흥미롭다. 80세 이상의 노인 100명당 50세부터 64세까지 여성의 수를 검토하기 위해 부모부양비를 이용해 보면, 부양비는 다른 그림을 보여준다. [그림 9-2]는 1950년, 2000년, 2030년에 각 국가들의 여성 부모부양비를 보

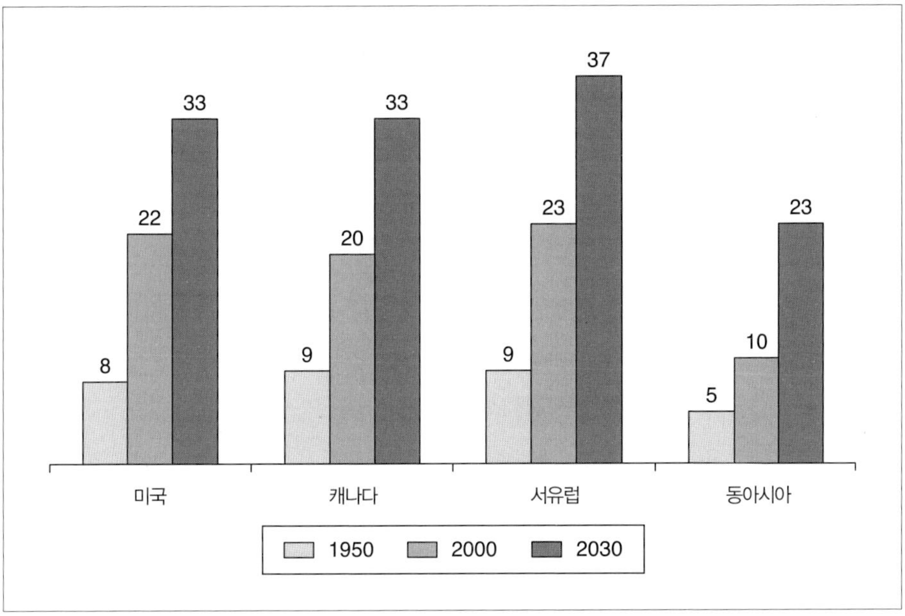

[그림 9-1] 각 지역의 부모부양비(1950년, 2000년, 2030년)

* 서유럽은 덴마크, 프랑스, 독일, 그리스, 이탈리아, 스웨덴, 영국을 포함한다. 동아시아는 중국, 인도, 일본, 태국을 포함한다. 남미는 아르헨티나, 브라질, 칠레를 포함한다.

출처: Kinsella & Velkoff (2001).

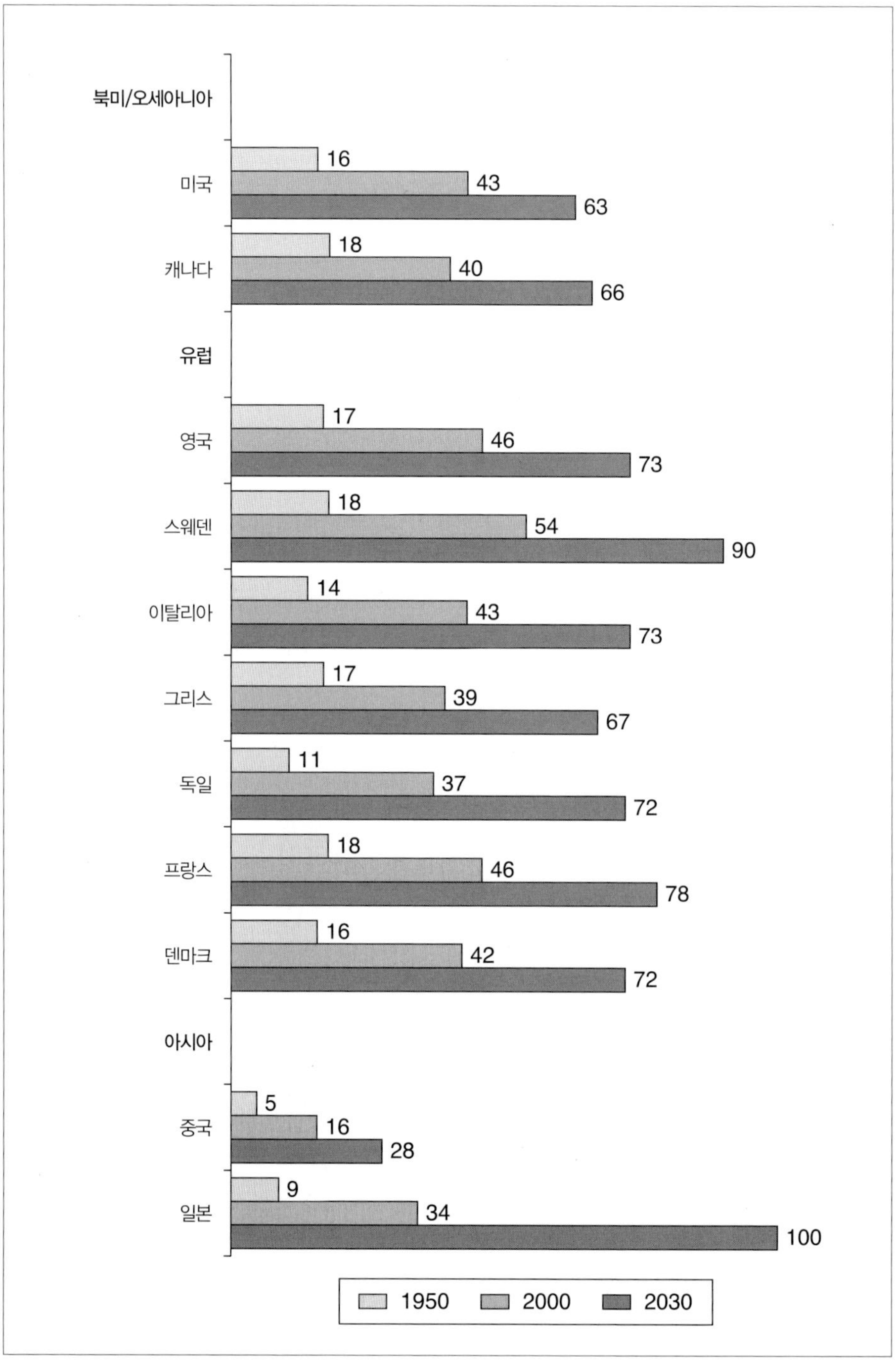

[그림 9-2] 각 국가의 여성 부모부양비(1950년, 2000년, 2030년)

출처: Kinsella & Velkoff (2001).

여 준다. [그림 9-2]에 제시된 모든 국가에서 1950년에 50세부터 64세까지 100명의 여성에 대해, 80세 이상의 노인은 18명 혹은 더 적게 나타난다. 미국은 1950년에 그 비율이 16이었고, 반면에 유럽 국가들의 비율은 독일의 11부터 캐나다, 스웨덴, 프랑스의 18에 이른다. 여성의 부모부양비는 1950년부터 2000년까지 극적으로 증가해서 2030년까지는 현저하게 증가할 것으로 기대된다. 일본의 부모부양비는 가장 높을 것으로 기대되는데, 100명의 연소 노인(young-old)여성에 대한 80세 이상의 노인 수가 100명이 될 것으로 예상되기 때문이다. 목록에 있는 유럽 국가 중에서 2000년부터 2030년까지 영국과 이탈리아는 73, 프랑스는 78, 스웨덴은 90으로 부모부양비의 극적인 증가를 기대하게 된다. 영국과 캐나다는 60 중반의 부모부양비를 가질 것으로 기대된다.

가족 내의 기대수명과 출산율의 인구학적 변화와 더불어 여성들(아내 다음으로 주요한 수발자가 되는 딸을 포함)은 가족의 경제적 욕구를 충족시키기 위해 노동시장에 참가해 왔으므로 수발 가능성이 감소하고 있다. 많은 유럽 국가와 미국에서 노동시장에 참여하고 있는 여성의 비율은 꽤 높다. 예를 들어, 2007년에 15세부터 64세에 이르는 여성의 경제활동참가율은 덴마크의 73.4%부터 영국 65.8%, 이탈리아의 46.3%에 이르렀다(Eurostat, 2007). 미국에서는 독신여성이 1950년대 이후로 높은 비율로 고용되어 왔고(1950년에는 54%에서 2002년에는 69%), 기혼여성의 경제활동참가율은 1955년에 28.5%에서 2002년에 61%로 2배 증가했다(U.S. Bureau of the Census, 2003).

감소하는 출산율과 일하는 여성의 증가와 함께 노령인구의 인구학적 부담으로 인해, 각 국가는 노인과 그 가족을 위한 지역사회 기반 돌봄지원정책의 수립과 실행에 대한 압박을 받고 있다.

가족돌봄 사회정책체계

노인을 돌보는 것은 매우 개인적인 활동이고, 주로 가족과 가정의 범위 내에서 사적으로 행해진다. 노인 배우자나 파트너 혹은 성인자녀들은 노인들이 필요로 하는 지원을 받을 수 있게 그들의 생활과 일상활동을 조정하는 일을 한다. 어떤 가족

수발자는 심지어 일을 그만두거나, 돌봄에 더 많이 관여하기 위해 시간제 고용으로 전환한다.

가족수발자[1]들은 장보기, 식사 준비, 차량 제공, 세탁, 집청소, 약물관리, 개인적 돌봄 제공, 사회적 교제와 같은 서비스를 제공한다. 그러나 노인의 신체적 · 경제적 · 사회적 능력을 초월하는 돌봄이 필요하고, 외부 지원이 필요하게 되면 어려움이 생긴다. 그러므로 국가, 지방, 지역사회는 '노인들이 지역사회에서 독립적으로 살아갈 수 있도록 돌봄을 제공하고, 노인과 수발자를 돕는 데 있어서 정부는 어떤 역할을 해야만 하는가?'와 '노인을 돌보는 데 있어서 정부, 가족, 자발적/비영리 조직 그리고 사적 영역들 사이는 어떻게 조화를 이루는가?'를 고민하게 된다. 이 장의 후반부에서 보게 되겠지만, 각 국가는 각기 다른 방식으로 정책에 접근하고 있으며, 프로그램 및 서비스를 이용하는 데 있어서 노인과 수발자의 자격기준 또한 다르게 적용하고 있다.

지역사회 기반 돌봄서비스에 대한 정부 지원과 원조의 연속체계에서 4개의 국가는 특징적인 정책 접근을 보여 준다. 연속체계의 한 끝은 정부의 지원이 제한적이고, 가족이 노인의 사회적 · 신체적 · 경제적 욕구의 충족과 돌봄에 대해 책임을 지는 특징을 지닌다. 따라서 국가의 사회정책 접근은 정부 관여가 거의 없고, 돌봄은 거의 배타적으로 가족에게 의존한다. 연속체계의 다른 한 끝에는 정부가 보다 중심 역할을 하는데, 관련 법안의 제정과 재정지원을 통해서 노인과 수발자의 지역사회 기반 돌봄 욕구에 부응하기 위해 보다 확대된 지원과 서비스를 제공한다.

선택된 4개국(미국, 이탈리아, 영국, 스웨덴)은 연속체계에서 다른 지점에 놓여 있고, 노인돌봄에 대한 사회정책은 다양한 차이를 반영한다. 미국과 이탈리아는 제한적 정부 참여와 지원이 특징이다. 영국은 정부와 지지서비스의 적절한 혼합 형태를 가진다. 스웨덴은 지역사회 기반 노인돌봄서비스를 지원하기 위해 보다 확대적인 범위의 정부 프로그램을 제공한다.

이들 국가의 노인돌봄 지원이 어떻게 다른지 보기 위해서 Lyon과 Glucksmann (2008)의 체계를 사용한다. 이 체계는 4개의 영역(정부, 가족, 사적 영역 그리고 자발

---

1) 원저자들은 caregiver 혹은 carer라는 용어를 같은 의미로 사용한다고 밝히고 있다. 이 용어들은 '수발자' '부양자' '돌봄 제공자'로 번역되어 사용하는데 역시 같은 의미로 이해할 수 있다.

적/비영리 조직)이 노인돌봄 지원에 어느 정도 참여하는지를 보여 준다. [그림 9-3]부터 [그림 9-6]은 각 영역의 참여를 보여 준다. 실선은 직접적 참여, 쇄선은 정책이나 기금전달을 통한 보조적 기능, 점선은 최소한의 참여를 의미한다.

미국

[그림 9-3]에서 보는 것처럼 미국에서 노인돌봄 지원체계는 가족의 직접적 참여, 연방정부의 최소한의 직접적 참여 그리고 사적이고 자발적/비영리 영역에 대한

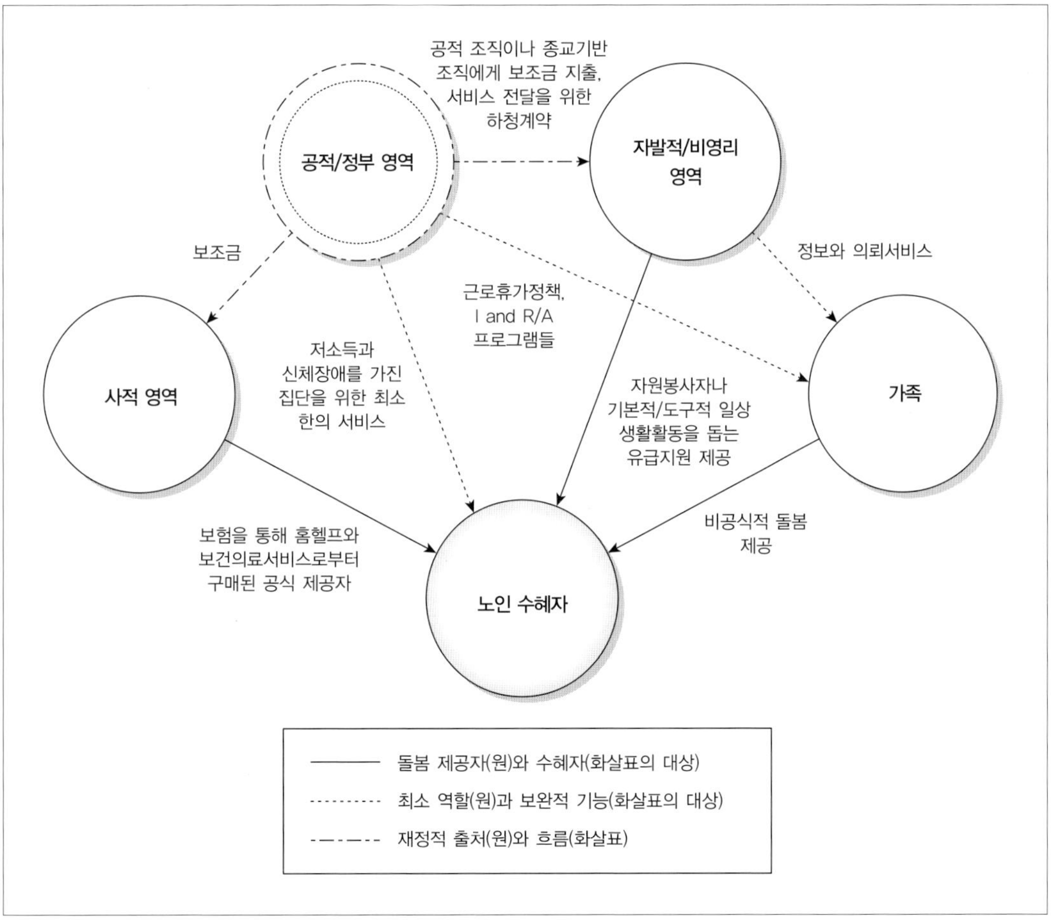

[그림 9-3] 미국의 노인돌봄 지원체계

출처: Lyon & Glucksmann (2008) 재구성.

심각한 의존이라는 특징이 있다. 미국에서 연방정부의 역할은 수발자를 위해서 근로휴가와 세금면제를 승인하는 법안을 통과시키는 것, 재가건강보호를 위한 노인의료보험제도(Medicare)와 저소득층 의료보장제도(Medicaid) 프로그램을 제정하는 것, 다양한 종류의 가정봉사원이나 임시간호 등 노인이 이용할 수 있는 정보와 의뢰서비스를 제공하는 사적 및 자발적/비영리 조직에게 재정을 지원하는 것이다.

근로휴가와 세금공제정책

미국에서 수발자에게 세금우대조치를 제공하는 조세제도는 부양가족 돌봄비용 세액공제(Dependent Care Tax Credit)와 부양가족 돌봄지원 프로그램(Dependent Care Assistance Programs)의 2개이다. 부양가족 돌봄비용 세액공제 대상이 되기 위해서는, 첫째, 자격이 되는 배우자나 납세자의 부양가족은 신체적으로 혹은 정신적으로 스스로를 돌볼 수 없어야 한다. 스스로를 돌볼 수 없다는 것은 신체적 혹은 정신적 문제 때문에 스스로 옷을 입거나 씻거나 식사를 할 수 없는 것으로 규정되고, 부양가족은 자신이나 타인에게 상해를 입히는 것을 예방하기 위해 지속적인 주의가 있어야만 한다. 더불어 부양가족은 과세년도 절반 이상 동안 납세자와 함께 살아야 한다(Colello, 2007; Internal Revenue Service, 2008). 다음으로, 납세자/수발자 그리고 그의 배우자는 완전고용이나 시간제 고용 혹은 구직 중이어야 한다. 예외는 한쪽 배우자가 신체적으로 혹은 정신적으로 자기부양 능력이 없을 경우이다. 셋째, 돌봄비용은 납세자/수발자의 배우자 혹은 납세자/수발자의 부양가족인 누군가에게 지불될 수 없다. 2008년에 1명의 적격 부양가족을 위해 부양가족 돌봄비용은 3,000달러까지, 2명 혹은 더 많은 적격 부양가족을 위해서는 6,000달러까지 만들어질 수 있었다(Internal Revenue Service, 2008). 세금 공제 양은 조정 후 총소득(adjusted gross income: AGI)이 1만 5,000달러를 넘지 않는 납세자를 위해서는 35%이고, 4만 3,000달러 이상의 조정 후 총소득을 가진 납세자에게는 점진적으로 20%로 감소된다(Colello, 2007). 예를 들어, 적격비용 3,000달러와 함께 5만 달러를 버는 기혼 커플은 600달러 면제에 대한 자격을 가진다(3,000달러의 20%). 게다가 납세자/수발자의 조세채무는 표준 감세 혹은 다른 면제에 의해 상쇄되는데, 공제로부터 혜택을 받지는 않는다. 결과적으로, 기혼 커플은 그들의 조정 후 총소득이 2만

9,001달러가 될 때까지 3,000달러를 기준으로 완전공제를 선언할 수 없다(Colello, 2007).

부양가족 돌봄지원계획(Dependent Care Assistance Plan)을 실행하는 사업장에서 일하는 근로자는 부양가족 돌봄계좌에 그들 자신의 세금공제 전 소득의 5,000달러까지 할당받을 수 있다. 이들 자금은 적격 부양가족을 돌보는 비용으로 지불될 수 있는데, 이는 부양가족 돌봄비용 세액공제(Dependent Care Tax Credit)와 같다. 납세자/수발자는 두 조세 프로그램의 비용이 각각 다른 용도로 사용되면 두 프로그램 모두 이용할 수 있다(Colello, 2007). 이들 두 조세정책에는 한계가 있다. 모든 돌봄비용이 지불되는 것은 아니고, 근로자의 부양가족을 제외한 사람이 돌봄을 제공하며, 구입할 수 있는 서비스가 제한되거나 없으면 부양가족 돌봄지원 프로그램의 자금은 쓸모가 없다. 프로그램에서 이용되지 않은 모든 자금은 연말에 상실된다(Neal & Wagner, 연도미상).

「가족의료휴가법(Family Medical Leave Act)」(1993)에 의해 일정한 자격이 되는 근로자는 가족의 의료적 이유로 12개월 기간 내에 12주까지 무급휴가를 가질 수 있다. 자격이 되기 위해서는 근로자가 고용기준을 충족하고, 보살핌이 필요한 가족원은 심각한 건강 조건을 가져야 한다. 자격이 되는 고용기준은 공공기관에 고용되는 것 혹은 50명 이상의 근로자가 있고, 사업장으로부터 75마일 내에 거주하는 근로자가 적어도 50명이 있는 사업장에서 20주나 그 이상의 기간 일을 하는 것을 포함한다. 게다가 근로자는 전체적으로 12개월 동안 그리고 그 이전의 12개월에 걸쳐 1,250시간 동안 일했어야 한다(U.S. Department of Labor, 2009b). 심각한 건강 조건이란 입원환자 케어와 연결된 치료, 만성적 조건, 정기적인 방문을 요구하는 재활치료, 효과적인 치료법이 없는 지속적인 장기요양 상태(예: 알츠하이머 질환)를 의미한다. 고용주는 건강보험을 유지해야 하고, 근로자가 일터로 복귀했을 때 일을 제공하거나 이에 상응하는 지불과 혜택 등을 제공해야 한다.

가정보건과 재가보호

연방정부가 제공하는 지역사회 기반 돌봄서비스의 대부분은 2개의 전국건강관리 프로그램—메디케어와 메디케이드—을 통해 제한된 범위에서 노인의 가정건강 관리를 목적으로 한다(둘 다 제6장에서 자세히 논의됨). 미국에서 건강관리서비스에 대한 접근은 보편적이지 않고, 고용주가 건강보험을 제공하는 근로자, 일 경력을 가진 노인과 매우 낮은 수준의 저소득층 성인에게 국한되기 때문에, 이들 두 프로그램은 가정건강 관리를 위한 연방정부의 유일한 지원수단이다.[2)]

메디케어 프로그램은 노인이 다음의 기준을 충족시키면 가정건강 관리비용을 충당해 준다. 첫째는 최소 연수 동안(10년)의 근로기록으로 자격을 갖추거나 혹은 현금으로 메디케어에 가입해서 메디케어가 제시하는 자격을 가지는 것이다. 메디케어 자격이 만들어지면, 두 번째 충족되어야 할 기준은 다음과 같다. 노인이 ① 질환으로 집 밖 외출이 불가능해야 한다(homebound), ② 의사의 처방이 있는 돌봄계획을 가지고 있어야 한다, ③ 숙련된 간호, 물리치료, 언어 병리치료, 작업치료에 대한 요구가 적합하고 필요한 것이어야 한다, ④ 시간제 혹은 간헐적 시간서비스에 대한 요구가 있어야 한다(하루에 8시간보다 적게, 일주일에 28시간 혹은 더 적게). 이러한 기본 자격 조건이 갖추어지면, 의료사회서비스, 재택간병인 서비스, 내구성 있는 의료장비(예: 휠체어, 병원침상, 산소호흡기 혹은 노인용 보행기)와 가정용 의료장비는 메디케어가 충당한다. 서비스는 메디케어보증 가정보건기관(Medicare-certified home health agency)이 제공한다. 충당되는 기간은 60일 단기간이고 클라이언트는 자격기준이 다시 검토된다. 재택간병을 위한 비용은, 연간소득을 바탕으로 하고, 충당된 서비스에 대해 매년 135달러까지 공제될 뿐만 아니라, 96.40달러부터 308.30달러까지 이르는 메디케어 파트 B가 충당하는 월별 프리미엄을 포함한다(Centers for Medicare and Medicaid, 2010a). 메디케어 수혜자들은 승인된 재택간병 서비스에 대해 아무것도 지불하지 않으며, 승인된 내구성 의료장비는 비용의 20%를 지불한다. 일상생활 활동을 지원하는 비숙련 홈헬프 서비스는 메디케어에 의해 제공되는데, 숙련된 간호서비스가 제공될 때에만 지원된다. 그렇지 않을 경우, 메디케어는 비숙련 홈헬프 서비스(가벼운 집안일이나 식사 준비)를 제공하지 않는다.

메디케이드는 연방정부와 주가 연합해서 자금을 지원하고 각 주가 관리하는데,

---

2) 저소득층의 아동들은 아동건강보험 프로그램(Children's Health Insurance Program)을 통해 건강관리서비스를 이용한다. 언론에 따르면 Barack Obama 대통령이 「환자보호 및 부담적정보험법(Patient Protection and Affordable Care Act)」(2010)에 서명했는데, 이 법은 건강관리서비스를 보다 많은 사람이 이용하고, 서비스의 범위를 확대시키는 데 기여할 것으로 보인다.

특정 저소득층의 사람들을 위한 연방수준의 건강관리 및 장기요양돌봄 프로그램이다. 메디케이드를 통해 저소득 노인들은 의사 방문, 병원진료, 처방약물치료, 요양시설 돌봄서비스를 이용할 수 있다. 요양시설 돌봄서비스에 지불되는 메디케이드의 연방정부 비용 부담을 감소시키기 위한 노력의 일환으로, 연방정부는 가정과 지역사회 기반 서비스면책조항(Home and Community-Based Services Waivers Section, 1915c)을 통과시켰다. 이 조항으로 각 주는 지역사회에 있는 저소득 노인들에게 장기요양서비스를 제공할 수 있다(Centers for Medicare and Medicaid Services, 2005).

연방정부가 메디케이드 자격에 대해 최소한의 소득기준을 설정하였지만, 각 주는 수많은 다른 소득자격 기준을 실행할 수 있고, 결과적으로 56개의 체계가 다른 메디케이드 프로그램이 존재한다(각 주에 1개, 4개의 미국 자치령과 푸에르토리코를 포함; Buren, Wiener, & Thomas, 2003). 노인이 사는 주와 상관없이, 메디케이드의 돌봄서비스를 받기 위해서는 요양시설 돌봄을 필요로 하는 저소득 노인에 대한 자격기준과 유사하게, 소득과 자산 수준, 기능적 능력에 대한 기준을 충족시켜야 한다. 위에 언급된 것처럼, 각 주는 자격기준을 확대시키기 위해 여러 선택사항을 가지는데, 대다수의 주가 보충적 소득보장(SSI) 프로그램에 대한 재정적 자격기준을 소득기준선 300%로 설정했다. 그러나 각 주의 대략 1/4이 보충적인 소득보장 자격기준보다 제한적인 빈곤수준 비율을 사용하고 있다(Kaiser Commission on Medicaid and the Uninsured, 2007). 2008년에 가정 및 지역사회 기반 서비스를 위한 소득 자격기준은 1명당 한 달에 637달러 혹은 빈곤수준의 300%를 사용한다면 1,911달러였다(U.S. Department of Health and Human Services, 2008a).

소득 기준선이 맞고, 더불어 자격이 되기 위해서는 기능적 기준을 충족시켜야 하는데, 적어도 세 가지의 일상생활 활동(예: 목욕, 옷 입기, 이동, 화장실 이용, 식사)에서 어려움이 있어야 한다. 그런데 각 주는 대체로 보다 높은 수준의 손상기준을 요구한다. 많은 주는 제공되는 서비스의 양에 제한을 두고, 프로그램 비용을 통제하기 위해 이용할 수 있는 자리를 제한하고 있어서, 결과적으로 많은 주에 대기자가 있다(Bruen et al., 2003).

만약 홈헬프 서비스가 가정과 지역사회서비스 면책 프로그램(Home-and Community-Based Services Waiver Program)의 자격기준과 연관되지 않는다면, 메디케이드는 홈헬프 서비스를 지원하지 않는다. 메디케이드 면책 프로그램의 의도는 지역사회 저소득 노인들의 생활유지이기 때문에 개인적 돌봄, 사례관리, 성인주간보호, 재가보호와 같은 숙련된 돌봄서비스와 더불어 다른 서비스들이 적격 참가자에게 제공한다. 과거 몇 년 동안, 각 주들은 메디케이드 노인 수혜자들에 대한 예산지원을 실험해 왔고, 수혜자들은 그들의 선택으로 제공자로부터 서비스를 구입할 수 있다. 예를 들어, 15개 주는 최근에 수발자 지불 프로그램을 가지고 있는데, 클라이언트가 자신을 위한 개인 수발자를 고용하고, 계획을 짜고, 훈련하고 감독할 수 있다. 또한 가족, 친구, 이웃이나 그 밖의 사람들이 구체적인 수발자 자격이 되면 그들을 고용할 수 있다(Cash and Counseling, 2010). 일반적으로 배우자와 아동의 부모들은 면책서비스의 유급제공자가 될 수 없다(Polivka, 2001; Wiener et al., 2004). 그러나 이들 프로그램은 전국에 걸쳐 자격이 있는 소수의 개인만 이용한다.

정부기금 프로그램

전국 및 지역사회 노인말벗 프로그램협회(Corporation for National and Community Service Senior Companion Program)는 저소득 노인 자원봉사자를 훈련하는 연방 프로그램이다. 노인 자원봉사자는 병약한 노인의 집을 방문하여 동료애를 바탕으로, 간단한 잡일, 전화연락, 교통서비스에 대한 도움을 제공하고, 수발자가 휴식할 수 있도록 도와준다(Corporation for National and Community Service: CNCS, 2009; RTI Internationa, 2003). 지방정부나 자치군 정부에 연방기금이 지원되는데, 이들은 프로그램 전달과 서비스 전달을 위해 비영리조직과 계약한다. 자원봉사자들은 적은 비용(예: 2010년에는 비용이 한 시간에 2.65달러였다)을 받고, 주당 40시간까지 서비스를 제공한다. 노인과 수발자가 혜택을 받는 것으로 문서화되어 있지만, 모든 주에서 프로그램을 이용할 수 있는 것은 아니다. 전국적으로 1만 7,000명의 자원봉사자가 등록된 237개의 프로젝트가 있다(CNCS, 2004; RTI International, 2003). 그러나 27개의 주에는 3개 혹은 이보다 더 적은 프로그램이 있고, 이 중 10개의 주는 1개의 프로그램만 가지고 있다.

정부로부터 노인과 가족으로 연결되는 점선에서 보는 것처럼, 연방정부는 또한 의뢰정보와 지원서비스에 대한 재정지원에 중요한 역할을 담당한다. 그래서 노인과 수발자들이 사적 혹은 공적 영역의 서비스를 찾고 이용할 수 있다. 국가노인보호 정보서비스웹(National Eldercare Locator Service)은 수신자 부담 전화나 웹사이트(www.eldercare.gov)를 통해서 정보와 의뢰/지원 서비스를 제공한다. 문의자는 그들이 어디에 살고 있고 어떤 서비스를 찾는지를 문의해서 프로그램과 서비스를 제공하는 주와 지방의 기관에 대한 정보를 얻는다. 연방정부는 노화 및 장애자원센터(Aging and Disability Resource Centers)를 개발하기 위해 2003년 초에 주와 자치군 정부가 이용할 수 있는 자금을 만들었다(ADRC, 2008). 노화 및 장애자원센터의 의도는 정보와 의뢰/지원 서비스에 대한 기초를 튼튼히 설립하여, 시의 공공혜택 프로그램에 대한 접근을 간소화하고, 자치군 정부 내의 한 지점을 통해 장기요양서비스에 대한 정보를 제공하는 것이다. 예를 들어, 어떤 장애지원센터는 메디케이드를 지원하는 온라인용 서비스를 제공하고, 또 다른 센터는 인터넷 서비스 자원목록과 온라인용 소비자 의사결정 장치(online consumer decision tool)를 발간했다. 5개의 프로그램은 교환 프로토콜을 개발했는데, 소비자들이 신청정보를 한 번만 제공하면 다양한 기관이 이 정보를 이용할 수 있다(ADRC, 2008). 2008년 미국에는 147개의 노화 및 장애자원센터가 있다.

자발적, 비영리, 사적 영역 조직

[그림 9-3]에서 보는 것처럼 연방정부는 1965년 제정된 「노인복지법」을 통해서 지역사회 기반 서비스의 전달을 지원하기 위해 비영리와 사적 영역에 있는 기관들과 계약하고 보조금을 수여한다. 지방에 있는 지역노인복지사무소는 「노인복지법」에 근거하여 재정지원을 받는 지역사회 기반 프로그램과 서비스를 조정하고 관리한다. 일반 규칙으로서, 지역노인복지사무소는 「노인복지법」이 승인한 서비스를 직접적으로 전달하지는 않고, 「노인복지법」이 규정한 프로그램(예: 급식 프로그램)이나 지역적인 욕구에 의해 결정된 서비스(예: 소수민족 노인을 위한 아웃리치)를 제공하기로 동의한 사적 영역이나 비영리기관에 지역사회 기반 돌봄 기금을 전달한다. 이 법에 따른 서비스는 60세 이상의 모든 노인이 이용 자격을 가진다. 그러나 경제적 · 사회적 욕구가 가장 큰 노인을 돕는 데 중요성이 있다(Wacker & Roberto, 2008). 서비스 이용에 대한 비용 부담이나 참가자 비용이 있지만, 스스로 저소득 노

인으로 선언한 사람은 비용이 면제되는데, 지불능력이나 기부능력이 없다고 서비스가 거부될 수는 없다.

「노인복지법」 제3편이 재정지원을 하는 지역사회 기반 돌봄 프로그램과 서비스는 가정봉사원 파견, 클라이언트 사정, 사례관리, 일시적 의뢰 그리고 성인 주간보호, 가정배달 식사를 포함한다. 가정봉사원은 사례관리서비스(사례관리, 사례조정 등 다양한 이름으로 알려짐)를 통해 이용할 수 있고, 주로 지역노인복지사무소는 이를 지역적으로 관리한다. 클라이언트는 사례관리 프로그램을 통해서, 자신의 신체적 · 심리적 · 기능적 · 사회적 욕구에 대한 사정을 받는다. 사정을 실행한 숙련사례관리자는 가정봉사원 파견, 가정배달식 식사, 일시적 의뢰 혹은 성인주간보호서비스 등 사적 혹은 비영리 기관으로부터 이용할 수 있는 가장 적절한 서비스를 노인에게 연결하는 돌봄계획을 세운다. 이들 서비스는 지역노인복지사무소가 비용을 지불하거나 참가자들이 기부를 하는 등 그들의 소득을 바탕으로 하여 비용분담이 이루어진다. 신체적 · 정서적 · 사회적 욕구가 가장 큰 저소득 개인들이 서비스에 대한 가장 큰 우선권을 가진다.

또한 「노인복지법」 제3편의 기금은 수발자의 집이나 주간 프로그램을 통해서 일시적 의뢰 프로그램에 대해 부분적으로 지원한다. 일반적으로 지역노인복지사무소의 기금은 사적 영역의 기업이나 비영리 주간보호 프로그램에 대해 보조금으로 지원되는데, 운영예산을 보조해서 대상노인들에게 서비스를 제공하기 위해서이다. 어떤 경우에는, 앞에서 언급된 가정과 지역사회 기반 서비스에 대하여 자격이 되는 저소득 노인들은 사적 영역이나 비영리기관으로부터 일시적 의뢰서비스를 구매하기 위해 바우처를 받을 수 있다. 이에 대한 비용은 서비스 제공기관의 직접적인 프로그램을 통해 제공된다.

최근까지 가족수발자에 대한 지원은 국가정책이나 입장이 규명되지 않았는데, 이는 위에서 논의된 정책들이 노인을 대상으로 해 왔기 때문이다. 수발자들은 서비스의 클라이언트 혹은 소비자로 의도적으로 배제되었다(Feinberg & Newman, 2004). 「노인복지법」에 따라 2000년에 제정된 전국가족간병인지원프로그램(NFCSP)은 간병인지원프로그램에 대해 재정을 담당하는 최초의 법안이다. 전국가족간병인지원프로그램은 간병인에게 정보와 의뢰를 제공하고, 서비스의 이용을 위해 간병인을 도우며, 상담, 지지집단, 간병인을 위한 훈련서비스를 제공하고, 간병인의 돌봄을 보조하기 위해 제한적 범위에서 일시적 의뢰보호와 보충적 서비스를 제공하는 지역 프로그램이다. 자격기준은 노인(60세 이상)과 조부모의 가족 간병인과 18세 미만 아동의 친척 간병인으로 제한된다. 우선권은 사회경제적 욕구가 가장 큰 사람(저소득, 소수민족 개인들에게 특별한 관심)과 정신지체와 발달장애인을 돌보는 노인들에게 주어진다(Administration on Aging, 2010c).

[그림 9-3]에서 보는 것처럼, 메디케어 혹은 메디케이드에 대한 자격이 되지 않거나 「노인복지법」상의 프로그램을 이용하지 못하는 광범위한 가족을 위해, 사적 기관과 비영리기관은 가정보건과 지역사회서비스의 전달에 직접적인 역할을 한다. 가족들이 여유가 있으면 현금으로 필요 서비스를 구입한다. 미국에서 사적 영역과 비영리 영역의 서비스는 잘 발달되어 있고, 대부분의 도시 지역에서 넓은 범위의 지역사회 기반 서비스를 이용할 수 있는데, 시골에서는 그 범위가 조금 좁다. 예를 들어, 일상생활 활동에 대한 지원이 필요한 노인들은 사적 가정보건 기업이 제공하는 가정봉사원서비스를 구매하여 이용할 수 있다. 전국에 9,284개의 메디케어 보증 가정보건기관들이 있고(Center for Medicare and Medicaid Services, 2008), 재택 간병인에 대한 평균 비용은 한 시간에 29달러이다(U.S. Department of Health and Human Services, 2008b). 또 다른 사적 영역 서비스는 노인전문 사례관리자이다. 노인전문 사례관리자는 노인 클라이언트의 욕구사정, 서비스 연결, 지속적인 돌봄 모니터링이 포함된 서비스를 제공한다. 서비스의 평균 비용은 최초 상담 175달러, 돌봄계획 168달러, 서비스를 모니터하고 관리하는 것은 한 시간에 74달러이다(Stone, Reinhard, Machemer, & Rudin, 2002). 전국에 사적으로 운영되는 3,400개 이상의 주간보호 프로그램이 있고, 주간보호 평균 비용은 하루에 61달러이다(MetLife Mature Market Institute, 2007; National Adult Day Services Association, 2009).

비영리나 자원봉사 영역의 급식배달서비스는 60세 이상의 노인이나 외출이 불가능한 사람들을 위해 식사를 가정으로 배달한다. 이용자들은 가정배달 식사를 위한 기부금(4~7달러)을 지불하는데, 이 기부금은 소득에 비례한 차등제를 바탕으로 한다. 유나이티드 웨이(United Way)와 같은 비영리 기관은 지역사회의 욕구를 규명하고, 주로 지방의 기금활동과 보조금을 통해서 욕구에 부응하는 프로그램을 지원한다. 예를 들어, 유나이티드 웨이는 성인주간보호센터나 일시적 의뢰 서비스에 대해 재정지원을 한다.

또한 특별한 질환이나 사회적 이슈를 중심으로 조직된 비영리기관이 있는데, 정보제공이나 지원뿐만 아니라 정치적 옹호 역할을 담당한다. 예를 들어, 알츠하이머협회(Alzheimer's Association)는 정보, 지역의 지지집단, 온라인 자원(www.alz.org 참조)을 제공하고, 알츠하이머 질환자를 돕기 위한 연구와 서비스를 위해 정부에 로비활동을 한다. 1958년에 설립된 미국퇴직자협회(AARP)는 노인을 위한 옹호 및 자원 조직으로, 50세 이상의 회원이 3,900만 명이 넘는다. 미국퇴직자협회 활동은 회원과 대중들에게 건강이나 사회경제 정보를 알리고, 소비자 및 법적 권리를 옹호하며, 지역사회서비스를 개선하고, 회원에게 보다 광범위한 특별 물품과 서비스를 제공하는 것이다(AARP, 2009).

〈글상자 9-1〉 정책과 인간 간의 밀접한 연계: 정책에 영향을 미치는 옹호조직: 전국수발연맹

1996년에 설립된 전국수발연맹(National Alliance for Caregiving)은 가족수발 문제를 초점으로 하는 비영리 전국조직이다. 구성원은 풀뿌리 조직들, 전문 협회, 서비스 조직, 구체적 질병 관련 조직, 정부기관과 조합들을 포함한다.

이 연맹은 '전국 수발 어젠다를 위하여: 미국 가족수발자의 역량강화를 위하여'라는 콘퍼런스를 이틀 동안 개최하였다. 이 콘퍼런스에서 참여자들은 가족수발이 보다 보람 있는 일이 될 수 있도록 정책의 변화들을 논의했다. 이들이 함께 모인 주요한 목표는 가족수발자들을 조직화시켜서 집단적인 정치적 목소리를 내고, 보다 영향력 있는 수발자 운동을 펼쳐 나가기 위한 것이다. 그 계획은 다음의 참고 자료에서 살펴볼 수 있다.

참고 자료: http://caregiving.org/data/summit.pdf

종합적으로 미국은 지역사회 기반 노인돌봄에 있어서 정부의 제한적 지원이 특징이다. 메디케어와 메디케이드와 같은 프로그램 이용은 자격기준과 신체 손상 기준선을 충족시키는 사람들로 제한된다. 중요한 법인 「노인복지법」은 60세 이상의 노인과 그 수발자를 위한 법으로, 지역사회에 기반을 둔 선택된 서비스 유형에 대해 재정지원을 한다. 프로그램에 대한 재정지원이 적으므로 법의 영역과 영향력이 제한적이다. 그러므로 노인돌봄에 주요한 책임을 가진 가족들은 지역사회 기반 돌봄서비스를 이용하는 데 있어서 정부 프로그램에 대한 자격기준과 서비스에 대한 비용 부담 사이에서 방황하고 있다. 무급휴가정책과 「노인복지법」상의 프로그램(정보/지원과 의뢰, 후원서비스를 제공하는 전국가족수발자후원프로그램)을 제외하고, 수발자는 돌봄 역할에 대해서 어떤 보상도 받지 않고 있다.

이탈리아

[그림 9-4]에서 보는 것처럼, 이탈리아의 지역사회 기반 돌봄정책은 가족과 사적 영역의 주요한 역할, 정부의 최소한의 역할, 자발적/비영리 영역의 제한적 참여가 특징이다. 이탈리아에서는 암묵적으로나 표면적으로 노인을 돌보는 주요한 수발자는 가족으로 간주되고, 가족에 대한 이러한 기대는 이탈리아 문화에 뿌리 깊이

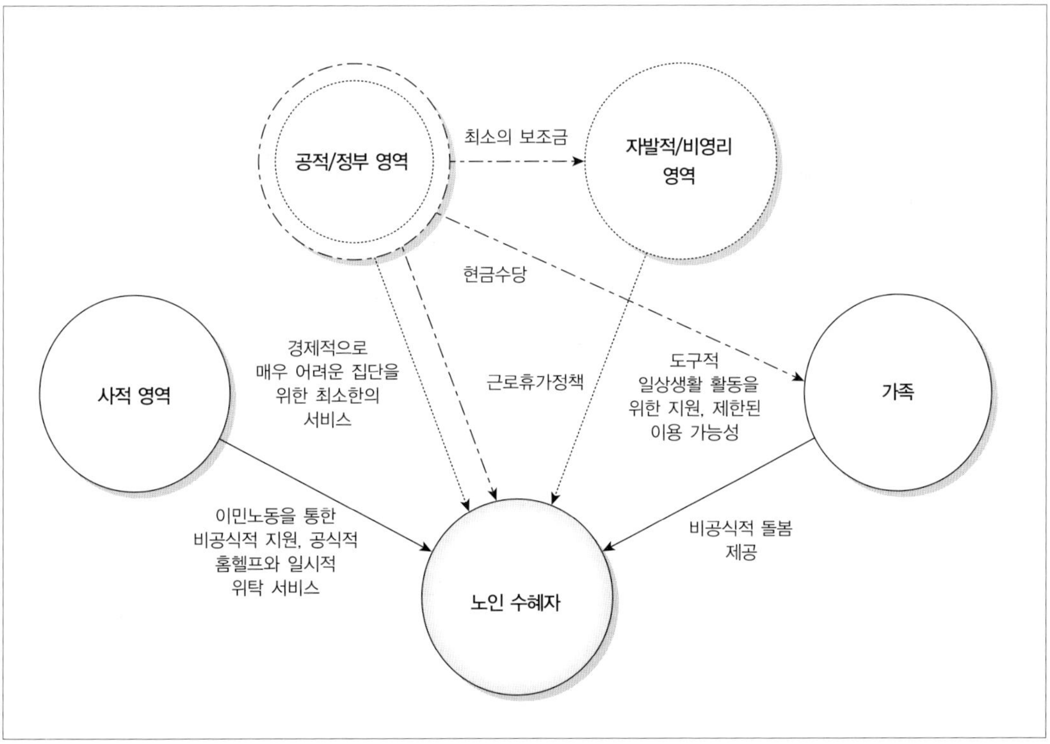

[그림 9-4] 이탈리아의 노인돌봄 지원체계

출처: Lyon & Glucksmann (2008) 재구성.

박혀 있다. 노인을 돌볼 수 없어서 가족이 외부의 지원을 받는 것은 사회적으로 용납될 수 없다(Polverini et al., 2004). 게다가 이탈리아 법은 적극적으로 강제하지는 않지만 스스로 부양이 어려운 노인에 대해 가족이 지원할 것을 요구한다.

이탈리아에서 지역사회 기반 노인돌봄에 대한 정부의 역할은 제한적이고, 다양한 수준의 정부구조가 복잡하게 얽혀 있다. 이러한 구조는 100개의 현(provinces), 20개의 주(regions), 현 내의 지방자치당국(municipalities)으로 구성된다.

가정보건과 재가보호

이탈리아에서 각 주와 지방자치당국은 지역사회 기반 건강관리서비스의 제공에 책임이 있다. 중앙정부는 국가차원에서 지역사회 기반 돌봄서비스의 필요성을 선언하고, 주와 지방자치당국이 돌봄 사정, 재가보호서비스 그리고 다른 지역사회 지원서비스를 개발할 것을 격려하는 역할에 그친다. 1998년 이탈리아 국가보건계획(Italian National Health Plan, 1998~2000)은 처음으로 재가보호를 필요로 하는 노인가족 지원정책의 필요성을 분명히 표출하였다. 3년 이후, 보건계획(2003~2005)은 이를 다시 표출하였다(Polverini et al., 2004). 2000년에 「사회서비스와 개입에 대한 국가계획법(National Plan of Interventions and Social Services)」 제328조는 부양가족 지원의 필요성을 명시했으며, 각 주가 가정기반 케어(home-based care)를 개발하고 제공할 것을 지시했다. 그러나 4년 후에 2개의 주가 이에 대해 응답했다(Polverini et al., 2004).

[그림 9-4]의 정부에서 노인으로 연결되는 쇄선이 가리키는 것처럼, 돌봄서비스 구매에 대해서 정부는 두 가지 유형의 현금수당을 제공한다. 장애수당은 저소득 집단이면서 적어도 기능의 66%를 상실한 것으로 판단되는 장애인에게 지급되고, 퇴직연금 자격을 갖춘 개인은 자격이 유효할 때까지 수당을 지급받을 수 있다(SSA, 2008a). 돌봄수당은 연령이나 소득에 상관없이 완전 상해로 자급자족이 힘든 것으로 판단되는 사람에게 제공된다(Gori, 2000). 비공식적 범위에서, 어떤 주와 지역사회에서는 사적 영역의 돌봄서비스 구입을 위해서 저소득 노인집단이나 매우 의존적인 노인들에게 바우처나 제한적 범위의 부가적인 돌봄수당을 제공한다.

이탈리아 사람들은 주정부가 감독하고 지방보건당국이 관리하는 국가보건시스템을 통해서 무료나 저비용으로 1차 보건의료 전문가에 접근한다. 무료나 저비용으로 이용할 수 있는 두 유형의 가정건강관리 프로그램이 있다. 재가보호지원 프로그램(Programmed Home Care Assistance, Assistennza Domicilare Programmata: ADP)과 통합된 재가보호 프로그램(Integrated Home Care, Assistenza Domicilare Integrata: ADI)이다. 재가보호지원 프로그램에 따라 바깥 외출이 힘든 신체장애나 건강상의 한계(예: 심장 혹은 호흡기 질환)를 가진 사람을 정기 진료하기 위해 일반 전문의가 가정방문을 한다(Polverini et al., 2004). 의료구역 담당 책임의사가 재가보호 지원서비스에 대한 요구를 승인하면, 일반 전문의는 필요할 때 주별로 혹은 월별로 현재의 생활 조건과 처방된 케어 및 재활 프로그램의 효과성을 검토하기 위해 가정방문을 계획한다(Lamura, Melchiorre, Quattrini, Mengani, & Albertini, 2001).

통합된 재가보호 프로그램에 의하면, 일반 전문의의 승인에 따라 다양한 의료전문가(예: 의사, 간호사, 물리치료사)가 심각한 건강 조건을 가진 사람들(예: 불치병, 심각한 병리현상, 일시적 장애)에게 계획적으로 가정방문을 한다. 통합된 재가보호 프로그램을 통해 서비스를 받는 사람들은 필요하면 의료장비와 가사지원서비스를 이용할 수 있다. 몇몇 지역사회에서 가정보건서비스는 자원과 인원의 부족으로 일주일에 몇 번으로 제한된다(Polverini et al., 2004). 비록 의료적인 재가보호서비스가 국립건강보호시스템에 의해 무료로 제공된다 할지라도, 가사지원서비스는 노인이나 가족이 비용을 지불해야 한다.

심각한 질환이나 불치병이 없어서 통합된 재가보호 프로그램에 대한 자격은 없지만, 일상생활 활동에 대한 지원이 필요한 노인은 방문요양보호서비스(Servizio di Assistenza Domiciliare) 프로그램을 이용할 수 있다. 지역의 기초자치단체 사무소에서 지원 신청을 할 수 있고, 요구되는 돌봄수준과 노인소득 및 가족소득을 결정하기 위해 사정이 행해진다(Gori, 2000). 홈헬프 서비스에 대한 책임이 주와 지방수준에 있기 때문에, 서비스에 할당되는 재정지원의 양(홈헬프 서비스가 이용될 수 있는 정도와 서비스에 대한 비용 정도)은 이탈리아 지역에 따라 현저하게 다르다.

근로휴가와 세액공제

[그림 9-4]의 정부에서 가족으로 연결되는 점선은 수발자에게 제공되는 일터의

혜택에 대한 법안을 나타낸다. 이탈리아 수발자들은 그들의 수발에 대한 혜택을 받지만, 혜택에 대한 자격과 영역은 제한적이다. 예를 들어, 1995년에 제정된 법 제335조에 따르면, 근로 수발자는 6세 이상의 누군가를 보살피고 돌봄 수혜자와 함께 살고 있다면 휴가에 대한 연금 크레딧을 부여받을 수 있다. 연금 크레딧은 평생 최대 2년의 한계와 함께 일 년에 25일로 제한된다(Quattrini, Melchiorre, Balducci, Spazzafumo, & Lamura, 2006).

근로휴가와 관련하여, 배우자나 가족 구성원에게 사망이나 등록된 심각한 장애가 발생하는 경우에는 노동자가 1년에 3일의 유급휴가와 2년의 무급휴가(연속적으로 혹은 분리된 시간으로)에 대한 권리를 가지는데, 이는 2000년에 제정된 법 제53조에 명시되어 있다. 노동자는 무급휴가 동안 무보수로 그들의 근로신분을 유지할 수 있다. 만약 근로 수발자가 심각한 장애를 가진 가족 구성원을 보살피고 있다면, 수발자에게 한 달에 3일의 유급휴가가 제공된다. 법 제342조(2000)는 사적 수발자를 고용하는 비용으로 일 년에 1,550유로(2,073달러)까지 과세소득으로부터의 면제를 허락한다(Polverini et al., 2004). 이탈리아의 사회정책은 근로 수발자를 위한 정책 외에 수발자의 욕구에 대해서는 응답하지 않는다.

가족수발자 지원에 대한 소수의 법안이 있지만, 지역사회 기반 돌봄지원정책은 탈중앙적이고 분절되어 있다(Melchiorre, Quattrini, Megani, & Lamura, 2000; Polverini et al., 2004). 돌봄비용과 책임이 강제적인 가족의무로 간주되기 때문에 가족수발자를 위한 구체적 법안은 존재하지 않는다(Polverini et al., 2004).

자발적, 비영리, 사적 영역 조직

[그림 9-4]의 사적 영역에서 노인으로 연결되는 실선에서 보는 것처럼, 사적 영역이 노인돌봄서비스를 제공하는 데 있어서 직접적인 역할을 한다. 이탈리아에서 노인돌봄을 위한 사적 영역은 재가보호를 위한 이민노동자의 고용이나 지역사회 기반 서비스에 대한 제한적 사업이라는 특징을 가진다. 최근에는 공식적 계약 없이 노인이나 그 가족이 대략 70만 명의 이민노동자를 고용해 온 것으로 예상된다(Polverini et al., 2004). 그러므로 대부분의 지역에서 이민노동자를 고용하거나 사기업을 통해서 개인적 돌봄과 일시적 의뢰서비스(시간당 혹은 주말)를 구입한다.

Bettio, Mazzottta와 Solinas(2007)에 의하면, 보다 부유한 인구집단은 사적인 전문적 서비스를 이용하는 경향이 있는 반면, 저소득집단은 자산조사에 의존하고, 중산계층은 종종 노인을 보살피기 위해서 사적 영역에 있는 이민노동자에 의존한다. 사적 영역 내에서 구입된 재가보호의 평균 비용은 시간당 8유로(11달러)부터 20유로(27달러)에 이른다(Bettio et al., 2007). 예를 들어, 알츠하이머 질환 노인을 위한 주간보호서비스의 일시적 위탁 프로그램은 하루에 20유로를 지불하는데, 이탈리아의 북쪽 비엘라 도시에 있는 이탈리아 알츠하이머환자협회(Associazinone Italiana Malattia di Alzheimer)가 서비스를 제공한다(Alzheimer Territoriale Provincia di Biella, 2009).

자원봉사조직은 진료 차량과 일시적인 의뢰서비스를 제공하는데([그림 9-4]의 점선이 가리키는 것처럼) 이용할 수 있는 수준은 다양하다. 이탈리아 북쪽의 칼루스코 다다 지방에 있는 환자와 노인을 위한 자원봉사활동협회(Volunteer Association for Assistance of the Sick and Elderly)와 로마의 성당과 연관되어 있는 빈센시오회 봉사활동조직(Gruppo Volontariato Vincenziano)은 자원봉사자들이 케어와 방문서비스를 제공한다. 이탈리아 알츠하이머연맹(Federazione Alzheimer Italia, www.alzheimer.it)과 로마에 있는 이탈리아 알츠하이머환자협회(Associazione Italian Malattia di Alzheimer, www.aimaroma.it)와 같은 전국 조직은 수발자들에게 정보를 제공하고 이들을 옹호한다.

〈글상자 9-2〉 정책과 인간 간의 밀접한 연계: 이탈리아 비엘라의 재가보호

이탈리아에서 홈헬프 서비스의 이용과 관리는 주와 지방자치당국의 책임이다. 이탈리아의 북쪽 피에몬테에 있는 비엘라 도시는 노인대상 재가보호서비스를 제공한다. 재가보호서비스가 필요한 노인은 지역의 노인사정 유닛(Geriatric Assessment Unit)에 연락한다. 요양보호사가 가정방문을 하여 욕구를 사정하고 개별 돌봄계획을 준비한다. 돌봄계획은 개인적 돌봄, 식사 준비, 일상활동 관리, 응급처리 등의 서비스를 포함한다. 서비스에 대한 절반의 비용은 지방정부가 지불하고, 절반은 노인이 지불한다. 피에몬테에는 몇몇 비정부기관이 수수료를 징수하고 서비스를 제공한다.

혼자서 다른 장소로 이동할 수 없고 도움을 줄 가족도 없는데 음식이 필요하면 코뮤니타 몬타나(Comunita Montana)가 있다. 이 프로그램은 매일 따뜻한 식사를 제공하러 이용자의 집 근처로 온다. 약간의 돈을 지불하는데 개인의 소득에 따라 다르다. 지불하는 최대의 비용은 하루에 7유로이다. 이 프로그램은 일주일에 5일, 하루에 한 번씩 실행된다. 집을 청소할 누군가가 필요하면, 실제 비용보다는 훨씬 싼 시간당 7유로를 지불하고 이용할 수 있다. 기본적으로 매우 가난하지 않다면 이 모든 서비스에 대해 비용을 지불할 필요가 있다. 정말로 가난하고 아무것도 없다면 지방 사무소는 사례 검토와 은행계좌를 점검하고 나서 도와줄 것이다.

– D 부인(84세), 이탈리아 비엘라

종합적으로 노인대상 지역사회 기반 돌봄지원에 있어서 이탈리아 정부는 이차적 역할을 담당한다. 가정보건 프로그램을 통해서 의료적인 욕구가 있는 노인들에게만 가사지원서비스를 제공하고, 심각한 신체장애인들에게는 사적 영역의 제한적인 서비스 구입을 위해 사회돌봄수당을 제공한다. 각 주와 지방정부의 수준에 따라, 지역사회 기반 홈헬프 서비스의 제공에 대한 책임은 다양하다. 따라서 돌봄서비스가 넓게 분포되어 있지 않고, 자산조사가 있을 수도 있고 없을 수도 있다. 북쪽 지역에 보다 많은 서비스가 포진해 있어서, 서비스는 이탈리아 북쪽과 남쪽 지역에 불공평하게 분배된다(Polverini et al., 2004). 지방자치당국이 제공하는 프로그램과 서비스 또한 지역의 정치 문화와 조직능력에 영향을 받고, 지방정부는 어떤 서비스가 누구에게 제공될 것인지를 결정한다(Polverini et al., 2004). 주와 지방정부가 지휘하는 정책과 서비스가 잘 개발되지 않기 때문에 결과적으로 사회돌봄서비스는 제한된 수의 노인에게만 제공되고, 분절과 탈중앙화가 특징이다.

영국

영국의 노인돌봄 지원체계는 정부, 비영리, 가족 영역의 혼합적인 참여로 이루어진다([그림 9-5] 참조). 가족이 노인의 주요 수발자로 간주되는 반면, 정부는 노인과 수발자 대상 지원에서 중요한 역할을 담당한다(Lothian, McKee, Philp, & Nolan, 2001). 1990년의 「국민보건서비스와 지역사회돌봄법(National Health Services and Community Care Act)」, 1995년의 「수발자 인정 및 서비스 법(Carers

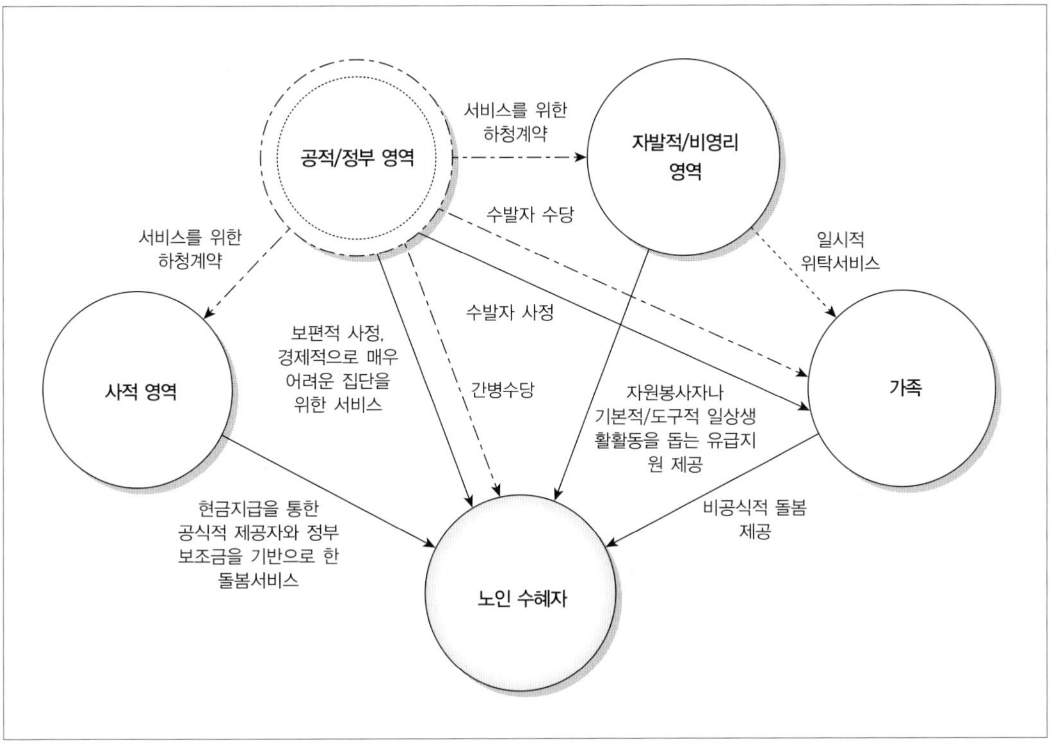

[그림 9-5] 영국의 노인돌봄 지원체계

출처: Lyon & Glucksmann (2008) 재구성.

Recognition and Services Act)」「수발자를 위한 국가전략(National Strategy for Carers)」(Department of Health, 1999), 「건강 및 사회적 돌봄법(Health and Social Care Act)」(2001), 2004년의 「수발자법(Carers Act)」과 같은 주요 법률을 토대로 지원이 제공된다.

가정보건과 재가보호

영국의 의료서비스는 보편적으로 이용될 수 있다. 간호케어, 재활보호, 발치료 서비스는 국민보건서비스(National Health Services)에 의해 가정으로 전달되고, 무료로 제공되며, 전체적으로 상환될 수 있다. 돌봄 수혜자의 욕구가 사정되면, 지역사회의 등록간호사가 간호케어(예: 옷갈아 입히기, 주사하기)를 위해 가정을 방문하고, 필요한 가정간호를 제공하고, 작은 보증금으로 가정용 장비를 구매할 수 있도록 지원한다. 또한 가족과 수발자에게 기본적인 돌봄기술을 가르친다(Direct.gov.uk, 2009b).

지역의 사회서비스 부서는 재가보호서비스 혹은 가정봉사원서비스의 사정과 운영에 대한 책임을 지고, 일반세금과 요금으로 서비스 기금을 충당한다(Brodhurst & Glendinning, 2001). 재가보호서비스는 세탁, 특별차량 이동, 가정 이미용, 식사, 가정봉사원 파견, 개인적 돌봄, 주택 유지와 수리, 상담을 포함한다(Nolan, Barber, Edis, Brown, & Mckee, 2004). 재가보호서비스를 제공하기 위해서 노인들의 욕구를 사정하고, 이를 바탕으로 돌봄계획을 세운다. 돌봄계획이 세워지면, 재정에 대한 사정이 이루어지고, 이를 바탕으로 재가보호서비스에 대한 지불비용이 결정된다. 기초연금소득 25% 혹은 이하의 소득층(8,063파운드 혹은 1만 5,777달러)은 서비스 비용을 지불하지 않고, 노인이 지불하는 부담액 때문에 노인 소득이 이러한 수준 이하로 떨어져서는 안 된다(Help the Aged, 2007). 돌봄 수혜자가 법적 자격이 되지 않으면, 배우자나 파트너 소득은 재정적인 결정에 포함되지 않는다. 지방 의회는 서비스 비용 지불 정도를 결정하는 데 있어서 노인의 저축과 자산을 포함할 것을 결정할 수 있다. 주택 가격(home value)은 제외되고, 개인 저축의 상한선(2만 1,500파운드 혹은 4만 2,000달러)과 하한선(1만 3,000파운드 혹은 2만 5,437달러)이 있다. 만약 노인이 상한선보다 많은 저축을 가진다면, 서비스 전체비용에 대한 지불이 요구될 수 있다. 하한선보다 적게 가지고 있다면, 서비스 비용부담을 결정하는 데 있어서 저축은 포함되지 않을 것이다. 저축액이 상한선과 하한선 사이에 있다면, 하한선 저축액에 대한 250파운드당 1파운드(1.50달러)가 주당 소득수준 결정에 추가될 것이다(Help the Aged, 2007).

[그림 9-5]가 가리키는 것처럼, 지방의회는 직접적으로 돌봄을 제공할 수 있고, 서비스를 제공하는 사적 기관 혹은 자원기관에게 보조금을 지원할 수 있다. 또는 사적 기관이나 자원기관을 통해 서비스를 구입하는 노인에게 현금을 지원할 수 있다(Help the Aged, 2007). 노인과 함께 사는 배우자나 친척들은 수발에 대한 대가로 돈을 받을 자격이 없다. 대신 일시적 위탁, 재가보호, 주간보호센터의 서비스, 요양시설의 단기거주서비스를 이용할 수 있다. 일시적 위탁서비스는 사회서비스 부서를 통해 제공받거나 혹은 사적으로 구입할 수 있다. 간병수당(Attendance Allowance)이라는 또 다른 현금수당은 신체장애나 정신장애로 개인적 돌봄이 필

요한 65세 이상의 노인들을 위한 비과세 혜택이다(Direct.gov.uk, 2009c). 장애수준에 따라서 간병수당은 일주일에 67파운드(99달러)보다 높은 비율로 혹은 44.85파운드(67달러)보다 낮은 비율로 지불될 수 있다. 노인이 이미 수발자 수당(Carer's Allowance)을 통해 지원을 받고 있다면, 다음 서술된 부가적인 수당을 받을 수 없을 것이다.

[그림 9-5]에서 보는 것처럼 정부는 수발자의 욕구를 고려하고, 또한 수발자 수당을 보장하는 다양한 법안을 통해서 가족수발자를 직접적으로 지원한다(Direct.gov.uk, 2009a). 1999년 정부는 모든 연령대 수발자의 중요성과 지원을 제시한 『수발자를 위한 국가전략서(National Strategy for Carers)』(Department of Health, 1999)를 발간했다. 이 전략서는 3개의 주요 요소를 초점으로 한다. ① 정보(보살핌에 도움이 되는 서비스 정보를 제공받고 이용하는 것), ② 지원(필요한 서비스를 계획할 때 수발자를 포함시키는 것), ③ 돌봄(수발자 자신의 욕구가 충족될 권리를 가지는 것)이다. 2개의 부가적인 정책인 「수발자 및 장애아동법(Carers and Disabled Children Act)」(Department of Health, 2000)과 2004년의 「수발자 평등기회법(Carers Equal Opportunities Act)」은 수발자를 위해 부가적인 지원을 제공했다. 소득에 상관없이 수발자들은 지방의회로부터 사정 권리를 안내받아, 비록 돌봄 수혜자가 사정을 거부할지라도 일, 훈련, 여가와 관련된 그들의 욕구가 사정된다. 또한 「수발자법」은 지방의회가 수발자에게 직접적으로 서비스를 제공하도록 뒷받침한다(Help the Aged, 2007; Nolan et al., 2004). 이 법에 의해 수발자는 돌봄능력, 심신건강, 책임감, 노인 상태에 대한 이해와 관련한 사정을 받을 의무가 있다(Carers U.K., 2007). 사정을 바탕으로, 수발자와 돌봄수혜자의 욕구에 부응하는 돌봄계획이 세워진다. 수발자는 지방의회로부터 직접적 서비스를 받을 수 있는데, 이 서비스에는 통합된 돌봄계획, 훈련, 자조집단, 상담, 휴식, 택시요금과 휴대폰 사용을 위한 바우처가 포함된다(Carers U.K., 2007).

2006년에 보건부(Department of Health)는 「우리의 건강, 우리의 돌봄, 우리의 이야기(Our Health, Our Care, Our Say)」를 발간했는데, 이는 1999년의 국가전략백서에 대한 갱신이라고 할 수 있다. 지역사회의 서비스를 위한 목표는 최소한의 기준을 수정하는 것뿐만 아니라 의료와 사회돌봄서비스의 전달에 있어서 보다 통합된 접근, 보다 많은 제공자 선택, 노동자훈련과 규제를 포함하고 있다. 이러한 목표를 성취하기 위해서 보건부는 '수발자를 위한 뉴딜정책(New Deal for Carers)'에 착수했다. 뉴딜정책에 따라 수발자를 위한 정보 및 전화상담 서비스를 개설하고, 위기나 응급상황에 있는 수발자가 단기간의 가정기반 휴식을 취할 수 있도록 부가적인 2,500만 파운드(3,700만 달러)를 제공하고, 전문수발자 프로그램(Expert Carers' Programme) 개발을 위한 재정지원이 이루어졌다. 이 프로그램은 일대일 대면이나 온라인으로 제공되는데, 수발자 훈련을 위한 포괄적인 모델이 될 것이다.

사정에 대한 권리, 서비스 접근에 대한 향상, 적격 수발자를 위한 돌봄계획의 개발과 더불어 수발자수당(Carer's Allowance)이 이용될 수 있다(Direct.gov.uk, 2009a). 친척이나 친구를 돌보기 위해 일주일에 35시간 이상을 사용하고, 특정 장애혜택의 적격자를 돌보고 있는 수발자는 수발자수당에 대한 자격을 가진다. 수발자수당의 주당 비율은 2008년에 50.55파운드(99달러)였다. 수발자수당이 자산조사를 바탕으로 하지 않지만, 다른 주의 혜택이 50.55파운드(99달러)이거나 그 이상이라면 수발자수당과 다른 주의 혜택 모두를 받을 수 없다. 예를 들어, 수발자가 주정부 퇴직연금(State Retirement Pension)으로 주당 90파운드(134달러)를 받는다면 수발자는 수발자수당에 대한 자격이 없다. 그러나 주정부 퇴직연금이 주당 32파운드(48달러)라면 수발자수당으로 18파운드(27달러)를 받을 것이다. 아직 퇴직하지 않은 수발자에게는 매주 수발자수당이 지불되고, 주정부 퇴직연금 자격기준을 보호하는 국민보험제도의 혜택을 받는다.

1999년의 「고용관계법(Employment Relation Act)」에 따르면 근로 수발자는 예기치 않은 돌봄에 참여하기 위해서 휴가 권리를 가진다. 휴가기간과 유급의 여부는 고용주와의 협상에 따라 결정된다(Nolan et al., 2004).

정부는 비정부조직과의 계약을 통해서 재가보호서비스의 전달을 지원한다. 예를 들어, 수발자를 위한 영국여왕기금(Princess Royal Trust for Carers, 2010)은 1991년에 설립된 영국에서 가장 큰 수발자 지원서비스이다. 독립적으로 운영되는 141개의 수발자 센터 네트워크가 있는데, 수발자를 지원하기 위해 정부로부터 재정지원을 받는다. 이 조직은 웹사이트(www.carers.org), 전화상담, 안내책자를 통해서 수발자와 전문가에게 정보와 조언을 제공하고 수발자전화상담 서비스(CarersLine)를 운영한다(Carers U.K., 2010).

〈글상자 9-3〉 정책과 인간 간의 밀접한 연계: 영국 「수발법(Caring Act)」 및 켄싱턴과 첼시 왕립자치구

영국의 재가보호서비스의 전달은 이들 서비스의 사정과 관리에 책임이 있는 지역의 사회서비스 부서가 담당한다. 수발자서비스는 공공간호사의 가정방문을 포함한다. 켄싱턴과 첼시 왕립자치구(Royal Borough of Kensington and Chelsea) 지방의회는 씻기나 옷입기 등의 개인적 돌봄부터, 가정수리와 안전 경보까지 다양한 범위의 서비스를 제공한다. 노인이 가정에서 생활하는 것이 힘들다면, 의회의 성인 사회돌봄 부서(Adult Social Care Department)는 무료 재가사정을 제공한다. 도움이 필요하면, 사회복지사가 가사노동, 쇼핑, 목욕, 음식 준비나 다른 일상활동을 지원하는 돌봄계획을 세운다. 켄싱턴과 첼시 왕립자치구가 제공하는 다른 서비스에 대해서는 참고 자료에서 확인할 수 있다.

참고 자료: www.rbkc.gov.uk/healthandsocialcare/servicesforolderpeople.aspx

종합적으로, 영국의 노인을 위한 지역사회 기반 돌봄의 특징은 적절한 수준의 정부 개입을 통해서 노인과 수발자 모두를 지원하는 것이다. 노인들은 국민보건서비스 프로그램을 통해서 필요한 가정건강관리서비스와 장비를 무료로 사용할 수 있다. 지역사회 기반 돌봄서비스의 필요 수준을 결정하기 위해 노인들은 욕구사정을 받을 권리를 가진다. 돌봄을 받을 필요가 있으면, 서비스의 양과 돌봄비용을 지불할 노인의 능력이 점검된다. 자격이 되는 것으로 결정되면, 노인은 지역기관이나 또 다른 지역사회 기반 돌봄 제공자들로부터 직접적으로 돌봄서비스를 받을 것을 선택할 수 있다. 영국은 수발자에게 제공하는 직접적인 지원이 특별한 나라이다. 수발자는 욕구사정에 대한 권리를 가지고, 자격이 되면 일시적인 위탁서비스와 다른 지지적인 원조를 받을 수 있다. 수발자는 자격기준선을 충족시키는 돌봄서비스 제공에 대해 직접적인 현금수당을 받는다.

스웨덴

[그림 9-6]에서 보는 것처럼 스웨덴의 노인돌봄 지원체계는 정부와 가족의 직

접적 지원, 사적 영역의 이차적인 개입, 자원봉사/비영리 영역의 최소한 개입이나 무개입이 특징이다. 미국이나 이탈리아와 대조적으로 스웨덴 정부는 서비스를 만들고 재정을 지원하는 법안을 통해서 그리고 지역사회 기반 서비스의 직접적인 전달을 통해서 노인과 수발자 지원에서 적극적인 역할을 담당한다. 노인돌봄은 공적 책임이고, 모든 시민은 보편적으로 서비스를 이용할 수 있다. 스웨덴 의회는 사회정책에 대한 국가목표를 규정했는데, 이는 다음의 내용을 포함한다. 즉, 노인들은 ① 적극적인 생활을 영위하고, 일상생활에 대한 통제력을 가질 수 있어야 한다, ② 안전하게 나이가 들고 독립을 유지할 수 있어야 한다, ③ 존경으로 대우받을 수 있어야 한다, ④ 좋은 의료서비스와 사회서비스를 이용할 수 있어야 한다(Socialstyrelsen, 2008).

스웨덴에서는 세 수준의 정부가 노인돌봄에 개입한다. 중앙정부는 법안을 통해서 국가의 정책방향을 설립하고, 자치단체 의회(county council)는 지역적 수준에

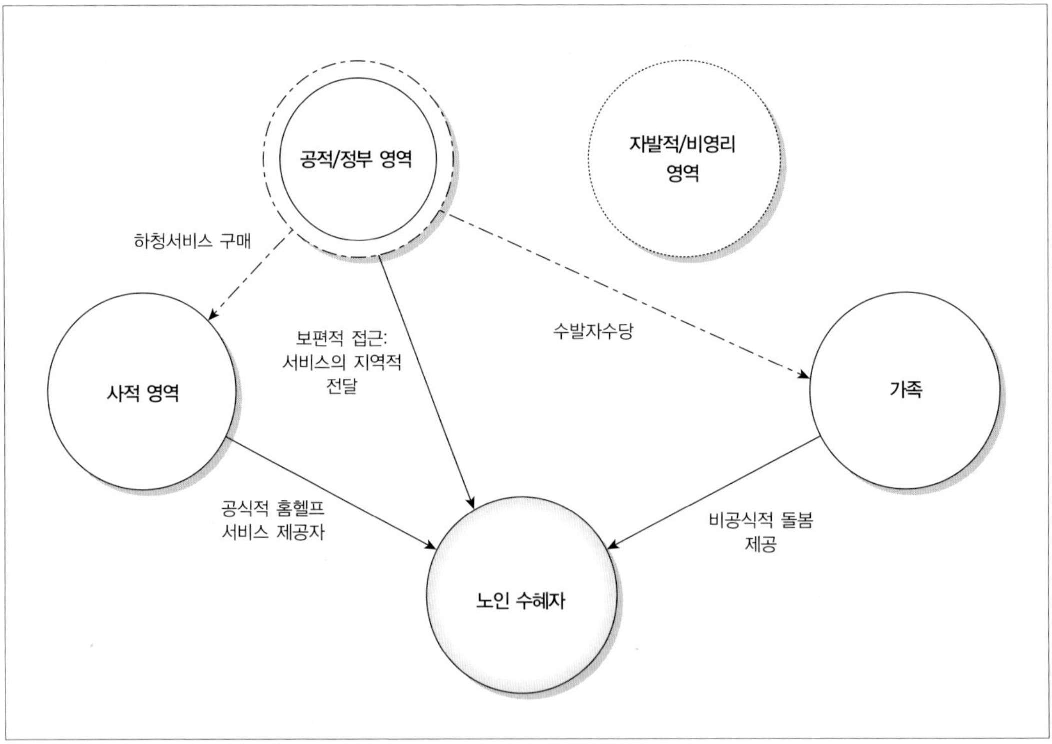

[그림 9-6] 스웨덴의 노인돌봄 지원체계

출처: Lyon & Glucksmann (2008) 재구성.

서 봉사하고 의료서비스에 대한 책임을 지며, 지방자치당국(municipalities)은 사회서비스와 주택서비스 및 어떤 경우에는 의료서비스 전달에 대한 책임을 진다. 국가 수준에서 지역사회 기반 서비스에 대한 뼈대를 제공하는 세 가지 중요 법안이 있다. 1982년의 「사회서비스법(Social Services Act)」에 따라 필요할 때 사회적 돌봄서비스를 받는 것은 법적 권리가 되었다. 1982년의 「보건 및 의료서비스법(Health and Medical Services Act)」은 의료서비스에 대한 높은 기준과 모든 시민의 보편적인 접근을 규정했다. 1992년의 지역사회 돌봄개혁(Community Care Reform) 법안은 돌봄과 노인 대상 재가보호서비스에 대해 지방자치당국이 유일한 권위를 가지는 것으로 지명했다. 「사회서비스법」은 모든 연령의 개인이 사회서비스를 받는 것을 법적 권리로 명시했다(Hässler, 2001). 그러므로 돌봄서비스에 대한 접근은 보편적이고 미국에서처럼 자산조사가 이루어지지 않는다. [그림 9-6]의 정부에서 노인으로 연결되는 선에서 나타나는 것처럼, 지방자치당국은 재가건강서비스와 홈헬프 서비스를 사정하고 관리하는 데 직접적으로 개입한다. 외래환자 돌봄서비스에 대한 비용은 각 자치단체 의회가 결정한다. 예를 들어, 의료상담이나 건강관리전문 상담비용은 150크로나(21달러)이다. 환자가 지불하는 현금부담에는 제한이 있는데, 환자가 900크로나(124달러)를 지불한 후에 첫 상담일 후 12개월 이내에 모든 의료상담은 무료로 제공된다(Socialstyrelsen, 2008).

모든 노인이 홈헬프 서비스를 신청할 수 있으나, 서비스의 결정은 대부분의 지방자치당국에서 지자체 사례관리자가 하는 사정에 달려 있다(Socialstyrelsen, 2008). 사정이 요구되면 각 지방자치당국은 포함되는 서비스의 종류나 서비스 이용료를 결정한다. 사정은 노인의 자택에서 노인과의 상담으로 이루어지는데, 요구사항을 검토하고, 가족의 돌봄 욕구를 의논하며, 다른 전문인들과 의논한다. 홈헬프 서비스는 차량 이동, 발케어, 식사, 방범설비, 주택수리, 복지용구, 주간보호서비스와 같은 도구적인 일상생활 활동뿐만 아니라 목욕, 화장실 이용, 옷 입기와 같은 일상생활 활동에 대한 지원을 포함한다(Johansson, 2004). 야간과 주말에도 돌봄지원이 이루어진다. 사례관리자가 이 서비스를 주선하고, 사적 기업이 서비스를 제공한다. 서비스 비용은 노인과 그 배우자 혹은 등록된 파트너의 소득과 생계비용을 토대로 결정된다. 예를 들어, 스톡홀름에서 홈헬프 서비스와 일주일에 3~5번 이루어지는 주간활동에 대한 최대 비용은 한 달에 947크로나(128달러)이다(Stockholm

Government, 2010a).

[그림 9-6]에서 보는 것처럼 가족은 노인에게 직접적이고 비공식적인 케어를 제공하지만, 정부 또한 수발자에게 직접적인 보상을 제공함으로써 가족수발자를 지원한다. 1998년 「사회서비스법」이 수정되었는데, 그 내용은 노인, 부양가족 혹은 아픈 가족 구성원을 돌보는 가족에 대한 지방자치당국의 지원을 촉구하는 것이었다(Johansson, 2004). 일 년 후, 노인정책에 대한 국가행동계획(National Action Plan on Policy for the Elderly)은 3억 크로나(3,850만 달러)를 지방자치당국에 제공했는데, 이는 수발자 대상 서비스를 재정적으로 지원하기 위한 것이다. 수발자 지원 서비스는 가정에서의 일시적 휴식, 짧은 기간(예: 일주일)의 휴식, 상담, 지지집단, 훈련 코스를 포함한다. 모든 수발자는 무료로 일주일 동안 4시간의 휴식 권리를 가진다. 수발자는 또한 간병수당이나 수발자수당에 대한 자격을 가진다(Johansson, 2004). 간병수당(혹은 재가보호수당)이 노인에게 제공되고, 노인은 정량 이상의 수발을 제공하는 가족 구성원에게 차례로 보상한다. 비과세 지불액은 제공되는 돌봄시간과 의존수준을 토대로 하지만 보상은 일주일에 17시간을 초과할 수 없다. 수당의 양이 지방자치당국에 따라 다양하지만, 최대 양은 한 달에 대략 5,000크로나(689달러)이다. 수발자수당에 따라 수발자들은 지방자치당국이 고용한 공공 홈헬프 서비스 제공자와 동일한 금액을 지불받는다. 이러한 금액은 과세되고(Keefe, 2004), 수발자는 연금 크레딧을 받는다.

근로 수발자가 노인을 보살피는 경우에는 유급과 무급 휴가를 가질 권리가 있다. 1989년의 「돌봄휴가법(Care Leave Act)」은 심각한 질병이나 불치병을 앓는 가까운 친척을 돌보는 사람을 위해 최대 60일까지 유급휴가를 부여한다(Johansson, 2004). 수발자와 수혜자는 둘 다 사회보험사무소에 등록해야 하고(즉, 수발자는 65세 이하여야 한다), 돌봄은 스웨덴에서 이루어져야 한다. 수발자에 대한 보상은 소득의 80% 선에서 이루어질 수 있고, 이들 혜택은 세금이 부여된다. 시간제 일 혹은 유연시간조정과 같은 탄력근무시간제를 위해 수발자가 고용주와 협상해서 결정한다(Johansson, 2004).

비영리/자발적 영역이 지역사회 돌봄서비스에 직접적으로 관여하지 않더라도, 수발자와 노인을 지원하는 조직이 있다. 스웨덴 적십자는 자원봉사자들을 이용하여, 이들이 외롭고 고립된 사람들, 주로 노인들의 집을 방문하여 친교를 나누는 방식으로 수발자에게 지지집단을 제공한다(Swedish Red Cross, 2009). 또한 스웨덴의 치매협회와 알츠하이머협회는 치매와 수발자를 위한 지지집단 정보를 제공하고, 치매에 걸린 사람들의 권리를 옹호한다(Alzheimer's Associaton of Sweden, 2009; Dementia Association, 2009).

스웨덴에서 노인돌봄은 공적 책임이다. 노인과 수발자를 지원하는 가정보건 및 재가보호서비스에 대한 보편적 접근이 법안으로 마련되어 있다. 재가보호에 대한 요구가 있으면, 야간간호와 가정수리와 같은 광범위하고 포괄적인 재가서비스가 제공될 수 있다. 지방자치당국이나 지방자치당국으로부터 보조금을 받는 사적 영역의 기관이 요구된 케어를 전달한다. 적격 수발자는 소득의 80%를 지불받는 유급 휴가정책뿐만 아니라 휴식 프로그램과 돌봄수당서비스를 통해서 지원을 받는다.

요약

미국, 이탈리아, 영국 그리고 스웨덴은 노인돌봄에 대한 증가하는 욕구와 가족 수발자 지원에 있어서 각기 서로 다른 방식을 보여 주는 좋은 보기들이다. 〈표 9-1〉〈표 9-2〉 및 〈표 9-3〉은 이들 차이를 요약해서 보여 준다. 이들 국가의 주요한 차이는 이용 가능한 서비스에 어떻게 접근하는가이다. 이탈리아와 미국에서 서비스를 이용할 수 있기 위해서는 소득과 신체적 요구 기준이 충족되어야 한다. 이들 기준이 충족되지 않으면, 노인들은 비정부 영역에 존재하는 서비스를 현금으로 구매해야 한다. 미국에서 이에 대한 예외는 「노인복지법」을 통해 재정지원을 받는 프로그램들이지만, 이들 프로그램에 대한 재정지원이 심각하게 제한적이고, 모든 지역사회가 프로그램을 제공하는 것은 아니다. 특히 이탈리아에서 가족들은 이민 노동자를 고용해서 재가서비스를 이용하고 있다.

대조적으로, 영국과 스웨덴 정부는 노인돌봄을 공적 문제로 인식하고 있기 때문에 서비스에 대한 접근이 보편적이다. 그러므로 서비스에 대한 요구는 서비스를 받기 위한 최초의 결정적 요소이고, 서비스 비용은 노인소득을 바탕으로 노인이 분담하고 정부가 보조금을 지불한다.

〈표 9-1〉은 지역사회 기반 서비스가 이용 가능한지를 보여 주고, 또한 서비스가

정부 프로그램, 자발적 영역이나 비영리 영역과 사적 영역을 통해서 이용될 수 있는지의 여부를 보여 주고 있다. 서비스 이용은 한 영역 이상에서 가능하다. 정부 프로그램을 통해서 서비스를 이용할 수 있다면, 다음 칼럼은 그러한 서비스가 보편적으로 이용될 수 있는지, 아니면 소득이나 신체 자격기준을 바탕으로 이용되는지를 설명한다. 마지막 칼럼은 서비스와 관련된 비용이 있는지 여부를 나타낸다. 특별 서비스를 이용하기 위해서 1개 이상의 비용구조를 가지는 것은 가능하다. 예를 들어, 정부 프로그램을 통한 재가세탁서비스의 이용은 영국과 스웨덴에서 보편적이지만, 미국에서는 소득과 신체건강 자격기준이 충족되어야 이용할 수 있다. 또한 이들 서비스는 이탈리아와 미국 모두 사적 영역에서의 구입이 가능하다. 서비스에 어떻게 접근하는가에 따라 노인들은 현금을 지불하든지 일정한 양의 비용을 분담한다.

〈표 9-1〉 국가별 노인돌봄을 위한 지역사회 기반 서비스

서비스	이용 가능성		접근성		적격성/비용	
재가 세탁 (In-home laundry)	정부 프로그램	이탈리아 영국 스웨덴 미국	보편적 접근	영국 스웨덴	개인 부담	이탈리아 미국
	자원봉사/비영리	–	소득 그리고/또는 신체자격 기준	미국	사정된 욕구, 정부 무료 제공 혹은 전체 상환	이탈리아 영국
	사적 영역	이탈리아 미국	–		사정된 욕구, 정부와 노인 비용 분담	영국 스웨덴 미국
가정 이미용 (Hairdresser at home)	정부 프로그램	영국 스웨덴	보편적 접근	영국 스웨덴	개인 부담	이탈리아
	자원봉사/비영리	–	소득 그리고/또는 신체자격 기준	–	사정된 욕구, 정부 무료 제공 혹은 전체 상환	영국
	사적 영역	이탈리아	–		사정된 욕구, 정부와 노인 비용 분담	영국 스웨덴

가정 식사 (Meals at home)	정부 프로그램	이탈리아 미국 영국 스웨덴	보편적 접근	영국 스웨덴	개인 부담	이탈리아 미국 영국
	자원봉사/비영리	이탈리아 미국	소득 그리고/또는 신체자격 기준	이탈리아 미국 영국	사정된 욕구, 정부 무료 제공 혹은 전체 상환	이탈리아
	사적 영역	이탈리아	–		사정된 욕구, 정부와 노인 비용 분담	이탈리아 미국 영국 스웨덴
통신경보음 (Tele-alarms)	정부 프로그램	이탈리아 영국 스웨덴	보편적 접근	영국 스웨덴	개인 부담	미국
	자원봉사/비영리	–	소득 그리고/또는 신체자격 기준	–	사정된 욕구, 정부 무료 제공 혹은 전체 상환	스웨덴
	사적 영역	미국	–		사정된 욕구, 정부와 노인 비용 분담	이탈리아
돌봄 보조: 복지용구들 (Care aids: assistive devices)	정부 프로그램	이탈리아 미국 영국 스웨덴	보편적 접근	영국 스웨덴 이탈리아	개인 부담	미국
	자원봉사/비영리	미국	소득 그리고/또는 신체자격 기준	미국	사정된 욕구, 정부 무료 제공 혹은 전체 상환	이탈리아 영국
	사적 영역	미국	–		사정된 욕구, 정부와 노인 비용 분담	이탈리아 미국 영국 스웨덴

가내 수리(Home modifications)	정부 프로그램	이탈리아 영국 스웨덴	보편적 접근	스웨덴	개인 부담	이탈리아 미국
	자원봉사/ 비영리	미국	소득 그리고/ 또는 신체자격 기준	이탈리아 영국	사정된 욕구, 정부 무료 제공 혹은 전체 상환	이탈리아 영국 스웨덴
	사적 영역	이탈리아 미국	–		사정된 욕구, 정부와 노인 비용 분담	이탈리아 영국
노인 친구/동료 (Senior companion/ company)	정부 프로그램	이탈리아 스웨덴	보편적 접근	스웨덴	개인 부담	이탈리아 미국 영국
	자원봉사/ 비영리	미국 영국	소득 그리고/ 또는 신체자격 기준	–	사정된 욕구, 정부 무료 제공 혹은 전체 상환	이탈리아 스웨덴
	사적 영역	이탈리아	–		사정된 욕구, 정부와 노인 비용 분담	스웨덴
재가 혹은 지역사회 센터의 주간보호 (Day care in-home or community center)	정부 프로그램	미국 영국 스웨덴	보편적 접근	영국 스웨덴	개인 부담	이탈리아 미국
	자원봉사/ 비영리	–	소득 그리고/ 또는 신체자격 기준	미국	사정된 욕구, 정부 무료 제공 혹은 전체 상환	영국
	사적 영역	이탈리아 미국	–		사정된 욕구, 정부와 노인 비용 분담	미국 영국 스웨덴
재가 야간보호 (Night care in home)	정부 프로그램	영국 스웨덴	보편적 접근	스웨덴	개인 부담	이탈리아 미국 영국
	자원봉사/ 비영리	–	소득 그리고/ 또는 신체자격 기준	영국	사정된 욕구, 정부 무료 제공 혹은 전체 상환	영국

	사적 영역	이탈리아 미국 영국	–		사정된 욕구, 정부와 노인 비용 분담	영국 스웨덴
사적 동거보조원 (Private cohabitant assistant)	정부 프로그램	이탈리아 스웨덴	보편적 접근	스웨덴	개인 부담	이탈리아 미국 영국
	자원봉사/ 비영리	–	소득 그리고/ 또는 신체자격 기준	이탈리아	사정된 욕구, 정부 무료 제공 혹은 전체 상환	–
	사적 영역	이탈리아 미국 영국	–		사정된 욕구, 정부와 노인 비용 분담	이탈리아 스웨덴
일상생활활동을 위한 재가보호 (In-home care for ADLs)	정부 프로그램	미국 영국 스웨덴	보편적 접근	영국 스웨덴	개인 부담	이탈리아 미국
	자원봉사/ 비영리	–	소득 그리고/ 또는 신체자격 기준	미국	사정된 욕구, 정부 무료 제공 혹은 전체 상환	영국
	사적 영역	이탈리아 미국	–		사정된 욕구, 정부와 노인 비용 분담	미국 영국 스웨덴
가사보조원 서비스 (Homemaker services)	정부 프로그램	미국 영국 스웨덴	보편적 접근	영국 스웨덴	개인 부담	이탈리아 미국
	자원봉사/ 비영리	미국	소득 그리고/ 또는 신체자격 기준	미국	사정된 욕구, 정부 무료 제공 혹은 전체 상환	영국
	사적 영역	이탈리아 미국	–		사정된 욕구, 정부와 노인 비용 분담	미국 영국 스웨덴

사례관리자 혹은 사회복지사 (Case manager or social worker)	정부 프로그램	이탈리아 미국 영국 스웨덴	보편적 접근	영국 스웨덴	개인 부담	미국
	자원봉사/ 비영리	–	소득 그리고/ 또는 신체자격 기준	이탈리아 미국	사정된 욕구, 정부 무료 제공 혹은 전체 상환	이탈리아 영국 스웨덴
	사적 영역	미국	–		사정된 욕구, 정부와 노인 비용 분담	미국

〈표 9-2〉와 〈표 9-3〉은 수발자를 대상으로 한 서비스와 재정적 지원을 요약해서 보여 준다. 영국과 스웨덴에서 수발자에게 제공되는 보편적인 지원과 직접적인 혜택의 양상은 수발자 수당의 이용 가능성, 수발자의 욕구, 노동휴가정책에서 분명하게 나타난다.

이 장에서 검토된 각 국가들은 계속해서 노인인구의 증가를 경험하게 될 것이고, 지역사회의 노인돌봄 욕구를 충족시키기 위해 수발자 정책을 수정하고 채택해 나갈 것이 틀림없다. 수발정책이 노인의 일상생활에서 얼마나 다르게 작용할 것인지를 탐색하기 위해 제1장에서 제시된 사례 연구로 돌아가서, 만약 루시애나가 이 장에서 논의된 국가의 국민이라면 그녀의 수발 욕구가 어떻게 충족될 수 있는지를 생각해 볼 수 있다.

〈표 9-2〉 국가별 수발자를 위한 서비스

수발자를 위한 서비스	이용 가능성			접근성		
	없음	제한적 접근	보편적 접근	정부	자원봉사/ 비영리	가족별 사적 부담
수발자 욕구사정 (돌봄상황에 대한 공식 사정)	–	–	스웨덴 영국	–	–	미국
상담과 조언(I&R)	–	이탈리아 미국*	스웨덴 영국	이탈리아 미국 영국	미국	미국 영국

지지집단	–	미국* 이탈리아	스웨덴	이탈리아 영국	이탈리아 미국	–
돌봄보조원 상주 (In-home respite or granny-sitting)	–	미국* 스웨덴 영국	이탈리아	미국 영국	미국 스웨덴	이탈리아 영국 미국
일시적 위탁 (respite care)	–	미국* 이탈리아	스웨덴 영국	영국	–	이탈리아 영국 미국
수발자수당/보상	미국	–	이탈리아 영국 스웨덴	이탈리아 영국 스웨덴	–	–
돌봄기술 훈련, 수발자의 신체 및 정신건강 보호	–	이탈리아 영국	스웨덴	–	미국	–

* 미국의 수발자 지원은 「노인복지법」이 규정한 프로그램으로 제한된다.

〈표 9-3〉 가족수발자를 위한 혜택

혜택	이탈리아	미국	영국	스웨덴
수발자수당 (돌봄을 제공하는 가족 구성원에 대한 직접적 보상)	있음	없음	있음	있음
조건사항	지방자치 당국에 의해 설립된 소득과 후원욕구를 충족해야 함	–	16세 이상, 돌봄을 위해 일주일에 35시간 이상 사용, 돌봄수혜자가 간병수당 혹은 장애생활수당을 받음, 직업으로 일주일에 95프랑 이상 벌지 않음	< 65
누가 받는가?	돌봄 수혜자의 가족 구성원	–	수발자	수발자
누가 지불하는가?	지방자치당국	–	지방정부	지방자치당국
연금 크레딧	없음	–	있음	있음

월 지불 수준	지방자치 당국별로 다양함(70~929유로)	–	일주일에 48.65파운드	다양함(14,000크로나 이하)
돌봄 바우처	있음	있음	있음	있음
조건사항	소득	저임금과 장애기준 충족된 사람에게 제한됨	65세 이상의 사람, 만성질병이나 장애 소유자	없음
누가 받는가?	주요 수발자	돌봄 수혜자	돌봄 수혜자	돌봄 수혜자
누가 책임 있는가?	지방자치 당국	지방의 지역노인복지 사무소	지방정부	지방자치 당국
월 지불 수준	지방자치 당국별로 다양함(밀란은 300유로)	–	저비율과 고비율, 요구 정도에 따라 다름	다양함(5,000크로나 이하)
수발자를 위한 근로 휴가정책	있음	있음	있음	있음
조건사항	수혜자는 심한 장애로 평가 받아야만 함	수혜자는 고용기준 충족, 심각한 건강 조건 소유	고용주에 의해 결정됨	< 65
지불	현 월급	없음	협상 가능	수입의 80%
휴가기간	한 달에 3일 유급 휴가, 최대 2년 무급 휴가	12달 내에서 12주의 무급직업 보호	유연시간, 무급과 유급휴가는 고용주의 재량	최대 60일
연금 크레딧	돌봄 수혜자와 반드시 동거, 일 년에 25일 연금 크레딧 받을 수 있음, 최대 24개월	없음	없음	있음

관련 추가 정보

1. 수발자/수발 권리옹호 집단

권리옹호 집단은 수발자에 대한 정책개발에 있어서 중요한 역할을 한다. 다음에서 몇몇 비정부 권리옹호집단을 소개한다.

a. 유럽수발자들: 수발자를 위한 유럽협회(Eurocarers: European Association Working for Carers)

http://www.eurocarers.org

유럽수발자들은 유럽조합에 있는 수발자를 위한 비공식적 권리옹호 집단이다. 이 웹사이트는 연구 리포트, 정책문서, 실천방안과 통계정보를 제공한다.

b. 수발자 영국(Carers U.K.)

https://www.caresuk.org

수발자 영국은 영국, 스코틀랜드, 웨일스에 있는 수발자들이 스스로를 위해 만든 조직이다.

c. 미국의 가족수발자연맹(Family Caregiver Alliance)

https://www.cargiver.org

1977년에 설립된 이 연맹은 가정에서 장기요양서비스를 제공하는 가족의 욕구에 부응하기 위해서 설립된 미국 최초의 지역사회 기반 비영리조직이다.

d. 미국의 수발을 위한 전국연맹(National Alliance for Caregiving)

http://www.caregiving.org/

1996년에 설립된 이 연맹은 가족수발에 대한 문제를 다루는 비영리 전국연맹이다.

2. 유로 팜케어 수발 리포트(Euro Famcare Caregiving Reports)

http://www.uke.de/extern/eurofamcare/

이 사이트는 가족수발자에 대한 지원의 존재, 서비스의 친숙성, 서비스의 이용 가능성, 서비스 이용 및 서비스의 수용성과 관련하여 가족수발자의 환경에 대한 유럽적 견해를 제공한다. 8개의 대학과 정부 간의 연계연구 프로젝트는 23개 유럽 국가의 수발에 대한 배경 리포트를 제공한다.

3. 전국수발센터(National Center on Caregiving)

https://www.caregiver.org

2001년에 가족수발자연맹 프로그램의 하나로 설립된 이 센터는 모든 상황에 놓여 있는 수발자를 위해 비용 효과적인 정책과 프로그램의 개발을 위해 노력한다. 연구, 공공정책, 서비스를 통합하여, 이 센터는 전국적으로 정책입안자들, 서비스 제공자들, 대중매체, 자금제공자들, 가족수발자들을 위해 수발 및 장기요양서비스에 대한 정보의 중심지 역할을 한다.

F 씨(72세), 브라질 리우데자네이루

저는 1934년에 리우데자네이루의 북쪽 지역에서 태어났습니다. 지금은 이파네마에서 살아요. 원가족은 부모님, 두 형과 누나 그리고 막내인 저입니다. 부모님은 오늘날의 기대수명과 비교하면 상대적으로 일찍 돌아가셨어요. 어머니는 65세, 아버지는 60세에 돌아가셨습니다.

아버지는 건축업을 하셨고 열심히 일하는 노동자였어요. 저는 아버지가 노는 것을 한 번도 보지 못했는데, 그는 오로지 일만 하셨어요. 두 형은 죽었고, 누나는 살아 있는데 80세입니다.

저는 기혼으로 2명의 아들과 5명의 손자녀가 있어요. 가족들이 매우 가깝게 살지만, 운 나쁘게도 큰아들은 상파울루에 살아서 한 달에 한 번 정도 만나고, 막내아들은 항상 봅니다. 아내는 영어교사였는데, 지금은 퇴직했고 71세입니다. 저는 지금껏 내내 다른 직업을 가졌는데, 대개 공공기관에서 회계사로 일했어요. 지리교사로도 일했는데, 실제로는 사회과학을 공부했어요.

저의 일상생활은 7시에 일어나 해변에 가는 것으로 시작해요. 제가 제일 좋아하는 것은 리우의 가장 아름다운 해변의 벤치에 앉아 있는 것입니다. 자전거를 타고 여기에 오고 자전거로 해변을 도는 날도 있고, 걸어서 여기에 오고 레블론까지 달리는 날도 있어요. 때때로 롤러스케이트를 타고 코파카바나 도로를 거닐기도 해요. 저는 스포츠 활동을 좋아하고 활동적인 것도 좋아해요. 신체활동은 매우 중요한데, 건강과 젊음을 유지시켜 주죠. 그 밖에 제가 하는 일이요? 저는 퇴직해서 여가시간이 많습니다. 스포츠는 저의 두뇌만큼이나 신체를 위해 치료적인 효과가 있어요. 신체활동은 모든 연령에서 중요하지만, 현재의 저에게는 보다 더 특별합니다. 젊은 사람들에게도 스포츠에 빠지는 것은 마약에 빠지는 것과는 다르게, 건강한 생활방식에 빠지는 것이라고 할 수 있죠.

해변에서 날마다 친구들을 만나고 정오까지 머물러 있다 집으로 돌아옵니다. 점심을 먹고, TV를 조금 보고, 두 시간 정도 낮잠을 자고, 오후에는 각종 청구서를 정리해서 은행이나 우체국에 가고, 집수리가 필요한지를 살펴봐요.

밤에는 외출하지 않습니다. 외출하기에는 너무 피곤해요. 저는 건강하다고 느끼는데, 키가 180cm이고, 몸무게는 80kg입니다. 저는 1온스의 지방도 가지고 있지 않고, 콜레스테롤 수치는 정상적 수준이 200인데, 저는 180으로 낮은 편이에요. 저는 불평하지 않고, 좋은 상태를 유지하고 있어요.

저는 퇴직했고 연금을 받아요. 브라질에서 연금은 젊었을 때의 소득에 따라 달라요. 최저임금을 받고 퇴직한 사람들은 거의 생존이 힘들어요. 저는 공무원이었고 소득수준이 높았기 때문에 연금도 꽤 많아요. 그래서 우리 부부는 돈에 대해 걱정할 필요가 없어요. 브라질에서는 확실한 직업으로 30년간 일한 후에 퇴직할 수 있습니다. 아내는 조금 더 일했는데 32년 후에 퇴직했어요. 저는 일을 시작한 이후로 개인건강보험(private health plan: JAP)을 가지고 있는데, 무료로 병원, 치과, 물리치료 시설과 같은 서비스를 이용할 수 있어요. 특별 진료는 보험에서 일부를 충당하고, 저는 30%만 지불합니다. 개인건강보험은 브라질에서 가장 좋은 건강보험 중의 하나입니다.

저와 아내는 작은 아파트에 살아서 별다른 도움이 필요하지 않고, 외적인 도움도 필요 없습니다. 우리가 모든 일을 합니다. 주정부에는 의존할 수 없어요. 모든 사람은 스스로를 돌볼 수 있어야 하고, 어떤 일이 일어날 경우를 대비해서 이것에 대해 지불할 수 있는 누군가를 마련해 둬야 해요. 개인건강보험이나 생명보험을 가지고 있다면 주정부에 의존할 필요는 없어요. 브라질이나 심지어 미국도 가난을 멈출 수는 없지요. 가난은 곤경에 처한 사람들의 손 안에 있어서 그들이 가난을 멈출 토대를 마련해야 해요. 주정부에 의존하는 것은 아무 의미가 없어요. 미래를 위해 투자해야 합니다. 당신이 돈을 버는 동시에 소비하다면, 당신은 미래를 준비할 수 없을 것입니다.

제가 경험하는 노화요? 나이가 든다는 것은 자연스러운 과정입니다. 젊을 때 했던 것을 똑같이 할 수는 없어요. 예를 들어, 마라톤을 더 이상 뛸 수 없지만, 여전히 해변에서 뛸 수는 있어요. 나이에 따른 한계가 있어요.

노인의 미래는 오늘입니다. 미래를 가지기 위해서는, 가능한 한 가장 좋은 방식에서 오늘을 살려고 노력해야 해요. 건강한 생활방식을 유지하지 않으면 미래는 없습니다.

제 연령대의 이득은 여가시간입니다. 저는 여행을 많이 하고 있어요. 차를 가지고 이전에 가 보지 못한 곳을 운전해서 갑니다. 브라질에는 8,000km 이상의 해안선이 있고, 저는 이것을 모두 볼 계획을 가지고 있어요. 예를 들어, 이번 주에 저는 손자녀를 보기 위해 상 베르나르도 도 캄포에 갔는데, 그곳은 리우에서 450km 떨어진 곳입니다. 두 달 전에는 브라질의 남쪽 지역인 리우그란데 두 술의 세라 고차에 갔었어요.

이제 제 인생의 마지막 단계에 있습니다. 사람은 태어나고, 살며 그리고 죽지요. 저는 제 인생의 세 번째 단계에 있습니다. 이것은 때때로 저를 슬프게 만들어요. 제가 여전히 제 앞에 있는 모든 인생을 가질 수 있다면 좋을 거 같아요.

브라질 사회는 지금 노인을 존경하기 시작하고 있는데, 이것이 몇 년 전까지는 드문 일이었어요. 지금 노인들은 무료로 버스를 이용하고, 영화는 절반 가격을 내고, 특별히 마라카나 경기장에는 무료로 입장할 수 있어요. 만나는 사람에 따라 존경의 마음이 달라요. 어떤 사람은 고학력자이고, 어떤 사람은 그렇지 않기도 해요.

나이를 잘 먹는다는 것은 다양한 요인에 영향을 받습니다. 가장 중요한 첫째 요인은 건강이에요. 젊을 때부터 잘 먹고, 운동을 많이 하고, 충분한 잠을 자면서 스스로를 잘 돌봐야 해요. 다음은 재정적 요인입니다. 편안한 퇴직을 하기 위해서 일한 월급의 일부를 저축해야 해요. 그러면 나이가 들어서 여행할 수 있고, 자녀들을 도울 수 있으며, 마지막 순간까지 인생을 즐길 수 있습니다.

제3부

고령사회정책의 미래

제10장

고령사회정책의 도전

우리는 고령화를 둘러싼 논쟁에서 앞으로의 안전과 시민의 존엄성에 영향을 미칠 정책 개발에 이르는 시간이 다가왔다는 것을 깨달았습니다. …… 우리는 '우리 정부가 우리 시민과 어떤 종류의 사회적 계약을 맺고 있는가?'와 같은 어려운 질문에 답하도록 강요당했습니다.

– AARP 임원이자 회장 Erik Olsen(2007)

나이가 드는 것에 대해 어떻게 생각하냐고요? 꽤 어려운 질문이네요. 노화는 별로 달갑지 않아요. 70세가 되기 전에는 괜찮았어요. 하지만 그 이후로는 살 수 있는 시간이 얼마 남지 않았다고 생각하기 시작했습니다. 제가 정말 무서워하는 것은 병에 걸려 아프게 되는 거예요. 해가 지나고 나이가 드는 것은 정상이지만, 더 이상 아무것도 이해하지 못하는 사람이나 식물인간처럼 사는 사람들에 대해 들을 때면 가족들은 부담을 느낍니다. 누구나 알다시피, 항상 걱정만 하고 있을 수는 없고, 당신은 날마다 당신에게 일어나는 일에서 좋은 면을 보면서 살아가야 해요. 아이들이 있어서 다행이에요. 아이들이 없다면 우리 삶은 매우 슬프고 단조로웠을 거예요. 제가 미래에 희망하는 것이요? 건강이요. 우리, 제 가족 그리고 다른 사람들 모두의 건강이요.

– G 부인(82세), 스위스 벨리조나

이 책의 서두에 전 세계적으로 고령화 현상이 일어나고 있는 인구통계학적 자료를 제시하였다. 아프리카를 제외한 거의 모든 지역에서 65세 이상과 80세 이상의 인구 비율이 30년 사이에 거의 2배가 될 것이며, 2030년이 되면 65세 이상 인구비율이 유럽과 캐나다는 1/4, 미국은 1/5이 될 것으로 예측된다. 대부분의 유럽 국가와 미국에서는 고령인구의 비율 증가가 점차 작아질 것으로 예측되는 반면, 중국, 인도, 브라질 및 태국과 같은 국가는 2000년에서 2030년까지 인구고령화가 150% 이상 증가할 것으로 예측된다.

우리는 국가, 정부, 시민이 인구고령화의 사회경제적 영향을 어떻게 개념화하는지와 그들이 고령사회정책에 어떻게 반응하는지에 관심을 두었다. 따라서 이 책에서 미국을 포함하여 국가별 노후소득, 고용, 주거, 건강관리, 정신건강, 지역사회 기반 서비스, 가족돌봄 등의 분야에서 나타나는 고령사회정책에 대한 각기 다른 반응을 설명하였다. 이러한 정책적 특성과 대응의 차이는 정부, 민간, 비영리부문, 가족 및 개인이 고령화에 따른 위험으로부터 시민을 보호하는 역할과 책임에 대한 견고하고 수정 불가한 다양한 문화적 가치와 이념을 반영하고 있다.

이 장에서 우리는 고령사회정책의 미래를 둘러싼 세 가지 주요 논쟁, 즉 인구고령화 자료, 임박해 오는 사회경제적 위기를 예고하는 인구고령화 자료의 해석 그리고 고령정책 적용의 기준을 간략하게 다룰 것이다. 그리고 이 책의 각 장에서 제시된 주요 정책과제를 간략하게 정리하면서 마무리할 것이다.

인구고령화 문제가 진행되고 있는가

저명한 사회학자인 Robert Merton은 50년 전에 "미래에 평균 수명이 83세에 도달하면…… 이러한 인구고령화의 결과로 의료 및 복지 지출이 증가하고, 노동 효율성이 저하되고, 기술 및 경제혁신이 축소되어 생활이 안정화되기는 하겠지만 더 우울하고 지루하게 될 것이다."라고 말했다(Merton & Nisbet, 1966, p. 407). Merton은 인구고령화의 구체적인 결과를 예상했지만(삶이 더 우울하고 지루해질 것이라는 예언은 흥미로웠다!), 다가오는 사회 · 경제적 위기에 경종을 울리지는 않았다. 현재로 돌아와 보면, 인구고령화는 정부의 기능을 약화시키고, 연방예산을 과도하게 지출하고, 국가의 경제역량을 감소시키고, 세대 간 전쟁을 부채질하는 '고령화 쇼크(gray tsunami)'라는 치명적인 사회문제로 빈번하게 표현되고 있다(Broder, 1996; Peterson, 1999; Throw, 1996; World Bank, 1994).

고령화를 사회경제적 위기라고 규정하는 것은 두 가지 측면에서 문제가 있다. 첫째, 다양한 단체가 예측하는 인구고령화 자료는 출산, 사망률 및 이주경향에 대한 가정에 기초하고 있으며, 이러한 예측은 거시적 · 미시적 · 사회경제적 요인에 의해 복합적으로 영향을 받으며, 결과적으로 정확하지 않은 경우가 자주 있다(Gee, 2002). 인구고령화의 중요한 변수인 출산율을 예측하는 것은 특히 어렵다. 1945년 이래 출생자 수는 1957년 430만 명으로 최고치를 기록했으며 1973년에는 310만 명으로 감소했다. 그러나 2007년 미국에 등록된 출생자 수가 4,310만 명으로 가장 많을 것이라는 사실은 예측하지 못했다(Friedland & Summer, 2005; Hamilton, Martin, & Ventura, 2009). 또한 인구통계 학자들은 통계 모델링에 사용되는 변수에 대한 낮은 추정치, 중간 추정치 및 높은 추정치를 적용하여 매우 다른 결과를 낼 수 있다. 예를 들어, 2050년에 예상되는 85세 이상의 인구수는 사용하는 추정치에 따라 1,600만 명에서 2,400만 명으로 다양하며, 이는 거의 50%의 차이를 보인다(Friedland & Summer, 2005). 어떤 인구 추정치를 사용하는지는 정책적으로 중요한 의미를 가진다. 미국 인구 조사국은 2030년 65세 이상 인구의 비율을 6,930만 명으로 추산하고 있는 반면, 도시 연구소는 총 6,430만 명으로 추산하고 있다. 이 수치들만 보면 차이가 그리 크지 않은 것 같지만, 우리가 어떤 가정을 사용하느냐에 따라 사회보장 혜택은 760억 달러의 차이가 발생한다(Friedland & Summer, 2005). 따라서 15년, 20년 또는 30년 후의 인구통계에 대한 예측을 통하여 사회정책을 바꾸는 것은 현명하다고 보기 힘들다. 자료가 우리에게 중요한 정보를 제공하는 예측 도구라는 것은 이해해야겠지만, 이 예측이 사회정책의 계획을 수립하는 데 활용되는 유일한 변수가 되어서는 안 된다(Friedland & Summer, 2005).

둘째, 이러한 자료의 해석은 다가오는 사회적 '위기'의 증거로서 사회적 이슈를 특정 이념에 맞게 재구성하고 재정의하는 수단으로 이용된다는 비판을 받아 왔다(Gee, 2002; Hudson, 2005). 1980년대 후반에 제기된 사회보장제도 및 노인의료보장제도 관련 재정지원 혜택의 위기는 지출과 적자보다는 정부의 책임과 민간 부문의 개입 수준에 더 초점을 두고 있었다(Quadagno, 1989; White, 2002). 베이비 붐 세대가 사회에 미친 영향은 더 이상 새로운 이슈가 아니다. 이 세대는 1940년대, 1960년대 그리고 1980년대에 걸쳐 출생부터 어린 시절, 중년에 이르기까지 교육체제(교실 공간에서부터 예산까지), 노동인구, 주택, 의료에 엄청난 경제적 영향을 미쳤다. 급격하게 증가한 아동의 수는 너무 많은 자녀 출생으로 인한 인구의 위기가 아니라 오히려 경제호황["Population: Babies mean business(인구: 아기는 영업실적이다)", 1948]으로 분류되었다.

그렇다면 우리는 고령화 자료를 어떻게 받아들여야 할까? 위기 시나리오에는 확실히 진실된 면이 있기는 하지만, 사실상 과장된 면이 있다고 생각한다(Castles, 2002; Mullan, 2002). 고령화는 새로운 사회현상이 아니기 때문에 경제성장이 완만하더라도 정부는 고령인구의 욕구를 충족할 수 있는 능력이 있다(Mullan, 2002; 〈글상자 10-1〉에서 연방예산의 고령화에 대한 논의 참조). 우리는 미래의 고령인구 증가에 대비하여 퇴직제도, 고용정책, 평생학습, 건강 및 장기요양 지원, 전문가 양성 차원에서 노인병 및 노년층 교육 그리고 지역사회를 준비해야 한다. 아울러 점진적으로 변화해 온 사회정책이 이처럼 변화하는 상황에서 가장 효과적인 접근방법이 될 것이라는 점 또한 명심해야 한다(Friedland & Summer, 2005).

〈글상자 10-1〉 연방예산의 고령화

고령사회정책의 범위와 관련한 많은 논쟁은 연방예산의 고령화—사회보장 및 노인의료보험제도와 같은 노인을 위한 프로그램이 연방예산의 과도한 비중을 차지한다는 의미—에 관한 것이다. Friedland와 Summer(2005)는 그들의 중대한 연구인 「인구변동은 수명이 아니다(Demography Is Not Destiny, Revisited)」에서 고령사회정책에 어느 정도의 금액을 지출했을 때 과도한 지출이라고 표현되는지에 대한 흥미로운 사례를 제시하고 있다. 공공정책 토론은 우리가 중요하게 생각하는 것들을 다루지만, 대부분 우리가 해결할 수 있는 문제들로 주제가 좁혀진다. 극단적인 경우를 제외하고는 다음의 질문에 대답하기 쉽지 않다. 우리는 국민소득 전부를 정부 사업에 사용할 여유가 없다. 그렇게 한다면 생활수준이 저하될 수 있다. 그러나 얼마나 많은 지출이 과도한 지출인 걸까? 다른 한편, 정부 사업에 국민소득을 전혀 사용하지 않는다면 우리의 미래 생활수준이 위태로워질 것이다. 그럼 도대체 얼마가 필요한 것인가? 국민 소득이 10조 달러 이상이라면 충분하지 않은 지출과 과도한 지출 간 범위는 엄청나게 커진다.

현재 약 3조 달러의 국민소득이 세금으로 징수되고 있으나 정부 사업으로 매년 3조 2,000억 달러가 지출되어 연간 2,000억 달러의 적자가 발생하고 있다. 2001년과 2002년 소득 세율 삭감에 의해 제시된 바와 같이, 많은 사람이 우리가 너무 많은 지출을 하고 있다고 주장한다. 그러나 다른 사람들은 세금과 지출이 동등한 비율로 축소되지 않았다며

이 주장에 동의하지 않는다. 실제로 지출이 증가했으며 그 결과 적자지출도 증가했다.

2003년 9월 24일에 Rumsfeld 장관은 아프가니스탄과 이라크에서의 군사작전을 위해 870억 달러의 대통령 긴급 추가 예산 요청이 있었음을 증언하기 위해 상원의 예산결산위원회에 출석했다. Rumsfeld 장관은 준비된 발언에서 수사학적인 질문을 제기했다. "870억 달러가 많은 돈입니까? 예. 그러나 우리가 그것을 감당할 수 있습니까? 문제없습니다." 그의 요지는 대통령 긴급 추가 예산 요청은 금액이 문제가 되지 않을 정도로 높은 가치가 있다는 것이었다. 이 요청은 '자유의 대가'였다. 이 요청에 대응하여 자금을 지원하는 것은 '우리가 필요로 하는 것이라면 지출을 할 의사가 있다는 메시지'를 테러리스트에게 명확하게 보낸 것이다.

우리는 870억 달러가 이처럼 가치가 있기에 '감당'할 수 있었다. 870억 달러가 많은 돈인가? 국민 소득과 비교하면 그렇지 않다. 그러나 정부 프로그램 비용에서 870억 달러는 헤드 스타트에서 향후 18년간 현재 수준으로 자금을 조달하고도 남을 만큼 충분한 금액이다(심지어 예상 인플레이션을 적용했을 때에도). 또한 향후 5년간 재가 및 지역사회 기반의 장기 요양 서비스 등 저소득층 의료보장제도를 책임지기에 충분한 금액이기도 하다(Friedland & Summer, 2005, p. 77).

고령사회정책의 자격요건

이 책의 여러 장에서 논의된 바와 같이, 고령사회정책 프로그램의 자격요건은 연령, 필요성, 시민권 또는 이 세 가지 기준의 조합에 따라 결정된다. 욕구 또는 소득분위 조사는 사회서비스를 받기 위한 기준으로 꽤 오랫동안 존재해 왔으며 많은 국가의 사회복지 프로그램에서 다양하게 사용되고 미국에서 또한 광범위하게 사용되고 있다.

욕구를 자격요건 기준으로 삼으면 사회경제적 스펙트럼의 최하위층에 있는 사람들 중 가장 필요로 하는 사람들만을 대상으로 하기 때문에 사회프로그램에 대한 지출을 최소한으로 유지할 수 있다(Hill, 2006). 욕구기반 프로그램은 사람들에게 '수급받고 있다'는 낙인을 부여하기에 수급대상자이지만 결과적으로 보조금을 신청하지 않는 경우가 많기 때문이다(Walker, 2005). 또한 이 프로그램의 수급자는 정치적으로 영향력이 가장 적은 집단에 속하기 때문에 욕구기반 프로그램과 예산은 지속적으로 축소 또는 폐지의 대상이 된다.

미국은 최근에 들어서 사회정책 프로그램 자격기준으로 연령을 적용하고 있다. 1935~1960년대의 고령사회정책의 발전을 통해 일반 대중이 노인은 연약하고 빈곤하며 사회보장이나 노인의료보험제도처럼 새롭게 만들어진 사회정책들의 혜택을 노인들이 받을 자격이 있다고 여기면서, 연령을 합법적인 자격요건으로 생각한 것과 관련이 있다(Hudson, 2005). 이 프로그램들은 미국 「노인복지법」에 따라 자금을 지원받은 프로그램과 함께 고령자의 열악한 사회적 · 신체적 · 경제적 상황을 해결하기 위해 정책 입안자가 타당하고 필요하다고 보았다(Lubomudrov, 1987). 이와 같은 견해는 고연령층을 바라보는 시각이 욕구보다는 연령중심의 고령사회정책 프로그램에서 노인을 '자격을 갖춘' 대상으로 분류하는 데 도움을 주었다. 실제로 사회보장제도와 같은 프로그램은 고령자의 경제적 안녕을 향상시키는 데 매우 성공적이었다. 예를 들어, 1960년 노년층의 빈곤율은 35%(Clark, Burkhauser, Moon, Quinn, & Smeeding, 2004)였으나 2007년에는 9.5%로 떨어졌다(U.S. Bureau of the Census, 2010).

노인에 대한 대중의 인식은 1980년대 중반에서 1990년대 중반 사이에 극적으로 바뀌었다. 연방예산의 저항에 힘입어, 레이건 행정부는 사회프로그램을 포함하여 사회보장 분야에서 수익대비 지출 간 예산 불균형과 노인의 경제적 및 건강상태 개선을 위한 정부지출을 삭감하는 데 목표를 두었다. '끊임없이 일해서' 경제적으로 부유하고 건강하며 욕심 많은 세대들이 자신의 복지에만 관심을 가졌기 때문에 고령세대는 버려졌다(Gibbs, 1988; Salholz, 1990). 노인은 마치 자원을 받을 자격이 있는 집단(아동과 같은)으로부터 자원을 빼앗아 오는 집단처럼 여겨졌다. 따라서 노인의 삶의 질을 향상시키는 데 매우 성공적이었던 연령기반 프로그램은 노인층이 연방예산 문제의 희생양이 되는 원인이 되었고, 이제 노인층은 '사회문제'로 여겨진다(Estes, 1979). Binstock(1983)은 "연방예산의 축소는 동정심의 축소를 동반"하는 것을 목격했다(p. 136). 모순되게도 노인학자, 사회과학자들의 노인층에 대한 부정적인 이미지를 되돌리려는 노력은 의도치 않게 노화의 현실과 어려움을 왜곡하는 데 기여했고(Settersten, 2007) 노인들이 아주 잘 지내고 있다는 메시지를 보내게 되었다.

우리가 앞에서 언급한 바와 같이, 연령이나 다른 사회적 범주를 공공정책 수립 및 프로그램 자격요건의 토대로 삼는 것은 어떤 집단에 적격 또는 부적격이라는 꼬

리표를 붙이는 행위를 조장한다. 또한 이는 다양한 사회집단(예: 고령자, 아동, 재향군인, 장애인)을 지지하는 사람들이 그들의 그룹이 더 큰 파이 조각을 얻게 하려면 다른 사람들과 비교하여 자격이 충분하다는 사회적 · 정치적 인식을 형성해야 하기 때문에 끊임없이 일하게 만든다. 또한 제정된 사회복지 프로그램은 종종 기아나 빈곤과 같은 단 하나의 문제만을 대상으로 삼고 있기 때문에 수입비용에 따라 가장 가난한 사람에게만 제공될 수 있다. 저소득층 영양보충지원 프로그램(가난한 사람들을 위한 식량)과 보충적 소득보장과 같은 프로그램이 그 예라 할 수 있다.

Hudson(2005)은 이러한 연령기반 사회정책의 의도하지 않은 부정적 결과에도 불구하고, 사회보장 및 노인의료보험제도와 같은 프로그램의 연령기반 기능이 긍정적인 결과를 가져왔으며 존엄성, 사회적 연대성 및 사회정의를 뒷받침한다고 주장한다. 미국의 「노인복지법」처럼 연령을 기반으로 하는 프로그램은 고령층의 욕구가 해결되었다는 인식을 대중에게 심어 준다. 그러나 Estes(1979, 2001)는 미국 「노인복지법」과 같은 연령기반 정책과 프로그램이 실제로는 노후의 빈곤과 같은 불균형을 야기해 기존 사회구조를 해결하는 데 아무런 역할을 하지 않았다며 비판적 입장을 취했다. 이제 우리는 본질적으로 보편적이며 모든 시민에게 영향을 미치는 사회문제를 해결하기 위한 다른 유형의 자격요건을 생각해 볼 차례이다.

보편주의적 접근

미국은 국가차원의 보편적인 사회복지정책이 부족하기 때문에 연령 혹은 욕구를 기반으로 한 서비스 제공에 대한 논쟁이 일부 존재한다(Quadagno, 1989). 대신에 앞서 언급한 바와 같이 해당 인구집단을 위한 제도 및 프로그램에 대해서는 점진적으로 입법하여 정책을 수립하고 있다. 물론 사회보장정책 중 첫 번째로 입안된 보편적인 사회보험은 예외이며, 이 책이 출판되는 시점에 Barack Obama 대통령은 미국에서 제정된 두 번째 보편적 사회정책인 「환자보호 및 부담적정보험법」(2010)에 서명했다.

보편주의적 접근은 사회문제에 대해 전반적으로 큰 영향을 미치는 사회정책들을 의미하며, 생애주기상 모든 단계의 위험에 개입하는 사회보험 등을 포함한다. 이러한 접근은 생애 전반에 걸쳐 모든 사람이 겪을 수 있는 경제와 건강상의 위험을 관리하기 위해 사회가 집합적인 책임을 지는 것을 강조한다(Shactman & Altman, 2002). 이것은 (부유한) 사람들이 (빈곤한) 사람들을 위해 무엇을 해야 하는가에 대한 접근으로부터 '우리-우리'의 관점으로 바라보도록 정치적 담론을 바꾸어 놓았다(Marmor & Mashaw, 2002). 보편주의적 접근은 세대 간 그리고 생애 전반에서 호혜성과 상호책임성을 증대시킨다.

미국의 사회복지에서 보편적인 접근의 정책 및 제도가 부족한 것은 개인주의와 자조의 이념 그리고 정부가 아닌 가족이 1차 부양책임을 갖는 것에 기반을 둔다. Hudson(2005)의 말처럼 모든 고령사회정책의 핵심적인 이슈는 노인층을 돌보는 '책임의 중심'에 대한 이념 논쟁으로 볼 수 있다.

노인들의 삶의 질 향상을 보장하기 위한 공공, 민간 그리고 가족, 개인의 역할 균형성에 대한 질문들이 화두가 되고 있다. 이 책의 여러 장에서 이미 살펴본 바와 같이 다른 국가들은 비교적 더 보편적이거나 사회보험 접근을 채택하고 있다. 따라서 시민권을 통해 사회, 건강 부문에서의 개인과 정부 간 사회계약이 성립되며, 이러한 프로그램들에 대한 접근권은 보편성을 가지게 되는 것이다.

욕구기반 접근과 보편주의적 접근 간 차이를 이해하기 위해서는 제9장의 노인과 보호자를 위한 지역사회서비스의 리뷰를 살펴보기 바란다. 스웨덴과 영국에서는 노인들이 자신의 욕구를 사정하기 위한 보편적인 이용권을 가지고 있다. 욕구가 사정되면, 지불능력에 따라 무료이거나 거의 실비로 이용할 수 있는 지원서비스가 제공된다. 미국에서는 이러한 서비스를 이용하는 것이 자산조사를 근거로 이루어지며, 이것이 서비스 이용권을 얻는 첫 번째 단계이다. 자격에 부합하지 않을 시에는 자신이 비용을 지불하여 사적 영역에서 필요한 서비스를 받아야 한다. 다양한 고령사회정책 속에서 수급자격에 대한 기준을 마련하는 문제와 미국 정부가 얼마만큼의 보편적인 방향으로 정책을 수립할 것인지에 대해서는 여전히 논쟁 중이다.

정책 과제

이 책에서 다뤘던 각 주제들은 향후 몇 년 동안 다루어야 할 정책 과제들과 이슈들을 제시하고 있다. 특히 정책적 논쟁을 일으키는 부분은 노후소득보장정책이다. 제3장에서 논의한 바와 같이, 국가별로 노후소득을 제공하는 방식이 다양한 만큼 조기퇴직 급여 대체율의 범위 역시 넓다. 많은 국가의 노후소득보장정책이 노인의 경제적 취약성을 감소시키는 데 긍정적인 역할을 하고 있으며, 미국, 호주, 노르웨이를 제외한 주요 선진국에서는 중위 소득 50% 이하의 노인비율이 12% 이하로 나타난다(Friedland & Summer, 2005). 주된 정책적 관심은 재정안정화를 어떻게 달성하여 퇴직 프로그램 기금이 경제 호황과 불황에 상관없이 균형을 유지하느냐 하는 것과 이러한 혜택을 받을 노인인구가 증가하는 문제들에 어떻게 대비할지에 관한 것이다.

정책 입안자들은 재정안정화를 위해 퇴직연령 증가, 급여액 삭감, 현재의 자금조달 구조 및 투자 전략 재구성과 같은 방법을 동원한 현재 퇴직정책의 구성요소들에 변화를 주는 것을 지속적으로 검토할 것이다. 모든 국가가 이러한 궁극적인 변화를 도모하는 것은 정치적인 이유로 어려울 수 있으며 특히 미국은 사회보장 민영화를 둘러싼 논쟁이 지속될 것이다. 1980년대와 1990년대에 본격적으로 시작된 논쟁은 2000년대 초반 닷컴 버블 붕괴(dot-com bust)와 2009년 대공황(the Great Recession)으로 인해 주식 및 기타 시장에 기반을 둔 사적퇴직급여 프로그램의 수익률이 곤두박질치면서 후퇴하게 되었다. 이처럼 사적 영역에서 퇴직급여의 상당부분이 위험성을 가진다는 전망에 따라 국가의 퇴직급여에 더 많은 관심을 보이고 있으며, 사회보장 민영화에 대한 요구도 감소하고 있다. 하지만 논쟁이 다시 표면상 떠오르는 것은 당연할 수 있다.

노후소득보장정책들은 노인들에게는 고용정책과 동일한 영향력을 미친다. 정부는 조기퇴직정책과 의무퇴직정책이 노동시장에서 지식과 경험을 낭비한다는 것을 인정하고 연금제도 개선을 위한 압력을 가하기 시작했다(Feinsod, Arthurs & Charman, 2007). 따라서 노인들을 모집 · 고용할 때 차별하지 않는 직장, 평생 학습의 기회, 근무시간 유연화를 통한 고령친화 근무환경 마련, 일자리 창출 및 단계적 퇴직 계획, 퇴직 연령 초과근무 시 페널티를 주는 고령 연금 규정의 삭제 등을 장려하는 정책이 필요하다.

노후소득보장정책과 더불어 건강보험정책은 전 세계의 고령사회정책에 있어서 최전선에 놓여 있다. 대부분의 선진국이 모든 시민이 이용 가능한 보편적인 의료체계를 마련하고 있기는 하지만, 선진국과 개발도상국 모두 건강보험정책에서 각기 다른 단계에 놓여 있다. 미국의 의료정책은「환자보호 및 부담적정보험법」(2010)을 통해 모든 미국인이 의료서비스를 이용할 수 있게 됨에 따라 새로운 역사의 한 페이지를 썼다.

건강보험제도(health care systems)는 각 국가 간 차이에 관계없이 의료정책 분야에서 고려해야 할 몇 가지 일반적인 이슈가 있다. 건강함은 개인과 가족의 삶의 질을 보장하는 기반이 되므로, 생애 전 단계에서 건강 증진과 질병 예방을 지원하는 사회정책이 필요하다(Barratt, 2007). 정책수립 시 초고령자들 또한 건강을 유지하고 신체활동을 즐길 수 있는 프로그램을 반영해야 한다. 뿐만 아니라 건강 및 복지에 대한 보다 총체적인 접근 방식을 제공하는 중요한 요소인 만성 및 급성 케어 욕구에 대한 서비스 전달체계 개선을 위한 의료체계의 변화가 필요하다. 분절적이고 비통합적 케어로 여겨지는 건강보험제도는 개인의 건강 욕구(정신건강, 영양, 신체활동, 예방적 건강, 급성, 만성, 장기요양 욕구) 모두를 사정하고 조정해 주는 전체적인 접근법으로 나아가야만 한다(Kalache & Kickbusch, 1997). 물론 모든 건강보험정책이 직면하는 가장 큰 난관은 여성 노인, 농어촌 거주 노인, 소수자 노인과 같은 특정 하위집단들이 경험하는 의료서비스 불평등의 원인을 경감시키고 비용, 접근성 및 품질의 균형을 맞추는 것이다.

치매 및 우울증과 같은 정신건강상의 욕구가 있는 노인의 수가 기하급수적으로 증가할 것이기 때문에 전반적인 건강상태에 큰 영향을 미치는 정신건강 문제는 수많은 정책 과제에 직면하고 있다. 미래의 노인정책은 정신건강서비스가 양적 · 질적으로 부족한 문제(Kermis, 1987)뿐만 아니라 낮은 정신건강서비스 이용률의 원인이 무엇인지 살펴보아야 한다.

노년층의 주택 수요 또한 향후 정책적으로 중요한 이슈가 될 것이다(McCarthy & Kim, 2005; Pynoos & Nishita, 2005). 미국과 그 밖의 국가에서 주요 정책 과제는 허약한 노인들이 살기에 적합한 집 마련을 위한 자금지원 프로그램, 저소득 노인들의 주택 유지비 지원, 지역사회 기반 건강관리서비스 연계를 통해 본인의 집에서 살기 위한 필요한 지원을 제공하는 것이다(Wardrip, 2010). 또한 현재와 미래 노인층의 다양한 주거 욕구를 충족시키기 위해서는 일상생활에 도움이 필요하거나 장기요양보호를 필요로 하는 저소득층 고령자와 개인들을 위한 저렴한 노인임대주택 선택권이 확장되어야 한다.

제9장에서 논의했듯이 전 세계의 가족은 노인을 돌보는 1차적인 역할을 담당하며, 향후 20~30년 뒤 초고령자의 수가 지속적으로 증가함에 따라 돌봄 제공자에 대한 요구도 계속해서 증가할 것이다. 분명한 것은, 정부가 노인의 가족 구성원을 바라보는 시각은 도움을 제공하는 파트너라는 것이며, 돌봄 제공자들의 경제적, 신체적, 건강상의 웰빙을 다루는 데 가장 큰 관심이 있다는 것이다(Levine, 2008). 영국과 스웨덴 등 일부 국가가 고령사회정책을 수립하는 데 돌봄 제공자를 포함하기 시작하면서, 다른 국가들 또한 필요한 지원을 결정하기 위해 돌봄 제공자에 대한 평가를 주도해야 한다. 그 이외에도 돌봄 제공자가 간병 활동을 제공하기 위해 유급 고용을 하지 않는 동안 세금 공제, 돌봄 제공자 급여, 주 연금에 대한 공제와 같은 재정적 지원을 고려해야 한다. 이와 더불어 돌봄 제공자 수요의 균형을 보다 잘 맞추기 위해 고용의 유연성 제고 등을 위한 노력을 해야 한다(Lamura et al., 2008).

저비용의 일시 돌봄서비스와 주야간 가사지원서비스와 같은 지역사회를 기반으로 한 돌봄 제공자 지원 프로그램은 노인들의 건강과 사회적 안녕을 도모하기 위한 지역사회 기반 서비스의 큰 부분 중 하나이다. 정책수립 시 고려해야 할 이슈는 노인들이 사회의 구성원으로 참여하고 활동하는 것을 지원하기 위한 보편적이고 표적화된 지역사회 기반 프로그램의 혼합비율을 결정하는 것이다. 미국은 다른 국가들에 비해 좀 더 수정 · 조정된 형태의 접근을 하는데, 이는 지역사회 기반 서비스를 기획하고 실행하기 위해 지역기관들에게 권한을 부여한 「노인복지법」이 있기 때문이다. 「노인복지법」 프로그램에 대한 지원은 미국 노인 수에 비하여 상대적으로 부족하지만, 식사프로그램, 일시 돌봄, 노인센터, 대중교통, 정보와 의뢰/지원 서비스, 법률서비스 등 다양한 형태로 지역사회 내에 존재한다.

세계보건기구의 고령친화도시 프로그램은 노인들을 어떻게 체계와 서비스에 접근 가능하도록 포함시킬 수 있는지에 대한 거시적인 관점과 "고령화에 따른 건강, 참여, 보장을 위한 기회의 최적화"를 통해 활기찬 노년을 촉진하는 새로운 접근을 보여 준다(WHO, 2007, p. 1). 고령친화도시는 교통, 주거, 사회 참여, 존중, 시민 참여 및 고용, 의사소통 및 정보, 지역사회 지원 및 의료 서비스 등에서 고령자를 배제하지 않는 것을 의미한다.

마지막으로, 우리는 이 책 전반에 걸쳐 인터뷰들을 통해 사회정책이 개별 노인들의 일상생활에 미치는 영향을 독자들에게 상기시키려고 노력했다. 또한 우리는 루시애나에 대한 사례 연구(제1장 참조)를 활용함으로써 그녀의 일상생활이 거주지에 따라 얼마나 크게 달라졌는지를 이해할 수 있도록 제시하였다.

인간과 정책의 연계를 고려할 때, 여성 노인, 농촌 거주 노인, 소수자 노인과 같은 사회 취약계층의 대상에 따라 영향력이 다를 수 있다는 것을 기억해야 한다. 예를 들어, 미국에서의 사회보장 급여는 노동경험과 관련되며 소수자나 여성이 평생 동안 참여한 노동시장 진입을 방해하는 사회적 환경은 수용하지 않는다.

노동시장 참여를 방해하는 이슈를 보상하기 위해 다른 국가들은 시민권에 기반을 둔 일정 부분의 퇴직 소득을 제공하는 정책, 노인이나 아동을 돌보기 위해 노동시장에서 벗어나 있었던 돌봄 제공자들을 위한 크레딧을 제공하고 있다.

우리가 논의한 많은 고령사회정책이 시행된 지 수십 년이 지났지만, 다른 이념을 가진 각기 다른 정당들이 힘겨루기를 하면서 이러한 제도 및 프로그램을 폐지할 것인지 또는 확대할 것인지에 대한 열띤 논쟁은 앞으로도 지속될 것이다. 우리는 비록 고령인구의 욕구를 예측하는 어려움에 직면하고 있지만, 집합적으로 이것을 조정하고 적응할 능력이 있다고 믿는다. 앞으로도 지속적으로 우리는 노인들의 존엄성과 웰빙을 지원하는 방식으로 "누가 노인을 돌볼 것인가?"라는 질문에 대한 답을 찾아야 한다.

고령사회정책은 끊임없이 변화하고 있다. 우리는 독자들이 이 책을 읽은 후, 고령사회정책에 나타나는 변화들을 지켜보고 관심을 가져 주길 바란다. 우리의 사회정책이 구축되는 방식에 따라 우리가 어떤 국가인지 특징짓고, 우리가 서로를 돌보는 방식, 궁극적으로 우리가 우리 자신을 어떻게 돌보는지를 정의하게 된다.

L 부인(60세), 프랑스 파리

저의 고향은 보르도 지역입니다. 저는 1945년 전쟁 이후 태어났고, 1966년 결혼했지만 이후 이혼했습니다. 저는 1명의 아들과 3명의 손자녀를 두고 있으며 그들은 프랑스 남부에서 멀리 떨어진 곳에 살고 있습니다. 저는 1976년 재혼했고 남편은 1990년에 사망했습니다.

저는 작은 아파트에서 산파의 손에 의해 태어났고, 제가 대학까지 갈 수 있도록 보살펴 주신 어머니는 적은 금액을 지불하는 레스토랑과 바를 운영하고 있습니다. 아버지는 매우 가난하여 12세 때부터 농장일을 시작하는 등 모든 재산을 관리하였습니다. 우리는 매우 가난했지만 행복했습니다. 저는 기숙학교, 고등학교를 거쳐서 대학교에 진학하였습니다.

저는 선생님이 되고 싶었지만 하루 종일 교실에 있는 제 자신을 상상할 수 없어서 대학교를 자퇴하고, 이후 통역가가 되기 위해서 관광 관련 학교에 지원했고 입학하였습니다. 그러나 1966년 결혼하면서 세계여행의 꿈을 내려놓는 동시에 모든 것을 그만두었습니다. 제가 찾은 첫 번째 직업은 여행사 예약담당자였으나, 저는 곧 여행일정을 짜고 여행자들에게 실질적인 정보를 제공할 수 있는 다른 직장을 구했습니다. 저는 여행사의 관리자로서 관광업에서 필요한 홍보, 마케팅, 광고 및 기획 등 다양한 역량을 가지고 있습니다.

52세가 된 1998년, 저는 회사에서 퇴직당할 수밖에 없었으며 새로운 직장을 찾으려고 노력했지만 프랑스 노동시장에서 저는 이미 고령자였기에 새 직장을 찾는다는 것이 어려웠습니다. 저는 여러 회사에 수천 통의 편지를 보냈으나 전혀 답이 없었고, 저에게는 그때가 매우 힘든 시기였습니다. 저는 나이가 많은 만큼 경험도 많았지만 낮은 임금도 받아들이려 했습니다. 그러나 여전히 회사로부터는 아무 답이 없었으며, 결국 한 번의 면접도 보지 못했습니다.

두 번째 남편이 사망하면서 나에게 물려준 돈이 유용했습니다. 프랑스에서는 배상금과 같은 퇴직금제도가 있어서 4년 동안 퇴직금의 60%를 받았습니다. 왜냐하면 제가 58세가 되기 전에 여분으로 만들어졌기 때문입니다. 저는 제가 죽기 전까지 남편의 연금을 받지만, 저의 경제상황이 좋은 편이여서 정부로부터 최저금액을 받습니다. 저는 운이 좋은 편이지만 대부분의 사람이 그런 것은 아닙니다. 최저빈곤층은 여유 있지는 않지만 한 달에 300유로를 받습니다. 많은 사람이 50세에서 55세경에 직장을 잃고 경제적으로 어려움을 겪습니다. 20년 전에는 관리자가 아무 이유 없이 사람들을 해고하는 것이 불가능했지만 지금은 고령자 등 이유를 불문하고 해고할 수 있습니다.

저에게 있어서 특별한 날이요? 저는 매일 바쁩니다. 합창단에서 노래하고, 오토바이를 타며 여행을 갈 계획을 세우는 저의 인생은 매우 자유로우며 제가 의미하는 바를 당신이 안다는 것은 매우 긍정적입니다. 제 건강은 좋으며 검사결과 또한 긍정적으로 나왔습니다. 저는 잘 먹고 열심히 움직이고 많은 친구가 있고, 거의 매일 체육관에 가서 하루에 1시간씩 자전거를 타거나 수영을 합니다. 저는 춤추고 노래하고 오토바이 타는 것을 좋아하며 도자기 만드는 것을 배우고 있으며, 일상에서는 집 청소, 빨래 및 이메일과 은행계좌를 확인합니다. 제 인생은 신나는 일들로 가득 차 있습니다.

프랑스에서는 건강관리를 위해 무엇을 하냐고요? 프랑스에서는 이제 사회보장연금(Security Sociale)에 연결되어 있는 전자 시스템 지불 카드의 일종인 녹색 건강보험카드(Carte Vitale)가 제공되어 의사를 환불합니다. 건강보험카드로 지불한 다음 사회보장연금 및 개인 보험이 있는 경우 보험료를 상환합니다. 따라서 사회보장연금은 환자가 필요한 보살핌의 종류에 따라 의료서비스의 40~65%를 지불합니다. 저는 보완적인 민간의료 지원비(한 달에 100유로)를 지불합니다. 예를 들어, 보청기가 고장났고 수리하려면 299.20유로의 비용이 드는데, 저는 사회보장연금에서 9.42유로, 추가 민간보험료에서 37유로를 받았습니다. 그래서 제가 개인적으로 지불한 보청기 수리 비용은 252유로입니다. 지불할 돈이 없다면 저는 더 이상 듣지 못하겠지요. 전문가 방문의 경우에는 방문 비용 30유로, 사회보장연금은 14유로, 민간보험은 15유로를 제게 환급해 줍니다. 그래서 저는 방문할 때마다 1유로를 잃는 셈입니다.

향후 제 건강과 관련하여 걱정되는 것은 단 하나, 알츠하이머입니다. 우리 모두는 죽고, 저는 그것을 두려워하지 않지만, 건강을 잃고 제 자유를 잃는 것에 대해 우려하고 있습니다. 저는 읽을 수 있고, 친구를 만나고, 여행을 하고 싶습니다. 몸 상태가 좋지 않으면 아무것도 할 수 없습니다. 저는 하나의 나쁜 눈과 하나의 나쁜 귀를 가지고 있으므로 시력이나 청력을 잃으면 어떻게 될지 상상해 봅니다. 어머니는 알츠하이머를 앓았지만, 그녀는 주위에 많은 사람—언니, 저와 남편, 그녀의 남편, 손자녀들, 그녀를 돌보는 사람들—이 있었습니다. 저는 혼자인데 어떻게 해야 할까요? 제가 알츠하이머에 걸린다면 제 아들이 저를 돌보지 않을 것이라는 것을 압니다. 저는 모든 비용을 지불해야 할 것입니다. 아무것도 사용할 수 없으며 모든 비용을 지불해야 합니다. 저는 어떤 도움도 받지 못했고, 정부로부터 혜택도 받지 못했습니다. 그러나 제가 아무것도 없다면, 아들은 법에 따라 저를 부양해야 할 의무가 있습니다. 하지만 저는 경제적으로 파탄이 나지 않기를 바라며, 연금을 받는 한 내년은 그렇게 될 것 같지는 않습니다.

나이가 들면 어떻게 기분이 좋아지냐고요? 제가 매일 거울을 보고 있는 것은 아닙니다. 그러나 당신이 했던 것처럼 일을 할 수 없기 때문에 편안하지 않습니다. 하지만 나이가 든다고 나쁜 것만은 아니며, 제 나이에 비해 괜찮다고 느낍니다. 저는 누군가를 10년 만에 만나더라도 여전히 10년 전처럼 매력적인 모습으로 연인을 유혹할 수 있습니다. 미래를 미리 걱정할 필요가 없습니다. 저는 20대 또는 30대보다 지금이 훨씬 평화롭고 어제보다 오늘의 제가 더 현명하다고 생각합니다. 누구나 젊었을 때는 항상 도전을 받습니다. 그런 압력을 견디며 좋은 부모와 좋은 아내가 되려고 노력하고, 좋은 직장을 구하려고 노력합니다. 그러나 지금은 경쟁에서 벗어나 편안하게 자신만을 돌보면 됩니다. 물론 나이가 들면서 육체적인 부분은 어렵습니다. 특히 저는 사랑을 나누는 것을 좋아하는데, 나이가 들수록 대부분의 사람이 부부 또는 커플이기 때문에 제 나이에 남자를 찾기가 어렵습니다. 그래도 저는 정신적으로 건강한 상태에 있습니다.

미래를 고대할 때, 저는 제가 원하는 모든 것을 가지고 있으며, 삶에 안락함을 느낍니다. 저는 호기심이 많고 여행하는 것을 좋아하며 활동적입니다. 제가 무엇을 기대하고 있냐고요? 물질적으로 돈에 의존하는 것은 전혀 없습니다. 정서적으로 편안하고, 기분이 좋으며, 행복함을 느낌으로써 제가 존재한다고 생각합니다. 이것은 제게 매우 중요합니다.

참고문헌

AARP. (2009). *About AARP.* Retrieved April 12, 2009, from http://www.aarp.org/about-aarp/

AARP. (2010). *About PPI.* Retrieved April 26, 2010, from http://www.aarp.org/research/ppi/about_ppi/

Administration on Aging. (2006). *Highlights from the pilot study: Second national survey of Older Americans Act Title III service recipients conducted during 2004.* Retrieved January 9, 2010, from http://www.gpra.net/nationalsurvey/files/2ndhightlights.pdf

Administration on Aging. (2008a). *Compendium of active grants fiscal year 2008 inder Title IV of the Older Americans Act.* Retrieved April 3, 2010, from http://www.aoa.gov/AoARoot/Grants/Compendium/docs/compendium-2008.pdf

Administration on Aging. (2008b). *Investments in change: Enhancing the health and independence of older adults.* Retrieved April 14, 2010, from http://www.aoa.gov/AoARoot/Program_Results/docs/2008/AOA_2008AnnualReport.pdf

Administration on Aging. (2008c). *Justification of estimates for appropriations committees.* Washington, DC: Author. Retrieved from http://www.aoa.gov/AoARoot/Program_Results/docs/2009/FinalAoAFY2009CongressionalJustification01282008.pdf

Administration on Aging. (2009a). *2007 U.S. profile of OAA programs.* Retrieved January 12, 2010, from http://www.aoa.gov/AoARoot/Program_Results/SPR/2007/Profiles/us.pdf

Administration on Aging. (2009b). *Nutrition evaluations report: Program fundings, costs, and efficiency.* Retrieved December 29, 2009, from http://www.aoa.gov/AoARoot/Program_results/Nutrition_Report/er_vol1ch5b.aspx

Administration on Aging. (2009c). *Nutrition services* (OAA Title IIIC). Retrieved April 18, 2010, from http://www.aoa.gov/AoARoot/AoA_Programs/HCLTC/Nutrition_Services/index.aspx

Administration on Aging. (2009d). *Older Americans Act.* Retrieved April 18, 2010, from http://www.aoa.gov/AoARoot/AoA_Programs/OAA/oaa.aspx#t4

Administration on Aging. (2009e). *A profile of older Americans: 2009.* Retrieved Feburary 1, 2010, from http://www.aoa.gov/AoARoot/Aging_Statistics/Profile/2009/docs/2009profile_508.pdf

Administration on Aging. (2009f). *Table 4b. Clusters 3: Service units provided for selected services under Title III of OAA.* Retrieved December 30, 2009, from http://www.aoa.gov/

AoARoot/Program_Results/SPR/2007/Tables/table4b.pdf

Administration on Aging. (2009g). *Table 6a. Title III Service expenditures for selected services.* Retrieved December 30, 2009, from http://www.aoa.gov/AoARoot/Program_Results/SPR/2007/Tables/table6a.pdf

Administration on Aging. (2009h). *Table 10: Focal points and senior centers.* Retrieved December 30, 2009, from http://www.aoa.gov/AoARoot/Program_Results/SPR/2008/Index.aspx

Administration on Aging. (2010a). *Civic engagement initiative.* Retrieved March 14, 2010 from http://www.aoa.gov/aoaroot/aoa_programs/special_projects/civic_engagement/index.aspx

Administration on Aging. (2010b). *Hisorical evolution of programs for older Americans.* Retrieved August 13, 2010, from http://www.aoa.gov/aoaroot/aoa_programs/oaa/resources/history.aspx

Administration on Aging. (2010c). *National family caregiver support program (OAA Title IIIE).* Retrieved April 18, 2010, from http://www.aoa.gov/AoARoot/AoA_Programs/HCLTC/Caregiver/index.aspx

Administration on Aging. (2010d). *National Legal Resource Center.* Retrieved January 17, 2010, from http://www.aoa.gov/AoARoot/AoA_Programs/Elder_Rights/Legal/national_legal.aspx

Administration on Aging. (2010e). *Nutrition services (OAA Title IIIC).* Retrieved April 18, 2010, from http://www.aoa.gov/AoARoot/AoA_Programs/HCLTC/Nutrition_Services/index.aspx

Administration on Aging. (2010f). *Older Americans Act.* Retrieved April 18, 2010, from http://www.aoa.gov/AoARoot/AoA_Programs/OAA/oaa.aspx#t4

Age Concern. (2007). *Improving services and support for older people with mental health problems: The second report from the U.K. inquiry into mental health and well-being in later life.* London: Age Concern Policy Unit. Retrieved from http://its-services.org.uk/silo/files/inquiry-full-report.pdf

Age Concern. (2009). *Public transport and concessions.* London. Retrieved from http://www.ageconcernliverpool.org.uk/uploads/documents/Fact%20Sheets%202010/may/FS26%20PublicTransportConcessions%20Nov%202009%20-%20AM062.pdf

Age Concern. (2010a). *Fit as a fiddle.* Retrieved March 1, 2010, from http://www.ageconcernleics.com/fiddle/

Age Concern. (2010b). *Resource centres: Activities for older people in Camden.* Retrieved March 16, 2010, from http://www.ageconcerncamden.org.uk/documents/resource_centres%20leaflet.pdf

Ageing Research Online. (2006). Ageing research online news. *Ageing Research Online News, 3.* Retrieved from http://www.aro.gov.au

Aging and Disability Resource Center. (2008). *Aging and Disability Resource Center successes 2008*. Retrieved April 23, 2009, from http://www.ct.gov/longermcare/lib/longtermcare/adrcsuccesses08.pdf

Allen, S., Chapman, Y., O'Connor, M., & Francis, K. (2008). The evolution of palliative care and the relevance to residential aged care: Understanding the past to infomr the future. *Collegian, 15*, 165-171.

Allen, S. G., Clark, R. L., & McDermed, A. A. (1993). *Post-retirement increases in pensions in the 1980s: Did plan finances matter?* Cambridge, MA: National Bureau of Economic Research.

Alliance for Health and the Future. (2005). *Promoting age equality in the delivery of health care. Issue Brief, 2*(3). New York: International Longevity Center. Retrieved from http://www.ilcusa.org/media/pdfs/Promoting%20Age%20Equality.pdf

Altenstetter, C., & Busse, R. (2005). Health care reform in Germany: Patchwork change within established governance structures. *Journal of Health Politics, Policy, and Law, 30*, 121-142.

Alzheimer Territoriale Provincia di Biella. (2009). *The day centre*. Retrieved April 16, 2009, from http://www.aimabiella.it/

Alzheimer's Association of Sweden. (2009). *Alzheimer's Association of Sweden*. Retrieved October 1, 2009, from http://www.alzheimerforeningen.se/

Alzheimer's Disease International. (2008). *The prevalence of dementia worldwide*. Retrieved from http://ww.alz.co.uk/adi/pdf/prevalence.pdf

American Society on Aging. (2010). *ASA's Civic Engagement Program*. Retrieved March 14, 2010, from http://www.asaging.org/asav2/civiceng/index.cfm

Americans With Disabilities Act of 1990, P. L. No. 101-336, § 2, 104 Stat. 328 (1991). Retrieved from http://www.ada.gov/archive/adastat91.htm

Australian Bureau of Statistics. (2007). *National survey of mental health and wellbeing: Summary of results* (Report No. 4326.0). Retrieved from http://www.ausstats.abs.gov.au/Ausstats/subscriber.nsf/0/6AE6DA447F985FC2CA2574EA00122BD6/$File/43260_2007.pdf

Australian Government. (2008). *National advisory council on mental health*. Retrieved from http://www.health.gov.au/internet/mentalhealth/publishing.nsf/Content/National+Advisory+Council+on+Mental+Health

Australian Government National Health and Medical Council. (2006). *Guidelines for a palliative approach in residential aged care*. Retrieved from http://www.nhmrc.gov.au/_files_nhmrc/file/publications/synopses/pc29.pdf

Australian Health Ministers. (2000). *Mental health: Statement of rights and responsibilities*. Canberra: Australian Government Publishing Service.

Australian Health Minister's Conference. (2006). *National framework for action on dementia*

2006-2010. Retrieved from http://www.health.gov.au/internet/main/publishing.nsf/Content/D64BD892C6FDD167CA2572180007E717/$File/nfad.pdf

Australian Institute of Health and Welfare. (2006). *Residential aged care in Australia 2004-05: A statistical overview* (Aged Care Statistics Series No. 22; AIHW Cat. No. AGE 45). Canberra: Author.

Barratt, J. (2007, February). *Major development and trends in creating enabling environments for older persons* (Briefing Paper prepared for AARP and United Nations Programme on Ageing/DESA Briefing Series on Major Developments and Trends in Global Aging United Nations, New York). Retrieved from http://www.agingsociety.org/agingsociety/links/enabenvt.pdf

Bartels, S. J., Coakley, E. H., Zubritsky, C., Ware, J. H., Miles, K. M., Areán, P. A., et al. (2004). Improving access to geriatric mental health services: A randomized trial comparing treatment engagement with integrated versus enhanced referral care for depression, anxiety, and at-risk alcohol use. *American Journal of Psychiatry, 161*, 1455-1462.

Bath & North East Somerset Council. (2009). *Community meals*. Retrieved from http://www.bathnes.gov/uk/SiteCollectionDocuments/Health%20and%20Social%20Care/Community%20Meals.pdf

BBC News. (2010, February 15). *Nicolas Sarkozy to introduce French pension reforms*. Retrieved from http://news.bbc.co.uk/2/hi/8515947.stm

Berg, J,. Ernst, C., & Auer, P. (2000). *Meeting the employment challenge: Argenitna, Brazil, and Mexico in the global economy*. Boulder, CO: Lynne Rienner.

Berleen, G. (2004). *A healthier elderly population in Sweden*. National Institute of Public Health. Retrieved from http://www.fhi.se/PageFiles/3171/healthierelderly0403%281%29.pdf

Bettio, F., Mazzotta, F., & Solinas, G. (2007). *Costs and prospects for home-based long-term care in Northern Italy: The Galca survey*. Università degli Studi di Salerno, Centro di Economia del Lavoro e di Politica Economica. Retrieved from http://www.unisa.it//download/75_359_2058059707_103_dp.pdf

Binstock, R. H. (1983). The aged as scapegoat: The Donald P. Kent memorial lecture. *Gerontologist, 23*(2), 136-142.

Binstock, R. H. (2005). The contemporary politics of old age policies. In R. B Hudson (Ed.), *The new politics of old age policy*. Baltimore, MD: Johns Hopkins University Press.

Birkland, T. A. (2001). *An introduction to the policy process: Theories, concepts, and models of public policymaking*. Armonk, NY: M. E. Sharpe.

Blackman, T., Brodhurst, S., & Convery, J. (2001). *Social care and social exclusion: A comparative study of older people's care in Europe*. London: Palgrave Macmillan.

Bloch, P. (2006). Diversity and labor law in France. *Vermont Law Review, 30*, 717-747.

Boeri, T., & Brugiavini, A. (2008). *Pension reforms and women retirement plans.* Retrieved from http://ftp.iza.org/dp3821.pdf

Bradshaw, J. R. (1972). The concept of social need. *New Society, 496*, 640-643.

Bright, K. (2005). *Section 202 supportive housing for the elderly.* AARP Public Policy Institute. Retrieved from http://assets.aarp.org/rgcenter/il/fs65r_housing.pdf

Broder, D. (1996, August 11). The party's over: By 2000, the GOP or the Democrats could fade in favor of a third party. *Washington Post*, p. C1.

Brodhurst, S., & Glendinning, C. (2001). The united Kingdom. In T. Blackman, S. Brodhurst, & J. Convery (Eds.), *Social care and social exclusion: A comparative study of older people's care in Europe* (pp. 68-82). New York: Palgrave.

Bruen, B. K., Wiener, J. M., & Thomas S. (2002). *Medical eligibility policy for aged, blind, and disabled beneficiaries.* Washington, DC: AARP Public Policy Institute. Retrieved from http://assets.aarp.org/rgcenter/health/2003_14_abd.pdf

Bruin, S. R. De, Oosting, S. J., Kuin, Y., Hoefnagels, E. C. M., Blauw, Y. H., Groot, L. C. P. G. M. De, et al. (2009). Green care farms promote activity among elderly people with demintia. *Journal of Housing for the Elderly, 23*, 368-389.

Bundesministerium für Gesundheit. (2009). Health care system and health care reform in Germany. Retrieved from http://www.bmg.bund.de/cln_178/nn_1493790/EN/Gesundheit/gesundheit_node.html?_nnn=true

Bureau of Labor Statistics and International Labor Office. (2009). *Labor force participation rates by age, 2007.* Retrieved from http://www.bls.gov/spotlight/2008/older_workers/

Burgermeister, J. (2003). Germany reaches controversial deal of healthcare reform. *British Journal of Medicine, 327*, 250.

Burwell, B., Sredl, K., & Eiken, S. (2007). *Medical long-term care expenditures in FY 2006.* Retrieved from http://www.hcbs.org/files/120/5958/memo.pdf

Campbell, A. L. (2003). *How policies make citizens: Senior political activism and the American welfare state.* Princeton, NJ: Princeton University Press.

Canadian Alliance on Mental Illness and Mental Health. (2006). *Framework for action on mental illness and mental health.* Retrieved from http://www.cmha.ca/data/1/rec_docs/601_CAMIMH%20English%20Lowres.pdf

Canadian Coalition for Senior's Mental Health. (2008). *History.* Retrieved from http://www.ccsmh.ca/en/about/history.cfm

Canadian Hospice Palliative Care Association. (2009). *About us.* Retrieved from http://www.chpca.net/about_us/history.html; http://www.hc-sc.gc.ca/hcs-sss/palliat/support-soutien/chronolog-eng/php

Canadian Mental Health Association. (2009a). *Canadian Mental Health Commission.* Retrieved from http://www.cmha.ca/bins/content_page.asp?cid=5-916-919-928

Canadian Mental Health Association. (2009b). *Strategic plan: Executive summary 2007-2010.* Retrieved from http://www.ontario.cmha.ca/

Canadian Mental Health Association. (2006). *Out of the shadows at last: Transforming mental health, mental illness, and addiction services in Canada.* Retrieved from http://www.parl.gc.ca/39/1/parlbus/commbus/senate/Com-e/SOCI-E/rep-e/rep02may06-e.htm

Capretta, J. C. (2007a). *Global aging and the sustainability of public pension systems: An assessment of reform efforts in twelve developed countries: A report of the Aging Vulnerability Index Project.* Washington, DC: Center for Strategic and International Studies, Library of Congress.

Capretta, J. C. (2007b). *Long-term care insurance partnerships: New choices for consumers: Potential savings for federal and state government.* AHIP Center for Policy and Research. Retrieved from http://www.civicenterprises.net/pdfs/policysample-ahip.pdf

Care Services Improvement Partnership. (2005). *Everybody's business.* Retrieved from http://kc.csip.org.uk/upload/everybodysbusiness.pdf

Care Services Improvement Partnership, West Midlands. (2006). *The mental health and wellbeing of Black and minority ethnic elders: A foundational report on the research literature and a mapping of national resources.* Retrieved from http://its-services.org.uk/silo/files/bme-elders-final-report.pdf

Carers (Equal Opportunities) Act, Chapter 15 (2004).

Carers (Recognition and Services) Act, Chapter 12 (1995).

Carers U.K. (2007). *Looking after someone: A guide to carers' rights and benefits 2007/8.* Retrieved October 13, 2009, from http://www.carersuk.org/Newsandcampaigns/CarersRightsDay/Adviceguidesforcarers

Carers U.K. (2010). *Carers U.K.: The voice of carers.* Retrieved from http://www.carersuk.org/Home

Cash and Counseling. (2007). *Program overview.* Retrieved from http://www.cashandcounseling.org/about/index_html

Cash and Counseling. (2010). *Participating states.* Retrieved August 31, 2010, from http://www.cashandcounseling.org/about/participating_states

Castles, F. G. (2002). The future of the welfare state: Crisis myths and crisis realities. *International Journal of Health Services, 32*(2), 255.

Cato Institute. (2010). *About Cato.* Retrieved April 27, 2010, from http://www.cato.org/about.php

Center for Addiction and Mental Health. (2005). *Responding to older adults with substance use, mental health, and gambling challenges.* Retrieved from http://www.camh.net/Publications/Resources_for_Professionals/Older_Adults/responding_older_adults.pdf

Center for Medicine Advocacy, Inc. (2009). *Medicare coverage of mental health services* (pp.

1-5). Retrieved from http://medicareadvocacy.org

Centers for Medicare and Medicaid Services. (2005). *Medicaid at-a-glance 2005*. Baltimore, MD: U.S. Department of Health and Human Services. Retrieved from http://www.cms.gov/MedicaidGenInfo/downloads/MedicaidAtAGlance2005.pdf

Centers for Medicare and Medicaid Services. (2008). *Number of Medicare-certified home health agencies and hospices, by state, 2007*. Retrieved April 30, 2009, from http://www.nahc.org/Facts/2007hhas.pdf

Centers for Medicare and Medicaid Services. (2010a). *Medicare and you 2010*. Baltimore, MD: U.S. Department of Health and Human Services. Retrieved from http://www.medicare.gov/publications/pubs/pdf/10050.pdf

Centers for Medicare and Medicaid Services. (2010b). *Money Follows the Person grants*. Retrieved from http://www.cms.hhs.gov/DeficitReductionAct/20_MFP.asp

Chappell, N. (1997). Health care reform: Implications for seniors. *Journal of Aging Studies, 11*, 171-175.

Charman, C., Feinsod, R., & Arthurs, R. (2007). *Profit from experience: Perspectives of employers, workers, and policymakers in the G7 countries on the new demographic realities*. Washington, DC: AARP.

China Daily. (2006). *Chinese still reluctant to place loved ones in hospice*. Retrieved from http://english.peopledaily.com.cn/200604/06/eng20060406_256395.html

Chu, L., & Chi, I. (2008). Nursing homes in China. *Journal of the American Medical Directors Association, 9*, 237-243.

City of Stockholm. (n.d.). *The city of Stockholm's care plan for the elderly, 2007-2011*. Stockholm: Author. Retrieved from http://www.stockholm.se/Global/Stads%C3%B6vergripande%20%C3%A4mnen/St%C3%B6d%20&%20Omsorg/%C3%84ldreomsorg/%C3%84ldreplan_eng.pdf3.pdf

Clakr, R. L., Burkhauser, R., Moon, M., Quinn, J., & Smeeding, T. (2004). *The economics of an aging society*. Oxford, UK: Blackwell.

Clawson, R. (2003). *The media portrayal of Social Security and Medicare and its impact on public opinion*. Paper presented at the annual meeting of the American Political Science Association, Philadelphia Marriott Hotel. Retrieved May 26, 2009, from http://www.allacademic.com//meta/p_mal_apa_research_citation/0/6/3/7/7/pages63770/p63770-1.php

Colello, K. J. (2007). *Family caregiving to the older population: Background, federal prpgrams, and issues for Congress*. Washington, DC: Congressional Research Service, Library of Congress. Retrieved from http://digitalcommons.ilr.cornell.edu/cgi/viewcontent.cgi?article=1327&context=key_wrokplace

Comas-Herrera, A., Wittenberg, R., Osta-Font, J., Gori, C., Di Maio, A., Patxot, C., et al. (2006).

Future long-term care expenditure in Germany, Spain, Italy, and the United Kingdom. *Ageing & Society, 26*, 285-302.

Commonwealth Fund. (2008). *International health policy survey of sicker adults.* Retrieved August 22, 2010, from http://www.commonwealthfund.org/Felloships/Australian-American-Health-Policy-Fellowships/The-Health-Care-System-and-Health-Policy-in-Australia.aspx

Commonwealth Fund. (2009). *The health care system and health policy in Australia.* New York: Author. Retrieved from http://www.commonwealthfund.org/fellowships/fellowships_show.htm?doc_id=372961

Commonwealth Institute. (2010). *About us.* Retrieved April 27, 2010, from http://www.commonwealinstitute.org/about-us

Commonwealth of Australia. (2009). *The national palliative care strategy.* Retrieved from http://www.health.gov.au/internet/main/publishing.nsf/Content/palliatiecare-strategy.htm

Contini, B., & Leombruni, R. (2006). From work to retirement: A tale of bumpy routes. *Review of Political Economy, 18*, 359-378.

Cook, M. (2006). Policy changes and the labor force participation of older workers: Evidence from six countries. *Canadian Journal on Aging, 25*, 387-400.

Copeland, C. (2010). *Labor force participation rates: The population age 55 and older, 2008.* Retrieved from http://www.law.cornell.edu/supct/html/98-536.ZS.html

Cornell University Law School Legal Information Institute. (1999). *Olmstead v. L. C. (98-536)527 U.S. 581.* Retrieved from http://www.law.cornell.edu/supct/html/98-536.ZS.html

Corporation for National and Community Service. (2004, December). *State profiles and performance report, program year 2002-2003.* Washington, DC: Office of Research and Policy Development. Retrieved from http://www.nationalservice.gov/pdf/CNCS_Performance_Report_04.pdf

Corporation for National and Community Service. (2009). *Annual financial report.* Washington, DC: Author. Retrieved from http://www.nationalservice.gov/pdf/afr_2009_fullreport.pdf

Costa-Font, J., & Patxot, C. (2005). The design of the long-term care system in Spain: Policy and financial constraints. *Social Policy and Society, 4*, 11-20.

Costa-Font, J., & Rovira-Forns, J. (2008). Who is willing to pay for long-term care insurance in Catalonia? *Health Policy, 86*, 72-84.

Council of the European Union. (2003). *Joint report by the commission and the council on supporting national strategies for the future of health care and care for the elderly.* Brussels: Author. Retrieved from http://ec.europa.eu/employment_social/soc-prot/healthcare/elderly_en.pdf

Cowan, E. (1978). Background and history: The crisis in public finance and social security. In

M. J. Boskin & G. F. Break (Eds.), *The crisis in social security: Problems and prospects*. San Francisco: Institute for Contemporary Studies.

Crowley, J. S. (2006). *Medicaid long-term services: Reforms in the Deficit Reduction Act* (#7486). Washington, DC: Kaiser Family Foundation.

Da Piedade Morais, M., & de Oliveira Cruz, B. (2010). Housing demand, tenure choice, and housing policy in Brazil. In S. V. Lall, M. Freire, B. Yuen, R. Rajack, & J. Helluin (Eds.), *Urban land markets: Improving land management for successful urbanization* (pp. 253-282). Netherlands: Springer.

Dal Santo, T. S. (2009). *Senior center literature review: Reflecting and responding to community needs*. Sacramento: California Commission on Aging. http://www.ccoa.ca.gov/res/docs/senior-cntr/Literature_Review.pdf

De Vos, S., & Andrade, F. (2005). Race and independent living among elderly Brazilians since 1980. *Journal of Comparative Family Studies, 36*, 567-581.

Dementia Association. (2009). *About the Dementia Association*. Retrieved from http://www.demensforbundet.se/

Department for Communities and Local Government. (2010). *Welcome to FirstStop!* Retrieved March 19, 2010, from http://www.firststopcareadvice.org.uk/

Department for Transport. (2009). *Guidance on local transport plans*. London: Department for Transport, Great Minster House. Retrieved from http://www.dft.gov.uk/adobepdf/165237/ltp-guidance.pdf

Department for Work and Pensions. (2005). *Opportunity age*. Retrieved March 15, 2010 from http://webarchive.nationalarchives.gov.uk/20100406213018/http://dwp.gov.uk/policy/ageing-society/strategy-and-publications/opportunity-age-first-report/

Department for Work and Pensions. (2009). *Building a society for all ages*. Norwich: Stationery Office. Retrieved from http://www.hmg.gov.uk/media/33830/fullreport.pdf

Department of Health. (1999). *Caring about carers: A national strategy for carers*. HM Government, Secretary of State for Health by Command of Her Majesty. Retrieved from http://www.dh.gov.uk/prod_consum_dh/groups/dh_digitalassets/@dh/@en/documents/digitalasset/dh_4049323.pdf

Department of Health. (2000). *Carers and Disabled Children Act*. Retrieved from http://www.dh.gov.uk/en/Publicationsandstatistics/Publications/PublicationsPolicyAndGuidance/DH_4118023

Department of Health. (2001). *National service framework for older people* (Royal College of General Practitioners Summary Paper 2001/02). Retrieved from http://www.rcgp.org.uk/pdf/ISS_SUMM01_02.pdf

Department of Health. (2006). *Our health, our care, our say: A new direction for community services*. HM Government, Secretary of State for Health by Command of Her Majesty.

Retrieved from http://www.dh.gov.uk/prod_consum_dh/groups/dh_digitalassets/@dh/@en/documents/digitalasset/dh_4127459.pdf

Department of Health. (2007). *Mental health: New ways of working for everyone* (Gateway No. 7938). Retrieved from http://www.dh.gov.uk/dr_consum_dh/groups/dh_digitalassets/@dh/@en/documents/digitalasset/dh_074495.pdf

Department of Health. (2009). *Mental Health Act 1983*. Retrieved from http://www.dh.gov.uk/en/Healthcare/Mentalhealth/DH_4001816

Department of Health. (2010). *Intergenerational demonstrator programme: Generations together*. Retrieved February 15, 2010, from www.dh.gov.uk/en/SopcialCare/Deliveringadultsocialcare/Olderpeople/DH_097784

Direct.gov.uk. (2009a). *Carer's allowance*. Retrieved October 11, 2009, from http://www.direct.gov.uk/en/CaringForSomeone/MoneyMatters/CarersAllowance/index.htm

Direct.gov.uk. (2009b). *Community nurses and health visitors*. Retrieved November 1, 2009, from http://www.direct.gov.uk/en/DisabledPeople/HealthAndSupport/WhosWhoInHealthServices/DG_4003759

Direct.gov.uk. (2009c). *Financial support*. Retrieved October 11, 2009, from http://www.direct.gov.uk/en/DisabledPeople/FinancialSupport/index.htm

Duckett, S. (2004). *Health care in Australia*. Retrieved from http://www.medhunters.com/articles/healthcareInAustralia.html

Dye, T. R. (1976). *Policy analysis: What governments do, why they do it, and what difference it makes*. Tuscaloosa: University of Alabama Press.

Elderly Mental Health Care Working Group. (2002). *Guidelines for mental health care planning for best practices for health authorities*. British Columbia Ministry of Health Services. Retrieved from http://www.health.gov.bc.ca/library/publications/year/2002/MHA_elderly_mentalhealth_guidelines.pdf

Employee Benefit Research Institute. (2008). *EBRI databook on employee benefits*. Washington, DC: Author. Retrieved from http://www.ebri.org/publications/books/index.cfm?fa=databook

Employee Benefit Research Institute. (2009). *Fundamentals of employee benefit programs*. Washington, DC: Employee Benefit Research Institute Education and Research Fund.

Employment Relations Act of 1999, Chapter 26.

Estes, C. L. (1979). *The aging enterprise: A critical examination of social policies and services for the aged*. San Francisco: Jossey-Bass.

Estes, C. L. (1993). The aging enterprise revisited. *Gerontologist, 33*(3), 292-298.

Estes, C. L. (2001). Crisis, the welfare state, and aging: Ideology and agency in the Social Security privatization debate. In C. L. Estes & Associates (Eds.), *Social policy and aging: A critical perspective* (pp. 95-118). Thousand Oaks, CA: Sage.

European Commission. (2007). *Employment in Europe 2007*. Belgium: Author.

European Policy Information Research for Mental Disorders Consortium. (2008). *European Policy Information Research for Mental Disorders: Final report*. Retrieved from http://www.epremed.org/

Eurostat. (2010). *Average exit age from the labour force by gender*. European Commission. Retrieved from http://epp.eurostat.ec.europa.eu/portal/page/portal/structural_indicators/indicators/employment

Experience Works. (2009). *What we do*. Retrieved from http://www.experienceworks.org/site/PageServer?pagename=WhatWeDo_Main#leadership

Exter, A., Hermans, H., Dosljak, M., & Busse, R. (2004). *Health care systems in transition: Netherlands*. Copenhagen: WHO Regional Office for Europe on behalf of the European Observatory on Health System and Policies. Retrieved from http://www.euro.who.int/document/e84949.pdf

Family Medical Leave Act of 1993, 5 U.S.C. § 6381 et seq., 29 U.S.C. §§ 2601 et seq., 2631 et seq. (1993).

Federal Ministry of Health. (2009). *Long-term care insurance*. Retrieved from http://www.bmg.bund.de/cln_178/SharedDocs/Downloads/DE/Standardartikel/P/Glossar-Pflegeversicherung/Long-term-care-insurance,templateId=raw,property=publicationFile.pdf/Long-term-care-insurance.pdf

Feeding America. (2010). *About us*. Retrieved on March 13, 2010, from http://feedingamerica.org/about-us.aspx

Feinberg, L. S., & Newman, S. L. (2004). A study of 10 states since passage of the National Family Caregiver Support Program: Policies, perceptions, and program development. *Gerontologist, 44*(6), 760-769.

Feinsod, R., Arthurs, R., & Charman, C. (2007). *Perspectives of employers, workers, and policy-makers in the G7 countries on the new demographic realities*. Washington, DC: AARP, Global Aging.

Fischer, D. L. (1978). *Growing old in America*. New York: Oxford University Press.

Fjelltun, A–M. S., Henriksen, N., Norberg, A., Gilje, F., & Normann, H. K. (2009). Nurses' and carers' appraisals of workload in care of frail elderly awaiting nursing home placement. *Scandinavian Journal of Caring Science, 23*, 57-66.

Focarelli, D., & Zanghieri, P. (2005). Labour force participation of older workers in Italy: Trends, causes, and policy issues. *Geneva Papers, 30*, 711-723.

Folkbildningsrådet. (n.d.). *Folkbildning in Sweden*. Retrieved February 20, 2010, from http://www.folkbildning.se//Documents/Q%20översättningar/översättning_webb_final_071210_en_gr.pdf

Försäkringskassan. (2008a). *General information about maintenance support [underhållsstöd]*

[Allmänt om underhållsstöd]. Retrieved October, 1, 2009, from http://www.forsakringskassan.se/irj/go/km/docs/fk_publishing/Dokument/Publikationer/Faktablad/Andra_sprak/Engelska/underhallsstod_eng.pdf

Försäkringskassan. (2008b). *Guarantee pension [Garantipension]*. Retrieved October 1, 2009, from http://www.pensionsmyndigheten.se/Garantipension.html

Försäkringskassan. (2008c). *Income pension [Inkomstpension]*. Retrieved October 1, 2009 from http://www.pensionsmyndigheten.se/Inkomstpension.html

Försäkringskassan. (2008d). *Premium pension*. Retrieved October 1, 2009, from http://www.pensionsmyndigheten.se/PremiumPension_en.html

Francke, A. L. (2003). *Palliative care for terminally ill patients in the Netherlands* (International Publication Series Health, Welfare, and Sport: No. 16). The Hague: Dutch Government.

Friedland, R. B., & Summer, L. (1999). *Demography is not destiny*. New York: Commonwealth Fund. Retrieved from http://www.agingsociety.org/agingsociety/pdf/destiny1.pdf

Friedland, R. B., & Summer, L. (2005). *Demography is not destiny, revisited*. New York: Commonwealth Fund.

Garcez-Leme, L. E., Leme, M. D., & Espino, D. V. (2005). Geriatrics in Brazil: A big country with big opportunities. *Journal of the American Geriatrics Society, 53,* 2018-2022.

Gavrilov, L. A., & Heuveline, P. (2003). Aging of population. In P. Demeny & G. McNicoll (Eds.), *The encyclopedia of population* (pp. 32-37). New York: Macmillan.

Gee, E. M. (2002). Misconceptions and misapprehensions about population ageing. *International Journal of Epidemiology, 31*(4), 750-753.

Giambiagi, F., & de Mello, L. (2006). *Social security reform in Brazil: Achievements and remaining challenges* (Working Paper No. 534). Paris, France: OECD.

Giarchi, G. G. (1996). *Caring for older Europeans: Comparative studies in 29 countries*. Aldershot, UK: Ashgate.

Gibbs, N. R. (1988, February 22). Grays on the go. *Time, 131*, pp. 66-75.

Gill, D. G., & Ingman, S. R. (1994). *Eldercare, distributive justice, and the welfare state: Retrenchment or expansion*. Albany: State University of New York Press.

Goh, C. (2008). *Palliative care development in Asia*. Retrieved from http://www.eapcnet.org/download/forAuspices/Antea2008/Wednesday12-Goh.pdf

Gomez Jimenez, M. A., & Koebel, C. T. (2007). A comparison of Spanish and American housing policy frameworks addressing housing for the elderly. *Journal of Housing for the Elderly, 20*(4), 23-37.

Gordon, R., Eagar, K., Currow, D., & Green, J. (2009). Current funding and financing issues in the Australian hospice and palliative care sector. *Journal of Pain and Symptom Management, 38*, 68-74.

Gori, C. (2000). Solidarity in Italy's policies toward the frail elderly: A value at stake.

International Journal of Social Welfare, 9, 261-269.

GovBenefits.gov. (2010). *About us*. Retrieved January 13, 2010, from http://www.benefits.gov/about-us

Government of New Brunswick. (2009). *Low-income senior's benefit*. Retrieved August 1, 2009, from http://saintjohn.cioc.ca/recort/HDC0705?Number=1

Haley, B. A., & Gray, R. W. (2008). *Section 202 supportive housing for the elderly: Program status and performance measurement*. Washington, DC: U.S. Department of Housing and Urban Development, Office of Policy Development and Research.

Hamilton, B. E., Martin, J. A., & Ventura, S. J. (2009, March 18). Births: Preliminary data for 2007. *National Vital Statistics Reports: From the Centers for Disease Control and Prevention, National Center for Health Statistics, National Vital Statistics System, 57*(12), 1-23.

Hassett, A., Fortune, T., & Smith, B. (2007). Mental health care for our ageing Australian population. *Australasian Psychiatry, 15*, 480-483.

Hässler, R. (2001). Sweden. In I. Philip (Ed.), *Family care of older people in Europe* (pp. 237-254). Amsterdam: IOS Press.

Health and Medical Services Act. (1982:763). Ministry of Health and Social Affairs, Sweden.

Health and Social Care Act, Chapter 15 (2001).

Health Canada. (2009). *Federal support to palliative and end-of-life care*. Retrieved from http://www.hc-sc.gc.ca/hcs-sss/palliat/support-soutien/index-eng.php

Heijink, R., Koopmanschap, M. A., & Polder, J. J. (2006). *International comparisons of cost of illness*. Rotterdam, Netherlands: RIVM, Centre for Public Health Forecasting. Retrieved from http://www.rivm.nl/bibliotheek/rapporten/270751016.html

Help the Aged. (2007, April). *Care at home*. London: Author. Retrieved August 5, 2007, from http://helptheaged.org.uk/care_at_home_is.pdf

Herd, P., & Kingson, E. R. (2005). Reframing Social Security: Cures worse than the disease. In R. B. Hudson (Ed.), *The new politics of old age policy*. Baltimore, MD: Johns Hopkins University Press.

Hessel, R. (2009). *European papers in the new welfare: The need for age-neutral training in the "Silver Society."* Retrieved from http://eng.newwelfare.org/2009/01/08/the-need-for-age-neutral-training-in-the-%E2%80%98silver-society%E2%80%99/

Hew, C. (2006). *Healthcare in China: Towards greatest access, efficiency, and quality*. IBM Healthcare. Retrieved from http://www-935.ibm.com/services/us/imc/pdf/g510-6268-healthcare-china.pdf

Highgate Newtown Community Centre. (2010). *Activities for senior citizens*. Retrieved March 17, 2010, from http://ww.highgatenewtown.org/activities_seniors.htm

Higo, M., & Yamada, A. (2009). *Japan public policy*. Boston: Sloan Center on Aging &

Work. Retrieved from http://www.bc.edu/research/agingandwork/meta-elements/pdf/publications/GPB02_Japan.pdf

Hill, M. J. (2006). *Social policy in the modern world: A comparative text*. Malden, MA: Blackwell.

Hospice Association of America. (2009). *Hospice facts and statistics*. Retrieved from http://www.nahc.org/facts/HospiceStats09.pdf

Hudson, R. B. (2005). Contemporary challenges to age-based public policy. In R. B. Hudson (Ed.), *The new politics of old-age policy*. Baltimore, MD: Johns Hopkins University Press.

Ingraham, P. W. (1987). Toward more systematic consideration of policy design. *Policy Studies Journal, 15*(4), 611-628.

Inter-American Commission on Human Rights. (1997). *Report on the situation of human rights in Brazil: Chapter IX*. Retrieved from http://www.cidh.oas.org/countryrep/brazil-eng/Chaper%209%20.htm

Internal Revenue Service. (2008). *Child and dependent care expenses* (Publication 503). Washington, DC: U.S. Department of the Treasury. Retrieved from http://www.irs.gov/pub/irs-pdf/p503.pdf

International Labor Organization. (2008). *LABORSTA Internet: Total economically active population*. Retrieved from http://laborsta.ilo.org/

Invest in Sweden Agency. (2007, February). *Occupational pension and insurance*. Retrieved from http://investsweden.se/Sverige/

Italian Republic. (2003). *Implementation of Directive 2000/78/EC on equal treatment in employment and work conditions*. Retrieved from http://europa.eu/legislation_summaries/employment_and_social_policy/employment_rights_and_work_organisation/c10823_en.htm

Ius Laboris. (2009). *Age discrimination internationally: Brazil*. Retrieved from www.agediscrimination.info/international/Pages/Brazil.aspx#top

Izuhara, M. (2002). Care and inheritance: Japanese and English perspectives of the "generational contract." *Ageing & Society, 22*, 61-77.

Jakubowski, E., & Busse, R. (1998). *Health care system in the EU: A comparative study* (Report No. SACO 101 EN). Luxembourg: European Parliament.

Jenike, B. R. (2003). Parent care and shifting family obligations in urban Japan. In J. W. Traphagan & J. Knight (Eds.), *Demographic changes and the family in Japan's aging society* (pp. 177-202). New York: State University of New York Press.

Jerit, J., & Barabas, J. (2006). Bankrupt rhetoric: How misleading information affects knowledge about Social Security. *Public Opinion Quarterly, 70*(3), 278-303.

Johansson, L. (2004, August). *Services for supporting family carers of elderly people in Europe: Characteristics, coverage, and usage*. EUROFAMCARE, National Background Report for

Sweden. Retrieved from http://www.uke.de/extern/eurofamcare/documents/nabares/nabare_sweden_rcI_a5.pdf

Jones, A. L., Dwyer, L. L., Bercovitz, A. R., & Strahan, G. W. (2009). *The national nursing home survey: 2004 overview data from the National Health Care Surveys* (DHHS Publication No. [PHS] 2009-1738). Hyattsville, MD: U.S. Department of Health and Human Services, Centers for Disease Control and Prevention National Center for Health Statistics.

Kaiser Commission on Medicaid and the Uninsured. (2006). *Private long-term care insurance: A viable option for low and middle-income seniors* (#7459). Washington, DC: Kaiser Family Foundation.

Kaiser Commission on Medicaid and the Uninsured. (2007, December). *Medicaid home and community-based service programs: Data update*. Washington, DC: Henry J. Kaiser Family Foundation. Retrieved from http://www.kff.org/medicaid/upolad/7720.pdf

Kaiser Commission on Medicaid and the Uninsured. (2009). *Medicaid home and community-based service programs: Data update* (#7720-03). Washington, DC: Kaiser Family Foundation.

Kaiser Family Foundation. (2009). *Medicare fact sheet: Medicare advantage* (#2052-12). Menlo Park, CA: Author.

Kaiser Family Foundation. (2010). *Medicare: A primer* (#7615-03). Menlo Park, CA: Author.

Kalache, A., & Kickbusch, I. (1997). A global strategy for healthy ageing. *World Health, 50*(4), 4-5.

Karagiannaki, E. (2005). *Changes in the living arrangements of elderly people in Greece: 1974-1999* (Les Sticerd Research Paper No. CASE 104). Retrieved from http://papers.ssrn.com/sol3/papers.cfm?abstract_id=1159335

Karlin, B., & Duffy, M. (2004). Geriatric mental health policy: Impact on service delivery and directions for effecting change. *Professional Psychology: Research and Practice, 35*, 509-519.

Keefe, J. M. (2004). *Policy profile for compensating family caregivers: Sweden*. Retrieved January 15, 2008, from http://www.msvu.ca/mdcaging/PDFs/Profile_Sweden_final.pdf

Kermis, M. D. (1987). Equity and policy issues in mental health care of the elderly: Dilemmas, deinstitutionalization, and DRGs. *Journal of Applied Gerontology, 6*, 268-283.

Kerr, D. (1993). Terminal care in China. *American Journal of Hospice and Palliative Care 1993, 10*, 18-26.

Kinsella, K., & He, W. (2009). *An aging world, 2008: International population reports*. Washington, DC: U.S. Department of Health and Human Services.

Kinsella, K. G., & Velkoff, V. A. (2001). *An aging world: 2001*. Washington, DC: U.S. Dept. of Commerce, Economics and Statistics Administration, U.S. Census Bureau.

Klees, B. S., Wolfe, C. J., & Curtis, C. A. (2009). *Medicaid program description and legislative history*. U.S. Social Security Administration: Office of Retirement and Disability Policy. Retrieved from http://www.ssa.gov/policy/docs/statcomps/supplement/2009/medicaid.html

Koff, T. H., & Park, R. W. (1999). *Aging public policy: Bonding the generations*. Amityville, NY: Baywood.

Kosberg, J. I. (1994). *International handbook on services for the elderly*. Westport, CT: Greenwood Press.

Kotlikoff, L., & Hagist, C. (2005). *Who's going broke? Comparing health care in ten OECD countries*. National Bureau of Economic Research. Retrieved from http://ideas.repec.org/p/nbr/nberwo/11833.html

Krugman, P. (2004, December 7). Inventing a crisis. *New York Times*. Retrieved from http://www.nytimes.com/2004/12/07/opinion/07krugman.html?scp=539&sq=&st=nyt

LABORSTA Internet. (2010). *Total and economically active population*. ILO Department of Statistics, International Labour Organization. Retrieved from http://laborsta.ilo.org/

Lamura, G., Melchiorre, M. G., Quattrini, S., Mengani, M., & Albertini, A. (2001). In I. Philip (Ed.), *Family care of older people in Europe* (pp. 97-134). Amsterdam: IOS Press.

Lamura, G., Mnich, E., Nolan, M., Wojszel, B., Krevers, B., Mestheneos, L., et al. (2008). Family carers' experiences using support services in Europe: Empirical evidence from the EUROFAMCARE study. *Gerontologist, 48*(6), 752-771.

Lawrence, D., & Liu, J. (2009). *China's $124 billion health care plan aims to boost consumption*. Retrieved from http://www.bloomberg.com/apps/news?sid=aXFagkr3Dr6s&pid=newsarchive

Lawson, J. (2009). The transformation of social housing provision in Switzerland mediated by federalism, direct democracy, and the urban/rural divide. *European Journal of Housing Policy, 9*, 45-67.

Lawton, M. P. (1980). Housing elderly: Residential quality and residential satisfaction. *Research on Aging, 2*, 309-328.

Lawton, M. P., & Nahemow, L. (1973). Ecology and the aging process. In C. Eisdorfer & M. P. Lawton (Eds.), *Psychology of adult development and aging* (pp. 619-674). Washington, DC: American Psychological Association.

Leadership Council of Aging Organizations. (2010). *Our mission*. Retrieved April 26, 2010, from http://www.lcao.org/our_mission.htm

Leanse, J., Tiven, M., & Robb, T. B. (1977). *Senior center operation: A guide to organization and management*. Washington, DC: National Institute of Senior Centers, National Council on the Aging.

Lee, M. (2007). *Improving services and support for older people with mental health problems.*

Retrieved from http://www.mhilli.org/documents/Inquiryfinalreport-FULLREPORT.pdf

Lee, R. D. (2007). Demographic change, welfare, and intergenerational transfers: A global overview. In J. Veron, S. Pennec, & J. Legare (Eds.), *Ages, generations, and the social contract* (pp. 17-43). New York: Springer.

Legal Aid Authority. (2007). *Legal aid in Sweden*. Sundsvall, Sweden: Author. Retrieved from http://www.rattshjalp.se/Publikationer/Informationsmaterial/Legal_aid_in_Sweden.pdf

Legal Services Commission. (2007a). *Annual report and accounts 2008/09*. London: Author. Retrieved from http://www.official-documents.gov.uk/document/hc0809/hc07/0731/0731.pdf

Legal Services Commission. (2007b). *Paying for your legal aid. London*. Retrieved from http://www.opsi.gov.uk/acts/acts2007/ukpga_20070029_en_1

Legal Services Corporation. (2010). *What is the Legal Services Corporation?* Retrieved January 12, 2010, from http://www.lsc.gov/about/lsc.php

Legal Services Corporation Act, 42 U.S.C. § 2996 *et seq.* (1974).

Levine, C. (2008). Family caregiving. In M. Crowley (Ed.), *From birth to death and bench to clinic: The Hastings Center Bioethics briefing book for journalists, policymakers, and campaigns*. Garrison, NY: Hastings Center. Retrieved from http://www.thehastingscenter.org/uploadedFiles/Publications/Briefing_Book/family%20caregiving%20chapter.pdf

Lloyd-Sherlock, P. (2000). Population ageing in developed and developing regions: Implications for health policy. *Social Science and Medicine, 51*, 887-895.

Lokiec, P. (2008). Chapter 4: Discrimination law in France. In R. Blanpain, H. Nakakubo, & A. Takashi (Eds.), *New developments in employment discrimination law* (pp. 77-92). Frederick, MD: Aspen.

Lothian, K., McKee, K., Philp, I., & Nolan, M. (2001). United Kingdom. In I. Philp (Ed.), *Family care of older people in Europe* (pp. 255-280). United Kingdom: IOS Press.

Lowi, T. J. (1964). American business, public policy, case studies, and political theory. *World Politics, 16*(4), 677-693.

Lubomudrov, S. (1987). Congressional perceptions of the elderly: The use of stereotypes in the legislative process. *Gerontologist, 27*(1), 77-81.

Lundy, J., & Finder, B. D. (2009). *Cost sharing for health care: France, Germany, and Switzerland* (#7852). Menlo Park, CA: Kaiser Family Foundation.

Lyon, D., & Glucksmann, M. (2008). Comparative configurations of care work across Europe. *Sociology, 42*(1), 101-118.

MacAdam, M. (2008). *Frameworks of integrated care for the elderly: A systematic review*. Canadian Policy Research Networks. Retrieved from http://www.cprn.org/documents/49813_EN.pdf

MacCourt, P. (2004). *Senior mental health policy lens*. Retrieved from http://www.

seniorsmentalhealth.ca/PolicyLensENG_17_06.pdf

Marmor, T. R., & Mashaw, J. L. (2002). The case for universal social insurance. In S. H. Altman & D. Shactman (Eds.), *Policies for an aging society*. Blatimore, MD: Johns Hopkins University Press.

Marques, R. M., & Batich, M. (2003). The labor market and social security in Brazil. *International Journal of Political Economy, 30*(4), 49-67.

Maser, K., & Bégin, J. (2003). *Canada's retirement income programs: A statistical overview (1990-2000)*. Ottawa: Statistics Canada, Income Statistics Division, Pensions and Wealth Program. Retrieved from http://dsp-psd.pwgsc.gc.ca/Collection-R/Statcan/74-507-XIE/0010074-507-XIE.pdf

Mauch, D., Kautz, C., & Smith, S. A. (2008). *Reimbursement of mental health services in primary care settings* (HHS Pub. No. SMA-08-4324). Rockville, MD: Center for Mental Health Services, Substance Abuse and Mental Health Services Administration.

McCarthy, L., & Kim, S. (2005). *The aging baby boomers: Current and future metropolitan distributions and housing policy implications*. Washington, DC: U.S. Department of Housing and Urban Development, Office of Policy Development and Research. Retrieved from https://pantherfile.uwm.edu/kim/www/papers/HUD_report%5Bfinal%5D.pdf

McGarry, K., & Schoeni, R. F. (2000). Social security, economic growth, and the rise in elderly widow's independence in the twentieth century. *Demography, 37*, 221-236.

Meeks, C. B., Nickols, S. Y., & Sweaney, A. L. (1999). Demographic comparisons of aging in five selected countries. *Journal of Family and Economic Issues, 20*, 223-250.

Melchiorre, M. G., Quattrini, S, Megani, M., & Lamura, G. (2000). L'assistenza dei famigliari agli anziani disabili. *Prospective Sociali e Sanitarie, XXX*(10), 1-4.

Merton, R. K., & Nisbet, R. A. (Eds.). (1966). *Contemporary social problems* (2nd ed.). New York: Harcourt, Brace, & World.

MetLife Mature Market Institute. (2007). *The MetLife market survey of adult day services and home care costs*. Connecticut: Author and LifePlans, Inc. Retrieved from http://www.agapelongtermcare.com/resources/metlife_survey_adult_daycare_0709.pdf

MetLife Mature Market Institute. (2009). *The 2009 MetLife market survey of nursing home, assisted living, adult day services, and home care costs*. New York: Author.

Milbank Memorial Fund. (2006). *Public housing and supportive services for the frail elderly: A guide for housing authorities and their collaborators*. Retrieved from http://www.milbank.org/reports/0609publichousing/0609publichousing.html

Ministerie van Sociale Zaken en Werkgelegenheid. (2008). *The old age pension system in the Netherlands*. Den Hage, Netherlands: Author. Retrieved from http://docs.minszw.nl/pdf/135/2009/135_2009_1_23649.pdf

Ministry of Health, Labor, and Welfare. (2007). *White paper on aging society*. Tokyo: Office of Government Public Relations. Retrieved from http://www.8.cao.go.jp/kourei/english/annualreport/2007/2007.pdf

Ministry of Health and Social Affairs. (2007). *Care of the elderly in Sweden*. Stockholm, Sweden: Author.

Ministry of Health and Social Affairs. (2008). *A stable pension system*. Regeringskansliet, Government Offices of Sweden. Retrieved from http://www.regeringen.se/content/1/c6/12/02/06/d0e2c9f7.pdf

Ministry of Health and Social Affairs. (2009). *Selection of issues and meetings in the field of health and social affairs during the Swedish Presidency of the EU 2009*. Retrieved from http://ec.europa.eu/eahc/documents/news/technical_meetings/Swedish_Priorities.pdf

Ministry of Health and Social Affairs/Riksförsäkringsverket. (2003). *The Swedish national pension system*. Retrieved from http://www.sweden.gov.se/content/1/c6/02/42/21/aa589a7c.pdf

Ministry of Integration and Gender Equality. (2008). *Policy on nongovernmental organisations and popular movements*. Retrieved from http://www.sweden.gov.se/integrationministry

Ministry of Labor. (2004). *Nondiscrimination Act 21/2004*. Retrieved from http://www.finlex.fi/fi/laki/kaannokset/2004/en20040021.pdf

Ministry of Social Affairs and Employment. (2009). *Social assistance*. Retrieved November 1, 2009, from http://english.szw.nl/index.cfm?menu_item_id=14639&hoofdmenu_item_id=14632&rubriek_item=392436&rubriek_id=391971&set_id=3615&doctype_id=6&link_id=128095

Minshull, P. (2007). *Age equality: What does it mean for older people's mental health services?* Retrieved from http://www.psige.org/psige-pdfs/Age%20Equality%20Guidance%20CSIP%20April2007.pdf

Moon, M., & Mulvey, J. (1996). *Entitlements and the elderly: Protecting promises, recognizing reality*. Washington, DC: Urban Institute Press.

Mullan, P. (2002). *The imaginary time bomb: Why an ageing population is not a social problem*. London: Tauris.

Naegele, G., & Walker, A. (2007). *A guide to good practice in age management*. Dublin: European Foundation for the Improvement of Living and Working Conditions.

Napili, A. (2008). *Older Americans Act: FY2008 funding and FY2009 budget request* (CRS Report for Congress). Washington, DC. Retrieved from http://aging.senate.gov/crs/aging16.pdf

National Adult Day Services Association. (2009). *About adult day services*. Retrieved April 26, 2009, from http://www.nadsa.org/knowledgebase/col.php?pid=29&tpid=15

National Association of Area Agencies on Aging. (2009). *Fast facts about the Eldercare*

Locator. Retrieved December 2, 2009, from http://www.n4a.org/programs/eldercare-locator/?fa=fast-facts

National Association of Area Agencies on Aging. (2010a). *Advocacy in action center.* Retrieved April 30, 2010, from https://www.n4a.org/advocacy/aging-policy-briefing/index.cfm

National Association of Area Agencies on Aging. (2010b). *FY 2011 labor-HHS-Education and other appropriations as of April 1, 2010*. Retrieved April 30, 2010, from http://www.n4a.org/files/advocacy/campaigns/fy2011-april-appropriations-chart.pdf

National Committee to Preserve Social Security and Medicare. (2008). *The Medicare Improvements for Patients and Providers Act (MIPPA): Summary of key provisions*. Retrieved from http://www.ncpssm.org/news/archive/mippa_summary/

National Council on Aging. (2010a). *About the National Council on Aging*. Retrieved April 27, 2010, from http://www.ncoa.org/about-ncoa/

National Council on Aging. (2010b). *National Center for Benefits Outreach and Enrollment: About us*. Retrieved January 10, 2010, from http://www.centerforbenefits.org/mission.html

National Council on Aging. (2010c). *NCOA issue brief: Older Americans Act appropriations*. Retrieved April 10, 2010, from http://www.ncoa.org/assets/files/pdf/IB10-OAA-Approps.pdf

National Federation of Shopmobility. (2010). *Welcome to the NFSUK website*. Retrieved February 15, 2010, from http://www.shopmobilityuk.org

National Health Service. (2010). *Carers Direct*. Retrieved March 30, 2010, from http://www.nhs.uk/carersdirect/Pages/CarersDirectHome.aspx

National Hospice and Palliative Care Organization. (2009). *Facts and figures on hospice care in America*. Retrieved from http://www.nhpco.org/files/public/Statistics_Research/NHPCO_facts_and_figures.pdf

National Institute of Senior Centers. (2005). *Facts about senior centers*. Washington, DC: Author Retrieved December 30, 2009, from http://www.ncoa.org/press-room/fact-sheets/senior-center-fact-sheet.html

National Union of Public and General Employees. (2008). *2009 CPP benefits increase; OAS and GIS benefits remain unchanged*. Retrieved August 1, 2009, from http://www.nupge.ca

National Union of Public General Employees. (2009). *2008 benefit rates increases for OAS, GIS, and CPP*. Retrieved from http://www.nupge.ca/print/268

Navarete, F. F., & Palanca, I. (2005). Mental health care in Madrid. *European Psychiatry, 20*, S279-S284.

Neal, M. B., & Wagner, D. L. (n.d.). *Working caregivers: Issues, challenges, and opportunities for the aging network*. National Family Caregiver Support Program Issue Brief.

Retrieved April 13, 2008, from http://www.caregiverslibrary.org/Portals/0/Working%20 Caregivers%20-%20Issues%20for%20th%20Aging%20Network%20Fin-Neal-Wagner.pdf

New York Times Company. (1985). *The longest-running game in town*. Produced by a.s.a.p. A project of Families USA, Washington, DC.

Nolan, M., Barber, L., Edis, A., Brown, J., & McKee, K. (2004, August). *Services for supporting family carers of elderly people in Europe: Characteristics, coverage, and usage*. EUROFAMCARE, National Background Report for the United Kingdom. Retrieved from http://www.uke.de/extern/eurofamcare/documents/nabares/nabare_uk_rc1_a5.pdf

Norwegian Ministry of Health and Care Services. (2008). *Dementia plan 2015: Subplan of care plan 2015* (Publication No. I-1129E). Oslo: Norwegian Government Administration Services.

Norwegian Ministry of Local Government and Regional Development. (2004). *On housing policy: Summary in English* (Report No. 23). Oslo: Housing and Building Department.

Nyce, S. A., & Schieber, S. J. (2005). *The economic implications of aging societies: The costs of living happily ever after*. Cambridge, UK: Cambridge University Press.

Nyyssola, K., & Hamalainen, K. (2001). *Lifelong learning in Finland: The extent to which vocational education and training policy is nurturing lifelong learning in finland*. Luxembourg: Office for Official Publications of the European Communities.

Office of the Privacy Commissioner of Canada. (2006). *Legal information related to the Personal Information Protection and Electronic Documents Act (PIPEDA)*. http://www.priv.gc.ca/leg_c/leg_c_p_e.cfm#contenttop

Older Americans Act of 1965, Pub. L. No. 89-73, 42 U.S.C. § 3001 et seq.

Olivera, J., Benabarre, S., Lorente, T., Rodríguez, M., Pelegrín, C., Calvo, J., et al. (2008). Prevalence of psychiatric symptoms and mental disorders detected in primary care in an elderly Spanish population. *International Journal of Geriatric Psychiatry, 23*, 915-921.

Organisation for Economic Co-operation and Development. (2004a). *Executive Summary: Ageing and Employment Policies: Finland*. Paris: Author.

Organisation for Economic Co-operation and Development. (2004b). *Executive Summary: Ageing and Employment Policies: Japan*. Paris: Author.

Organisation for Economic Co-operation and Development. (2004c, September). Private health insurance in OECD countries. *OECD Observer*, 1-8. Paris: Author.

Organisation for Economic Co-operation and Development. (2005a). *Executive Summary: Ageing and Employment Policies: France*. Paris: Author.

Organisation for Economic Co-operation and Development. (2005b). *Long-term care for older people: The OECD Health Project* (#53867). Paris: Author.

Organisation for Economic Co-operation and Development. (2005c). *OECD pensions at a glance: Public policies across OECD countries*. Paris: Author.

Organisation for Economic Co-operation and Development. (2006). *Ageing and employment policies: Live longer, work longer*. Paris: Author.

Organisation for Economic Co-operation and Development. (2007). *Pensions at a glance 2007: Retirement-income systems in OECD countries*. Paris: Author.

Organisation for Economic Co-operation and Development. (2009a). *Health data 2009*. Paris: Author.

Organisation for Economic Co-operation and Development. (2009b). *Pensions at a glance 2009: Retirement-income systems in OECD countries*. Paris: Author.

Organisation for Economic Co-operation and Development. (2009c). *Society at a glance 2009: OECD social indicators*. Paris; Author.

O'Shaughnessy, C. (2004). *Older Americans Act: History of appropriations, FY1966-FY2004*. Washington, DC: Congressional Research Service, Library of Congress.

O'Shaughnessy, C. (2008). *The aging services network: Accomplishments and challenges in serving a growing elderly population*. Washington, DC: George Washington University.

Palme, M., & Svensson, I. (1997). *Social security, occupational pensions, and retirement in Sweden* (Working Paper Series No. 184). Cambridge, MA: National Bureau of Economic Research. Retrieved from http://swopec.hhs.se/hastef/papers/hastef0184.pdf

Palmer, E. E. (2000). *The Swedish pension reform model: Framework and issues*. Washington, DC: World Bank.

Pareja Eastaway, M., & San Martin Varo, I. (2002). The tenure imbalance in Spain: The need for social housing policy. *Urban Studies, 39*, 283-295.

Paulli, A., & Tagliabue, M. (2002). Active strategies for older workers in Italy. In M. Jepsen, D. Foden, & M. Hutsebaut (Eds.), *Active strategies for older workers* (pp. 275-298). Brussels: European Trade Union Institute.

Pestieau, P. (2003). Ageing, retirement, and pension reforms. *World Economy, 26*, 1447-1457.

Peterson, P. G. (1999). Gray dawn: The global aging crisis. *Foreign Affairs, 78*(1), 42-55.

Philp, L., & Appleby, L. (2005). *Securing better mental health for older adults*. Retrieved from http://www.dh.gov.uk/dr_consum_dh/groups/dh_digitalassets/@dh/@en/documents/digitalasset/dh_4114992.pdf

Polivka, L. (2001). *Paying family members to provide care: Policy considerations for states*. San Francisco: Family Caregiver Alliance. Retrieved from http://www.caregiver.org/caregiver/jsp/content/pdfs/op_2001_10_policybrief_7.pdf

Polverini, F., Principi, A., Balducci, C., Melchiorre, M. G., Quattrini, S., Gianelli, M. V., et al. (2004, August). *EUROFAMCARE: National background report for Italy*. Retrieved from http://www.uke.de/extern/eurofamcaro/documents/nabares/nabare_italy_rc1_a5.pdf

Population and Housing Census. (2001). *Spain at the beginning of the 21st century*. Retrieved from http://www.ine.es/en/prodyser/pubweb/folletocenso01/folletocenso01_en.htm

Population: Babies mean business. (1948, August 9). *Newsweek.*

Portney, K. E. (1986). *Approaching public policy analysis: An introduction to policy and program research.* Englewood Cliffs, NJ: Prentice-Hall.

President's New Freedom Commission on Mental Health. (2003). *A report on the public comments submitted to the President's New Freedom Commission on Mental Health.* Retrieved from http://www.mentalhealthcommission.gov/reports/comments_011003.pdf

Princess Royal Trust for Carers. (2010). *Help for carers.* Retrieved from http://www.carers.org/

Psychiatric Services Online. (2008). Report highlights reimbursement barriers to provision of mental health services in primary care. *Psychiatric Services, 59,* 1072-1073. Retrieved from http://www.psychiatryonline.org

Purcell, P. J. (2008). *Pension sponsorship and participation: Summary of recent trends.* Washington, DC: Congressional Research Service, Library of Congress. Retrieved from http://assets.opencrs.com/rpts/RL30122_20080908.pdf

Pynoos, J., & Nishita, C. M. (2005). The changing face of senior housing. In R. B. Hudson (Ed.), *The new politics of old-age policy.* Baltimore, MD: Johns Hopkins University Press.

Quadagno, J. (1989). Theories of the welfare state. *Annual Review of Sociology, 13,* 109-128.

Quattrini, S., Melchiorre, M. G., Balducci, C., Spazzafumo, L., & Lamura, G. (2006). *Services for supporting family carers of elderly people in Europe: Characteristics, coverage, and usage.* National Survey Report for Italy, EUROFAMCARE. Retrieved from http://www.uke.de/extern/eurofamcare/documents/deliverables/nasure_it.pdf

Queen's Crescent Community Association. (2010). *About QCCA.* Retrieved March 10, 2010, from http://qcca.org.uk/

Ramadge, J. (Ed.). (2000). *Australian nursing practice and palliative care: Its origins, evolution, and future.* Deakin, Australia: Royal College of Nursing.

Reinhardt, U. E. (2003). Does the aging of the population really drive the demand for health care? *Health Affairs, 22*(6), 27-39.

Reuters. (2010, March 27). *French pension reform top priority, PM Fillon says.* Retrieved from http://www.todayszaman.com/tz-web/detaylar.do?load=detay&link=205699

Rodríguez Cabrero, G. (2002). *Long-term care: Context, debates, policies, and prospects.* Unidad de Politicas Comparadas. Retrieved from http://www.iesam.csic.es/doctrab2/dt-0214e.pdf

Rojo Perez, F., Fernandez-Mayoralas, G., Pozo Rivera, F. E., & Rojo Abuin, J. H. (2001). Ageing in place: Predictors of the residential satisfaction of elderly. *Social Indicators Research, 54,* 173-208.

Romanow, R. J. (2002). *Building on values: The future of health care in Canada: Final Report.* Commission on the Future of Health Care in Canada. Retrieved from http://dsp-psd.

pwgsc.gc.ca/Collection/CP32-85-2002E.pdf

RTI International. (2003, March). *Final report of the senior companion quality of care evaluation*. Washington, DC: Corporation for National and Community Service. Retrieved from http://www.seniorcorps.gov/pdf/final_scp_report.pdf

Ruggles, S. (2007). The decline of intergenerational coresidence in the United States, 1850-2000. *American Sociological Review, 72*, 964-989.

Rymkevitch, O., & Villosio, C. (2007). *Age discrimination in Italy*. Retrieved from http://www.laboratoriorevelli.it/_pdf/wp67.pdf

Salholz, E. (1990, October 29). Blaming the voters: Hapless budgeteers single out "greedy geezers." *Newsweek*, p. 36.

Salvador-Carulla, L., Haro, J. M., & Ayuso-Mateos, J. L. (2006). A framework for evidence-based mental health care and policy. *Acta Psychiatrica Scandinavica, 114*, 5-11.

Sass, S. A. (1997). *The promise of private pensions: The first hundred years*. Cambridge, MA: Harvard University Press.

Sass, S. A. (2003). *Reforming the U.S. retirement income system: The growing role of work*. Chestnut Hill, MA: Center for Retirement Research at Boston College.

Schneider, N., Buser, K., & Amelung, V. E. (2006). Improving palliative care in Germany: Summative evaluation from experts' reports in Lower Saxony and Branderburg. *Journal of Public Health, 14*, 148-154.

Schneider, N., Lueckmann, S. L., Behmann, M., & Bisson, S. (2009). Problems and challenges for palliative care: What are the views of different stakeholders on the meso and macro level of the health system? *Health Policy, 93*, 11-20.

Schoen, C., Osborn, R., How, S. K. H., Doty, M. H., & Peugh, J. (2009). In chronic condition: Experiences of patients with complex health care needs, in eight countries, 2008. *Health Affairs, 28*(1), 1-16.

Schulz, J. H. (2005). *The economics of aging*. Westport, CT: Auburn House.

SeniorNet Sweden. (2010). *SeniorNet Sweden*. Retrieved February 21, 2010, from http://www.seniornet.se/

Seniors Psychosocial Interest Group. (2004). *Seniors' mental health psychosocial research agenda for Canada*. Retrieved from http://www.seniorsmentalhealth.ca/

Service Canada. (2009a). *Canadian Pension Plan* (CPP): Payment rates. Retrieved August 1, 2009, from http://www.servicecanada.gc.ca/eng/isp/pub/factsheets/rates.shtml

Service Canada. (2009b). *Canada Pension Plan retirement pension*. Retrieved August 1, 2009, from http://www.servicecanada.gc.ca/eng/isp/pub/factsheets/rates.shtml

Service Canada. (2009c). *Guaranteed income supplement*. Retrieved on July 30, 2009, from http://www.servicecanada.gc.ca/eng/sc/oas/gis/guaranteeddincomesupplement.shtml

Service Canada. (2009d). *Income assistance for seniors*. Retrieved August 1, 2009, from http://

www.servicecanada.gc.ca/eng/audiences/seniors/benefits.shtml

Service Canada. (2009e). *Old Age Security (OAS) payment rates.* Retrieved August 1, 2009, from http://www.servicecanada.gc.ca/eng/isp/oas/oasrates.shtml

Service Canada. (2010a). *Allowance for the survivor.* Retrieved on February 1, 2010, from http://www.servicecanada.gc.ca/eng/isp/pub/oas/allowsurv.shtml

Service Canada. (2010b). *Services for seniors.* Retrieved February 1, 2010, from http://www.servicecanada.gc.ca/eng/audiences/seniors/index.shtml

Settergren, O. (2001). *Automatic balance system Swedish pension system.* Riksförsäkringsverket (Swedish National Social Insurance Board). Retrieved from http://www.forsakringskassan.se/irj/go/km/docs/fk_publishing/Dokument/Rapporter/Working_papers/wp0102_the_automatic_balance_mechanism_of_the_swedish_pension_system.pdf

Settersten, R. A., Jr. (2007). Ten reasons why shake-ups in the life course should change approaches to old-age policies. *Aging and Public Policy Report, 17*(3), 21-27.

Shactman, D., & Altman, S. H. (2002). Overview: issues and options for an aging population. In S. H. Altman & D. Shactman (Eds.), *Policies for an aging society.* Baltimore, MD: Johns Hopkins University Press.

Shugarman, L. R., Campbell, D. E., Bird, C. E., Gabel, J., Louis, T. A., & Lynn, J. (2004). Differences in Medicare expenditures during the last 3 years of life. *Journal of General Internal Medicine, 19,* 27-35.

Silfverhielm, H., & Kamis-Gould, E. (2000). The Swedish mental health system: Past, present, and future. *International Journal of Law and Psychiatry, 23,* 293-307.

Sivis, R., McCrae, C. S., & Demir, A. (2005). Availability of mental health services for older adults: A cross-cultural comparison of the United States and Turkey. *Age and Mental Health, 9,* 223-234.

Small, N. R. (1988). Evolution of nursing homes. In N. R. Small & M. B. Walsh (Eds.), *Teaching nursing homes: The nursing perspective* (pp. 31-46). Owings Mills, MD: National Health Publishing.

Smith, K. B., & Larimer, C. W. (2009). *The Public policy theory primer.* Boulder, CO: Westview Press.

Social Security Administration. (2008a). *Social security programs throughout the world (SSPTW) Europe: Italy.* Washington, DC: Author. Retrieved from http://www.ssa.gov/policy/docs/progdesc/ssptw/2008-2009/europe/italy.pdf

Social Security Administration. (2008b). *Social security programs throughout the world (SSPTW) Europe: Sweden.* Washington, DC: Author. Retrieved from http://www.ssa.gov/policy/docs/progdesc/ssptw/2008-2009/europe/sweden.pdf

Social Security Administration. (2009). *Social Security, understanding the benefits* (SSA publication No. 05-10024). Baltimore, MD: Author.

Social Security Administration. (2010a). *Fact sheet, Social Security: 2010 Social Security changes*. Retrieved March 13, 2010, from http://www.ssa.gov/pressoffice/factsheets/colafacts2010.pdf

Social Security Administration. (2010b). *What is the maximum Social Security retirement benefit?* Retrieved March 13, 2010, from http://ssa-custhelp.ssa.gov/app/answers/detail/a_id/5/~/the-maximum-social-security-retirement-benefit

Social Services Act. (1982). *SFS 1980:620*, Stockholm.

Socialstyrelsen. (2008). *Developments in the care for the elderly in Sweden 2007*. Article # nr 2008-126-37. Retrieved from http://www.socialstyrelsen.se

Srinivasan, R. (2007). *India's overlooked "grey market" workforce*. Retrieved from http://www.hindustantimes.com/StoryPage/Print/236210.aspx

Stähl, A. (1999). *Public transport or special service or mix?* Lund University, Department of Technology and Society. Proceedings from the KFB research conference on Urban Transport Systems, Lund, Sweden.

Stamso, M. A. (2009). Housing and the welfare state in Norway. *Scandinavian Political Studies, 32,* 194-220.

Statistics Netherlands. (2008). *Old people receiving more and more care*. Retrieved from http://www.cbs.nl/en-GB/menu/themas/gezondheid-welzijn/publicaties/artikelen/archief/2008/2008-2368-wm.htm

Steinbrook, R. (2006a). Imposing personal responsibility for health. *New England Journal of Medicine, 355*, 753-756.

Steinbrook, R. (2006b). Private health care in Canada. *New England Journal of Medicine, 354*, 1661-1664.

Stockholm Government. (2010a). *Fees*. Retrieved February 21, 2010, from http://www.stockholm.se/FamiljOmsorg/Aldreomsorg/Avgifter-for-aldreomsorg/

Stockholm Government. (2010b). *Mature direct (Äldre direkt)*. Retrieved February 22, 2010, from http://www.stockholm.se/FamiljOmsorg/Aldreomsorg/Ring-Aldre-direkt/

Stone, R., Reinhard, S. C., Machemer, J., & Rudin, D. (20020. *Geriatric care managers: A profile of an emerging profession* (Data Digest No. 82). Washington, DC: Public Policy Institute, AARP. Retrieved from http://www.careersinaging.com/careersinaging/geriatric_care_managers.pdf

Sun, R. (2004). Worry about medical care, family support, and depression of the elders in urban China. *Research on Aging, 26*, 559-585.

Surgeon General U.S. Public Health Service. (1999). *Chapter 5: Older adults and mental health*. Retrieved from http://www.surgeongeneral.gov/library/mentalhealth/chapter5/sec1.html

Swedish Association of Local Authorities and Regions. (2007). *Care of the elderly in Sweden today, 2006*. Retrieved from http://english.skl.se/web/Publications_and_reports.aspx

Swedish Institute. (2007a). *Elderly care in Sweden*. Retrieved from http://www.sweden.se/eng/Home/Society/Elderly-care/Facts/Elderly-care/

Swedish Red Cross. (2009). *Developing social security*. Retrieved October 1, 2009, from http://www.redcross.se/rksf/sfdesign.nsf/main?openagent&Layout=engelsk&docid=AF6B3E5CB1163664C12571950048520D&menu0=0&menu1=7

Swedish Social Insurance Agency. (2008). *The Orange Report: Annual report of the Swedish pension system 2008*. Retrieved from http://www.forsakringskassan.se/irj/go/km/docs/fk_publishing/Dokument/Publikationer/arsredovisningar/orange_rapport_2008_engelsk.pdf

Takagi, E., Silverstein, M., & Crimmins, E. (2007). Intergenerational coresidence of older adults in Japan: Conditions for cultural plasticity. *Journal of Gerontology: Social Sciences, 62*, 330-339.

Tanner, M. (2008a). *The grass is not always greener: A look at national health care systems around the world* (Policy analysis). Washington, DC: CATO Institute.

Tanner, M. (2008b, April 25). Health care around the world: Canada. *Healthcare Economist*. Retrieved from http://healthcare-economist.com/2008/04/25/health-care-around-the-world-canada/

Taskforce on the Aging of the American Workforce. (2008). *Report of the Taskforce on the Aging of the American Workforce*. Retrieved from http://www.aging.senate.gov/letters/agingworkforcetaskforcereport.pdf

Thurow, L. C. (1996, May 19). The birth of a revolutionary class. *New York Times Magazine*, pp. 46-47.

Torjman, S. (2002). *The Canada Pension Plan disability benefit*. Ottawa: Caledon Institute of Social Policy, Office of the Commissioner of Review Tribunals Canada Pension Plan/Old Age Security. Retrieved from http://www.ocrt-bctr.gc.ca/dapdep/r012002/r012002-eng.pdf

Trollor, J. N., Anderson, T. M., Sachdev, P. S., Brodaty, H., & Andrews, G. (2007). Prevalence of mental disorders in the elderly: The Australian National Mental Health and Well-Being Survey. *American Journal of Geriatric Psychiatry, 15*, 455-466.

Turner, J. A., Toft, C., & Witte, H. A. (2008). *Lifelong learning for an aging population: Lessons from Scandinavia*. Washington, DC: AARP.

U.K. Acts of Parliament. (1990). *The National Health Service and Community Care Act* (1990 c19, as amended). Retrieved from http://www.legislation.gov.uk/ukpga/1990/19/contents

U.K. Acts of Parliament. (2000). Transport Act (2000 c38, as amended). Retrieved from http://www.opsi.gov.uk/acts/acts2000/pdf/ukpga_20000038_en.pdf

U.K. Acts of Parliament. (2007a). *Concessionary Bus Travel Act 2007, c13, as amended*. Retrieved from http://www.opsi.gov.uk/acts/acts2007/pdf/ukpga_20070013_en.pdf

U.K. Acts of Parliament. (2007b). *Legal Services Act 2007, c29, as amended.* Retrieved from http://www.opsi.gov.uk/acts/acts2007/ukpga_20070029_en_1

United Nations. (1983). *Vienna international plan of action on aging.* New York: Author. Retrieved from http://www.monitoringris.org/documents/norm_glob/vipaa.pdf

United Nations. (1991). *Principles for older persons* (General Assembly res. 46/91, Annex, U.N. Doc. A/RES/46/91). Retrieved from http://www1.umn.edu/humanrts/instree/unprinciples-olderpersons.html

United Nations. (1992). *Proclamation on ageing: Resolution* (General Assembly 47th session: 1992-1993). New York: Author.

United Nations. (1995). *World summit for social development.* New York: Author. Retrieved from http://www.update.un.org/esa/socdev/wssd/index.html

United Nations. (1998). *International plan of action on ageing and United Nations principles for older persons.* New York: Author. Retrieved from http://www.un.org/esa/socdev/ageing/un_principles.html#Principles

United Nations. (2002). *Report of the second World Assembly on Ageing.* New York: Author. Retrieved from http://www.un.org/ageing/secondworld02.html

United Nations. (2005). *Living arrangements of older persons around the world.* Department of Economic and Social Affairs/Population Division. Retrieved June 3, 2009, from http://www.un.org/esa/population/publications/livingarrangement/report.htm

United Nations. (2007). *World population ageing 2007, series: Population studies.* New York: UN Department of Economic and Social Affairs, Population Division.

United Nations. (2008). *World population prospects: The 2006 revision.* Population Division of the Department of Economic and Social Affairs of the United Nations Secretariat. Retrieved from http://esa.un.org/unpp/

United Nations. (2009a). *Conference on the world financial and economic crisis and its impact on development.* Retrieved August 1, 2009, from http://www.un.org/esa/desa/financialcrisis/document/s-g_fin_crisis_final_advance.pdf

United Nations. (2009b). *Directory of ageing resources on the Internet.* New York: Author. Retrieved from http://www.un.org/esa/socdev/ageing/documents/Web_Links/directoryJune09.pdf

United Nations. (2009c). *United Nations Programme on Ageing.* Retrieved April 7, 2009, from http://www.un.org/ageing/index.html

United Nations. (2009d). *World population ageing 2009.* Retrieved April 17, 2010, from http://www.un.org/esa/population/publications/WPA2009/WPA2009_WorkingPaper.pdf

United Nations Department of Economic and Social Affairs. (2007). *World economic and social survey 2007: Development in an ageing world.* Retrieved March 22, 2010, from http://www.un.org/esa/policy/wess/wess2007files/wess2007.pdf

United Nations Economic and Social Council (1991, January 1). First session: Implementation of the International Plan of Action on Ageing and related activities. New York: United Nations.

United Nations General Assembly (45th session: 1990-1991), Third Committee. (1990). *Report of the Third Committee*. Resolutions adopted on the report of the Third Committee. International Day for the Elderly. http://www.un.org/documents/ga/res/45/a45r106.htm New York: UN

United We Ride. (2007, November). *Family of transportation services*. Retrieved from http://www.unitedweride.gov/FTS.pdf

U.S. Bureau of the Census. (2003). *Marital status of women in the civilian labor force: 1900 to 2002*. Statistical Abstracts of the United States. Retrieved from http://www.census.gov/statab/hist/HS-30.pdf

U.S. Bureau of the Census. (2010). *Historical tables: Table 15. Age distribution of the poor.* Retrieved May 24, 2010, from http://www.census.gov/hhes/www/poverty/data/historical/people.html

U.S. Department of Agriculture. (2009a). *Commodity Supplemental Food Program*. Retrieved December 29, 2009, from http://www.fns.usda.gov/fdd/programs/csfp/pfs-csfp.pdf

U.S. Department of Agriculture. (2009b). *The Emergency Food Assistance Program*. Retrieved December 29, 2009, from http://www.fns.usda.gov/fdd/programs/tefap/pfs-tefap.pdf

U.S. Department of Agriculture. (2009c). *A short history of SNAP.* Retrieved December 29, 2009, from http://www.fns.usda.gov/snap/rules/Legislation/about.htm

U.S. Department of Agriculture. (2010). *Supplemental Nutrition Assistance Program: Eligibility*. Retrieved December 29, 2009, from http://www.fns.usda.gov/snap/applicant_recipients/eligibility.htm#special

U.S. Department of Education. (2009). *Independent living services for older individuals who are blind*. Retrieved from http://www2.ed.gov/programs/rsailob/index.html

U.S. Department of Energy. (2010). *Weatherization assistance program*. Retrieved February 2, 2010, from http://apps1.eere.energy.gov/weatherization/

U.S. Department of Health and Human Services. (2006). *Executive summary: Low-income home energy assistance report to congress for FY 2006*. Retrieved from http://www.acf.hhs.gov/programs/ocs/liheap/report/06report.pdf

U.S. Department of Health and Human Services. (2008a). *Income and resource guidelines*. Retrieved from https://www.cms.gov/MedicaidEligibility/07_IncomeandResourceGuidelines.asp#TopOfPage

U.S. Department of Health and Human Services. (2008b). *Paying for LTC: Overview*. National Clearinghouse for Long-Term Care Information. Retrieved October 20, 2008, from http://www.longtermcare.gov/LTC/Main_Site/Paying_LTC/Costs_Of_Care/Costs_Of_Care.aspx

U.S. Department of Health and Human Services. (2009). *LIHEAP brochure*. Retrieved from http://www.acf.hhs.gov/programs/ocs/liheap/brochure/brochure.html

U.S. Department of Health and Human Services. (n.d.). *HCBS waivers Section 1915* (c). Retrieved from http://www.cms.gov/MedicaidStWaivProgDemoPGI/05_HCBSWaivers-Section1915(c).asp

U.S. Department of Labor. (2004). *Employment and training administration, 20 CFR Part 641, Senior Community Service Employment Program, final rule*. Washington, DC: Author. Retrieved from http://www.doleta.gov/Seniors/other_docs/etaOAreg.pdf

U.S. Department of Labor. (2008). *Fact sheet: The Mental Health Parity Act*. Retrieved from http://www.dol.gov/ebsa/newsroom/fsmhparity.html

U.S. Department of Labor. (2009a). *About SCSEP*. Retrieved from http://www.doleta.gov/SENIORS/html_docs/AboutSCSEP.cfm

U.S. Department of Labor. (2009b). *Leave benefits: Family and medical leave*. Retrieved October 26, 2009, from http://www.dol.gov/dol/topic/benefits-leave/fmla.htm#

U.S. Department of Labor. (2009c). *Trade Act program: TAA for workers*. Retrieved March 10, 2010, from http://www.doleta.gov/tradeact/

U.S. Department of Labor. (2010). *Current population survey: Civilian labor force participation rate*. Retrieved from http://www.bls.gov/data/home.htm

U.S. Department of Transportation. (2010). *FTA programs fact sheets*. Retrieved from http://fta.dot.gov/printer_friendly/index_6538.html

U.S. Government Accountability Office. (2004). *Transportation-disadvantaged seniors: Efforts to enhance senior mobility could benefit from additional guidance and information: Report to the chairman, Special Committee on Aging, U.S. Senate*. Washington, DC: Author.

U.S. Government Accountability Office. (2005). *Elderly housing: Federal housing programs that offer assistance for the elderly*. Retrieved May 26, 2010, from http://www.gao.gov/new/items/d05174.pdf

Valenca, M. M., & Bonates, M. F. (2010). The trajectory of social housing policy in Brazil: From the National Housing Bank to the Ministry of the Cities. *Habitat International, 34*, 165-173.

Van Wezemael, J. E., & Gilroy, R. (2007). The significance of demographic change in the Swiss approach to private rented housing: A potential for ageing in place? *Housing Studies, 22*, 597-614.

VanWey, L. K., & Cebulko, K. B. (2007). Intergenerational coresidence among small farmers in Brazilian Amazonia. *Journal of Marriage and Family, 69*, 1257-1270.

Van Zeeland, C. M. C., & Barendrecht, J. M. (2003). *Legal aid systems compared: A comparative research into three legal aid systems*. Tilburg, Netherlands: Centre for

Liability Law, Tilburg University. Retrieved from http://www.tilburguniversity.nl/faculties/law/research/tisco/publications/reports/legal-aid/systems.pdf

Vårdguiden Stockholm. (2010). *Paratransit (Färdtjänst)*. Retreived Februrary 20, 2010, from http://www.vardguiden.se/Sa-funkar-det/Stod/Fardtjanst/

Vidlund, M. (2009). *Pension contribution level in Sweden*. Helsinki, Finland: Finnish Centre for Pensions. Retrieved from http://www.etk.fi/Binary.aspx?Section=42909&Item=63897

Wacker, R. R., & Roberto, K. A. (2008). *Community resources for older adults: Programs and services in an era of change*. Los Angeles: Sage.

Waldman, S. (1985). A legislative history of nursing home care. In R. J. Vogel & H. C. Palmer (Eds.), *Long-term care: Perspectives from research and demonstrations* (pp. 507-535). Rockville, MD: Aspen.

Walker, R. (2005). *Social Security and welfare: Concepts and comparisons*. Maidenhead, UK: Open University Press.

Wang, T. (2009). *China takes a stab at universal health care*. Retrieved from http://forbes.com/2009/01/22/china-health-care-markets-econ-cx_twdd-0122markets04.html

Wardrip, K. (2010). *Strategies to meet the housing needs of older adults*. AARP Public Policy Institute. Retrieved from http://assets.aarp.org/rgcenter/ppi/liv-com/i38-strategies.pdf

Watkins, D. A., & Watkins, J. M. (1984). *Social policy and the rural setting: Vol. 4. Springer series on social work*. New York: Springer.

White, J. (2002). The entitlement crisis that never existed. In S. H. Altman & D. Shactman (Eds.), *Policies for an aging society*. Baltimore, MD: Johns Hopkins University Press.

White House Conference on Aging. (2005). *The booming dynamics of aging: From awareness to action*. December 11-14, 2005: Report to the president and the Congress. http://www.whcoa.gov/Final_Report_June_14nowater.pdf

White House Conference on Aging. (2010). *History*. Retrieved April 12, 2010, from http://www.whcoa.gov/about/history.asp

Whiteford, H., & Buckingham, B. (2005). The process of transforming mental health services in Australia. *International Journal of Mental Health, 34*, 55-714.

Wiencek, T. (1991). How the Older Workers' Benefit Protection Act affects employers. *Practice Lawyer, 37*, 69-76.

Wiener, J. M., Brown, D., Gage, B., Khatutsky, G., Moore, A, & Osber, D. (2004). *Home- and community-based services: A synthesis of the literature* (Report No. 07147.019.003). Waltham, MA: RTI International.

Wikipedia. (2010). *United States House Permanent Select Committee on Aging*. St. Petersburg, FL: Wikimedia Foundation. Retrieved April 21, 2010, from http://en.wikipedia.org/wiki/United_States_House_Permanent_Select_Committee_on_Aging

Williamson, J. B., & Higo, M. (2009). Why Japanese workers remain in the labor force so long: Lessons for the United States? *Journal of Cross Cultural Gerontology, 24*, 321-337.

Woolley, J. T., & Peters, G. (n.d.). *The American Presidency Project* [online]. Santa Barbara, CA. Retrieved from http://www.presidency.ucsb.edu/ws/?pid=27079

World Bank. (1994). *Averting the old-age crisis: Policies to protect the old and promote growth* (World Bank policy research report). Oxford, U.K.: Oxford University Press.

World Bank. (n.d.). *Notional accounts: Notional defined contribution plans as a pension reform strategy*. Retrieved from http://siteresources.worldbank.org/INTPENSIONS/Resources/395443-1121194657824/PRPNoteNotionalAccts.pdf

World Health Organization. (2003). Mental health in WHO's European Region. Retrieved from http://www.euro.who.int/_data/assets/pdf_file/0007/87694/RC53_edoc07.pdf

World Health Organization. (2005a). *Mental health atlas 2005: Global results*. Retrieved from http://www.who.int/mental_health/evidence/atlas/global_results.pdf

World Health Organization. (2005b). *Mental health atlas 2005: Profile of countries A-B*. Retrieved from http://www.who.int/mental_health/evidence/atlas/profiles_countries_a_b.pdf

World Health Organization. (2005c). *Mental health atlas 2005: Profile of countries S*. Retrieved from http://www.who.int/mental_health/evidence/atlas/profiles_countries_s1.pdf

World Health Organization. (2005d). *Mental health atlas 2005: Profile of countries T-Z*. Retrieved from http://www.who.int/mental_health/evidence/atlas/profiles_countries_t_z.pdf

World Health Organization. (2007). *Global age-friendly cities: A guide*. Geneva, Switzerland: Author. Retrieved from http://www.who.int/ageing/publications/Global_age_friendly_cities_Guide_English.pdf

World Health Organization. (2009). *Mental health: A state of well-being*. Retrieved from http://www.who.int/features/factfiles/mental_health/en/

Wright, B. (2004). *Assisted living in the United States*. Washington, DC: AARP Public Policy Institute. Retrieved from http://assets.aarp.org/rgcenter/post-import/fs62r_assisted.pdf

WRVS. (2010). *Facts*. Retrieved February 14, 2010, from http://wrvs.org.uk/standard.aspx?page_id=41

Wu, B., Mao, Z., & Xu, Q. (2008). Institutional care for elders in rural China. *Journal of Aging & Social Policy, 20*, 218-239.

Wu, B., Mao, Z., & Zhong, R. (2009). Long-term care arrangements in rural China: Review of recent developments. *Journal of the American Medical Directors Association, 10*, 472-477.

Yamada, Y. (2009). *Aging in Japan: Current conditions and challenges: Summary of white paper on an aging society 2009*. Retrieved from http://www.jarc.net/int/?p=271

Zahradnik, N. (2007, winter). Minding our elders: Mental health in long-term care. *Network*

Magazine: Canadian Mental Health Association. Retrieved from http://www.ontario.cmha.ca/network_story.asp?cID=7439

Zaidi, A. (2008). *Features and challenges of population aging: The European perspective*. Vienna, Austria: European Centre for Social Welfare Policy and Research.

Zavoretti, R. (2006). Family-based care for China's ageing population: A social research perspective. *Asia Europe Journal, 4*, 211-228.

Zhang, T., & Chen, Y. (2006). Meeting the needs of elderly people in China. *British Medical Journal, 333,* 363-364.

Zunzunegui, M. V., Beland, F., & Otero, A. (2001). Support from children, living arrangements, self-rated health, and depressive symptoms of older people in Spain. *International Journal of Epidemiology, 30*, 1090-1099.

Zweifel, P., Felder, S., & Werblow, A. (2004). Population ageing and health care expenditure: New evidence on the "Red Herring." *Insurance, 29*, 652-666.

찾아보기

인명

내용

저자 소개

Robbyn R. Wacker

노던 콜로라도 대학교의 노인학 교수이며, 같은 대학의 연구소 부원장과 대학원 및 국제입학 학장을 맡고 있다. 주요 연구 관심 분야는 국제고령사회정책과 노인들 간의 지역사회서비스 이용에 대한 심리사회적 예측변인들이며, 이와 관련한 연구들을 수행하고 있다. 박사학위 취득 이전에는 제3편 법률서비스 프로그램을 통해 노인들에게 법적 지원을 제공하는 행정적인 직무를 맡았고, 노인학 분야에서 활발한 연구자로 지속적인 활동을 해 왔다. 60편 이상의 발표, 학술논문, 학회 회보가 있으며, 2008년 Roberto 박사와 공동 저술한 『노인을 위한 지역사회의 자원: 변화의 시대에서 자원과 서비스(3판; Community Resources for Older Adults: Resources and Services in an Era of Change, 3rd ed.)』를 포함하여 많은 도서를 출판하였다. 또한 UNC 학술 리더십 우수상, 후원프로그램의 뛰어난 업적상, 미국대학 명예협회 중 하나인 Mortar Board 우수 교수상 등 대학과 전문 분야에서 많은 상을 수상한 바 있다.

E-mail: robbyn.wacker@unco.edu

Karen A. Roberto

버지니아 폴리테크닉 주립대학교의 교수이며, 같은 대학의 노인학센터와 사회 · 문화 · 환경 연구소에서 책임자를 맡고 있다. 노년기의 건강과 사회적 지지에 대한 교차점을 연구하고 있으며, 특히 고령여성의 만성적 건강상태에 대한 적응, 가족관계 및 돌봄, 노인학대와 관련한 연구를 수행하고 있다. 100편 이상의 학술논문과 30편의 챕터 저자이며, 2008년 Wacker 박사와 공동 저술한 『노인을 위한 지역사회의 자원: 변화의 시대에서 자원과 서비스(3판; Community Resources for Older Adults: Resources and Services in an Era of Change, 3rd ed.)』와 Mancini 박사와 공동 저술한 『인간개발의 길: 변화의 탐구(Pathways of Human Development: Explorations of Change)』를 포함한 도서 9권의 저자이자 편집자이다. 그리고 2009년 미국노년학회의 행동과학 및 사회과학 부문의 회장을 역임했으며, 고등교육노인학협회, 전국가족관계협회, 세계인구협회 등의 회원으로 활발하게 활동하고 있다. 또 남부노년학회의 Gordon Streib 학문 노인학자상과 우수한 연구에 대한 버지니아 공립대학교 동문상 등 대학과 전문 분야에서 많은 상을 수상한 바 있다.

E-mail: kroberto@vt.edu

역자 소개

유영미(Yoo, Youngmi)

부산대학교 사회복지학과에서 박사학위를 받았으며, 현재는 부산대학교 사회복지학과 부교수로 사회복지법제론, 사회복지행정론, 여성복지론 등을 가르치고 있다. 주요 연구 관심 분야는 사회적 취약계층의 권리 향상이며, 이와 관련한 법, 행정, 정책 등과 관련한 연구를 수행하고 있다. 최근의 연구로는 「공공부조법의 절차적 권리에 관한 연구: 사회복지급여쟁송권을 중심으로」(가천법학, 2016), 「제 · 개정내용을 통한 청소년기본법 변화 고찰」(법학연구, 2016), 「지방자치단체의 재난관리기금 조례에 관한 검토」(사회복지법제연구, 2018), 「지방자치단체의 재난관리체계 개선을 위한 재난관련 조례 분석연구」(한국재난정보학회, 2018), 「휠체어 사용자의 Universal Access를 위한 시설 접근성 연구」(한국안전학회, 2018) 등이 있다.

E-mail: prolight@pusan.ac.kr

강정희(Kang, Jeonghee)

부산대학교 사회복지학과에서 박사학위를 받았으며, 현재는 제주한라대학교 사회복지학과 조교수로 노인복지론, 사회복지실천론을 가르치고 있다. 주요 연구 관심 분야는 좋은 돌봄과 돌봄제공자의 복지이며, 이와 관련한 연구를 지속적으로 수행하고 있다. 최근의 주요 연구로는 「노인요양시설 요양보호사의 낙상 관련 돌봄 경험에 대한 질적 연구」(사회과학연구, 2016) 등이 있다.

E-mail: kangjh@chu.ac.kr

유은경(Yoo, Eunkyoung)

부산대학교 사회복지학과에서 박사학위를 받았으며, 부산가톨릭대학교, 울산대학교, 한국체육대학교, 동의대학교에서 사회복지정책론, 사회보장론, 노인복지론 등을 가르쳤고, 현재는 부산대학교와 부산가톨릭대학교 사회복지학과에서 외래강사로 학생들을 가르치고 있다. 주요 연구 관심 분야는 노인돌봄, 취약계층의 삶의 질, 사회서비스정책, 여성정책이며, 이와 관련한 연구를 수행하고 있다. 최근의 주요 연구로는 「노인요양시설 요양보호사의 클라이언트 폭력경험 위험요인에 관한 연구」(사회과학연구, 2015), 「한부모 가정 아동 · 청소년의 사회자본과 행복감 간의 관계에서 사회적 역량의 매개효과: 양부모 가정 아동 · 청소년과의 비교를 중심으로」(한국사회복지조사연구, 2017) 등이 있다.

E-mail: yooeunkyoung@pusan.ac.kr

감수자 소개

황보람(Hwang, Boram)
미국 캘리포니아 대학교 버클리캠퍼스(UC Berkeley)에서 박사학위를 받았으며, 현재는 부산대학교 사회복지학과 교수로 사회서비스정책론, 건강보장론, 사회복지윤리와 철학을 가르치고 있다. 주요 연구 관심 분야는 돌봄의 사회윤리와 건강 취약계층의 참여와 자기결정이며, 현재 생애말기 건강보장서비스에 관한 연구를 진행 중이다.

E-mail: boramhwang@pusan.ac.kr

국제비교노인복지정책

-노인의 복지체감도를 중심으로-

Aging Social Policies: An International Perspective

2019년 3월 5일 1판 1쇄 인쇄
2019년 3월 15일 1판 1쇄 발행

지은이 • Robbyn R. Wacker · Karen A. Roberto
옮긴이 • 유영미 · 강정희 · 유은경
감수자 • 황보람
펴낸이 • 김진환
펴낸곳 • (주) 학지사
04031 서울특별시 마포구 양화로 15길 20 마인드월드빌딩
대표전화 • 02)330-5114 팩스 • 02)324-2345
등록번호 • 제313-2006-000265호

홈페이지 • http://www.hakjisa.co.kr
페이스북 • https://www.facebook.com/hakjisa

ISBN 978-89-997-9263-2 93330

정가 20,000원

역자와의 협약으로 인지는 생략합니다.
파본은 구입처에서 교환해 드립니다.

이 도서의 국립중앙도서관 출판시도서목록(CIP)은 서지정보유통지원시스템 홈페이지(http://seoji.nl.go.kr)와 국가자료공동목록시스템(http://www.nl.go.kr/kolisnet)에서 이용하실 수 있습니다.
(CIP 제어번호: CIP2019005913)